es 1798

edition suhrkamp

Neue Folge Band 798

W0196096

New York ist seit je Gegenstand faszinierter Aufmerksamkeit von Romanciers, Wissenschaftlern und Journalisten. Diese Faszination ist selbst ein reizvolles Thema für die Stadtforschung: Aus den Berichten über New York müßte sich auch etwas über die Sehnsüchte nach dem erfahren lassen, was sich mit dem Begriff der Urbanität verbindet.

New York gilt als riesiges Feldexperiment, an dem exemplarisch die Strukturen, Konsequenzen und Probleme einer »postindustriellen« Entwicklung studiert werden können; Themen wie Deindustrialisierung und Dienstleistungswachstum, soziale Ungleichheit, neuer Reichtum, Wohnungsprobleme und Stadterneuerung, Immigration und multikulturelle Entwicklung sind auch die Themen der Diskussion über die zukünftige Entwicklung der Städte. Die Berichte über die Hauptstadt des 20. Jahrhunderts sind von auffälliger Ambivalenz: einerseits voll staunender Bewunderung; New York, das ist die Stadt der Moderne, der Avantgarde in Architektur und Theater, Mode und Lebensstil, Ökonomie und Kultur. Zum anderen dient New York als unerschöpfliche Quelle für Horrorstories: Kriminalität und Drogenelend, Armut und Obdachlosigkeit, Rassenhaß und Korruption, Verkehrschaos und Umweltkatastrophen, politischer Skandale und Staatsbankrott.

Die in diesem Band versammelten Beiträge spüren dieser Ambivalenz nach. Sie analysieren die historischen, politischen, gesellschaftlichen und kulturellen Dimensionen dieser Stadt unter der Perspektive, inwieweit New York die Zukunft der Metropolen Europas darstellt.

New York
Strukturen einer Metropole

Herausgegeben von
Hartmut Häußermann und
Walter Siebel

Suhrkamp

Die Beiträge von Norman I. Fainstein, Susan S. Fainstein, Saskia Sassen, Roger Waldinger, John H. Mollenkopf, Neil Smith, Peter Marcuse und Sharon Zukin wurden von Gisela Schillings aus dem Amerikanischen übersetzt.

edition suhrkamp 1798
Neue Folge Band 798
Erste Auflage 1993
© Suhrkamp Verlag Frankfurt am Main 1993
Erstausgabe
Alle Rechte vorbehalten, insbesondere das der Übersetzung,
des öffentlichen Vortrags
sowie der Übertragung durch Rundfunk und Fernsehen,
auch einzelner Teile.
Satz: Fotosatz Otto Gutfreund GmbH, Darmstadt
Druck: Nomos Verlagsgesellschaft, Baden-Baden
Umschlagentwurf: Willy Fleckhaus
Printed in Germany

1 2 3 4 5 6 – 98 97 96 95 94 93

Inhalt

Hartmut Häußermann/Walter Siebel
Lernen von New York?

1. New York – die Zukunft unserer Städte?

Jeder meint, New York zu kennen. Fast täglich sehen wir Filme oder Bilder, lesen Berichte oder Erzählungen aus dieser »Stadt der Städte« oder über sie. Jährlich besuchen 15 Millionen Touristen die Stadt. New York ist seit je Gegenstand faszinierter Aufmerksamkeit von Romanciers, Wissenschaftlern und Journalisten. Diese Faszination ist selbst ein reizvolles Thema für die Stadtforschung, denn aus den Berichten über New York müßte sich auch etwas über die Sehnsucht nach dem erfahren lassen, was sich mit dem Begriff »Urbanität« verbindet.

Für Stadtforscher gilt New York als riesiges Feldexperiment, an dem exemplarisch die Strukturen, Konsequenzen und Probleme einer »postindustriellen« Entwicklung studiert werden können; Themen wie Deindustrialisierung und Dienstleistungswachstum, soziale Ungleichheit und räumliche Segregation, Suburbanisierung und Gentrification, Wohnungsnot und Stadterneuerung, Immigration und multikulturelle Entwicklung sind auch die Themen der Diskussion über die zukünftige Entwicklung *unserer* Städte. Aber die Stadt New York ist zugleich exemplarisch und einzigartig. Die umstandslose Annahme, New York zeige schon heute die Zukunft der europäischen Städte, wäre absurd. Zu verschieden sind die kulturellen und institutionellen Bedingungen der Stadtentwicklung in den USA und Deutschland (vgl. Häußermann 1983); aber dennoch zeigen sich in New York die Konturen einer Entwicklung, die auch in deutschen Großstädten zu beobachten ist oder doch möglich wäre. Daher sind beide Fragen berechtigt: Was ist *exemplarisch* und was ist *einzigartig* an New York?[1]

a) New York ist exemplarisch

In verschiedener Hinsicht können an der Stadt New York Entwicklungen beobachtet werden, die durchaus typisch sind auch für die Entwicklung anderer Großstädte in den industrialisierten Ländern:
– New York als die Stadt der *postindustriellen* Gesellschaft:
Die ökonomischen Grundlagen aller großen Städte in den entwik-

kelten Industrienationen wandeln sich: Die Bedeutung der Industrieproduktion nimmt ab, Dienstleistungen bestimmen die ökonomische Entwicklung. Dies führt zu einem raschen Wandel der Beschäftigungsstruktur: Die Zahl der Arbeitsplätze im Bereich der Fertigung geht überall dramatisch zurück, neue Arbeitsplätze entstehen (per Saldo) nur noch als Dienstleistungstätigkeiten. 1950 stellten Bau- und verarbeitendes Gewerbe noch genau ein Drittel der Arbeitsplätze in der Stadt, 1991 waren es nur noch 12 %.

Die »Tertiärisierung der Beschäftigung« hat weitreichende Konsequenzen für die soziale und räumliche Struktur, für die Einkommen, für die Wohnungsversorgung und für die Politik einer Stadt. Dieser Wandel der Bedingungen für die zukünftige Stadtentwicklung und -politik kann am Fall New York deshalb so gut studiert werden, weil er sich dort in den letzten Jahrzehnten besonders rasch und außerordentlich auffällig vollzogen hat.

– New York als die Stadt der *multikulturellen* Gesellschaft:
Seit Beginn des Jahrhunderts wurde New York immer wieder als gigantischer *melting pot* beschrieben, in dem Menschen aus verschiedenen Nationen und Kulturen zu einer Weltgesellschaft verschmelzen – eine Hoffnung, die als Überwindung nationaler Konkurrenzen und rassischer Diskriminierung mit der Moderne verbunden war. Gerade dadurch wurde New York zum Inbegriff der modernen Stadt.

Kontinuierliche und zunehmende Immigration und rassische wie kulturelle Mischung sind Erscheinungen, die heute in jeder europäischen Großstadt zu beobachten sind – und sie werden weiter zunehmen. Von New York wäre zu lernen, welche Probleme beim Prozeß der Strukturierung einer so heterogenen Bevölkerung auftreten. Gelingt eine Integration auf Dauer? Welche Konturen sozialer Differenzierung und Diskriminierung bilden sich heraus, und welche Perspektiven zeigen diese Entwicklungen?

– Ökonomischer Strukturwandel und multikulturelle Entwicklung generieren *neue Anforderungen an die städtische Politik*:
Der ökonomische Wandel ist mit einer räumlichen Restrukturierung der Stadt verbunden, die des politischen Managements bedarf. Der Steuerungsbedarf steigt, aber die Steuerungsmöglichkeiten, insbesondere die finanziellen, sinken. Als Ausweg werden neue Formen der Kooperation von öffentlicher und privater Planung

gesucht. Der soziale Wandel hat Folgen für die sozialräumliche Struktur der Stadt: Ein Kampf verschiedener Kapitalinteressen und verschiedener sozialer Gruppen um den städtischen Raum setzt ein, der sich in politischen und ökonomischen Arenen vollzieht. Diese Prozesse, die Versuche ihrer Steuerung, der Wandel politischer Koalitionen, die wechselnde Basis städtischer Politik und ihre Konsequenzen können am Fall New York studiert werden.

b) New York ist einzigartig

New York ist aber keine Großstadt wie jede andere, denn sie weist eine Reihe von spezifischen Merkmalen auf, die sich nur in wenigen Städten und in dieser Kombination vielleicht nirgendwo anders finden. New York ist keine »typische« Stadt.

– New York als *Global City*:
Die Ökonomie dieser Stadt ist nur mit der weniger anderer Metropolen vergleichbar: Die enorme Konzentration von weltumspannenden Finanzierungsunternehmen und anderen hochwertigen Dienstleistungen (z. B. Werbung) zeichnet New York als eine Global City aus, mit der allenfalls Tokio und London verglichen werden können. In New York konzentriert sich außerdem eine Kulturindustrie, die die Vermarktung von Kultur aller Art in globalem Maßstab kontrolliert. Eine derartige Konzentration findet sich in keiner anderen Stadt. Beide Bereiche sorgen für einen ungeheuren Zustrom von Geschäftsleuten und staunenden Konsumenten. Wenn New York die Hauptstadt der postindustriellen Gesellschaft ist, ist sie *gerade* deshalb nicht typisch für andere. Die Spitze der Hierarchie ist immer einzigartig.

– New York als *Zentrum der Immigration*:
Neben Los Angeles ist New York das wichtigste Eingangstor für legale und illegale Immigranten in die Vereinigten Staaten – eine seit mehr als 100 Jahren während Tradition. Diese Tatsache sorgt nicht nur für das vielfältige ethnische und kulturelle Gemisch in der Stadt, Umfang und Kontinuität der Einwanderung haben auch spezifische Voraussetzungen auf dem Arbeitsmarkt und für das soziale Leben in der Stadt geschaffen. Das gilt nicht nur für die unteren Sozialschichten; Einwohner mit jüdischer Identität z. B. stellen annähernd die Hälfte der New Yorker Mittelschicht. Erst

kürzlich Eingewanderte leben meist in sozial ungesicherten Verhältnissen. Sie sind daher bereit, ihren Lebensunterhalt auf jede nur mögliche Weise und zu extrem niedrigen Löhnen zu verdienen. Das trägt zum einen dazu bei, einen weiten Markt für vor allem personenbezogene Dienstleistungen entstehen zu lassen, zum anderen breiten sich vielfältige informelle und illegale Wirtschaftsformen aus.

– Die *extreme räumliche Konzentration* in Manhattan:
Schließlich ist die Einmaligkeit der räumlichen Struktur New Yorks zu nennen: Eine so hohe Konzentration der wirtschaftlichen Aktivitäten wie auf Manhattan ist in keiner anderen Stadt zu finden. Sie hat sich mit der Inselhaftigkeit dieses Stadtteils und der ungeheuren Massierung architektonischer Imponiergesten zur Chiffre ökonomischer Macht, gleichsam zum Logo des Kapitalismus, verknüpft.

2. Der Wandel von New York City

Aber die Faszination New Yorks liegt darin nicht allein. New York ist eine einzigartige Stadt, die zugleich einen Blick in mögliche Zukünfte der Stadt eröffnet. Die Berichte über die Hauptstadt des 20. Jahrhunderts sind dabei von auffälliger Ambivalenz.

Einerseits sind sie voller Bewunderung: New York, das ist die Stadt der Moderne und der Innovation, der Avantgarde in Architektur und Theater, Mode und Lebensstil, Ökonomie und Kultur; in den Berichten aus New York wird, so lautet durchgängig, aber unausgesprochen die These, von unserer eigenen, schönen und aufregenden Zukunft erzählt.

Andererseits aber dient New York als unerschöpfliche Quelle für Horrorstories: Kriminalität und Drogenelend, Armut und Obdachlosigkeit, Rassenhaß und Korruption, Verkehrschaos und Umweltkatastrophen, politische Skandale und Staatsbankrott. New York, so die tröstliche Botschaft, das ist die ganz andere Stadt, eine Stadt, wie es sie im sozialen, demokratischen und christlichen Europa nicht gibt und hoffentlich nie geben wird.

New York ist Mekka und Menetekel zugleich. Das Bild der Freiheitsstatue vor der Silhouette Manhattans ist eine Chiffre für das Versprechen von Freiheit und die unbegrenzten Möglichkeiten, sein Glück zu machen. Aber es gibt zugleich die aberwitzige filmische Konstruktion des riesigen Affen, der sich, an die Spitze eines Hochhauses geklammert, mit einer weißen Frau im Arm gegen angreifende Flugzeuge verteidigt. King Kong am Empire State Building ist auch ein Mythos von New York, in dem haarscharf balancierend auf der Grenze zwischen sagenhaftem Kitsch und archetypischer Darstellung die Topoi der Großstadtkritik zusammengewürfelt sind: gute Natur, böse Zivilisation, die Großstadt als Moloch und steinerner Dschungel, in dem kein Tier, nicht einmal das gewalttätigste, überlebt.

Die Ambivalenz wird verarbeitet im Klischee, New York sei die »Stadt der Kontraste«. Das ist New York tatsächlich. Nirgendwo auf der Welt versammeln sich so viele unglaublich Reiche und so unglaublich viele Arme. In keiner anderen Stadt leben so viele Menschen aus so vielen unterschiedlichen Kulturen (in New York erscheinen 22 fremdsprachige Tageszeitungen, keine einzelne Minorität dominiert, aber zusammen bilden die Minoritäten eine Mehrheit gegenüber den weißen angelsächsischen Protestanten).

Quartiere mit leeren, verfallenen und ausgebrannten Häusern liegen in unmittelbarer Nähe zu den glitzernden Palästen der Postmoderne. Hochkultur und Straßentheater, religiöser Altruismus und drogenabhängige Gewaltbereitschaft, Irrsinn und Biedersinn, Lebensfreude und Lebenselend sind allgegenwärtig. Es ist, als ob von allem Exotischen und Verrückten, Exzentrischen und Besonderen etwas in diese Stadt gespült worden sei. Und zwischendrin mühen sich die Händler und Künstler, die Finanzexperten und Politiker, die Angestellten und Arbeiter, ein irgendwie »normales« Leben zu führen.

So nehmen wir als Besucher die Stadt New York wahr – die Legende vom *melting pot* im Hinterkopf, die in Romanen und Filmen, in Schulbüchern und Illustrierten seit 150 Jahren erfolgreich verbreitet wird. Die Kontraste sind das Rückgrat der Legende, und deshalb eignet sich diese besonders gut dafür, Widersprüche als Bruchstücke scheinbar zu integrieren. »Die Legende tröstet uns mit der Versicherung, daß die Welt begreifbar ist, ja sogar offen ist, und New York ihr Mittelpunkt, ihr Motor, ihre gefährliche, aber lebendige ›Energie‹« (Didion 1991, 48).

New York war tatsächlich auch *melting pot*. Seit der Mitte des letzten Jahrhunderts sind Hunderttausende von Einwanderern an der Freiheitsstatue vorbei in diese Stadt gekommen, von wo aus sie ihren Weg in andere Orte gesucht haben – und viele sind dabei materiell und sozial aufgestiegen, was einen anderen Mythos begründete: den der offenen und durchlässigen Gesellschaft. Die meisten Einwanderer flohen vor politischer Unterdrückung oder materieller Not, und für die meisten von ihnen war New York tatsächlich das Tor zur Freiheit und zum sozialen Aufstieg.

New York hat sich aber verändert. Aus der Industriestadt ist ein Dienstleistungszentrum geworden. Im Jahre 1950 arbeiteten noch über 1 Million Menschen im verarbeitenden Gewerbe, heute sind es weniger als ein Drittel davon. 1950 waren 90 % der Einwohner Weiße, 1990 nur noch 52 % (Fainstein/Harloe 1992, 27). In den achtziger Jahren sind 845000 Immigranten nach New York gekommen, darunter 540000 Schwarze und Hispanos sowie 250000 Asiaten. Im gleichen Zeitraum haben 540000 Weiße die Stadt verlassen. Im Jahre 2000 werden die Weißen eine Minderheit sein (Epstein 1992, 47). Ist das ein Problem?

Liest man die in diesem Band versammelten Aufsätze, die überwiegend von AutorInnen stammen, die in New York leben und als Sozialwissenschaftler arbeiten, dann ergibt sich ein Bild, das so gar nicht dem Mythos vom *melting pot* entspricht: Ethnische Segregation und Diskriminierung, Unterdrückung und Ausgrenzung, materielle Not und Hoffnungslosigkeit kennzeichnen die Lage der meisten Minderheiten in New York. Beinahe jeder Beitrag festigt den Eindruck einer weit verästelten institutionellen Gewalt, der eine politische Ohnmacht korrespondiert, die sich ab und zu in blinden Ausbrüchen Luft verschafft. Und diese unheilvolle Korrespondenz verhärtet sich zu institutionalisierten Gewaltverhältnissen.

Das war nicht immer so. Die Stadt war lange eine »Integrationsmaschine«, die eine Einwandererwelle nach der anderen ins Land schleuste. Das hat immer zu Konflikten zwischen den verschiedenen ethnischen Gruppen geführt, oft zu gewaltsamen, aber irgendwann fand jede Gruppe ihren Platz in der vielfältigen Ökonomie der Stadt. Die Integration erfolgte über die ethnische Gruppe und mit ihr, nicht individuell, wie der Mythos es will (vgl. den Beitrag von Waldinger in diesem Band).

Diese Form der Integration bildete sich auch räumlich ab. Die Einwanderer sammelten sich zunächst in ethnisch homogenen, hoch segregierten, in der Regel innerstädtischen Gebieten. Dort fanden sie eine Insel des Vertrauten und soziale Netze, die bei ersten Schritten der Eingewöhnung und Anpassung halfen, bevor die Einwanderer über ein landsmannschaftlich strukturiertes Kommunikationsnetz den Weg ins Innere des Landes oder in die oberen Etagen der städtischen Ökonomie fanden. Aus dieser Perspektive hat bereits in den zwanziger Jahren Louis Wirth das jüdische Ghetto in Chicago beschrieben, nämlich als einen Ort mit eigener Binnenintegration und durchaus funktionierenden Sozialbeziehungen: »Das Ghetto ... ist weniger eine physische Tatsache als eine Art zu denken« (1928, 287) – und er hielt dies durchaus für eine verallgemeinerungsfähige, d. h. auch für andere Ghettos gültige Sichtweise. »Was die jüdische Gemeinschaft zu einer Gemeinschaft macht, ist ihre Fähigkeit, als ganze zu handeln. Sie hat einen gemeinsamen Bestand von Einstellungen und Werten, der auf einer gemeinsamen Tradition, auf ähnlichen Erfahrungen und gemeinsamen Problemen beruht« (290). Gerade deshalb war das innerstädtische Ghetto keine Endstation, sondern Anfang und Voraussetzung kollektiver oder individueller Emanzipation aus der Armut.

Der Prozeß der sozialen Integration in die amerikanische Gesellschaft war zugleich ein Weg durch das räumliche Gefüge der Stadt: aus den innerstädtischen Ghettos heraus in die suburbanen Gebiete, wo sich die Schichten der amerikanischen Gesellschaft versammelten, die es »zu etwas gebracht« hatten. In der stadtsoziologischen Theorie der Chicago-Schule (vgl. den zusammenfassenden Überblick bei Friedrichs 1977, 101 ff.) wurde die Bewegung von innen nach außen zur Gesetzmäßigkeit erhoben.

Burgess (1925) hat die Stadt als konzentrisches Gebilde beschrieben. Um das zentrale Geschäftsviertel liegt in diesem Modell ein erster Ring von Wohn- und Gewerbegebieten, in denen sich die Kolonien der ersten Immigrantengeneration bildeten: die *zone in transition*. Diese Ghettos waren tatsächlich Übergangszonen, aus denen die Aufsteiger in den zweiten Ring, der *zone of workingmen's homes*, oder in den dritten Ring, der *zone of better residences*, zogen.

Die amerikanischen Stadtsoziologen der zwanziger Jahre haben sehr genau die Segregation von Schichten und ethnischen Gruppen beschrieben, aber die diversen Formen der Segregation waren nach der Theorie nur vorübergehende Zustände, die durch die Prozesse der »Invasion« und »Sukzession« transformiert oder aufgelöst wurden. Damit erschien die Stadtentwicklung als räumliches Abbild von Integration und sozialem Aufstieg. Das »Deutschländle« der Lower East Side um die Jahrhundertwende hat sich längst aufgelöst, zum Teil auch nur verlagert in die Suburbs oder in andere Städte – doch wenn Segregation nicht mit Armut gekoppelt ist, spricht niemand davon.

An diesen Mechanismen hat sich einiges geändert in New York, vor allem zwei Dinge:

– Die industriellen Arbeitsplätze sind aus der Stadt weitgehend verschwunden. Die Arbeitsplätze in der Dienstleistungsökonomie sind aber von anderer Art. Während der industrielle Arbeitsmarkt in einer wachsenden Wirtschaft für lange Zeit relativ stabile Arbeitsplätze mit guten Verdienstmöglichkeiten bot, ist das Arbeitsplatzangebot im Dienstleistungsbereich gespalten: Hochqualifizierte, bestbezahlte Tätigkeiten im Bereich der professionellen Dienste stehen neben unsicheren und schlecht entlohnten Tätigkeiten in Bereichen wie Gastronomie, Handel, Reinigung, Bewachung und persönliche Dienste. Damit bildet sich eine Polarisierung heraus, in der die besten und die schlechtesten Verdienstmöglichkeiten zugleich wachsen (vgl. den Beitrag von Sassen in diesem Band).

– Zum anderen ist die Immigration in die Stadt seit der Zeit nach dem Zweiten Weltkrieg weit heterogener als davor. Dominierten zuvor die europäischen Einwanderergruppen, die sich vergleichsweise leicht den Lebensbedingungen und Anforderungen der amerikanischen Gesellschaft anpassen oder diese sogar prägen konnten, so nehmen jetzt ethnische Gruppen zu, die einen anderen kulturellen Hintergrund haben: die Schwarzen, die aus den agrarischen Gebieten der amerikanischen Südstaaten nach Norden zogen, um in den industriellen Zentren Arbeit, mehr Liberalität und mehr soziale Sicherheit zu finden, sowie die Immigranten aus dem hispanischen Mittelamerika. In jüngster Zeit hat außerdem die Einwanderung aus asiatischen Ländern zugenommen.

Diese ethnisch-kulturellen Gruppen bringen ganz unterschiedliche Voraussetzungen für die Integration in die amerikanische Gesellschaft mit. Die asiatischen Einwanderer verfügen über ein hochwirksames soziales und moralisches Kapital: Arbeitsdisziplin, den unbedingten Willen zum ökonomischen Erfolg, und vor allem ein dicht geknüpftes Netz von – häufig verwandtschaftlich abgesicherten – Beziehungen, aus dem sie Informationen, Arbeitskräfte und auch Geld mobilisieren können, ohne dabei auf die Institutionen der amerikanischen Gesellschaft (z. B. das Bankenwesen) angewiesen zu sein. Die schwarzen Zuwanderer aus den Südstaaten verfügen über keine vergleichbaren Ressourcen. Seit der Sklavenzeit sind ihre verwandtschaftlichen Beziehungen fragmentiert, und sie zerbrechen immer mehr. Auch gibt es wenig Loyalität der durchschnittlichen schwarzen Aufsteiger zu ihrer Community. Wer den Zugang zur Mittelschicht gefunden hat, verläßt seine Nachbarschaft. Damit verlieren die Ghettos der Schwarzen kontinuierlich jene Bewohner, die eine eigenständige Ökonomie und Politik in den Stadtvierteln der schwarzen Bevölkerung tragen könnten. Ihre Viertel sind ökonomisch meist von außen organisiert worden, früher von Juden, neuerdings von Koreanern (vgl. den Beitrag von Waldinger in diesem Band).

Die Struktur der Ökonomie und die Struktur der Immigration haben sich gewandelt. Beides zusammen bewirkt den Funktionswandel der Stadt. Sie ist nicht mehr der Ort der Integration, sondern der Ausgrenzung. Die Nachfrage nach Arbeitskräften hat sich ebenso geändert wie das Angebot. Die meisten Immigranten haben keine qualifizierende Schule besucht und stehen somit nur für solche Arbeitsplätze zur Verfügung, die wenig Geld einbringen, unsicher sind und keine Aufstiegsmöglichkeiten bieten. Gleichzeitig sind sie an den innerstädtischen Wohnstandorten einer Verdrängungskonkurrenz durch die neuen professionellen Eliten ausgesetzt (vgl. die Beiträge von Smith und Marcuse in diesem Band). Auf dem Arbeitsmarkt wie auf dem Wohnungsmarkt werden sie an den Rand gedrängt oder finden erst gar keinen Zugang. Es ist eine »überflüssige« Bevölkerung, der auch kein Wohlfahrtsstaat das Existenzminimum sichert. So leben vor allem viele Schwarze und Puertoricaner im Elend. In manchen Gebieten Harlems beträgt die Arbeitslosenquote der Jugendlichen über 60 % – die einzigen Einkommensquellen sind dann noch Drogenhandel, Einbruch oder Raub.

Auch früher schon war die Stadt durch scharfe soziale Ungleichheit und Polarisierung der Lebensmöglichkeiten geprägt. Doch schien es sich dabei noch um Pole eines Kontinuums zu handeln, auf dem es zwar unterschiedlich gute Positionen gab, die aber demselben ökonomischen System angehörten und deshalb eine – wenn auch prekäre – Integration in das gesellschaftliche System gewährleisteten.

Die moderne Ökonomie der Global City garantiert dies offensichtlich nicht mehr. Die Dual City (Mollenkopf/Castells 1991) ist nicht nur polarisiert, sondern ökonomisch fragmentiert und sozial desintegriert. Der klassische Integrationsmechanismus der wachsenden Industriegesellschaft scheint erlahmt zu sein. Es bildet sich eine neue Unterklasse (vgl. Jencks/Peterson 1991) heraus, die *dauerhaft* von regelmäßiger Erwerbstätigkeit ausgeschlossen und von staatlichen Unterstützungsleistungen und verschiedenen Formen informeller und illegaler Ökonomie abhängig ist. Diese Struktur kann als funktional für die Ökonomie einer Global City interpretiert werden (so Sassen in diesem Band) oder als soziale Katastrophe, die sich dem Zynismus der weißen Mittelklasse verdankt (in diese Richtung argumentiert Marcuse in diesem Band).

Daß die Chancen für eine organisierte politische Reaktion der Minderheiten in New York äußerst begrenzt sind, zeigen die Analysen von Susan und Norman Fainstein sowie von Mollenkopf in diesem Band. Anders als die sozialistische Arbeiterbewegung, deren politische Orientierung von der Gewißheit geprägt war, die Interessen einer ständig wachsenden (lohnabhängigen) Mehrheit zu vertreten, hat keine der ethnischen oder kulturellen Minderheiten in New York die Perspektive, Mehrheit zu werden. Die teilweise sehr heterogenen Interessenlagen der verschiedenen ethnischen Gruppen und die wachsende Kluft zur weißen Mittelschicht erschweren eine mehrheitsfähige Regenbogenkoalition, wie sie Jesse Jackson bei seiner gescheiterten Kandidatur für die Präsidentschaft zu formen versucht hat. Sofern sie überhaupt zustande kommt, ist sie – wie Mollenkopf in seinem Beitrag zeigt – äußerst labil. Vor allem aber führt die soziale Desintegration bei vielen zu einer politischen Apathisierung, die eine politische Mobilisierung mehr und mehr aussichtslos macht.

Wie sich die vergleichsweise integrative Industriestadt räumlich und sozial als Wachstumsprozeß von innen nach außen dargestellt hat, so bildet sich die neue Struktur einer desintegrierten und fragmentierten Gesellschaft auch räumlich ab: als ein teilweise enges Nebeneinander von Zonen des Luxus und des Elends, dessen Struktur und ethnische Zusammensetzung sich kaum noch ändert. Damit hat sich auch die Funktion des Ghettos gewandelt. Es ist nicht mehr Rückhalt und Basis für die Integration der Einwanderer, sondern Endpunkt der Ausgrenzung und der sozialen Desintegration.

New York nähert sich damit der Situation von Städten der Dritten Welt, in denen die politische, ökonomische und soziale Elite eines Landes von mittellosen und hoffnungslosen Landflüchtlingen umlagert wird. New Yorker gebrauchen den Begriff

»Swisskong« für diese Struktur ihrer Stadt. »Die Segregation im Wohnbereich und der Verfall von öffentlicher Infrastruktur und Dienstleistungen geben diesem sozialen Dualismus eine dauerhafte räumliche Form« (Mollenkopf/Castells 1991, 410).

Dieses Nebeneinander ist und bleibt aber nicht friedlich. Gewalttätige Eruptionen – wie im »zweiten Bürgerkrieg« der sechziger Jahre oder im Frühjahr 1992 in Los Angeles – sind zwar selten, alltäglich aber ist die Bedrohung in den kommerziellen Bezirken, in den Wohnbereichen der integrierten Mittelschichten – und im öffentlichen Raum. Rechnerisch wird alle 6 Minuten eine Wohnung ausgeraubt – wobei nur die bei der Polizei gemeldeten Fälle gezählt sind (*7 Days*, 1. März 1989). Raubüberfälle, Gewalt und Drogenkriminalität sind ein öffentliches und privates Dauerthema in der Stadt – die Realität und die Angst davor steigern sich zu einer Obsession der Abwehr, des Sich-schützen-Wollens, der Abkapselung.

Dies hat tiefgreifende Auswirkungen auf Arbeits- und Wohnorte und auf den Raum dazwischen. In den Bürohochhäusern der Battery Park City sind Überwachungsanlagen installiert, die der Phantasie von Huxleys *Brave New World* direkt entsprechen. Jeder Besucher wird auf ein Videoband aufgenommen, das 14 Tage lang aufbewahrt wird. In jedem Flur und in jeder Toilette hängen Kameras. Sicherheitszonen sind durch Türen voneinander abgetrennt, die nur mit Codekarten zu öffnen sind. Die Beschäftigten müssen beim Verlassen des Gebäudes ihren Namen und die Nummer ihres Arbeitszimmers in eine Kamera sprechen (*Stand and Speak*), denn auch die Stimme kann zur Identifizierung von gefährlichen Fremden benutzt werden. Die öffentlich zugänglichen Bereiche werden von unauffälligen Privatpolizisten überwacht, deren abgerichtete Hunde den Duft von Drogen sofort erspüren. Und die kulturell präzise inszenierten Malls, Empfangshallen und überdachten Innenhöfe der neuen Hotel-, Büro- und Wohntürme (vgl. den Beitrag von Wagner in diesem Band) machen auf sanftere, aber ebenso wirksame Weise die *street person* erkennbar. Schon in dieser Wortwahl wird deutlich, wo das prinzipiell Feindliche zu lokalisieren ist: auf der Straße, im öffentlichen und damit unkontrollierten Raum.

Das gleiche im Wohnbereich: Kriminalitätsabwehr und die dafür notwendige Technik stehen im Zentrum der Sorgen jeder Nachbarschaft. Wie soll man die Drogenabhängigen und ihre Händler verjagen? Wie Fremde erkennen und unter Kontrolle bringen? Für die Reichen ist das ein geringes Problem, da sie ohnehin nur in den oberen Etagen gut bewachter Hochhäuser wohnen und keine öffentlichen Verkehrsmittel benutzen. In den niedriger bebauten Mittelschichtquartieren in Manhattan oder Brooklyn aber schließen sich die *neighbourhoods* zusammen, um eine private Polizei zu finanzieren, wenn sie glauben, daß ihre Kinder nicht mehr auf die Straße gehen, die Frauen nicht mehr allein das Haus verlassen und selbst die Männer nicht mehr ohne Angst zum Kiosk gehen können. Der privat bezahlte Blockwart soll helfen, denn die städtische Polizei kann – obwohl viele sich dies wünschen – nicht überall sein.

Sicherheit ist eines der wichtigsten Qualitätsmerkmale einer Wohnung oder eines Büros, und die Ausstattung mit entsprechender Technik ist schon zu einem Statussymbol geworden: *armed response*. Die ehemals offene Stadt wird mit Türen, Gittern und Kontrollen versehen. »Es entsteht eine Stadt, die dich mehr erforscht als du sie« (*The Culture of Security*, in: *7 Days*, 1. März 1989). Davis (1992, 223 ff.) spricht in einem Kapitel über *Fortress L. A.* von einer »Südafrikanisierung der räumlichen Beziehungen« und von einer »Militarisierung des städtischen Lebens« – dies gilt für New York nicht weniger. Und dies geht an die Substanz dessen, was sozialkulturell noch unter »Stadt« zu verstehen ist. Jener kulinarische Blick, der im dichten Gewimmel an der Grand Central Station den höchsten Ausdruck von »Urbanität« sieht (vgl. Klotz 1990), ist der Realität längst nicht mehr angemessen, weil er die privat organisierten und bezahlten Sicherheitskräfte der Anlieger nicht einmal erkennt.

Die neue Architektur ist daher ganz auf Einbunkerung orientiert, auf strikte Trennung des Öffentlichen und des Privaten. Besonders deutlich wird dies an den Plänen für den Umbau des Times Square, die direkt auf die Zerstörung des gegenwärtig dort herrschenden Milieus gerichtet sind (vgl. den Beitrag von Zukin in diesem Band). Immer mehr Aktivitäten (Hotel, Theater, Restaurant, Einkaufen) müssen *in-door* organisiert sein, die Vermischung mit unkontrollierbaren Gruppen soll vermieden werden. Auch wenn Architekturkritiker die luxuriöse Architektur dieser »Städte in der Stadt« bewundern – durch sie wird die Öffentlichkeit der Stadt nicht nur partialisiert, sondern im Kern zerstört.

Die festungsartigen Gebäude sind nicht gegen einen Feind von außen – wie noch im Mittelalter – gerichtet, sondern gegen die eigene Bevölkerung. Die Inseln der weltbeherrschenden Ökonomie und des Luxus stehen immer isolierter in einem Meer von Armut und Elend. Darunter muß mittel- oder langfristig das zerbrechen, was die Produktivität einer Stadt ausmacht: Verflechtung, Kommunikation, Provokation durch das Unerwartete und Fremde, die Offenheit der Optionen. Urbanität muß stranguliert werden, wenn die sozialen Gegensätze so tief gehen, daß sie nur noch mit Gewalt und technischen Abwehrmechanismen voneinander ferngehalten werden können, wenn die »Erregung« durch das städtische Leben von Angst abgelöst wird.

Kann eine Stadt auf Dauer so existieren? Von »Regierbarkeit« kann schon jetzt kaum noch die Rede sein, wenn damit nicht nur die Technik der Herrschaft, sondern Chancen für politische Teilhabe durch Selbstorganisation und die Perspektive einer sozialen Befriedung gemeint sind. Ohne substantielle Korrekturen an dem Weg in die postindustrielle und multikulturelle Zukunft der Stadt wird auch die Basis zerstört werden, die für die ökonomische Entwicklung so wichtig ist: die Stadt als internationaler Ort von Kommerz, Kommunikation, Kunsthandel und Tourismus. Eine Stadt, die nur noch mit äußerster Anstrengung beherrscht werden und sich nicht selbst in der Balance halten kann, wird diese Funktion nicht auf Dauer erfüllen können.

Ökonomische und finanzielle Probleme gibt es schon jetzt genug. Nach dem Crash der Börse sind seit 1989 allein in Manhattan 149000 Arbeitsplätze verlorengegangen – so viel, wie seit 1980 dazugekommen waren. Und im bisher stärksten Wachstumsbereich FIRE (*Finance, Insurance, Real Estate*) sind von 1989 bis 1992 mehr als 60000 Arbeitsplätze in New York City verschwunden (Epstein 1992, 45). Eine neue Finanzkrise steht bevor – zusätzlich verschärft dadurch, daß sich die Bundesregierung immer stärker aus der Finanzierung städtischer Ausgaben zurückgezogen hat. 1975 kamen 20 % der städtischen Einnahmen vom Bund, 1988 waren es nur noch 10 % (Fainstein 1992, 132). Die Wachstumsbereiche der städtischen Ökonomie sind extrem abhängig vom internationalen Finanz- und Immobiliensektor. Diese Weltmarktbezogenheit macht die Stadt zwar weitgehend unabhängig von der amerikanischen Ökonomie, aber um so abhängiger von den Schwankungen des Weltmarkts. Und vielleicht ist ja die Global City (vgl. den Beitrag von Sassen in diesem Band) weniger eine Leitzentrale der Weltökonomie als eine Weltzentrale der Spekulation.

3. Worin besteht die Faszination New Yorks?

Die Geschichte New Yorks ist eine *Geschichte von Umbrüchen*. Die ökonomischen, sozialen und politischen Strukturen New Yorks haben sich in den letzten 100 Jahren mehrfach und tiefgreifend verschoben. Von der größten Industriestadt der Welt zum Finanzzentrum der postindustriellen Gesellschaft, vom Mekka der europäischen Auswanderer zum Zielpunkt von Wanderungen aus der Dritten Welt, von der Wohlfahrtsstadt des New Deal zur Politik der Ausgrenzung und der Gentrifizierung.

Mit dem gleichen Recht ließe sich die Geschichte New Yorks auch als *Geschichte der Kontinuität* schreiben. New York ist größer geworden und seine Hochhäuser höher. Aber sie massieren sich immer noch in einem kleinen Teil Manhattans. Nicht mehr Deutsche und Iren strömen in die Stadt, sondern Hispanics und Koreaner, aber am Elend der Einwanderer hat sich wenig geändert. Die soziale und räumliche Struktur New Yorks heute ähnelt erschreckend jener vor 100 Jahren. Alles ist größer und höher, vielleicht auch ungleicher und widersprüchlicher geworden. Aber es ist immer noch dieselbe Struktur der »gevierteilten Stadt« (Marcuse). Nach dem Ende einer langen Phase von industrieller Massenproduktion, Wohlstandswachstum und sich ausbreitender Mittelschicht werden die schreienden Gegensätze wieder sichtbar, die New York Anfang dieses Jahrhunderts geprägt haben. Eine Phase, in der relative Gleichheit und soziale Integration immerhin möglich schienen, ist – so scheint es – zu Ende gegangen.

New York kehrt zurück zu seiner einzigartigen Normalität als Weltstadt, die in sich die verschiedensten Welten beherbergt: die Welt der Sweatshops und die Welt der Wall Street, die informelle Ökonomie und den *global market*, die Welt des koreanischen Gemüsehändlers und des weißen Bankers. Dies sind getrennte Welten, die aber noch funktional aufeinander bezogen sind. Die extremen Pole dagegen sind ausgeschlossen oder entziehen sich dem Zusammenhang der Stadt: auf der einen Seite die Aufgegebenen und die Obdachlosen, auf der anderen die Mächtigen des globalen Finanzsystems. Für erstere hat die Stadt keinen Platz; sie sind überflüssig. Letztere brauchen die Stadt nicht, es ist gleichgültig, wo sie sich aufhalten: in der Wall Street oder im Country Club oder in irgendeinem Wohnsitz.

Aus solcher Fragmentierung der Realität und nicht allein aus einem Mangel an Theorie erklärt sich, weshalb die Kategorien, in denen die politischen, sozialen und ökonomischen Strukturen New Yorks in diesem Band beschrieben werden, so unterschiedlich sind. New York ist in der Tat eine fragmentierte Stadt, deren politische Machtverhältnisse nicht bruchlos aus ökonomischen Strukturen abzuleiten sind. Nicht nur die Lebenswelten der verschiedenen Rassen, Ethnien und sozialen Gruppierungen sind voneinander räumlich, sozial und kulturell separiert. Auch die Sphären der Ökonomie, des Sozialen und der Stadtpolitik sind voneinander abgeschottet und führen ein Eigenleben nach je spezifischen Logiken, die sich dem Zugriff einer geschlossenen sozialwissenschaftlichen Erklärung entziehen.

Die Fragmentierung der Wirklichkeit, das Nebeneinander aller Welten und Widersprüche in einer Stadt, ist wohl auch einer der *Gründe für die Faszination, die New York auf europäische Besucher ausübt.*

1. Die *lokale Einheit von Glamour und Slum*, von unglaublichem Reichtum und ebenso unvorstellbarem Elend repräsentiert gleichsam den »Rohzustand« einer Gesellschaft, die eine Bandbreite von Lebensmöglichkeiten und -formen hervorbringt, welche in der wohlfahrtsstaatlich organisierten Gesellschaft europäischen Zuschnitts auf ein Standardniveau reduziert sind, bei dem »Oben« und »Unten« kupiert sind. Für den europäischen Besucher, dessen Normalitätsvorstellungen durch die Erfahrungen von vergleichsweise integrierten Gesellschaften geprägt sind, ist hier Unvorstellbares wirklich. Dies muß nicht immer als schlechte Wirklichkeit empfunden werden, vor der man fliehen müßte: Dieselben Gegensätze stellten zu Beginn des 20. Jahrhunders für europäische Einwanderer einen nahezu unendlichen Möglichkeitsraum dar. Das räumliche *Nebeneinander* von Glück und Elend, von Armut und Luxus repräsentierte einst ein prinzipiell mögliches *Nacheinander* verschiedener Stadien der Integration in eine offene Gesellschaft. Aber heute, in der dualen Stadt, sind die Sphären entkoppelt, das »Unten« und »Oben« getrennt. Für die meisten der heutigen Einwanderer ist die Aufwärtsmobilität keine reale Möglichkeit mehr. Sie werden zur Unterschicht in einer global strukturierten Gesellschaft.

Aber New York als lokale Einheit der schärfsten Gegensätze hält den Mythos vom sozialen Aufstieg und vom *melting pot* Amerika wach. Dieses Versprechen lockt nach wie vor Millionen von Einwanderern an, und für sie ist es im Vergleich zum Herkunftsland auch noch bis zu einem gewissen Grad Realität. Insbesondere aber der Tourist ist geneigt, sich vom Mythos New York »anmachen« zu lassen.

Daß sich dieser Mythos gerade an diese Stadt haftet, liegt sicher vor allem daran, daß New York das Tor für die europäischen Einwanderer gewesen ist. Aber es liegt auch an der Skyline von Manhattan selbst: Nur hier ist der Trump Tower mehr als ein Hochhaus, nämlich Beweis, daß es in dieser Stadt, in der sich jeder Besucher auch winzig und hilflos vorkommt, möglich ist, deutlich sichtbar die eigenen Spuren zu hinterlassen. Donald Trump kann als die bildhafte Verdichtung des Mythos gelten, wonach in der freien Welt des Marktes jeder seines Glückes Schmied sei. Die Skyline von Manhattan prägen, ein Star am Broadway zu sein – wer es hier geschafft hat, schafft es überall. In Frankfurt wäre der Trump Tower lediglich ein besonders hohes Haus.

2. Die Berichterstattung in den Massenmedien über New York zeigt in den letzten Jahren eine deutliche Tendenz, die negativen Seiten New Yorks hervorzuheben (z. B. *Süddeutsche Zeitung Magazin* vom 7. 9. 90: »Die Welthauptstadt des 20. Jahrhunderts versinkt im Chaos. New Yorks Untergang, schon oft prophezeit, ist nicht mehr aufzuhalten«). Jeder kann also wissen, was ihn erwartet. Die Anziehungskraft scheint gerade für Intellektuelle dadurch nur zuzunehmen.

New York dient in der Berichterstattung heute als *negatives Gegenbild*, vor dem sich die Realität des eigenen Landes oder auch der eigenen Stadt besonders vorteilhaft ausnimmt. Aber das New York-Erlebnis vermittelt mehr als gutes Gewissen und Heimatstolz, nämlich die *Ästhetik des Grauens*, den Kitzel dessen, was in der eigenen wohlgeordneten Welt unterdrückt und verboten bleibt. Die Faszination könnte darin bestehen, daß die Gefahr und das Elend gleichsam kulinarisch konsumiert werden von Besuchern, die sich ihrer Rückreise sicher sind.[2] Der New York-Aufenthalt kann genossen werden wie eine Geisterbahn oder eine Wildwasserfahrt auf dem Colorado, als bloßer Nervenkitzel. »Wir leben im Krieg« lautete der Titel einer Geschichte über New York in einer deutschen Life-Style-Zeitschrift – aber das »wir«, das den Leser scheinbar einschließt, gilt gerade für ihn nicht (vgl. Wittke 1990): Er kann sich den Krieg vom sicheren Ufer aus betrachten, angetörnt vom erhöhten Adrenalinspiegel, den die Stadt erzeugt.

Jede amerikanische Stadt, aber insbesondere New York, erlaubt diesen Besucherblick »mitten im Krieg« aufgrund ihrer segregierten Struktur. Zwischen den Inseln verschiedener Funktionen, Schichten und Rassen kann vom Reiseführer jener Trail genau vorgezeichnet werden, man vermeidet, sich der sozialen Wirklichkeit der Stadt persönlich auszusetzen. Zum Standardreservoir von enthusiastischen Besucherberichten aus New York gehören jedoch jene unvergeßlichen Momente, wo der Besucher diesen Trail verlassen hat und sich einer irgendwie unheimlichen, unkalkulierbaren und unbekannten Gefahr ausgesetzt sah.

3. Wie jede andere Stadt auch hat New York seine sozialen und politischen Machtstrukturen, seine klaren Grenzen für Integration und Ausschluß, für Reich und Arm, für Weiße und Farbige, für Fremde und Zugehörige. Diese Grenzen sind in der Stadt nur in ihren extremsten Formen, aber dann um so schärfer sichtbar, etwa im Slum oder in der Pförtnerloge der Wohnhochhäuser der Superreichen. Dazwischen präsentiert sich die Stadt *dem europäischen Besucher als vollkommen offen*. Verhaltenszwänge sind minimal, Kleidervorschriften gelten nicht einmal in der Metropolitan Opera. Der Individualismus feiert Triumphe. Eine tonangebende Elite scheint nicht zu existieren, die Normen der Mittelschicht, die dem Besucher in jeder Suburb entgegentreten, sind nicht zu spüren.

Dem abweichenden Verhalten gegenüber ist die Stadt so tolerant wie keine andere. Die *crazy people* gehören zum Bild wie die Hochhäuser, aber diese Toleranz ist zu einem großen Teil auch Gleichgültigkeit. Ohne »Blasiertheit« (Simmel), ohne eine dicke Hornhaut auf der empfindlichen Seele kann man in New York nicht leben. Die meisten New Yorker haben Toleranz und Gleichgültigkeit in einer spezifischen zynischen Attitüde verquickt, die beide Seiten von »leben und leben lassen« realisiert.

Abgesehen von seinen extremen Rändern repräsentiert New York die *vollkommene Marktgesellschaft*: Wer über Geld verfügt, hat Zutritt. Herkunft, Beruf, Benehmen, Kleidung und Hautfarbe spielen keine Rolle, wenn die Kreditkarte *valid* ist. Hier gilt ein Name wenig, und das dünne Prestige der Titel und Ehrenzeichen sichert keine Anerkennung. In der Marktgesellschaft verlieren die askriptiven und ansozialisierten Merkmale der Person scheinbar an Bedeutung: Wer etwas erworben hat, kann es genießen. Dies ist zweifellos reale Freiheit – aber sie hat ihren Preis, denn sie ist die Freiheit des Konsumenten.

Wer länger in New York lebt und sich z. B. eine Wohnung, ein Telefon und ein Bankkonto zulegen will, erfährt die Mechanismen, die es gerade in einer »offenen« Gesellschaft dennoch geben muß, um die Zugehörigen von den Außenseitern, die Zuverlässigen von Betrügern und die Kreditwürdigen von den Habenichtsen zu unterscheiden. Gerade weil es keinen Personalausweis, keine Meldepflicht und keine verläßlichen äußeren Statusmerkmale gibt, muß das Individuum, das ein im wörtlichen Sinne unbeschriebenes Blatt ist, seine soziale Verortung jeweils neu konstruieren und beweisen, wenn es teilhaben will, wenn es einen Vertrauensvorschuß braucht. Dann muß anhand von Referenzen, Kreditkarten und anderen »Sicherheiten« (wie z. B. Adresse oder Arbeitgeber) eine soziale Realität demonstriert werden, die es als marktfähiges Subjekt ausweisen. Tatsächlich gibt es Individualismus, tatsächlich gibt es wenig soziale Diskriminierung, tatsächlich gibt es Freiheit, wenn man sich als zahlungsfähiger Marktteilnehmer ausweisen kann.

Die staatliche Bürokratie, die jeden erfaßt, kontrolliert und mit Legitimationspapieren ausstattet, gibt es in den USA nicht. Es gibt vor allem Marktbeziehungen, die alles möglich machen, aber auch niemanden auffangen, der die monetäre Legitimation verliert. Dies bringt jenen Zustand von Ungleichzeitigkeit hervor, der für New York so charakteristisch ist: auf der einen Seite die totale Anonymität und die Abwesenheit jeglicher sozialer Kontrolle für denjenigen, der seine Lebenswelt marktförmig organisieren kann, auf der anderen Seite die von außen hoch kontrollierten und intern mehr und mehr desorganisierten Gebiete, in denen die Outcasts und die Verelendeten leben. Diese Gleichzeitigkeit wäre wahrlich ein Kennzeichen von Urbanität, wenn es die Möglichkeit des Übergangs noch gäbe, wenn diese beiden Welten nicht auf verschiedenen Sternen lägen und nicht miteinander im Krieg stünden. Der Vermögende, der sich eine verläßliche und ihm angenehme Nachbarschaft wünscht, muß die Stadt verlassen und in einer jener wohlorganisierten Suburbs leben, deren ethnische und soziale Homogenität vom Bodenpreis, von den Bauvorschriften und von der lokalen Selbstverwaltung garantiert wird. Für den Slumbewohner dagegen besteht wenig Hoffnung, aus dem Ghetto ausbrechen zu können – er tut dies meist nur für schnelle Beschaffungsstreifzüge.

4. Rio de Janeiro, Singapur oder Hongkong könnte man zwar ähnlich beschreiben, aber von diesen Städten geht bei weitem keine solche Faszination für europäische Besucher aus. New York gilt als

eine *europäische Stadt in den USA*, unserem Kulturkreis zugehörig, Vorhof oder Hauptstadt der westlichen Kultur. New York ist uns deshalb ganz nah – und zugleich so fremd und fern. Das Zentrum des westlichen Kapitalismus liegt uns weit näher als eine wirklich exotische Stadt – New York ist exotisch *innerhalb* unserer Kultur.

Für den europäischen Besucher ist die westliche Kultur (noch) dominant in New York, und dort können wir alle ihre Möglichkeiten sehen. Aber die westliche Kultur *erscheint* dort auch weitgehend entkleidet von alteuropäischen Traditionen. Dies wird für jeden Besucher, aber auch noch für heutige Einwanderer aus Deutschland persönlich erlebbar: In New York fragt niemand nach Allgemeinbildung und Abitur. Das Individuum hat keine Vergangenheit und deshalb nur Zukunft. Hier gibt es nur Fremde und deshalb gar keine. Hier ist der Wechsel der Rollen möglich, ein »neues Leben« kann begonnen werden mit der Ankunft in der Neuen Welt, aber auch weiterhin jährlich, wöchentlich, täglich. Man muß nur ein paar Schritte weitergehen. Die Stadt verlangt keine Anpassung, fragt nicht nach gestern, es gilt nur, was heute und hier gerade Tatsache ist und was heute und morgen von dir erwartet werden kann. Aus vergangenen Verdiensten kann kein Recht auf irgend etwas abgeleitet werden, wenn sie sich nicht in Geld materialisiert haben. Es ist das Leben auf dem hohen Seil, das Leben auf der Überholspur, aber es gibt keine Leitplanken und kein Netz beim freien Fall.

Anmerkungen

1 Dies war die Fragestellung eines Symposiums an der Universität Bremen im Jahre 1991, auf dem die hier versammelten Beiträge zur Diskussion gestellt wurden. Danach wurden die Texte von den Autoren zum Teil gründlich überarbeitet. Wir danken der Deutschen Forschungsgemeinschaft für die finanzielle Förderung des Symposiums.

2 Eine derartige Faszination geht von Großstädten aus, seit es sie gibt. Selbst die schärfsten Großstadtkritiker scheinen von den in ihr lauernden Gefahren und Kontrasterlebnissen seit je fasziniert gewesen zu sein (vgl. Schlör 1991).

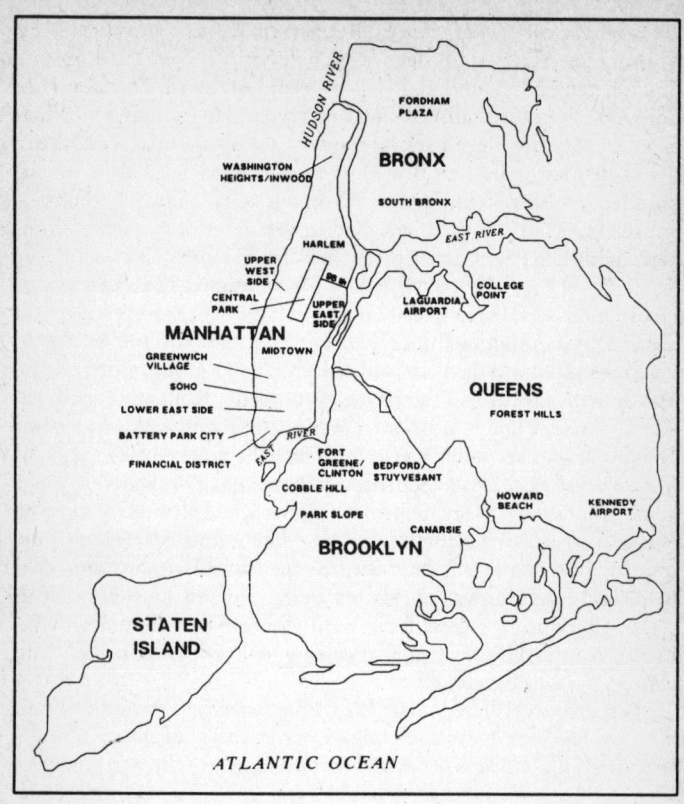

Quelle: J. H. Mollenkopf/M. Castells (Hg.), *Dual City, Restructuring New York*, New York 1991.

Norman I. Fainstein
Transformationen im industriellen New York:
Politik, Gesellschaft und Ökonomie
1880-1973

Dieser Beitrag untersucht die Wechselwirkungen von sozioökonomischen und politischen Kräften, die über den Zeitraum von einem Jahrhundert die physischen und institutionellen Konturen von New York City geformt haben. Die industrielle Phase New Yorks ging mit der weltweiten Restrukturierung des Kapitals um 1973-75 zu Ende. Sie hatte um 1880 begonnen, als eine gewaltige Einwanderungswelle aus Europa einsetzte. In diesem Zeitraum wanderte eine Industriearbeiterschaft ein und wurde politisch integriert; an ihrer Stelle rückten farbige Einwanderer nach. Wie die Stadt von ihren Einwohnern geprägt wurde und wie politische Eliten die Institutionen aufbauten, die die Konfliktlinien der städtischen Politik festlegten, das ist eine nicht vollendete Geschichte, an der auch heute noch weitergeschrieben wird.

Da in diesem Aufsatz die Hauptstränge dieser Geschichte skizziert werden sollen, muß ich mich zwangsläufig auf die kritischen Perioden konzentrieren und ein vereinfachendes Schema zugrunde legen. Ich beginne mit dem Aufstieg New Yorks als produzierende Stadt um die Jahrhundertwende und analysiere dann zwei weitere Phasen: 1. die Jahre der Depression und des Zweiten Weltkriegs, in denen der Kapitalismus eine Krise durchlief, die in der politischen Integration der Arbeiterklasse resultierte, und 2. die »langen sechziger Jahre« (1963-1973), als New York das »Problem der *central city*« zu spüren begann, das zum Teil ein Ausdruck der neuen Realitäten der internationalen ökonomischen und räumlichen Restrukturierung war. Für jede Periode werden ähnliche Prozesse untersucht: Ströme von Kapital und Menschen, die die soziale Ökonomie und die gebaute Umgebung der Stadt neu gestalteten; wichtige politische Akteure und ihre Programme; ungelöste Spannungen und Konflikte, die spätere Ereignisse mitgestalteten.

1. Der Aufstieg zur dominanten produzierenden Stadt: 1880-1914

Gegen Ende des 19. Jahrhunderts hatte sich New York zur größten Stadt der Welt und zum bedeutendsten Zentrum der Fertigung entwickelt. Außerdem war es das finanzielle und industrielle Kontrollzentrum für eine internationale Wirtschaft, die zunächst von Großbritannien und dann gemeinsam von Großbritannien und den Vereinigten Staaten dominiert wurde. Hier lebte die größte Arbeiterklasse der Welt unter den teilweise unerträglichsten Bedingungen. Die Möglichkeit der Rebellion schien der herrschenden Klasse immer präsent, so wie die politische Stabilität des Kapitalismus noch keineswegs als gesichert galt.

Menschen- und Kapitalströme

In den Jahren seit 1880, als die neue Einwanderung aus Süd- und Osteuropa begann, bis zum Ersten Weltkrieg wurde New York in sozialer, ökonomischer und räumlicher Hinsicht umgestaltet. Die Bevölkerung (einschließlich Brooklyns, damals eine eigenständige Stadt) wuchs gewaltig, von 1,9 Mio. im Jahre 1880 auf 4,8 Mio. im Jahr 1910. Um diese Zeit stellte die Stadt ungefähr 5 % der amerikanischen Gesamtbevölkerung, und rund die Hälfte ihrer Einwohner konzentrierte sich in Manhattan (Lampard 1986, Tabelle 5). In all diesen Jahren war New York eine Stadt der Immigranten: mehr als die Hälfte ihrer Erwerbsbevölkerung war im Ausland geboren (Lampard 1986, Tabelle 6). Aber während die im Ausland Geborenen zu Beginn der Periode vorwiegend Iren und Deutsche (darunter eine kleine jüdische Minderheit) waren, waren die neuen Einwanderer Süditaliener und Juden aus Rußland und Polen. Diese Neuankömmlinge drängten sich in der Lower East Side von Manhattan in einer Dichte, die mit den höchsten Werten weltweit vergleichbar ist, ungefähr 800 pro *acre* (= 4,047 qm) bzw. 500000 pro Quadratmeile (= 2,59 qkm) (*Regional Survey 1929*, 73). Iren und Deutsche hatten inzwischen etwas bessere Unterkünfte in einem Bezirk gefunden, der 1910 den größten Teil Manhattans östlich der 3. Avenue, die Midtown West Side, die South Bronx und Teile von Harlem und Brooklyn umfaßte. Das herausragende Merkmal New Yorks im Jahre 1914 war, daß es eine proletarische Stadt war und daß dieses Proletariat zum allergrößten Teil aus europäischen Immigranten der ersten und zweiten Generation bestand, die sozial und politisch verschiedenen Nationalitäten angehörten. Folglich zog die ethnische Zugehörigkeit grundlegende Trennungslinien innerhalb der Unterschichten.

Die ökonomische Grundlage der Stadt wandelte sich in verschiedener Hinsicht. 1880 war New York eine Handelsstadt ohne Hochhäuser, um den Hafen angelegt, und ihre Erwerbsbevölkerung »ging den Finanz-, Handels- und Fertigungstätigkeiten nach, die dem Hafen entsprachen, der den Löwenanteil des Handels zwischen Amerika und der Außenwelt abwickelte« (Hammack 1982, 33). Dreißig Jahre später war das verarbeitende Gewerbe stärker in den Industrien konzentriert, die den komparativen Vorteil der Stadt an eingewanderten Arbeitern und aktiven Unternehmern aus bestimmten ethnischen Gruppen zeigten – am deutlichsten in der Textilindustrie mit ca. 250000 bzw. 36% der Fertigungsarbeitsplätze (Lampard 1986, Tabelle 4). Gleichzeitig schrumpfte der Anteil des produzierenden Bereichs an der städtischen Ökonomie (obwohl die Zahl der dort Beschäftigten erheblich zunahm). Die Angestelltenberufe wuchsen nun auf etwa 35% der Erwerbsbevölkerung, einerseits wegen des rapiden Wachstums solcher Wirtschaftszweige wie Versicherungen, Verlagswesen und Kommunikationstechnologien, in denen die Stadt eine dominante Position einnahm, und andererseits wegen des Aufstiegs moderner Konzerne, die meist ihre Zentrale in Manhattan ansiedelten. Während der ganzen Zeit behielt der Hafen von New York aber seine führende Rolle.

Auf der Basis von Hammacks Schätzung (1982, Tabellen 3-6) kann man die Klassenstruktur im Jahr 1919 folgendermaßen grob beschreiben: 4% Angestellte der Oberklasse und der oberen Mittelklasse, 33% mittlere und untere Angestelltenberufe, 23% Facharbeiter, 30% angelernte und 10% ungelernte Arbeiter. Viele Arbeitsplätze der unteren Gruppen waren extrem unsicher (oder »geringfügige« Beschäftigungen), da sie zum großen Teil nicht gewerkschaftlich organisiert waren und sich in Textil- und Bauindustrie und den hafenbezogenen Tätigkeiten konzentrierten – Industrien mit erheblichen Fluktuationen in ihrer Nachfrage nach Arbeitskräften.

Aufgrund seiner breiten Basis von verarbeitendem Gewerbe, seiner zentralen Lenkungsfunktionen über die amerikanische Produktion auch an anderen Orten und aufgrund seiner herausragenden Bedeutung im weltweiten Handel mit Gütern und Kapital hatte sich New York um 1910 zu einer dominierenden Produktionsstadt entwickelt. Produziert wurde allerdings hauptsächlich in kleinen Betrieben (statt in gigantischen Fabriken wie in Chicago und Cleveland). Weiter verfügte die Stadt über eine solide Grundlage bei Finanz- und Dienstleistungsaktivitäten. Innerhalb des dezentralisierten städtischen Systems der Vereinigten Staaten entfielen auf New York noch im Jahre 1910 etwa 25 % des nationalen persönlichen Einkommens (Lampard 1986, Tabelle 5).

Die ökonomische Expansion New Yorks stimulierte die Bautätigkeit. Das Wachstum der Bürotätigkeiten verlangte den Bau von Bürogebäuden; zuerst nur in Downtown, wo Fertigungs- und Wohnnutzungen verdrängt wurden, und nach 1900, mit der Eröffnung der modernen Bahnhöfe, auch in Midtown. Das Geschäftszentrum des vorigen Jahrhunderts wurde vollständig abgerissen und neu bebaut. Weil sie neue Fabriken brauchten, die in der Nähe der Arbeiterwohngebiete liegen mußten, errichteten die Unternehmer Fabrikhochhäuser (sogenannte Lofts); sie wurden schnell immer größer, bis sie sich zu großen Komplexen von 10 bis 20 Stockwerken entwickelt hatten, die sich nördlich bis Midtown ausbreiteten. Viele dieser Loft-Gebäude blieben erhalten und wurden während der Restrukturierung im letzten Viertel dieses Jahrhunderts neuen Nutzungen zugeführt.

Die politischen Akteure und ihre Programme

Die Jahrzehnte um die Jahrhundertwende werden üblicherweise als Progressive Periode im Hinblick auf nationale wie städtische Politik bezeichnet (Fainstein/Fainstein 1974). In diesen Jahren wurden Regierungsbürokratien und Verwaltungsmethoden erstmalig institutionalisiert, und zwar gewöhnlich auf Drängen der Oberklasse, gegen die Opposition anderer Wirtschaftsinteressen und der parteipolitischen Organisationen, mit denen sie symbiotisch verbunden waren. Trotzdem blieben bis zum Ersten Weltkrieg Umfang und Reichweite aller Regierungsebenen in den Vereinigten Staaten recht begrenzt, von Professionalisierung ganz zu schweigen. Die Bundesregierung war in institutioneller, finanzieller und programmatischer Hinsicht beinahe vollkommen von Bundesstaaten und lokalen Verwaltungsinstanzen abgekoppelt. Die nationalen politischen Parteien operierten von unten nach oben, wobei die Organisationen auf Bundesstaatsebene unumschränkte Macht besaßen. Der Kongreß hatte den größten Einfluß und wurde von den bundesstaatlichen Parteiorganisationen kontrolliert, die normalerweise mit mächtigen Kapitalisten gemeinsame Sache machten.

Während der Progressiven Periode, als die lokalen Regierungsinstitutionen neu bestimmt und von der Politik auf Wahlkreisebene abgelöst wurden, erhielten die Stadtgemeinden größere Zuständigkeiten. In New York City war die Umbildung besonders einschneidend, weil 1898 eine einheitliche Stadtverwaltung mit von der Bevölkerung gewähltem Bürgermeister und Legislative für das gesamte Territorium etabliert wurde. In den ersten Jahrzehnten des 20. Jahrhunderts monopolisierte diese Regierung Polizei, Feuerwehr, Abwasserbeseitigung, Gesundheitswesen, Grünanlagen, Wasserversorgung, öffentliches Schulwesen, einschließlich eines städtischen College, und nicht zuletzt die Vergabe von Aufträgen und Konzessionen für Verkehrsmittel, Elektrifizierung, Kanalisation und Straßenbau. Die Bandbreite der Funktionen wie das Ausmaß der physischen Expansion der Stadt machten ihre Lokalverwaltung zur mächtigsten in Amerika. Trotzdem waren soziale Kontrolle und ökonomische Intervention aller Regierungsebenen viel schwächer als zu dieser Zeit in Westeuropa. Die Ökonomie und die gebaute Umwelt befanden sich in Privatbesitz und waren vergleichsweise wenig reguliert. Zudem konnte sogar noch nach 1898 die einheitliche Regierung der Stadt die Bundesstaatsgrenze nicht überschreiten, die durch den Hafen von New York verlief und damit nahegelegene städtische Zentren in New Jersey ausschloß.

Die Politik dieser Periode bestand vor allem darin, die konkurrierenden Interessen innerhalb der Oberschicht auszugleichen und zugleich die Parteiorganisationen mit Schmiergeldern zu versehen. Die Demokraten, bei denen sich die Iren und die Deutschen gesammelt hatten, besaßen eine etwas proletarischere Klassenbasis als die Republikaner, zu denen der größte Teil der alten (angelsächsischen) Yankee-Aristokratie, aber auch die amerikanisierte deutsche Bevölkerung gehörte. Die Juden verblieben außerhalb des »regulären« Parteiensystems bis gegen Ende dieser Periode, und die Italiener traten vor dem Ersten Weltkrieg überhaupt nicht in Parteien ein. Den überwiegenden Teil dieser Jahre wurde die Demokratische Partei von der Tammany-Hall-Maschine kontrolliert – einem Kreis von Parteiführern und Regierungsbediensteten, der nach dem Gebäude benannt war, in dem die Organisation residierte. Sie drang weit in die kommunale Ebene vor und betrieb ein ausgefeiltes Protektionssystem im öffentlichen wie im privaten Sektor (besonders im Bauwesen und im Hafenbetrieb, wo die Partei und organisierte kriminelle Banden eng miteinander verflochten waren). Es war die »Verbindung von Parteimaschine, öffentlichen Einrichtungen und Unterwelt, mit der die Herrschaft über die Stadt gewonnen werden konnte, und mit dieser Herrschaft konnte jedes Segment dieser Machtkonstellation erreichen, was es wollte« (V. O. Key, nach: Lowi 1964, 82). Die Republikaner wurden keine solche Massenorganisation und verloren schließlich die Kontrolle über die Regierung der Stadt New York. Sie zogen sich daraufhin in die Hauptstadt zurück, wo sie häufig direkt die Wünsche der führenden Kapitalisten, insbesondere der Eisenbahn- und Bankinteressen, ausführten.

Unter zwei gerissenen Führern, Croker und später Murphy, etablierte die Tammany-Hall-Maschine eine stabile Cliquenwirtschaft über größere Abschnitte dieser Periode, vor allem während der letzten Jahre. Zu dem Zeitpunkt hatte die »Maschine« ihren Frieden mit den Facharbeitergewerkschaften in der *American Federation of Labor* gemacht und unterstützte sogar schwache Formen einer Arbeitsgesetzgebung. Sie verteilte auch routinemäßig Vergünstigungen an die einwandernden Deutschen, Iren und, in gewissem Umfang, an die Juden. Aber sie verharrte in unversöhnlicher Opposition gegenüber den Gewerkschaften, die sich in die Politik einzumischen versuchten, und es gelang ihr, aus der Arena der lokalen Politik alle programmatischen Fragen fernzuhalten, die mit kollektiven Arbeiterinteressen hätten identifiziert werden können. So bewirkte und reproduzierte sie die Segmentierung zwischen einerseits der Politik am Arbeitsplatz, die zwischen Arbeitern, Gewerkschaften und Unternehmern ausgefochten wurde (zu dieser Zeit extrem konflikthaft, allerdings nie als Politik bezeichnet), und andererseits der kommunalen Politik der konkurrierenden Parteien und Kandidaten bei Kommunalwahlen, wobei selten politische Inhalte und niemals die soziale Frage angesprochen wurden. Katznelson (1981) bezeichnet diese dynamische Trennung von Arbeitsplatz und Wohnort als das Aufreißen städtischer Gräben im amerikanischen System. Wie wir sehen werden, wurden diese Gräben niemals wirklich zugeschüttet, auch nicht später in diesem Jahrhundert, als sich die sozialen Kontrahenten in wichtigen Aspekten veränderten. Während das Scheitern der sozialistischen Bewegung in Amerika im Rückblick überdeterminiert erscheint, schien es der zeitgenössischen Elite kaum als unvermeidlich. Dominante Gruppen – deren Zusammensetzung sich im Verlauf der Periode durch den Zuwachs an Managern und akademisch gebildeten Arbeitskräften veränderte – waren vereint in ihrer Heidenangst vor einem radikal organisierten Proletariat; viele hielten einen Umsturz für eine reale Möglichkeit angesichts der dualen Gesellschaft, die sich in New York herausgebildet hatte. Das materielle Elend der im Ausland geborenen Massen, die augenfällige soziale Desorganisation und Kriminalität in Immigrantenquartieren, das erbärmliche Leben in den Mietskasernen – all dies war Thema von zahllosen, weitverbreiteten Abhandlungen, Regierungsberichten und klugen Aufsätzen in den neuen akademischen Disziplinen Soziologie und Politische Wissenschaften. Die Verbindung von Armut, Fremdheit und politischer Agitation war eine ernsthafte Bedrohung für das politische und ökonomische System der USA.

Die Reaktion der besitzenden Klassen war vielfältig und fragmentiert, vor allem bezüglich lokaler Probleme. Als ökonomische Elite hatten Geschäftsleute, die nationale Konzerne leiteten, kein Interesse an der städtischen Politik, wogegen andere sich an die notwendige Korruption der politischen Maschine anpaßten. Die Bourgeoisie bewegte sich von einer zu Beginn der Periode vorherrschenden Laissez-faire-Position zu einer konservativen Haltung. Im amerikanischen Kontext bedeutete Etatismus Ausweitung der Funktionen der Lokalverwaltung, staatliche Bereitstellung von Mitteln zur Wirtschaftsförderung sowie für eine erfolgreiche Konkurrenz mit rivalisierenden Städten (vor allem Chicago) und ein zaghaftes Bemühen um die Verbesserung der sozialen Zustände, besonders durch Maßnahmen zur Regulierung des öffentlichen Gesundheitswesens und durch Amerikanisierung von Immigrantenkindern in öffentlichen Schulen.

Programmatische Innovationen und ungelöste Konflikte

Innovationen fanden in zwei Bereichen statt. Die erste hängt mit der Stärkung und Professionalisierung der kommunalen Verwaltung zusammen. Wie bereits erwähnt, wurden in den politischen Grenzen des modernen New York 1898 die Städte Brooklyn und

New York, die zu einer Stadt verschmolzen, und einige andere Städte zusammengefaßt. Die Großstadtregierung bescherte der Region eine einheitliche effektive Verwaltung, deren Grenzen den gesamten urbanisierten Bereich östlich des Hudson River umschlossen, einschließlich einer riesigen landwirtschaftlichen Fläche in Queens, des östlichen Brooklyn und der nordöstlichen Bronx, wo weitere Expansionen stattfinden konnten. Mit einer einheitlichen Besteuerungsgrundlage konnte die Stadt nun die technische Infrastruktur finanzieren, eine Voraussetzung der Dezentralisierung und damit für das Wachstum der Stadt.

Dezentralisierung von Bevölkerung und Wirtschaftsaktivitäten war also die eine Möglichkeit, das potentiell explosive soziale Immigrantenproblem zu entschärfen, soziale Integration die andere. Der amerikanische Mechanismus für diesen Zweck war das öffentliche Bildungswesen. Die Schulen sorgten für eine gemeinsame Kultur und lieferten außerdem ausreichend Humankapital für individuelle soziale Mobilität – jedenfalls hofften die progressiven Verfechter des Schulwesens darauf. Zu Beginn des Jahrhunderts verbanden sich in New York die neuen professionellen Erziehungsberufe mit den progressiven Eliten zu dem Zweck, die Schulen »aus der Politik zu entfernen«, ihre Aufgaben auszudehnen und sie gegen Kontrolle durch die Bevölkerung abzusichern. Letzteres erforderte die Aufgabe des stark dezentralisierten Systems der Stadtteil-Schulbeiräte, das damals noch bestand. Nach Jahren der Auseinandersetzung war das Schulsystem der Stadt New York vereinheitlicht, und Lehrer und Direktoren wurden von einer zentralisierten Verwaltung nach professionellen Kriterien eingestellt. Damit war die Gefahr »unamerikanischer« Einflüsse aus Immigrantenquartieren für ein halbes Jahrhundert gebannt, bis Schwarze und Lateinamerikaner erneut »kommunale Kontrolle« forderten.

Der Ausbau der technischen Infrastruktur für eine erheblich größere Stadt sowie bescheidene Fortschritte in Wohnungsbau und Flächennutzungsplanung sind der zweite Bereich von Innovationen. Abgesehen davon, daß Hunderte von Straßenmeilen befestigt und gepflastert wurden, bestanden die wichtigsten öffentlichen Investitionen im Bau zweier neuer Brücken vom unteren Manhattan nach Brooklyn. Zusammen mit der 1882 freigegebenen Brooklyn Bridge sicherten die Manhattan Bridge und die Williamsburgh Bridge die Verbindung zwischen den Industrie-Lofts in Manhattan und den Wohngebieten in Brooklyn. 1914 waren auf den Brücken nach Brooklyn die Geleise für die neue Schnellbahn verlegt. Die Eröffnung der U-Bahn, öffentlich subventioniert, aber zu dieser Zeit in Privatbesitz und privat betrieben, trug weiter zur Dezentralisierung der Arbeiter- und der Mittelklassenwohngebiete in der prä-automobilen Stadt bei. Neu errichtete Wohngebiete folgten den Linien nach Norden durch Manhattan und die südliche Bronx und nach Osten Richtung Brooklyn. Ein Fahrschein für die U-Bahn kostete fünf Cents, und das blieb so bis 1948. Damit subventionierte die Kommunalverwaltung die Beförderung der Arbeiter direkt. Indirekt subventionierte sie den Wohnungsbau, indem sie relativ billige Grundstücke zur Verfügung stellte, die ohne U-Bahn zu weit entfernt von den innerstädtischen Fabriken und dem Hafengebiet gewesen waren.

Bis zur Jahrhundertwende hatte es wenige Bestimmungen zu Wohnungsbau und Flächennutzung gegeben.[1] Die wichtigste Verordnung war der *Tenement House Act* von 1879. Er schrieb eine bestimmte Anzahl von Toiletten innerhalb des Gebäudes, fließendes (kaltes) Wasser und eine bestimmte Belüftung vor. Außerdem wurde damit eine einheitliche Gestaltung etabliert, das sogenannte Hantel-Haus[2], ein fünf-, sechs- oder sogar siebengeschossiges Haus ohne Fahrstuhl, in dem üblicherweise 20 bis 30 große Familien und ihre Untermieter in Zwei- und Dreizimmerwohnungen lebten. Mehr als zehntausend dieser »städtischen Käfige« wurden von einer Gruppe kleiner Unternehmer gebaut und privat bewirtschaftet.

Die Wohnungen waren immer so überfüllt, daß auch die Häuser, die »altem Gesetz« entsprachen, profitabel vermietet werden konnten, und so hielt der Wohnungsbau mit dem Bevölkerungszuwachs Schritt. Ab 1901 schrieb ein neues Wohnungsbaugesetz erheblich bessere Sanitäranlagen, Belüftung und nun auch Elektrifizierung vor. Aber die Erfüllung dieser Vorschriften wurde umgangen, und die Kontrolle der Behörden war nicht sehr intensiv. Daher spürte die Arbeiterklasse mehr als zehn Jahre lang nichts von den Segnungen eines verbesserten Wohnungsbaus. Dann, mit wachsendem Wohlstand und billigeren, dezentralen Wohngebieten, konnten die besser verdienenden Arbeiterhaushalte sich die Mieten in den Häusern nach »neuem Gesetz« leisten. Obwohl es während der ganzen Periode zahlreiche Berichte über grauenhafte Wohnbedingungen gab, fand die Alternative, der öffentliche Wohnungsbau, wenig Unterstützung, nicht einmal bei den Gewerkschaften und den politischen Organisationen der Arbeiterklasse.

Die Periode endete mit der Aussicht auf politische Stabilität und steigenden Lebensstandard für die Arbeiterklasse der Stadt. Während des Kriegs war die Immigration gestoppt, danach beschränkt worden, und sie endete schließlich 1924, womit der endlose Vorrat an Niedriglohnbeziehern reduziert wurde. Die städtische Ökonomie Amerikas prosperierte während des Ersten Weltkriegs und des darauffolgenden Jahrzehnts. Lokal und national waren konservative Regierungen im Amt. Es bedurfte der Depression, um die politische Neuorientierung hervorzubringen, die für eine weitere Welle maßgeblicher programmatischer Innovationen in New York erforderlich war.

2. Die Stabilisierung der Arbeiterstadt: 1929-1945

In den dreißiger Jahren war die politische Integration der um die Jahrhundertwende immigrierten Arbeiter vollzogen. Aber der Kapitalismus befand sich wieder in einer Krise, und der weltwirtschaftliche Abschwung bedrohte die Stabilität in New York. Zum ersten Mal reagierte die Bundesregierung jetzt mit politischer Innovation auf die ökonomische Krise: mit dem Wohlfahrtsstaat, öffentlichen Arbeiten und Beschäftigungsprogrammen. Die lokalen Eliten reagierten ähnlich. Am Ende des Krieges war New York das Zentrum, von dem aus die amerikanische Wirtschaft die Welt dominierte.

Menschen- und Kapitalströme

Die Einwanderung endete, aber die Bevölkerung der Stadt wuchs weiter, und zwar von 6,8 Mio. im Jahr 1930 auf 7,5 Mio. im Jahr 1940. Von den insgesamt 10,6 Mio. Einwohnern der Region konzentrierten sich immer noch etwa 64 % in New York – kaum weniger als der Anteil von 68 % im Jahre 1910 (Lampard 1986, Tabelle 10). Obwohl der Zustrom versiegt war, machten die im Ausland geborenen weißen Einwohner 42 % der ansässigen Erwerbsbevölkerung aus (im Vergleich zum Höhepunkt mit 53 % im Jahr 1910). Die schwarze Bevölkerung hatte sich seit dem Ersten Weltkrieg mehr als verdoppelt und stellte um 1940 etwa 7 % der

Erwerbsbevölkerung. Die Puertoricaner machten ungefähr ein weiteres Prozent aus (Lampard 1986, Tabelle 6). 1930 waren ca. 33 % der in New York lebenden 3,18 Mio. Arbeitskräfte in der verarbeitenden Industrie beschäftigt (das liegt nur geringfügig unter dem maximalen Anteil von 38 % im Jahr 1880; Lampard 1986, Tabelle 6). New York hatte den größten produzierenden Bereich in ganz Amerika und blieb eine Stadt, die von eingewanderten europäischen Arbeitern geprägt war, auch als die Angestelltenberufe und der Dienstleistungssektor während der ersten 30 Jahre des Jahrhunderts langsam anwuchsen.[3]

Die Depression, die 1929 einsetzte und bis 1941 anhielt, hatte erhebliche Arbeitsplatzverschiebungen in der Stadt New York zur Folge. Trotzdem, und obwohl die Arbeitslosenquoten auf bis zu 25 % anwuchsen, wurde die städtische Wirtschaft im Unterschied zu den anderen Landesteilen *relativ* weniger hart getroffen. Die Beschäftigung im verarbeitenden Gewerbe erholte sich während des Krieges von einem neunprozentigen Rückgang in den dreißiger Jahren, und der Anteil der Stadt an den Arbeitsplätzen der Region in diesem Sektor blieb ebenso stabil wie die nationale Position der Region, die sich zwischen 1919 und 1947 kaum veränderte (Tobier 1988, 97-99).

Tobier (1984) hat gezeigt, daß die Stadt ihre ökonomische Position deshalb behaupten konnte, weil während der Depression in der verarbeitenden Industrie national nur geringfügig investiert worden war, während des Krieges aber eine außergewöhnliche Nachfrage entstand. Die relative Ineffizienz des veralteten Kapitalstocks konnte die lokale Wirtschaft deshalb bis zur Nachkriegszeit nicht beeinträchtigen. Aber da bezogen die ehemaligen Immigranten höhere Löhne, so daß die Ausbeutung der Arbeitskraft kein ausreichender relativer Vorteil mehr war, der die unzureichende Kapitalisierung und die hohen Betriebskosten kompensieren konnte.

Wie in der Fertigung blieb auch die Beschäftigung in den Angestelltenberufen *relativ* stabil. Der Markt für Bürogebäude brach zusammen und erreichte 1934 einen Höhepunkt von 34 % bei den Leerständen, erholte sich dann aber wieder. Der Aufschwung der Kriegsjahre hatte der Stadt voll ausgelastete Fertigungsbetriebe und Hafenanlagen hinterlassen, dazu geringe Leerstände bei den Büros und einen krassen Mangel an Wohnungen.

1934 kam mit der Regierung LaGuardia die erste Kommunalverwaltung ins Amt, die sich direkt mit den Industriearbeitergewerkschaften verbündete. Aber LaGuardia hatte mit dem Bürgermeisteramt eine Finanzkrise übernommen, die ihn zur Entlassung Tausender städtischer Arbeiter, zu Lohn- sowie Leistungskürzungen zwang. Seine Regierung schmückte sich mit populären Symbolen (zur Legitimierung bei Italienern und Juden, den Arbeitergewerkschaften, den Verelendeten), während sie gleichzeitig eine konservative Ausgabenpolitik betrieb. Mehrere Jahre lang stand der Haushalt unter strenger Überwachung eines Komitees von Bankern, die New York ein Restriktionsprogramm im Gegenzug für weitere Kredite verordnet hatten.

LaGuardia gelang es, linksgerichtete Interessen durchzusetzen, weil ihm Ressourcen des Bundesstaates und der Nationalregierung zur Verfügung standen, deren Höhe einzigartig in der Geschichte der USA war. Während der Depression hatte die Regierung des Staates New York – unter ihrem Gouverneur Herbert Lehman, einem liberalen Demokraten – ihre Maßnahmen zur Sozialfürsorge, für die Verbesserung der Arbeitsbedingungen und für den Wohnungsbau erheblich ausgeweitet. Vieles davon diente der Bundespolitik des New Deal als Modell. 1934 war der New Deal in vollem Gange. Die Regierung Roosevelt, mit der sich LaGuardia verbündet hatte, versorgte die Stadt nun mit beträchtlichen Mitteln zur Reduzierung der Arbeitslosigkeit. Der größte Teil dieses Geldes war für Investitionsprogramme vorgesehen. LaGuardia beauftragte Robert Moses – einen konservativen Republikaner, der sich von der Tammany-Gruppe und Roosevelt abgewandt hatte und sich in den zwanziger Jahren im Straßenbau hervorgetan hatte – mit der Steuerung der städtischen Ausgaben aus diesen Mitteln für Infrastruktur, Grünflächen und Wohnungsbau. Moses organisierte und leitete auch die Triborough Bridge and Tunnel Authority. In Zusammenarbeit mit der Hafenbehörde von New York und New Jersey realisierte diese Behörde viele öffentliche Bauvorhaben und beschäftigte Tausende. Mit diesen neuen Möglichkeiten und Ressourcen ausgestattet, nahm die Stadt Sanierungs- und Wohnungsbauprogramme in Angriff. LaGuardia und Moses teilten sich die Anerkennung für diese durchweg populären Bemühungen.

Die Periode endete damit, daß die Tammany-Gruppe im Zuge der Kommunistenhatz, die in den vierziger Jahren wie eine Welle über das Land schwappte, wieder ins Amt kam (1946). Die Regierung O'Dwyer führte LaGuardias Strategie der symbolischen ethnischen Repräsentanz weiter. Europäische Immigranten wurden in Regierungsämter berufen, und wo immer es möglich war, präsentierten die Demokraten »ausgeglichene« Wahllisten mit irischen, italienischen und jüdischen Kandidaten (Lowi 1963). Die Tammany-Gruppe nistete sich in das gigantische Imperium ein, das Moses begründet hatte. Als die Nachbarschaftsorganisationen der Demokratischen Partei verkümmerten, verband sich die Parteiführung mit den Immobilien-, Bank- und Bauinteressen, um auch ihren Anteil an den außerplanmäßigen Mitteln und den öffentlichen Einnahmen zu ergattern. Nach einem Rückschlag in den Kriegsjahren wurde die umfangreiche Erneuerung New Yorks wiederaufgenommen, jetzt gänzlich unter der Leitung von Robert Moses, während die Stadtverwaltung primär als Vehikel der Legitimation dieses Prozesses diente (Caro 1974).

Programmatische Innovationen und ungelöste Konflikte

Diese fielen in zwei Hauptkategorien. Bei der ersten handelte es sich um die Umstrukturierung der Bausubstanz. In den dreißiger Jahren begann New York mit umfangreichen Aktivitäten im Brücken-, Unterführungs- und Straßenbau, die die Stadt auf das automobile Zeitalter vorbereiten sollten. Abgesehen von einer größeren Erweiterung des U-Bahn-Netzes fand bis Mitte der sechziger Jahre kein weiterer Ausbau des öffentlichen Verkehrssystems statt, und auch danach kaum. Die Straßen wurden hauptsächlich nach den Vorgaben des *Regional Plan* von 1929 gebaut, als noch die Vorstellung von einer weniger verdichteten Stadt mit umliegenden Wohnvororten und Industriezentren herrschte. Der *Regional Plan* war von einer privaten Gruppe ohne Baukompetenzen erarbeitet worden; es gab keine umfassende behördliche Planung und wenig politische Auseinandersetzung um Alternativen.

Zum ersten Mal wurden jetzt öffentliche Wohnungsbauprogramme durchgeführt. Private Stiftungen und der Staat New York waren die einzigen Geldquellen, bis 1937 das Wohnungsbaugesetz der Bundesregierung in Kraft trat; aber bis in die fünfziger Jahre spielte der vom Bundesstaat geförderte Wohnungsbau kaum eine

Rolle. Der öffentliche Wohnungsbau wurde zur Slumbeseitigung eingesetzt. In den dreißiger Jahren wurde der größte Teil der Wohnungen in der Lower East Side gebaut und von europäischen Immigranten bezogen. 1940 hatten der öffentliche und der öffentlich geförderte Wohnungsbau lediglich 15 000 Einheiten geschaffen; das sind weniger als 10 % des privaten Wohnungsbaus während der Depression und ein belangloser Anteil am Wohnungsbestand von 2,5 Mio. (Fainstein/Fainstein 1988, Tabelle 7.4). Trotzdem war New York der größte Bauherr im öffentlichen Wohnungsbau im ganzen Land.

Die Etablierung neuer politischer Institutionen ist die zweite Erbschaft dieser Periode. Die Zuständigkeiten der Lokalverwaltung wurden wiederum erweitert. In den dreißiger und den Kriegsjahren wurden u. a. das Amt für öffentlichen Wohnungsbau der Stadt New York, die Verkehrsbehörde, die Behörde für den Bau von Triborough-Brücke und -Tunnel und die Stadtplanungskommission (New York City Public Housing Authority, Transit Authority, Triborough Bridge and Tunnel Authority, City Planning Commission) eingesetzt, die Ämter der Sozialfürsorge in ihren Funktionen erheblich ausgedehnt und organisatorisch rationalisiert und die zweistaatliche Hafenbehörde zu einer mächtigen Planungs- und Bauverwaltung ausgebaut, verantwortlich z. B. für die Tunnel unter dem Hudson und die George-Washington-Brücke, die Flughäfen Newark und LaGuardia (später Idlewild, heute Kennedy). Die mächtigen Behörden wurden der öffentlichen Kontrolle entzogen und operierten weitgehend unabhängig von den gewählten städtischen Offiziellen, die daher weder finanzielle noch politische Verantwortung für Entwicklungsprojekte trugen, die für Hunderttausende von Menschen erhebliche Folgen hatten. Gleichzeitig wurde die Vertretung der Stadtteile in der Lokalverwaltung geschwächt, denn die Demokratische Partei streifte ihren Charakter einer Volkspartei ab, und 1945 wurden mit der gesetzlichen Aufhebung der proportionalen Repräsentation die American Labor Party und andere sozialistische Gruppen aus dem Magistrat entfernt. D. h., eben in dem Augenblick, da lokale und regionale Behörden an Macht gewannen, ging der politische Einfluß der Arbeitermehrheit in der Stadt zurück.

3. Probleme der Innenstadt: 1960-1973

Die Dezentralisierung der Fertigung und die Suburbanisierung der Bevölkerung wirkten sich nun stark auf New York aus, ebenso der rapide Niedergang des Hafens. Diese Prozesse waren Vorstufen der massiven ökonomischen Restrukturierung, die 1973 mit dem Embargo der OPEC-Länder einsetzen sollte. Damit wurde die Bevölkerung der Innenstadt zunehmend ökonomisch benachteiligt. Immigration und Migration veränderten außerdem die ethnische Zusammensetzung der unteren Schichten und brachten eine Rassenpolitik hervor, die nicht durch die institutionellen Arrangements gezähmt werden konnte, die die weiße Arbeiterklasse um die Mitte des Jahrhunderts erfolgreich integriert hatten. Die Periode endete mit einer politisch ausgelösten Finanzkrise, die auf die Entscheidung eines kleinen Kreises von Bankern und anderen führenden Unternehmern zurückging, die Finanzierung der städtischen Schulden bis zur Einleitung bestimmter Reformen einzustellen. Diese Reformen – sehr ähnlich den Auflagen des Internationalen Währungsfonds für Schuldnerländer der Dritten Welt – umfaßten Kürzungen beim Verwaltungspersonal und den sozialen Dienstleistungen, Lohnreduktionen und direkte fiskalische Überwachung durch einen Krisenrat (Emergency Financial Control Board), in dem Wirtschaftsvertreter den Ton angaben.

Menschen- und Kapitalströme[4]

1969 konnte New York auf drei Jahrzehnte ökonomischer Prosperität zurückblicken. Zwar hatte die verarbeitende Industrie nach ihrem Höhepunkt im Jahr 1953 eine Viertelmillion Arbeitsplätze abgebaut, aber andere Sektoren kompensierten das. Im Zuge der nationalen wirtschaftlichen Expansion, vorangetrieben durch Finanzwesen, Versicherungen, Immobilien (FIRE – *F*inance, *I*nsurance, *R*eal *E*state) und andere Dienstleistungsbereiche, erreichte die Stadt 1969 mit 3,745 Millionen Arbeitsplätzen ein historisches Beschäftigungshoch (1949: 3,468 Mio.).[5] Während die Fertigung 1949 30% der Beschäftigung in der Stadt stellte (1,04 Mio.), waren 20 Jahre später davon fast 300000 Arbeitsplätze verlorengegangen und nur noch 20% in diesem Sektor beschäftigt. Umgekehrt stieg die Beschäftigung in FIRE und anderen Dienstleistungen von 844000 (24%) auf 1,26 Mio. (33%). Zum Teil als Reaktion auf den

Druck von Minoritätengruppen wuchs auch die öffentliche (vor allem städtische) Beschäftigung in den beiden Jahrzehnten von 11 % auf 15 % an der Gesamtbeschäftigung, womit fast 200 000 neue Arbeitsplätze geschaffen wurden (Temporary Commission 1976, Tabelle 1). In den anderen Teilen der Region New York blieb die verarbeitende Industrie im wesentlichen unverändert, während die Wachstumssektoren FIRE und andere Dienstleistungen rapide zunahmen. Der Veränderungsprozeß verlief also in Stadt und Region ähnlich wie in der ganzen Nation.[6]

Zu Beginn des Jahrzehnts hätte kaum jemand vorhergesagt, daß der größte Teil der siebziger Jahre von ökonomischer Schrumpfung geprägt sein würde. Aber die Verbindung von Suburbanisierung und regionaler Verlagerung bewirkte einen Rückgang in der Fertigung, der noch stärker wurde, als sich die internationale Restrukturierung nach 1973 intensivierte (Fainstein/Fainstein 1988, Tabelle 7.2). Außerdem erlebten auch die Dienstleistungsbereiche eine Rezession, und mit der Finanzkrise in den siebziger Jahren wurde dann die öffentliche Beschäftigung drastisch reduziert. Zwischen 1970 und 1977 verlor die Stadt durchschnittlich 80 000 Arbeitsplätze pro Jahr; das war etwa ein Sechstel ihrer Beschäftigung. Aber erst lange nachdem der Abschwung eingesetzt hatte, wurde das ökonomische Wachstum zum zentralen Thema des öffentlichen Diskurses. Die öffentlichen und die privaten Eliten beschäftigten sich lieber mit dem Management dessen, was als schrittweiser Übergang zu einer durch Büros geprägten Wirtschaft angesehen wurde, und die ethnischen Minoritäten kämpften dagegen mit ihren Forderungen nach politischer Macht und sozialen Dienstleistungen.

Die politische Mobilisierung der schwarzen und der lateinamerikanischen (damals fast ausschließlich puertoricanischen) Bevölkerung basierte auf der umfassenden Transformation der städtischen Demographie. Die rapide Suburbanisierung nach dem Krieg in Verbindung mit den erheblich angestiegenen Lebensstandards löste einen Exodus der wohlhabenderen weißen Haushalte aus (die europäischen Immigranten der vorangegangenen Periode).[7] Die nicht-lateinamerikanische weiße Bevölkerung verringerte sich während der fünfziger Jahre um mehr als 800 000, in den sechziger Jahren um weitere 1,2 Mio. Einwohner und dann um jeweils 120 000 pro Jahr in den siebziger Jahren (Fainstein/Fainstein 1988, Tabelle 7.1). Der Rückgang der weißen Bevölkerung, vor allem der

Haushalte mit mittleren Einkommen, war begleitet von einer Verlagerung ihrer Zielgebiete in die neu erschlossenen Gebiete von Queens und Staten Island und natürlich in suburbane Stadtgemeinden. Die schwarze und die lateinamerikanische Bevölkerung wuchs von etwa einer Million im Jahr 1950 (12% der Gesamtbevölkerung) auf 3 Mio. (37% der Geamtbevölkerung) im Jahr 1970, wobei sich hochsegregierte Wohngebiete bildeten (Sternlieb/ Hughes 1975, 105, Bsp. 2). In weiten Bereichen des vormals weißen zentralen Brooklyn und des südlichen Queens, in der South Bronx und im nördlichen Manhattan entstanden Ghettos.

Die politischen Akteure und ihre Programme

Das politische Geschehen in New York war stark geprägt von nationalen Kräften, die in den sechziger Jahren einen Linksruck auslösten. Die Bürgerrechtsbewegung dehnte sich nach Norden aus und wurde im Verlauf des Jahrzehnts zunehmend radikaler. Teilweise als Reaktion auf diese »Gefahr in den Straßen« bauten liberale demokratische Regierungen den amerikanischen Wohlfahrtsstaat aus. Der Versuch, die gerade urbanisierten Schwarzen in ihre Wählerschaft einzubeziehen, ließ die demokratischen Parteieliten der Regierungen Kennedy und Johnson eine Reihe städtischer Programme ausarbeiten, die den Lokalverwaltungen sofort Mittel zuwiesen und dazu beitrugen, die schwarze Bevölkerung zu mobilisieren (Mollenkopf 1983). Die Widersprüche dieser Reformen von oben hatten eine stürmische Phase städtischer Politik zur Folge und machten die Städte zu umkämpften Schauplätzen alternativer Visionen davon, wie Minoritätengruppen in das politische System eingebunden werden könnten (vgl. Marris/Rein 1973; Fainstein/Fainstein 1974). Zur selben Zeit und aus ebendiesen Gründen gewannen die Lokalverwaltungen erheblich an Umfang und funktionalen Zuständigkeiten.

Die Regierung der Stadt New York hatte sich 1960 neu zu orientieren begonnen. Bürgermeister Robert Wagner, selbst aus der politischen Maschine der Tammany-Hall-Demokraten hervorgegangen, geriet unter wachsenden Druck von liberalen Reformern der Mittelklasse und eines neuen Typs von Führern der Bürgerrechtsbewegung. Bei der Wahl für die letzte seiner drei Amtsperioden (1962-65) opponierte Wagner gegen die reguläre Parteiorganisation der Demokraten und brachte ihr eine Niederlage bei, wobei er sich selbst als programmatischen Führer darstellte, der sich für die Ausweitung der öffentlichen Dienstleistungen und der Bürgerrechte engagierte (vgl. Shefter 1985).

Die zweite und radikalere Phase der Neuorientierung in der Stadtverwaltung begann mit der Wahl von John Lindsay, einem liberalen republikanischen Kongreßabgeordneten, der die sogenannte Seidenstrumpf-Wählerschaft (also die Wohlhabenden und Vornehmen) der Upper East Side von Manhattan repräsentierte. Seine Amtseinführung als Bürgermeister des »Zusammenschlusses« (in der Tradition von LaGuardia, so behauptete er) signalisierte eine politische Allianz zwischen dem progressiven Flügel der Wirtschaftselite und unruhigen Minderheitengruppen. Lindsay war einer der Bürgermeister, die – mit den Worten von Robert Salisbury (1964) – eine neue Konvergenz der Macht in amerikanischen Städten etablierten. Er und seine Amtskollegen versuchten gleichzeitig, die Stadtverwaltung durch die Einführung privatwirtschaftlicher Managementtechniken zu modernisieren, Privatkapital und Einwohner der oberen Mittelklasse in die Innenstadt zu ziehen und die Teilhabe der städtischen Armen am Reichtum einer wohlhabenden Gesellschaft zu vergrößern. Mehr als die meisten seiner Kollegen betonte Lindsay dieses dritte Ziel (Yates 1977).

Wie sein Vorgänger förderte Lindsay die Wohnungsbauvorhaben für untere und mittlere Einkommensgruppen. Bis 1950 war der öffentliche Wohnungsbau in New York im wesentlichen ein Programm für die weiße Bevölkerung, mit geringer Rassenintegration, gewesen, denn das ergab sich als Konsequenz der Verbindung von öffentlichem Wohnungsbau und Slumsanierung, die im großen und ganzen auf das von Weißen bewohnte untere Manhattan begrenzt war. Durch die Zuwanderung von Schwarzen und Puertoricanern, durch Wohlstand bei den Weißen und die behördliche Einweisung von fürsorgeabhängigen Familien in städtische Wohnkomplexe änderte sich jedoch in den nächsten beiden Jahrzehnten die ethnische Zusammensetzung der Mieter dramatisch, was die Popularität des Programmes bei den Wählern minderte. In Volksentscheiden wurde die Ausgabe von Schuldverschreibungen der Stadt New York zugunsten des öffentlichen Wohnungsbaus 1964 und 1965 abgelehnt. (In den USA benötigen Verwaltungen auf subnationaler Ebene die Zustimmung ihrer Wählerschaft, wenn sie durch Obligationen Kredite aufnehmen wollen.) Das Zusammentreffen der Opposition weißer Gruppen in den Kommunen mit den Kürzungen von Bundesmitteln unter Präsident Nixon und dem Verlust von bundesstaatlichen Beihilfen brachte das größte nationale Programm für den sozialen Wohnungsbau in Lindsays erster Amtsperiode (1966-1969) zum Stillstand. Von den 41 000 Einheiten, die in den sechziger Jahren errichtet wurden, waren zwei Drittel ein Erbe der Regierung Wagner (Fainstein/Fainstein 1988, Tabelle 7.4). Während also über verschiedene Maßnahmen zur Bekämpfung der Armut – »Community Action«, »Model Cities«, Rechtsberatung und Berufsausbildung – Mittel in die Ghettos der Stadt geleitet wurden, gingen die viel wichtigeren, umverteilenden und planenden Möglichkeiten, die der soziale Wohnungsbau bot, zu einer Zeit verloren, als sie dringendst nötig waren, und zwar wegen der wachsenden Bedeutung von Rassengrenzen in der lokalen und nationalen Politik.

Der Einbruch beim öffentlichen Wohnungsbauprogramm führte dazu, daß öffentlich geförderter Wohnungsbau in wachsende Abhängigkeit von subventionierten gemeinnützigen und privaten Bauunternehmen geriet. Diese zielten aber auf die überwiegend weißen Arbeiter- und unteren Mittelklassen. Die wichtigsten Maßnahmen wurden von einer gemeinnützigen Gesellschaft, der United Housing Foundation – eine Gründung lokaler Gewerkschaften –, und einem Programm des Staates New York gefördert, das der liberale republikanische Gouverneur Nelson Rockefeller neubelebt hatte. Viele subventionierte Einheiten wurden auf Grundstücken in Manhattan errichtet, die zuvor durch Sanierungsprojekte geräumt worden waren. Damit verschwanden große Wohnkomplexe für proletarische Mieter zugunsten teurerer Wohnungen, so daß die schwarzen und lateinamerikanischen Armen nicht wieder dort einziehen konnten und zunehmend in die South Bronx und die zentralen Bereiche von Brooklyn verdrängt wurden.

Die liberalen Eliten vermuteten Mitte der sechziger Jahre einen der Gründe für die städtische Armut in der Rigidität und der Ineffizienz der öffentlichen Bürokratien, die am Anfang des Jahrhunderts etabliert worden waren. Dies Problem wurde verstärkt durch die fest verankerten Interessen der sozialen Gruppen, die die öffentliche Anstellung als Chance der Mobilität genutzt hatten: in New York waren das irische und italienische Katholiken und Juden (vgl. den Beitrag von Waldinger in diesem Band). Lindsays Regierungsstrategie korrespondierte mit dieser Einschätzung.

Shefter (1985, 88) faßt knapp zusammen, was auf den ersten Blick widersprüchlich erscheinen mag: Lindsay versuchte die Fülle von Dezernaten, Kommissionen und Ausschüssen in einer modernen Administration zu zentralisieren, die von einem Kader professioneller Manager, die oft zur wirtschaftlichen und akademischen Elite zählten, rational organisiert und geleitet werden sollte. Außerdem *umging* er Bürokratien, die nicht seiner Kontrolle unterstanden, durch den Aufbau von Parallelinstitutionen, die ähnliche Funktionen ausführten; Beispiele dafür sind die »Community-Action«- und »Model-Cities«-Programme. Schließlich versuchte er, neue Strukturen einzuführen, um die direkte kommunale Partizipation an städtischen Diensten zu erleichtern, indem er den ineffizienten Weg über die gewählten Regierungsbediensteten vermied und der Klientel der Bürokratien mehr Macht verlieh. So förderte er Dezentralisierung und Nachbarschaftskontrolle im öffentlichen Bildungswesen (und unterlief damit die Ergebnisse der »Reform« um die Jahrhundertwende), Bürgerbeiräte für Kliniken und andere Einrichtungen des Gesundheitswesens, »kleine Rathäuser« zur Überwachung von Behörden und einen Kontrollausschuß für die Polizei. »Es ist nur eine geringfügige Vereinfachung, wenn man sagt, daß Zentralisierung eine Methode war, mit der die Verwaltung ihre Verbündeten aus Ober- und Mittelklasse zu beeinflussen suchte, und Dezentralisierung eine Methode, den Einfluß ihrer nichtweißen Verbündeten zu vergrößern. Die Regierung Lindsay allerdings war nicht in der Lage, die politischen Kräfte zu kontrollieren, die ihr Dezentralisierungsvorschlag freigesetzt hatte« (Shefter 1985, 89 f.).

Eine eingehende Diskussion der endlosen Demonstrationen, Sit-ins und Auseinandersetzungen im Zusammenhang mit den städtischen sozialen Bewegungen der sechziger und frühen siebziger Jahre kann hier nicht erfolgen (vgl. dazu Fainstein/Fainstein 1974). Dazu muß der Hinweis genügen, daß die Forderungen der Minderheitengruppen, besonders der Schwarzen, nach einem höheren Anteil an öffentlichen Arbeitsplätzen, Dienstleistungen und politischer Macht sehr bald auf die Opposition weißer Wähler und der attackierten Regierungsangestellten stieß. Lindsays Vorgehen und sein persönliches Charisma verhinderten noch einen größeren Aufruhr in New York, als alle anderen großen Städte von Unruhen erschüttert wurden. Wahrscheinlich wurde damit allerdings die zunehmende Rassenpolarisierung begünstigt und bei der weißen

Arbeiterklasse das Gefühl hervorgerufen, daß sie die materiellen Kosten sozialer Gerechtigkeit tragen sollte, während die wirtschaftliche Elite der Stadt sich abseits hielt, ihre Kinder in Privatschulen schickte und in teuren weißen Quartieren oder suburbanen Gebieten lebte.

Auch als die Regierungen Wagner und – besonders – Lindsay ihre Ausgaben zur Bekämpfung der Armut erhöhten, unterstützten sie weiterhin umfangreiche Bemühungen, die Bebauung Manhattans zu restrukturieren. Auf der südlichen Hälfte der Insel ersetzten Büros, Läden und Wohnungen für die oberen Klassen der Stadt das alte Hafen- und Fertigungszentrum. David Rockefeller und seine Chase Bank etablierten 1957 die Downtown Lower Manhattan Association (DLMA). Sie erfüllte die Funktionen einer privaten Planungs- und Entwicklungsgesellschaft und trieb ein Projekt von Finanzinstituten im unteren Manhattan zur Neuerschließung eines Gebietes voran, das am Abzug der Industrie und unzureichendem Neubau von Büros krankte. Mit Hilfe und Beratung durch den Gouverneur Nelson Rockefeller veränderte und erweiterte die Hafenbehörde den Vorschlag der DLMA für ein »World Trade Center«, und als diese Einrichtung mit mehr als 900000 qm Bürofläche 1972 eröffnet wurde, war sie mit öffentlichen Mitteln von mehr als einer Milliarde Dollar gefördert worden. Lindsay befürwortete zwei weitere umstrittene Projekte des DLMA-Plans, den Lower Manhattan Expressway (eine Stadtautobahn, die ironischerweise den damals noch nicht modischen, von der verarbeitenden Industrie geprägten Bezirk SoHo zerstört hätte) und einen Riesentunnel (Second Avenue Subway), die aber beide nicht realisiert wurden.

Lindsay ermutigte die Behörden des Staates New York, erhebliche Summen in den Kern Manhattans zu investieren und Anreize für die Einwohner mit höheren Einkommen zu schaffen. So errichtete die Stadtentwicklungsbehörde des Staates New York (New York State Urban Development Corporation) mehr als 2000 Wohneinheiten auf Roosevelt Island neben der östlichen Midtown, von denen 70 % an Haushalte mit mittleren und höheren Einkommen vermietet wurden (Brilliant 1975, 79); die Hafenbehörde betrieb, wie gesagt, den Bau des World Trade Center; und die städtische Behörde für den Battery Park (Battery Park City Authority) gab Obligationen für den Bau von Büroflächen und Luxuswohnungen auf der Aufschüttung im Hudson River aus, die bei den Ausschachtungen für das World Trade Center angefallen war. Einer der Gründe für die Finanzkrise Mitte der siebziger Jahre war der Versuch Lindsays, gleichzeitig den unteren Klassen Hilfe zu leisten und eine Infrastruktur in Manhattan aufzubauen, die für die Expansion von Büros und für den konsumtiven Bedarf der Managerklasse erforderlich war.

Das Erbe dieser Periode

Die finanzielle Anspannung, die 1975 schließlich krisenhafte Ausmaße annahm, resultierte direkt aus der Kollision des funktionalen Wachstums der Stadt New York als einer politischen Institution mit ihrer Unfähigkeit, regionale und nationale Kräfte zu kontrollieren, die über ihre finanzielle Kapazität entschieden. Jede der größeren Unternehmungen der Stadt in den sechziger Jahren überschritt ihren Finanzierungsrahmen. Die Etablierung dezentralisierter Institutionen zehrte am Haushalt, da es den Reformern nicht gelang, den überflüssigen zentralen Apparat abzubauen. In der Stadt machte sich der Ausbau des amerikanischen Wohlfahrtsstaates in dem steilen Anstieg der Ausgaben für Fürsorge, Gesundheitswesen und Bildung bemerkbar. Obwohl ein Großteil dieser lokalen Aktivitäten durch bundesstaatliche Transfers finanziert wurde, trug die Stadt New York doch einen größeren Anteil als andere Städte. Als dann die Bundesregierungen unter Nixon und Ford Mittel zur Behebung der städtischen Krise kürzten, war die Stadt nicht bereit und politisch nicht in der Lage, ihre Ausgaben entsprechend einzuschränken. Die Stadterneuerung trug beträchtlich zum Schuldendienst bei, denn die Zahlungsunfähigkeit der Stadt entstand letztendlich aus umfangreichen und weitgehend erfolgreichen Maßnahmen zur Modernisierung ihrer gebauten Umgebung – und zwar durch Programme, die statt der Armen direkt das Kapital begünstigten.

Die Möglichkeit der Stadt, von der regionalen Entwicklung zu profitieren, war deutlich eingeschränkt. Während dieser Periode war das ökonomische Wachstum in der Region viel größer als in der Stadt selbst. Da es einen effizienten Mechanismus weder für die Regionalplanung – der Investitionen in die Zentralstadt hätte lenken können – noch für einen regionalen Finanzausgleich gab – der es der Stadt vielleicht ermöglicht hätte, von Investitionen in ihre Umgebung zu profitieren –, blieben große Flächen in New York

City ungenutzt, während neue Fabriken und Lagerhäuser in den Gebieten außerhalb der Stadt entstanden, die ihre finanziellen Vorteile für sich behielten. Weiße Haushalte mit mittleren und oberen Einkommen wanderten in die Vororte, wo sie sich in eigenfinanzierten politischen Verwaltungsbezirken abkapseln konnten, während die Stadt zur Heimat der Armen aus der Region wurde, die hohe Anforderungen an Dienstleistungen stellten und extrem niedrige Steuern zahlten. Je stärker New York als von Minderheitengruppen dominiert empfunden wurde, um so größer waren die Anstrengungen anderer Verwaltungsbezirke in der Region, sich selbst finanziell und sozial vor der »unerwünschten« Bevölkerung der Stadt und den »unkontrollierbaren« öffentlichen Ausgaben zu schützen.

Wie immer die Stadt auch wahrgenommen wurde, tatsächlich war die Macht der Minderheiten 1973 noch nicht sehr weit fortgeschritten. Aus vielerlei Gründen zerfielen die sozialen Bewegungen der Minderheiten, so daß der Druck von der Straße erheblich nachließ. Die gewählten Vertreter von Schwarzen und Puertoricanern blieben auf wenige Mitglieder des Magistrats und manchmal den Präsidenten von Manhattan beschränkt. Während eine Gruppe von Bürgerrechtsführern auf staatliche Arbeitsplätze vorgedrungen war und verschiedene Einrichtungen zur Bekämpfung der Armut in politische Maschinen verwandelt worden waren, blieb die politische Integration einer wachsenden Minoritäten-Population ein unerfülltes Vermächtnis der sechziger Jahre.

Anmerkungen

1 Bis zum 20. Jahrhundert regulierten städtische Regierungen die Flächennutzung nur so weit, daß sie den Straßenverlauf für erschlossene Gebiete festlegten und Konzessionen an Verkehrs- und Versorgungsunternehmen vergaben. Öffentliche Interventionen wurden in New York auf Drängen der alten Kaufmannsklasse ausgeweitet, die ihre Großkaufhäuser und deren elegante Kundinnen auf der Fifth und der Sixth Avenue von Fabrikgebäuden und eingewanderten Arbeitern bedroht sah. Daher nahm die Stadt 1916 eine nationale Führungsrolle an, als sie eine Bebauungsverordnung erließ, die die zukünftige Erschließung vage steuerte, vor allem, indem sie neue Wohn- und Geschäftsbereiche vor industriel-

ler Nutzung schützte. Während spätere Bebauungspläne zwar ausführlichere Bestimmungen enthielten, blieben sie weitgehend isoliert von den allgemeineren Planungskonzepten oder Verwaltungsmechanismen, abgesehen von einem kurzen Vorstoß in dieses Gebiet in den sechziger Jahren.

2 Der Name leitet sich aus dem Grundriß des Gebäudes ab. An beiden Enden füllten diese Häuser die gesamte Grundstücksbreite von 7,5 m aus und ließen damit keine Seitenfenster zu. Aber auf den mittleren ca. 23 m ihrer Gesamtlänge von 30 m waren etwa 1,50 m auf beiden Seiten ausgespart, wie bei einer sehr dicken Hantel. Der 3 m breite Luftschacht zwischen benachbarten Häusern sicherte die Belüftung der inneren Räume.

3 Z. B. stellten Fertigungsarbeiter und handwerkliche Berufe in den dreißiger Jahren 50-60 % der Bewohner Manhattans (Fainstein/Fainstein 1989a, Tabelle 4.2).

4 Teile dieses Abschnitts basieren auf Fainstein/Fainstein 1989b.

5 Die Arbeitslosenquote für Einwohner der Stadt betrug 1968 nur 3,1 %, lag also unter dem nationalen Durchschnitt (Temporary Commission 1977, 19).

6 Aber die Wirtschaft der Stadt entwickelte sich im Verhältnis zum Rest der Region rückläufig – von einem 65 %igen Anteil an der regionalen Beschäftigung im Jahre 1953 auf 54 % für 1971 –, da in den Vororten 1,2 Mio. Arbeitsplätze geschaffen wurden, während die Beschäftigung in der Stadt gleich blieb (Sternlieb/Hughes 1975, 116, Bsp. 10). Und sowohl die Stadt wie ihre Region blieben beträchtlich hinter dem nationalen Gesamtwachstum zurück: zwischen 1953 und 1973 wuchs die Beschäftigung um 21 %, national dagegen um 45 % (Sternlieb/Hughes 1975, 111, Bsp. 6).

7 Während sich die Bevölkerung der Stadt von 7,9 Mio. zwischen 1950 und 1970 nicht veränderte, stellte sie zu Beginn dieser Periode 61 % der Gesamtbevölkerung der metropolitanen Region und 49 % am Ende, was vor allem auf die Suburbanisierung der weißen Bevölkerung und die Immigration von Minderheiten zurückzuführen ist (Fainstein/Fainstein 1988, Tabelle 7.1).

Susan S. Fainstein
Stadtpolitik in New York –
wem gehört die Stadt?[1]

Die Stadt New York wählte 1989 zum ersten Mal einen schwarzen
Bürgermeister, in der Hoffnung, daß sich unter seiner Führung die
Stadtpolitik ändern würde. Unter seinem Vorgänger, Edward
I. Koch, hatte sich die städtische Ökonomie aus einer tiefen Rezession in einen Aufschwung bewegt. Die Nutznießer des Wachstums
waren allerdings überwiegend Immobilieninvestoren, Manager
und freie Berufe, die von einer Expansion der Finanz- und Unternehmensdienstleistungen profitierten. Zur gleichen Zeit, als die
oberen Gruppen prosperierten, wurden New Yorks Arme absolut
wie relativ ärmer. Wenn auch kaum jemand die Auffassung vertrat,
die Stadtregierung hätte den ökonomischen Prozeß umkehren
können, der die Arbeiterberufe dezimierte und die Entwicklung
fortgeschrittener Dienstleistungen stimulierte, so behaupteten
doch viele, daß die Regierung Koch die ungleichen Auswirkungen
eher verstärkt als gemildert habe.

Kritiker könnten eine Reihe von Maßnahmen anführen, die die
Situation der stärker benachteiligten Gruppen verschärften oder
das Leben in der Stadt für die meisten erschwerten. Indem die
Stadtverwaltung z. B. städtische Grundstücke an den höchsten
Bieter verkaufte, anstatt sie zur Wohnraumbeschaffung für untere
Einkommensgruppen zu nutzen, förderte sie die Gentrification.
Umfangreiche Steuernachlässe für die größten Investoren subventionierten Aktivitäten, die auch ohne solche Hilfe entstanden wären und die ohne Subventionen mehr zu den Einnahmen der Stadt
beigetragen hätten. Mit ihrer Bereitschaft, Planungsrestriktionen
zugunsten der Errichtung von Bürohochhäusern und luxuriösen
Wohngebäuden zu umgehen, opferte die Regierung Umweltqualitäten und machte die Stadt damit weniger attraktiv für künftiges
Wachstum. Bis zum Ende zeigte sich die Ära Koch dem Mangel
preiswerten Wohnraums nicht gewachsen und förderte so Obdachlosigkeit und Überbelegung.

New Yorks Führung rechtfertigt die hohen Subventionen für
ansiedlungswillige Privatunternehmen mit der Notwendigkeit,

mit den umliegenden Gebieten konkurrenzfähig zu bleiben. Die anhaltende Abhängigkeit der Lokalverwaltungen von Steuereinnahmen, die auf den Schätzwerten von Grundbesitz innerhalb ihrer Grenzen basieren, verschärft die Konkurrenz. 1985 betrug der Anteil der lokalen Vermögenssteuern an den allgemeinen Einnahmen des Staates New Jersey 47%, in den Gemeinden des Staates New York lag er bei 28%. Nur etwa 5% kamen von der Bundesregierung, während ungefähr ein Drittel aus Zuschüssen des Bundesstaates stammte (Advisory Commission on Intergovernmental Relations 1987). Die Aufteilung der Region New York in drei Staaten ermöglicht außerdem die Entstehung von Steuerunterschieden, die erheblich größer sind als in anderen großstädtischen Gebieten der USA. Bis 1990 lag der Einkommenssteuersatz in New Jersey erheblich unter dem des Staates New York, und in Connecticut gab es bis 1991 überhaupt keine Einkommenssteuer. Die Stadt New York erhebt ihre Einkommenssteuer zusätzlich zu der des Staates; Bewohner suburbaner Stadtgemeinden zahlen üblicherweise keine lokale Einkommenssteuer, müssen aber die staatliche Einkommenssteuer und eine Lohnsteuer abführen, wenn sie in New York arbeiten. Es gibt erhebliche Unterschiede bei den Vermögenssteuersätzen, Lizenzen, Nutzergebühren und Umsatzsteuern zwischen den Staaten. Die Stadt, die an der Besteuerungsgrundlage ihres suburbanen Rings keinen Anteil hat, muß ständig darum kämpfen, steuerzahlende Personen und Industrien innerhalb ihrer Grenzen zu halten, damit sie zahlungsfähig bleibt. Sogar wenn es – aus regionaler Sicht – ökonomisch das Vernünftigste wäre, Fertigung, Nebenbüros und Kaufhäuser außerhalb der Stadtgrenzen anzusiedeln, zwingt die strukturelle Position der Stadt ihre Regierung, gegen solche Veränderungen zu opponieren.

Während der achtziger Jahre war New Yorks Entwicklung keineswegs das Ergebnis des unangefochtenen oder ungeschmälerten Triumphs des Kapitals, das die Regierung als Handlanger benutzte. Die Stadtverwaltung und die Immobilienfirmen stießen ständig auf Hindernisse bei ihren Versuchen, ökonomisches Wachstum zu fördern und die höchste vorstellbare Ertragsrate bei jedem Grundstück zu erzielen. Stadtteilbeiräte mit der Kompetenz, Empfehlungen zu allen Projekten in ihrem Gebiet abzugeben, die die Zustimmung der Stadtplanungskommission erforderten, wirkten als Foren der Wohnbevölkerung, die z. B.

Gentrification oder übermäßige Verkehrsbelastungen als Folge eines Projektes befürchtete. Offizielle aus den Boroughs (Präsidenten, Mitglieder des Magistrats und des staatlichen Parlaments) handelten oft als Anwälte ihrer Wählerschaft und opponierten gegen dort vorgesehene Projekte. Wenn die politische Opposition scheiterte, brachte ein Gerichtsverfahren manchmal Erfolg. Trotzdem nahmen sich neben den gewaltigen Summen, die in gigantische Büro- und Luxuswohnkomplexe investiert wurden, die verfügbaren Mittel für den Wohnungsbau für untere und mittlere Einkommensgruppen oder für kleine Unternehmen in Wohngebieten winzig aus. Wo enorme Vermögen zu machen waren, scheuten sich die Immobiliengesellschaften nicht, erhebliche Beträge zur Beeinflussung von Beamten und der Öffentlichkeit auszugeben.

1. Der institutionelle Rahmen

New York City gleicht anderen amerikanischen Metropolen in ihrer Regierungsform mit Bürgermeister und Stadtrat. Bis 1990 besaß sie außerdem ein einzigartiges Gremium, den Board of Estimate, der über außerordentliche Macht in den Angelegenheiten der Stadt verfügte. Diese Körperschaft wurde vom Obersten Gerichtshof 1989 als verfassungswidrige Verletzung des Prinzips *one person – one vote* beurteilt. Die gleichwertige Stimmkraft der Bezirkspräsidenten hatte Brooklyn mit seinen 770000 registrierten Wählern das gleiche Gewicht gegeben wie Staten Island mit 170000 Wählern. Bestehend aus dem Bürgermeister mit drei Stimmen, dem Magistratspräsidenten und dem Finanzdezernenten mit je zwei und den Bezirkspräsidenten mit je einer Stimme, besaß der Board endgültige Autorität über alle Flächennutzungs- und Vertragsangelegenheiten. Der Stadtrat, der nach Boroughs gewählt wird, hatte daher relativ wenig Macht. Die Bezirkspräsidenten, die im Board of Estimate legislative Kompetenzen hatten, besaßen auch Exekutivkompetenzen in ihren Boroughs. Es gab allerdings keine entsprechende legislative Körperschaft auf Bezirksebene. Als 1977 insgesamt 59 Stadtteilbeiräte mit beratender Funktion bei Flächennutzung und Haushaltsangelegenheiten innerhalb ihrer Distrikte eingeführt wurden, gewährleisteten sie eine gewisse Dezentralisierung der Regierung und nachbarschaftliche Partizipation (Marcuse 1987).

Während der achtziger Jahre wurde die öffentlich-private Partnerschaft zum wichtigsten Vehikel der städtischen Entwicklung (Fainstein 1991). Die Public Development Corporation (PDC) fungierte als leitende Instanz der Entwicklungsplanung, während das Stadtplanungsamt (Department of City Planning) zu einer begrenzten Forschungs- und Regulationsstelle degradiert wurde (Fainstein/Fainstein 1987). Gegründet als eine quasi unabhängige lokale Entwicklungsgesellschaft mit einem Aufsichtsrat aus prominenten Unternehmern, spielte die PDC eine unternehmerische Rolle beim Ankurbeln der Bauindustrie. Mit 200 Mitarbeitern und einem durch einen Kontrakt mit der Stadt gewährleisteten Jahresbudget von 95 Mio. Dollar agierte die PDC primär als Finanzvermittlerin, die Pakete von Landerschließungen, Steuernachlässen und öffentlicher Förderung für spezifische Erschließungsgebiete zusammenstellte. Bei ihren größeren Projekten arbeitete die PDC mit der Urban Development Corporation (UDC) des Staates New York zusammen. Ursprünglich war diese zur Förderung des Wohnungsbaus für untere und mittlere Einkommensgruppen gegründet und dann zu einer Wirtschaftsförderungsinstanz umgebildet worden. Innerhalb der Stadt New York behielt sie ihre ursprüngliche Macht, sich über lokale Bebauungspläne und Bestimmungen der Bürgerpartizipation hinwegzusetzen. Ihre Beteiligung an Projekten sicherte damit einen stromlinienförmigen Verlauf der regulatorischen Genehmigungsverfahren.

Im allgemeinen spielten die in den Districts gewählten Repräsentanten, darunter Parlamentarier und Stadträte, oft die Rolle eines Ombudsmanns in Angelegenheiten der Stadt und versuchten, in Nachbarschaftsangelegenheiten Einfluß zu nehmen. Da sie aber keine formalen Zuständigkeiten bei Entscheidungen über die Flächennutzung hatten, konnten sie auf diesem entscheidenden Gebiet nicht mehr tun, als Druck auf die in der Stadt gewählten Verwaltungsmitglieder und Bezirkspräsidenten auszuüben. Diese Entscheidungsträger reagierten üblicherweise stärker auf besser organisierte und wohlhabendere Wahlbezirke und unterstützten beinahe einhellig große Erschließungsprojekte. Die dominante Rolle, die der Board of Estimate in der Verwaltung der 7-Millionen-Stadt spielte, machte es für lokale Abgeordnete äußerst schwierig, bekannt zu werden und ausreichende finanzielle Unterstützung zu bekommen, um in höhere Ämter vorzudringen.

Die Demokratische Partei hat nach dem Krieg die Wahlen in der

Stadt beherrscht. Der Wahlsieg des liberalen Republikaners John Lindsay im Jahr 1969 war der letzte Sieg eines republikanischen Kandidaten für das Bürgermeisteramt. Der Stadtrat besteht heute zum größten Teil aus Demokraten. Er ist allerdings gespalten in einen Reform- und einen regulären Flügel, und die Regulären widmen sich beinahe ausschließlich der Verteilung von Ämtern und der Protektion. In den sechziger Jahren vertraten die Reform-Demokraten liberale Positionen, aber in den folgenden Jahrzehnten schwanden ihr Einfluß wie ihre Ideologie. Eigentlich existiert das Parteiensystem hauptsächlich zum Zweck der Kandidatur bei Wahlen und weniger, um programmatische Kontrolle auszuüben, und hat großenteils als Mittel versagt, lokale oder Minderheiteninteressen zu repräsentieren (Mollenkopf 1988a). Ein Parteiprogramm läßt sich nicht beschreiben, denn es gibt keines. Wahlerfolg ist eher ein Ergebnis von Pfründenbesitz als von Ideologie.

Im Vergleich zu anderen US-amerikanischen Städten besaß New York zunächst eine ungewöhnlich aktive Regierung, die in einer starken Arbeiterbewegung und einer langen Tradition des Paternalismus und bürgerlichen Reformbestrebungen der New Yorker Oberschichten wurzelte. Mit der Mobilisierung von Minoritätengruppen mit geringem Einkommen wurde die Allianz von unteren Einkommensgruppen, Arbeiterschaft und progressiven bürgerlichen Verbänden zunehmend spannungsreicher; die Finanzkrise des Jahres 1975 markierte ihr Ende.

2. Die Finanzkrise und ihre Folgen

Unmittelbarer Auslöser der Finanzkrise von 1975 war die Weigerung der Banken, New Yorks kurzfristige Verschuldung zu refinanzieren, als die Stadt ihren Rückhalt bei den großen Investment-Bond-rating-Gesellschaften (vergleichbar Pfandbriefanstalten, d. Hg.) verloren hatte. Im Unterschied zur nationalen Wirtschaft hatte die Stadt New York sich nicht von der Rezession zu Beginn des Jahrzehnts erholt. Folglich sanken ihre Einnahmen, aber die finanziellen Verpflichtungen hatten sich nicht entsprechend verringert. Also verschuldete sie sich zunehmend, um die ständigen Ausgaben zu bestreiten, und gründete ihre Obligationen auf mythische, d. h. erhoffte Einnahmen. Als die Banken keine Kredite mehr geben wollten, existierte für New York keine alternative Finanzquelle, um den Verpflichtungen nachzukommen. Im wesentlichen resultierte die Finanzkrise unvermeidlich aus dem Bemühen, einen stark interventionistischen öffentlichen Sektor in einer Situation ökonomischer Schrumpfung ohne erhöhte Unterstützung der Bundesregierung aufrechtzuerhalten. Interventionismus bedeutete beträchtliche Subventionen für das Kapital wie erhebliche Verpflichtungen im Bereich Sozialfürsorge. Die Ausgaben wurden noch vergrößert durch relativ hohe – aber nicht höher als in anderen Großstädten – Gehälter für städtische Beschäftigte (vgl. McCormick u. a. 1980) sowie Ineffizienz, redundante Organisation, leistungsschwache Managementsysteme und Korruption.

Radikale Kritiker machten übermäßige Ausgaben zugunsten von Kapitalakkumulation und die Habgier von Banken und politischen Insidern für die Misere der Stadt verantwortlich (Newfield 1976; Tabb 1982); andere behaupteten, daß die Krise absichtlich herbeigeführt wurde, um die Stadtverwaltung zur Disziplin zu zwingen (Marcuse 1981). Liberale Verteidiger wiesen auf städtische Verpflichtungen wie öffentliche Krankenhäuser und Fürsorge hin, für die andernorts höhere Regierungsebenen zuständig waren (Morris 1980). Sie behaupteten, die Krise wäre nicht eingetreten, wenn der Staat New York die ihm zukommende Last übernommen hätte. Populäre Erklärungen jedoch, bestärkt von konservativen Kräften in der Bundesregierung und solchen, die im Wahlkampf 1977 nach lokalen Ämtern strebten, führten den finanziellen Zusammenbruch auf Vergeudung öffentlicher Mittel an Arme zurück, die das nicht verdienten (und überwiegend Schwarze und Lateinamerikaner waren).

Die Rassentrennungen, die die politischen Konflikte zunehmend bestimmten, fanden damit Eingang in den Diskurs um das Überleben New Yorks: Falls die Stadt nicht gänzlich unter ihrer finanziellen Last zusammenbrechen sollte, mußte die Verwaltung das ökonomische Wachstum stimulieren und gleichzeitig die verschwenderischen Ausgaben einstellen, die sie in den Bankrott trieben. Die Finanzkrise hatte also einen wichtigen ideologischen Effekt. Sie entzog der Rolle, die die Stadt so lange gespielt hatte, um die Reibungen zwischen Klassen und ethnischen Gruppen durch Patronage und Fürsorge zu mildern, die Legitimation. Gleichzeitig machte sie das ökonomische Wachstum und die Zahlungsfähigkeit auf Kosten von öffentlichen Dienstleistungen zum Prüfstein der Legitimität der Regierung (vgl. Pickvance 1990).

Der Zeitraum von 1975 bis 1977 stellt ein Interregnum im politischen Leben New Yorks dar: Die Kontrolle der öffentlichen Strategien verlagerte sich von der Übergangsregierung des Bürgermeisters Abraham Beame auf die Behörden, die zur Wiederherstellung der fiskalischen Stabilität eingerichtet worden waren (Morris 1980; Shefter 1985). Der Verlust eines akzeptablen Kurses für Pfandbriefe hatte New York vollständig von den Kapitalmärkten isoliert. Verhandlungen, die neues Kapital verfügbar machen und die Stadt davor bewahren sollten, formal ihre Insolvenz zu erklären, resultierten in der Einsetzung einer Reihe von privatwirtschaftlich dominierten Körperschaften zur Überwachung der künftigen Ausgaben. Zu ihnen gehörten die Municipal Assistance Corporation (MAC), der Financial Control Board (FCB) und der Special State Deputy Controller für die Stadt New York. Die MAC hatte eine Einnahmengarantie, die sie beleihen konnte, und war mit der Aufgabe betraut, die Kreditwürdigkeit der Stadt wiederherzustellen. Der FCB, eine Behörde des Staates New York, überwachte mit Vetorecht den städtischen Finanzplan, während der Deputy Controller als sein Stab und Rechnungsprüfer agierte. In MAC und FCB fanden sich Verwaltungsmitglieder und führende Wirtschafts- und Bürgervertreter; den Vorsitz nahmen Geschäftsleute ein; der MAC hatte ein einziges schwarzes Mitglied, während dem FCB kein Vertreter einer Minderheit angehörte. Diese Ausschüsse bewerteten die städtische Politik nach ihren Auswirkungen auf die Bilanz. Sie legten die Haushaltsprioritäten der Stadt für eine Reihe von Jahren fest und setzten den Schwerpunkt auf Wirtschaftsförderung zu Lasten der Sozialfürsorge.

Die neue Regierung baute Tausende von öffentlichen Arbeitsplätzen ab, reduzierte drastisch die Dienstleistungen, stoppte alle größeren kapitalintensiven Vorhaben von Schul- bis U-Bahn-Bau, fror die Gehälter des öffentlichen Dienstes sowie das Niveau der sozialen Transferzahlungen ein und schob die routinemäßigen Instandhaltungsmaßnahmen für die Infrastruktur auf. Die Staatsregierung übernahm die Finanzierung der City University; zugleich schaffte sie die Befreiung von Studiengebühren ab, und 1991 mußten Vollzeitstudenten 1600 Dollar pro Jahr entrichten. (Die Zahl der Studenten an der City University beträgt mehr als 200 000, von denen über 60 % einer Minderheit angehören.) Die Gewerkschaften der städtischen Dienste, die den Regierungen Wagner und Lindsay mit Streiks und Streikdrohungen Milliardenbeträge abgerungen hatten, fanden sich widerwillig zum Kauf der MAC-Obligationen bereit, an denen sonst niemand viel Interesse zeigte. Ihre Führer begannen sich regelmäßig mit Bankenvertretern zu treffen, um beiderseitig akzeptable Strategien für die städtischen Ausgaben zu erarbeiten.

Die Beendigung der Finanzkrise durch die Etablierung neuer Institutionen, die die Zahlungsfähigkeit zu Bedingungen sichern sollten, die die Wirtschaft vorgab, lieferte den Kontext der Entwicklungspolitik des nächsten Jahrzehnts. Damit hatte New York, noch bevor die konservative Strömung die Bundesregierung der USA nach der Wahl Reagans im Jahr 1980 erreicht hatte, eine Administration etabliert, die die Extravaganzen der Regierung – als solche wurden die konsumtiven Ausgaben dargestellt – begrenzen wollte.

3. Die Wirtschaftsförderungspolitik der Regierung Koch

Edward Koch, der eine aktivistische Regierung versprochen hatte, die das Wachstum fördern, die Bürokratie in den Griff bekommen und sich um die Mittelklasse kümmern würde, gewann 1977 die Vorwahlen für das Bürgermeisteramt in der Demokratischen Partei und stieß bei der regulären Wahl nicht auf ernsthaften Widerstand. Seine boshaften Angriffe auf politische Gegner, seine unablässige Kommentierung von Ereignissen in der Stadt und seine Selbstdarstellung sicherten ihm die ständige Aufmerksamkeit der Medien. Er konnte auf breite Unterstützung in der Wirtschaft und der weißen Wählerschaft, vor allem der jüdischen Bevölkerung, zählen. Seine harte Haltung gegen Verbrechen und »Zuhälter der Armut« wurde als minderheitenfeindlich angesehen; trotzdem gab es für ihn auch Unterstützung durch Minderheiten, besonders unter den lateinamerikanischen Einwohnern (Shefter 1985). Ursprünglich ein Reformdemokrat (d. h. in Opposition zur regulären Demokratischen Organisation), knüpfte er Verbindungen nicht nur zu den Demokratischen Clubs und Bezirksorganisationen, sondern ebenso zu den Republikanern, die ihn in späteren Wahlen dann auch unterstützten. Seine Wahlkämpfe wurden mit erheblichen Summen von Immobiliengesellschaften gefördert (Sleeper 1987).

Zu Beginn seiner Amtszeit hatte Koch wenig Spielraum, und

sein aktiver, persönlicher Stil mag in der Tat ein notwendiges Element bei den Kompromissen gewesen sein, die die Wiederherstellung der Zahlungsfähigkeit erforderte. Als die Stadtverwaltung aber keine Mittel mehr für öffentliche Programme hatte, löste sich das gemeinsame Interesse von Bürokraten und ihren Klienten, von hausbesitzenden Arbeitern und Mietern, von Juden und Schwarzen auf. Mit seiner Selbstdefinition als Führer der Mittelklasse (Koch 1984, 221) formierte Koch eine Wählerschaft, die seine Kürzungen billigte; zugleich aber verschärfte er die Spaltung der Stadt entlang ihrer Rassen- und Klassengrenzen.

Während seiner ersten Regierungsjahre bestand die beinahe einzige Aktivität für die Entwicklung der Stadt darin, bestehende Wohn- und Fabrikgebäude durch Renovierung und Umbauten in Wohnungen für mittlere und obere Einkommensgruppen zu verwandeln. Dafür gab es ein bereits existierendes Steuersubventionsprogramm, das die Kosten für die neuen Bewohner erheblich reduzierte und die Gentrification von Gebieten in Manhattan und Brooklyn stimulierte (Sternlieb u. a. 1976; Tobier 1979; Zukin 1982). Programme für den Wohnungsbau und die Verbesserung des Wohnumfeldes, außer den bereits eingeleiteten Maßnahmen für Gebäude, die wegen Steuerschulden von der Stadt verwaltet wurden, wurden gestoppt, als die Bundesmittel nicht mehr flossen, aus denen sie finanziert worden waren.

Bürgermeister Koch hatte das große Glück, daß die New Yorker Wirtschaft sich gerade zu stabilisieren begann, als er sein Amt antrat. Die Stadt hatte die nationale Rezession der Jahre 1971 und 1972 mühelos überstanden und begann eine dramatische ökonomische Expansion, ausgelöst durch den Börsenboom Mitte der achtziger Jahre, das sprunghafte Ansteigen der Fusionen und Aufkäufe in der Wall Street und den Zustrom ausländischer Investitionen. Die Verwaltung reagierte auf das ökonomische Wachstum mit erneuten Investitionen in die Infrastruktur, Ausweitung der städtischen Beschäftigung und weiterer Förderung der Investitionen bei Immobilien. Als das Wachstum sich beschleunigte, konnte Koch für sich in Anspruch nehmen, den städtischen Haushalt saniert und dabei den größten Teil der Ausgabenkürzungen für Dienstleistungen und Investitionen aufgehoben zu haben, die als Folge der Krise vorgenommen worden waren. Er konnte also für sich reklamieren, New Yorks finanzielle Stabilität ohne erhebliche zusätzliche Opfer der Bevölkerung wiederhergestellt zu haben.

4. Die großen Projekte

Während der Erhalt von Arbeitsplätzen im verarbeitenden Gewerbe und die Förderung von Einzelhandelsgeschäften in Wohngebieten geringe rhetorische und finanzielle Unterstützung erhielt, lag der Schwerpunkt des bürgermeisterlichen Wirtschaftsförderungsprogramms auf der Stimulation des Neubaus von Bürogebäuden, vor allem in Manhattan. Das größte der vielen öffentlich geförderten Projekte, Battery Park City, verdeutlicht die Errungenschaften der Regierung Koch. Dieses Projekt wirft aber gleichzeitig Fragen bezüglich dieses Typs von Stadtentwicklungspolitik auf: Welche Wirkungen sickern bis nach unten durch, wenn die stärksten Investoren mit öffentlichen Mitteln gefördert werden? Und welche Rolle spielt der Finanzsektor als Motor des wirtschaftlichen Aufschwungs?

Ursprünglich sah dieses Projekt eine neue Stadt vor, die auf einer Aufschüttung von knapp 375 000 qm im Hudson River entstehen sollte. Im Plan von 1969 waren zwei Drittel der Wohneinheiten als (subventionierter) Wohnraum für untere und mittlere Einkommensgruppen vorgesehen. Während der siebziger Jahre konnte die Battery Park City Authority (BPCA), eine Abteilung der UDC mit dem Recht, Obligationen auszugeben, allerdings keinen Investor interessieren. Sie änderte daher die Planung und eliminierte den subventionierten Wohnungsbau, nahm dafür aber die Verpflichtung auf, daß ein Teil des Gewinns aus diesem Projekt für preiswerten Wohnraum in anderen Teilen der Stadt verwendet werden mußte. Der kanadische Immobilienriese »Olympia and York« – der auch an der Canary Wharf in London beteiligt war – übernahm den gesamten kommerziellen Teil des Projektes, und eine Reihe weiterer großer Baufirmen beteiligte sich mit der Errichtung von Luxusappartements, und zwar 14000 neuen Einheiten für das untere Manhattan. Die BPCA, die Eigentümerin des Projektes blieb und keine Steuern zahlte, partizipierte an den Gewinnen des Projektes; 1987 versprach sie 1 Mrd. Dollar für preisgünstigen Wohnraum in der ganzen Stadt und 50 Mio. Dollar an Steuern (Schmalz 1987).

Es gelang der Battery Park City, so angesehene Mieter wie Merrill Lynch, Dow Jones und American Express zu gewinnen; sie bescherte dem überfüllten Gebiet um die Wall Street einen von allen gerühmten Park am Wasser und einen überdachten Botanischen Garten, der der Allgemeinheit zugänglich ist (vgl. den Beitrag von Wagner in diesem Band). Der Bau verursachte keine Verdrängung, und die Eigentums- und Finanzierungsmodalitäten brachten der öffentlichen Hand viel größere Erträge als die üblichen Förderungsprojekte. Aber abgesehen von den Touristen blieb der Komplex Herrschaftsbereich der großen Unternehmen und wohlhabender, meist kinderloser Haushalte. Wenn Firmen die neuen Gebäude bezogen, hinterließen sie Leerstände, die den Überschuß an Büroraum vergrößerten, an dem Downtown Manhattan gegenwärtig leidet.

Battery Park City ist eindeutig ein Trickle-down-Projekt, d. h., es werden Großinvestoren subventioniert in der Annahme, daß die Wachstumseffekte auch bei den untersten Ebenen der städtischen Ökonomie Wirkung zeigen. Allerdings unterscheidet es sich von vielen ähnlichen Bemühungen in New York und anderen Städten darin, daß es spezifische Vorteile für Einkommensschwache vorsieht, anstatt nur davon auszugehen, daß sie schon irgendwie an diese verteilt würden. In dem Ausmaß, wie dort erwirtschaftete Mittel zur Finanzierung preiswerten Wohnraums verwendet werden, trägt die Battery Park City zur Verbesserung der Situation von gering verdienenden New Yorkern bei. Aber dieses Vorhaben funktioniert nur in einem Kontext, der die besten städtischen Grundstücke den Reichsten vorbehält, und erhebliche öffentliche Subventionen werden eingesetzt, um private Investitionen zu stimulieren, damit etwas von dem Geldstrom, den diese Investitionen erzeugen, in andere Vorhaben reinvestiert werden kann. Die wohlhabenden Familien, die hierher gezogen sind, hätten auch woanders Wohnungen gefunden; dieser Komplex vergrößert nicht direkt den Bestand an preiswertem Wohnraum in der Stadt. Die dort geschaffenen Arbeitsplätze weisen die vertraute Spaltung in hochbezahlte Professional- und Managertätigkeiten und niedrig entlohnte Büro- und Pförtnertätigkeiten auf. Und ihrer aller Zukunft hängt von der Stabilität der Finanzindustrie ab.

Viele Vorhaben der Stadt zielten auf das Bleiben vorhandener Unternehmen wie der Radio- und Fernsehgesellschaft NBC und der Chase Manhattan Bank. In diesen beiden Fällen wurden enorme Steuernachlässe und andere Subventionen gewährt, um den angedrohten Umzug nach New Jersey zu vermeiden, also an einen Ort innerhalb der Region, aber außerhalb der Steuergrenzen der Stadt. Als Gegenleistung für eine Steuererleichterung von 100

Mio. Dollar blieb NBC und renovierte ihre Zentrale im mittleren Manhattan (Finder 1987). Für fast doppelt so hohe verschiedene Vergünstigungen brachte die Stadt die Chase Manhattan Bank dazu, ihre Nebenbüros ins Zentrum von Brooklyn zu verlegen. Gerechtfertigt wurde dies damit, daß einerseits die angedrohte Abwanderung verhindert und zweitens ein wichtiger Entwicklungspol außerhalb Manhattans verankert werde.

Erst Ende 1987, zehn Jahre nach seinem ersten Amtsantritt, kündigte Bürgermeister Koch ein Programm zur Schaffung preiswerten Wohnraums an. Es sollte aus Einnahmen aus der Battery Park City in Verbindung mit Krediten finanziert werden und signalisierte damit ein deutlich stärkeres Engagement der Stadtverwaltung für redistributive Programme. Entstanden war es aus dem Zusammenwirken intensiver Lobbyaktivitäten von Wohnungs-Initiativen, Druck von den *community boards*, weitverbreiteter Entrüstung angesichts der offensichtlichen Obdachlosigkeit, Befürchtungen, daß Wohnungsnot Arbeitskräftemangel für die New Yorker Industrie bewirken würde, und der Einsicht, daß die Bundesregierung in absehbarer Zukunft die Mittelvergabe für subventionierten Wohnungsbau wohl kaum wiederaufnehmen würde. Die ersten Jahre des Programms demonstrierten eine rapide Zunahme der städtisch geförderten Wohnungsaktivitäten. Erneute Finanzprobleme auf staatlicher wie städtischer Ebene ab 1989, Widerstand der Nachbarschaften gegen die stärkere Verdichtung, die manche Projekte mit sich brachten, Schwierigkeiten beim Finden von Grundstücken und das Problem, finanzkräftige Investoren zur Durchführung von Vorhaben zu gewinnen, ließen die Erfüllung des Programms aber unsicher werden.

Die Wohnungsbauinitiative war ein außerordentlich ungewöhnliches Engagement für eine US-Stadtverwaltung. Wenige amerikanische Städte subventionieren den Bau preiswerter Wohnungen direkt; die meisten verlassen sich vollständig auf Zuschüsse der Bundes- bzw. Bundesstaatsregierungen, um Wohnhäuser zu bauen und Mietzuschüsse für Mieter bereitzustellen, die die Marktpreise nicht aufbringen können. Manche Städte stellen Programme auf, die Abgaben von den Unternehmen fordern, die Geschäftsgebäude und Wohnhäuser zu Marktpreisen errichten, um so Mittel für preiswerten Wohnraum bereitzustellen. Diese Vorhaben nehmen sich allerdings neben der Größenordnung des New Yorker Programms winzig aus.

5. Die Regierung Dinkins

1989 schlug David Dinkins, ein Afro-Amerikaner, Edward Koch in den Vorwahlen der Demokraten und errang einen knappen Sieg über seinen republikanischen Gegner. Er stützt sich in Hinsicht auf ethnische und Klassenmerkmale auf eine andere Regierungskoalition und könnte damit einen Wandel der Stadtpolitik einleiten (vgl. den Beitrag von Mollenkopf in diesem Band). Die von Dinkins ernannten stellvertretenden Bürgermeister und Ressortleiter waren in bezug auf Rasse und Geschlecht erheblich heterogener als unter Koch, und einige seiner Verwaltungsmitglieder stammen aus *community*-Gruppen, die gegen den Götzen ökonomisches Wachstum opponiert hatten. Zudem war der neue Bezirkspräsident von Manhattan, der Dinkins' Stelle übernahm, bekannt für seine Skepsis gegenüber den Forderungen der Immobiliengesellschaften. Eine neue Verwaltungsanordnung verleiht den *community boards* und dem Stadtrat mehr Planungsvollmachten als bisher. Bis jetzt hat Dinkins allerdings genau wie seine Vorgänger Großprojekte in Manhattan gefördert und sich dabei auch nicht gescheut, beträchtliche Subventionen zu diesem Zweck einzusetzen. So hat seine Verwaltung z. B. den Versuch New Jerseys überboten, die Warenbörsen über den Hudson zu holen. Es bleibt abzuwarten, wie sich die institutionellen Veränderungen auf den Planungsprozeß auswirken werden. Der derzeitige katastrophale Niedergang der New Yorker Ökonomie – an dem die Krise des Immobilienmarktes ihren Anteil hat – begrenzt die Optionen des Bürgermeisters, wenn die Immobiliengesellschaften ihre Forderungen vorlegen werden.

6. Weitere Problemfelder

Der Wohnungsbau ist eines der Gebiete, auf denen die Stadtverwaltung unter starken Druck gerät, eine Politik einzuleiten, von der die Bezieher unterer Einkommen profitieren. Auf ähnliche Weise sorgen die schlechte Qualität und die verfallenden Gebäude des Bildungswesens für beträchtlichen Unmut bei Arbeitgebern wie Nutzern. Rassenpolitik und Gruppeninteressen unterlaufen allerdings den Druck der Forderungen nach effizienter Ausbildung. Wie in anderen städtischen Bildungseinrichtungen mit hohen Anteilen aus einkommensschwachen Minderheiten ist die Behebung der Ausbildungsmängel der New Yorker Schulen selbst unter Einsatz erheblich höherer Mittel nicht zu erreichen.

Die lange Geschichte des Konflikts darüber, wer das New Yorker Schulsystem kontrollieren und wer darin arbeiten soll, begrenzt die Möglichkeiten für eine Reform (vgl. auch den Beitrag von Windhoff-Héritier in diesem Band). Der Kampf um die Dezentralisierung wurde beigelegt durch die Einrichtung von kleineren Schulbezirken, aber die Personalentscheidungen liegen nach wie vor bei der zentralen Schulbehörde. Die Spannungen zwischen zentralen und lokalen Behörden dauern an, und zwar verschärft, seit kürzlich Korruptionsfälle in den dezentralen Schulbehörden bekannt wurden. Der starke Einfluß der verschiedenen Gewerkschaften, der sich auf den Aufsichtsbereich über die Schulen und auf die Lehrer bezieht, wird von der Legislative New Yorks nachhaltig geschützt, die die Rechtsaufsicht über die Schulen besitzt. Einsatz nationaler statt spezieller Examina bei der Feststellung von Qualifikationen oder Flexibilität in der Ernennung von Schulleitern sind Dinge, die sowohl bei der Legislative als auch bei den Gerichten auf Widerstand stoßen.

Dem neuen Schuldezernenten puertoricanischer Herkunft ist es gelungen, einige dieser Hemmnisse für Veränderungen zu überwinden (Traub 1990). Er hat einige Einschränkungen in der Autonomie der Gebäudeverwalter durchgesetzt sowie das Recht, unfähige Schulleiter zu versetzen (aber nicht zu entlassen). Er hat die Prüfungskommission aufgelöst, deren Examina die Einstellung von Personal aus den Minderheitengruppen einschränkte, und er hat die Kompetenzen für den Schulbau aus der Bildungsbehörde an eine unabhängige Institution verlagert. Ob diese institutionellen Neuerungen die Qualität der Ausbildung heben werden, wird erhofft, ist aber noch nicht abzusehen. Im besten Falle gleichen sie das Schulsystem der Stadt New York dem in anderen Städten der USA an.

Abgesehen von Wohnen und Bildung sind Drogen und Kriminalität die politischen Themen, die die Bewohner New Yorks am stärksten bewegen. Da diese Themen den Wählern so wichtig sind, überbieten sich die Wahlkandidaten jeweils in ihren Versprechungen, hart durchzugreifen. Liberale Kandidaten wollen zwar gewöhnlich das harte Durchgreifen durch die Ausweitung von Therapie- und Rehabilitierungsprogrammen mildern, aber auch sie betonen die Bedeutung einer Verstärkung der Polizei und der Gerichte und den Ausbau der Gefängnisse. Der einzige große Vorstoß der Dinkins-Administration zu Beginn ihrer Amtszeit war die Vergrößerung des New Yorker Polizeiapparats, während zugleich enorme Haushaltseinbußen drastische Kürzungen bei sozialen Programmen und anderen öffentlichen Dienstleistungen, von Bibliotheken und Erholungsangeboten bis zu Frauenhäusern und medizinischer Vorsorge, erzwangen. Das unlösbare Problem der öffentlichen Sicherheit führt dazu, daß zwar der Ärger der Öffentlichkeit über die Lebensqualität in New York den Wahlkampf und die Beurteilung der amtierenden Regierung durch die Bevölkerung bestimmt, aber trotzdem niemand für fähig gehalten wird, es effektiv anzugehen. Statt dessen steigt die Frustration der Einwohner, und es herrscht allgemein das Gefühl, daß diese Stadt unregierbar ist. Edward Kochs Niederlage – er sackte von einer günstigen Beurteilung durch 67 % der registrierten Wähler im Jahr 1985 auf 31 % im Jahr 1989 ab – illustriert diese Entzauberung (Levin 1989).

7. Community Politics

Problemorientierte Politik ist in New York in der Regel eher durch *community*-Bewegungen als durch das Parteiensystem zustande gekommen. In der Vergangenheit engagierten sich Bürger für grundlegende Themen wie Rasse und Ethnie, Verhältnis der Bürger zur Verwaltung und Nachbarschaftsprobleme. Als sich, wie in der Bewegung der späten sechziger Jahre für die *community*-Kontrolle der Schulen, diese Gruppen verbanden, erreichten soziale Bewegungen eine erhebliche Kraft (Fainstein/Fainstein 1974). In jüngerer Vergangenheit haben schwule und feministische Organisationen ebenfalls Proteste organisiert. Insgesamt aber ist routinisierte *community politics* an die Stelle der städtischen Bewegungen getreten (Fainstein/Fainstein 1990). Sogar die Rassenzugehörigkeit, die am stärksten spaltende Frage im New York der Gegenwart, hat – außer an der City University – keine erkennbare soziale Bewegung oder einen spezifischen Katalog von Zielen hervorgebracht. Die Empörung von ethnischen Minderheiten hat allerdings eine Reihe von Demonstrationen im Zusammenhang mit in der Presse eingehend behandelten Fällen von Gewalt gegen Schwarze und anschließende Prozesse hervorgebracht. An der City University mit ihrer vorwiegend nichtweißen Studentenschaft erzwangen Forderungen von Studenten und Fachbereichen nach verstärkter Einstellung von Minderheitenangehörigen, stärkerer Aufnahme von nichtweißen Studenten, größerer kultureller Vielfalt des Curriculums und Nichterhöhung der Studiengebühren einige Veränderungen bei Personal und Curriculum, und 1989 wurde aufgrund studentischer Unruhen eine geplante Erhöhung der Studiengebühren zurückgenommen.

Die prominenteste Bürgerinitiative ist die »Coalition for the Homeless«. Der Schwerpunkt ihrer Tätigkeit liegt auf der Anstrengung von Gerichtsverfahren zum Schutz der Obdachlosen, weniger auf dem Aufbau einer großen Anhängerschaft. Ihre Klientel stammt aus der bedürftigsten Bevölkerung New Yorks, die Gruppe setzt sich jedoch überwiegend aus Anwälten zusammen. Indem sie also auf wichtige Verbesserungen zielt, weil sie die Stadt zwingt, denen Unterkunft zu gewähren, die keine haben, bleibt sie eine Beratungs- und Dienstleistungsorganisation und wird keine Massenbewegung.

Nachbarschaftsgruppen sind die sichtbarsten Vertreter der New Yorker, die städtische Mittel von Sanierungsgroßprojekten für die Erneuerung ihrer Quartiere umleiten wollen. Unter ihnen gibt es Blockvereinigungen, Gruppen von Einzelhändlern, Wohnungsbau- und Wirtschaftsförderungsgesellschaften und Polizeirevier-Ausschüsse. Ihre Forderungen beziehen sich auf die Bereitstellung von preiswertem Wohnraum, bauliche Infrastruktur, Dienstleistungen, lokale Wirtschaftsförderung und Schutz vor Kriminalität und Drogen. Sie verfolgen ihre Ziele über die *community boards*, durch Einwirken auf legislative und administrative Dienststellen und durch Geldsammlungen aus öffentlichen und privaten Quellen. Diese Nachbarschaftspolitik hat einen zersplitterten, problemspezifischen Charakter und ist in den einzelnen Stadtteilen ganz verschieden. Ihre Wirkung hängt von den unternehmerischen Fähigkeiten und den politischen Verbindungen der lokalen Führer ab. Obwohl sich die Probleme der Nachbarschaften gleichen und verschiedene Koalitionen von Nachbarschaftsgruppen existieren, gibt es keine deutlich erkennbare stadtübergreifende Organisation, die die Durchsetzung von Nachbarschaftsinteressen nachdrücklicher vorantreiben könnte.

Auf allen politischen Ebenen prägt die Wahrnehmung einer

Zerrüttung der sozialen Ordnung den Diskurs um New York, ob das Thema nun Obdachlosigkeit, Schulen, Wohnen oder Kriminalität ist. Während die politische Rechte einem nachlässigen Gerichtssystem und den kulturellen Eigenarten der Armen die Schuld daran gibt, schreibt es die Linke einer wachsenden Ungleichheit zu. Der Linken fehlt aber ein Vehikel, um ihre Standpunkte über die oben genannten Gruppen hinaus zu vertreten. Außerdem hat sie keine politische Strategie zur Verbesserung der Lage, obwohl liberale Kandidaten eine Vielzahl spezifischer Programme zur sozialen Reform anbieten. Da es kein nationales Programm der Demokratischen Partei zu den Problemen von ökonomischem Wachstum und sozialer Gleichheit gibt, sind die örtlichen Führer auf sich selbst gestellt. Wenn man nur New York betrachtet, mit seinen finanziellen Beschränkungen, den Rassenspaltungen und dem ideologischen Backlash gegen die Armen, dann können die Liberalen wohl auch nicht viel mehr bieten außer aggressiven Persönlichkeiten und einer etwas humaneren Version des Programms der Regierung Koch.

8. Global City Politics

New York hat einige politische Gemeinsamkeiten mit anderen amerikanischen Städten. Die Ein-Parteien-Politik, der starke Einfluß der Immobiliengesellschaften auf die Regierung und die Dominanz von Koalitionen der Wachstumsbefürworter sind in den gesamten Vereinigten Staaten eher die Regel als die Ausnahme. Die Größe des Regierungsapparates, die Macht der öffentlichen Bürokratien und der Gewerkschaften sind vielleicht proportional größer als anderswo, aber der Unterschied ist nicht erheblich.

Der Status einer Global City jedoch unterscheidet New York in einigen Dimensionen. Erstens ist die soziale Grundlage, aus der sich ihre Politik ableitet, einzigartig – außer im Vergleich mit Los Angeles, der anderen Global City der Vereinigten Staaten. Die Zusammensetzung ihrer wirtschaftlichen Elite reflektiert die Rolle der Stadt als internationale und nationale ökonomische Hauptstadt. Die Geschäftsinteressen der hier ansässigen Gesellschaften reichen so weit, daß Wachstum oder Verfall der Stadt für ihre Manager wenig Bedeutung haben. In der New York City Partnership sind die Geschäftsführer der führenden New Yorker Unternehmen vertreten. Sie fördert die Teilnahme ihrer Mitglieder an Revitalisierungsaktivitäten, gibt politische Stellungnahmen ab und betätigt sich als gemeinnützige Wohnungsbaugesellschaft. Trotzdem hat sie keine wichtige Rolle in der Formulierung eines strategischen Plans für New York gespielt – im Gegensatz zu ähnlichen Gruppen in anderen Städten. Die vielen ausländischen Gesellschaften, die Büros in New York unterhalten, sind ohnehin völlig von der Politik der Stadt isoliert. Der stärkste Druck, der im Moment von der Wirtschaft auf die Stadt ausgeübt wird, verlangt eher Steuernachlässe als eine Entwicklungsstrategie. Als Konsequenz ergibt sich daraus nicht, daß New York die Erschließung des zentralen Geschäftsbereichs weniger betreibt als andere Orte, aber daß dies nicht Teil irgendeines umfassenden Plans ist, der gewisse Formen der Wirtschaftsförderung betont, besondere Aspekte der Umweltverbesserung benennt oder die Erwerbsbevölkerung in bestimmten Gebieten vergrößert.

Für die Arbeiter bewirkt der Status der Global City, daß sowohl bestimmte Gruppeninteressen entpolitisiert werden als auch die ethnischen Trennungen verschärft werden. Der jüngste Zustrom von Immigranten hat viele Quartiere verändert und einige der brisantesten Probleme in der Stadt aus der Politik entfernt. Wenige Personen mit Staatsbürgerschaft, mangelnde Vertrautheit mit dem amerikanischen politischen System, Verfall der alten politischen Maschinen, die frühere Immigrantengenerationen in die Politik einführten, und ausschließliches Streben nach materieller Verbesserung haben dazu geführt, daß eine Reihe von Gruppen, insbesondere Asiaten und Lateinamerikaner, wenig politischen Einfluß haben. Gleichzeitig hat die Auffälligkeit ethnischer Unterschiede New Yorks dauerhafte Spaltungen nach ethnischen Gruppen verstärkt, die gemeinsame Interessen an Quartiersentwicklung, Hilfe bei der Wohnraumbeschaffung und Einkommensumverteilung überlagern.

Die extreme Heterogenität der New Yorker Bevölkerung und die Bedeutung symbolischer Identifikationen machen Koalitionen zerbrechlich und unterminieren die Möglichkeiten zu einer programmatischen Vereinigung der progressiven Kräfte. Wo New York lange Zeit als »Stadt der Arbeit« charakterisiert wurde, ist das Potential der Gewerkschaftspolitik als quer verlaufendes, Einheit stiftendes Symbol beinahe verschwunden, während die Bedeutung ethnischer und noch begrenzterer Identifikationen gewachsen ist.

Die beiden mächtigsten politischen Kräfte in New York sind die Immobilieninteressen und die Gewerkschaften der städtischen Bediensteten, u. a., weil andere Kräfte in den größeren Klassengruppierungen, denen sie angehören, sich gegenseitig aufheben oder an der lokalen Politik nicht teilnehmen. Der Status einer Global City, Größe und Reichtum der Stadt, trägt ebenfalls zu ihrem großen Einfluß bei. Allein die Größenordnung der Ressourcen, über die diese beiden Gruppen verfügen, ermöglicht es ihnen, auf alle Ebenen der Regierung Druck auszüben, der faktisch durchschlägt, weil keine starken ausgleichenden Kräfte vorhanden sind. Eine Folge davon zeigt sich in einer Wachstumsstrategie, die immer noch beinahe ausschließlich auf Büroentwicklung zielt. Eine andere Folge ist, daß die Stadtverwaltung in der gegenwärtigen Finanzkrise die Lohn- und Unterstützungsniveaus ihrer Dienstleistungen beibehalten hat, obwohl eine Reduzierung die Erhaltung von mehr Arbeitsplätzen und die Aufrechterhaltung von mehr Dienstleistungen bedeutet hätte.

1990 geriet New York in eine schwere ökonomische Rezession, die das Steueraufkommen beträchtlich unter die kalkulierten Niveaus sinken ließ. Die unmittelbaren Gründe der Finanzkrise liegen in der Steuerstruktur, die sehr empfindlich auf Konjunkturzyklen reagiert, und in einer Zunahme der Armut, die die unteren Einkommensgruppen von den städtisch finanzierten Sozialprogrammen abhängig macht. Dies führt auf der Ausgabenseite des Haushalts zu Engpässen, und die Regierungen von National- und Bundesstaat weigern sich, New York im Bemühen um den Ausgleich des Defizits beizustehen. New York City unterscheidet sich von anderen amerikanischen Städten in dem Ausmaß, in dem es seine eigenen Aktivitäten finanzieren muß und eben keine Zuschüsse für Gesundheitswesen, soziale Dienste und Sicherung der Einnahmen von Regierungsebenen erhält, die über eine breitere Basis des Steueraufkommens verfügen. Der Bürgermeister ist hin- und hergerissen zwischen einerseits seiner Wählerschaft in armen Quartieren und den städtischen Gewerkschaften und andererseits seiner Verpflichtung, die verschiedenen Aufsichtsbehörden zufriedenzustellen, die nach der Finanzkrise von 1975 eingesetzt wurden.

Das politische Leben der Stadt New York ist auf der einen Ebene lebhaft pluralistisch und partikularistisch geblieben, während es auf einer anderen primär die Reichsten und am besten Organisierten berücksichtigt. Zwar lassen sich viele Beispiele dafür ausmachen, daß die meisten Gruppen sich Gehör verschaffen können; zudem hat die Wahl von Dinkins die Stadtverwaltung zunehmend für die Belange der rassischen und ethnischen Minderheiten geöffnet. Aber bei genauerer Betrachtung sind die das Handeln der Regierung dominierenden Gruppen lediglich besondere Fraktionen der Schichten, auf die sich die Ökonomie der Stadt stützt. Das Zusammentreffen des Status der Global City und seiner Auswirkungen auf die Wirtschaftselite mit den ethnischen Identifikationen der Arbeiterklasse, den traditionellen Machtpositionen der Gewerkschaften des öffentlichen Dienstes und der Zersplitterung der Parteien produziert so eine eigentümliche Mischung von Macht und Marginalisierung.

Anmerkungen

1 Diese Arbeit basiert zum großen Teil auf: Susan S. Fainstein und Ken Young, *Politics and State Policy in Economic Restructuring*, in: S.S. Fainstein u. a. 1992.

Saskia Sassen
Global City:
Internationale Verflechtungen und ihre innerstädtischen Effekte

In den sechziger Jahren begann sich die Organisation der Wirtschaftstätigkeit grundlegend zu wandeln. Dies zeigt sich einerseits an der veränderten Struktur der Weltwirtschaft, andererseits an spezifischen Formen der Ökonomie in bestimmten Städten. Bekannte Erscheinungen dieser Restrukturierung sind der Verfall der einst mächtigen Industriezentren in den USA, in Großbritannien und zunehmend auch in Japan sowie die beschleunigte Industrialisierung der Dritten Welt. Weniger bekannt ist die rapide Internationalisierung der Finanzindustrie in den achtziger Jahren, in deren Verlauf eine Vielzahl von Finanzzentren in einem weltweiten Netzwerk integriert wurde. Schließlich ermöglichten die Fortschritte in Computertechnologie und Telekommunikation gleichzeitig die weltweite Organisation von globalen Märkten.

In den Jahrzehnten nach dem Zweiten Weltkrieg existierte ein internationales Regime, das auf der dominanten Rolle der Vereinigten Staaten in der Weltwirtschaft und auf den 1944 in dem Abkommen von Bretton Woods festgelegten Regeln für den Welthandel beruhte. Am Anfang der siebziger Jahre begannen die Grundlagen dieses Regimes zu zerfallen. Der Zusammenbruch hinterließ ein Vakuum, das – vielleicht in einem letzten Bemühen um nationale Dominanz – von den großen transnationalen Industrieunternehmen und Banken der Vereinigten Staaten ausgefüllt wurde. In dieser Übergangsperiode lagen Lenkung und Kontrolle der internationalen Wirtschaftsordnung vor allem bei den Zentralen dieser Unternehmen. Anfang der achtziger Jahre sahen sich die großen transnationalen Banken der USA mit der massiven Schuldenkrise der Dritten Welt konfrontiert, und gleichzeitig verloren die amerikanischen Industrieunternehmen erhebliche Marktanteile an die ausländische Konkurrenz. Trotzdem löste sich die Weltwirtschaft nicht einfach in Fragmente auf. Geographie und Struktur der globalen Ökonomie hatten sich so verändert, daß eine komplexe Dualität entstanden war: eine räumlich verstreute, aber global integrierte Organisation der wirtschaftlichen Aktivitäten.

Die Kombination räumlicher Dezentralisierung mit globaler Integration – unter der Voraussetzung einer dauerhaften Konzentration der Kontrolle in der Wirtschaft – hat den großen Städten in der gegenwärtigen weltwirtschaftlichen Phase eine strategische Rolle zugewiesen. Über ihre bisweilen lange Geschichte als Zentren des Welthandels wie des Bankwesens hinaus erfüllen diese Städte nun eine Funktion als Kommandozentralen in der weltwirtschaftlichen Organisation; sie sind Schlüsselstandorte und Märkte für die in dieser Phase führenden Wirtschaftsbereiche – Finanz- und spezialisierte Unternehmensdienste – und die Entwicklungszentren für Innovationen auf diesen Gebieten. In diesen Städten haben sich so ungeheure Ressourcen konzentriert, und diese führenden Bereiche haben solch massiven Einfluß auf ihre Wirtschafts- und Sozialordnung, daß daraus die Konturen eines neuen Typs der Urbanisierung entstehen. Diesen bezeichne ich als Global City. Die herausragenden Beispiele der achtziger Jahre sind New York, London und Tokio.

Informationstechnologien ermöglichen die geographische Verteilung und gleichzeitig die Integration vieler Aktivitäten. Doch die Zugangsbedingungen zu diesen Leistungen haben dazu geführt, daß sich die intensivsten Nutzer in den modernsten Telekommunikations-Zentren konzentrieren. Zwar haben auch andere urbane Zentren moderne Telekommunikations-Anlagen installiert, aber die Zugangsbarrieren werden immer höher, und tendenziell orientiert sich die Entwicklung von Telekommunikations-Systemen an Großnutzern, die meist Unternehmen mit großen nationalen und globalen Märkten sind (Castells 1989). So besteht eine enge Beziehung zwischen dem Wachstum internationaler Märkte für Finanzdienste und Handel, der Tendenz großer Unternehmen, sich in wichtigen Städten niederzulassen, und der Entwicklung einer Telekommunikations-Infrastruktur in diesen Städten. Unternehmen mit globalen Märkten oder globalen Produktionsprozessen sind auf moderne Telekommunikations-Einrichtungen angewiesen. Internationalisierung und Expansion der Finanzmärkte machen den Zugang zu hochentwickelten Telekommunikations-Einrichtungen zu einer unerläßlichen Notwendigkeit. Die stärkste Nachfrage nach Telekommunikations-Diensten entsteht bei den informationsintensiven Industrien, die sich daher bevorzugt in den

Großstädten niederlassen, die über solche Einrichtungen verfügen.

Im ersten Teil dieses Beitrags werden die wichtigsten ökonomischen Merkmale der Global Cities untersucht. Auf die sozialen und politischen Konsequenzen dieser Entwicklungen wird dann im zweiten Teil eingegangen.

1. Städte im System der Weltwirtschaft

1.1. Städte als globale Kommandozentralen

Wie unterscheidet sich die heutige Position der Global Cities im System der Weltwirtschaft von ihrer historischen Rolle als Zentren des Bank- und Handelswesens? In seiner Untersuchung der mittelalterlichen Städte, die sich in der Hanse zusammengeschlossen hatten, bezeichnet Max Weber ihre ökonomische Basis als Austausch von Überschuß-Produktion. Nach seiner Auffassung konnte sich eine mittelalterliche Stadt vom Außenhandel zurückziehen und trotzdem weiterbestehen, wenn auch auf einem reduzierten Standard. Das heutige Netz der Global Cities ist dagegen etwas völlig anderes als der Handel zwischen autarken Orten.

Heute erfordert die räumliche Verteilung der Wirtschaftstätigkeit auf nationaler und globaler Ebene, wenn sie mit stabiler ökonomischer Konzentration einhergeht, erweiterte Kontroll- und Steuerungsfunktionen. Obwohl die räumliche Dezentralisierung der Wirtschaftstätigkeit im Prinzip von einer entsprechenden Dezentralisierung des Eigentums und damit der Profitaneignung hätte begleitet sein können, läßt sich derartiges kaum beobachten. Wenn auch die großen Unternehmen zunehmend mit kleineren Zulieferern kooperieren und viele nationale Unternehmen in den fortgeschrittenen Entwicklungsländern rapide gewachsen sind, so ist doch diese Art des Wachstums letztlich Teil einer Kette, in der einige Konzerne weiterhin die Kontrolle über das Endprodukt besitzen und die Profite aus seinem Verkauf auf dem Weltmarkt kassieren. Sogar Heimarbeiter in abgelegenen ländlichen Gebieten sind inzwischen Glieder dieser Kette.

Das wird nicht nur auf der Unternehmensebene sichtbar, sondern auch auf der regionalen. So haben die Internationalisierung und Expansion des Finanzwesens einer großen Anzahl kleinerer

Finanzmärkte Wachstum beschert, das wiederum die globale Expansion dieser Branche gefördert hat. Aber die höchsten Kontroll- und Managementfunktionen dieser Industrie haben sich in wenigen führenden Finanzzentren konzentriert, vor allem in New York, London und Tokio. In ihnen wird ein unverhältnismäßig großer Teil aller finanziellen Transaktionen abgewickelt, der seit den frühen achtziger Jahren sogar rapide angewachsen ist. Die grundlegende Dynamik ist, daß sich die zentralen Funktionen in den Global Cities um so stärker konzentrieren, je mehr die Ökonomie globalisiert wird.

Die räumlichen Wirkungen dieser Dynamik zeigten sich in der extrem hohen Verdichtung in den Zentren dieser Städte. Die weitverbreitete Vorstellung, daß Verdichtung unnötig wird, wenn globale Telekommunikations-Systeme eine maximale Dezentralisierung ermöglichen, ist nur teilweise richtig. Gerade auf die durch Telekommunikation ermöglichte räumliche Dezentralisierung ist zurückzuführen, daß die Agglomeration zentralisierender Aktivitäten so immens zugenommen hat. Darin zeigt sich nicht eine bloße Kontinuität alter Agglomerationsmuster, sondern eine neue Agglomerationslogik. Allerdings stellt sich die Frage, wann die moderne Telekommunikation Eingang in diese zentralisierenden Funktionen finden wird.

Die räumliche Ökonomie technologischer Innovationen scheint dem gleichen Muster von Dezentralisierung und Verdichtung zu folgen. Castells (1989) stellt fest, daß die gegenwärtigen Umstrukturierungsprozesse in der Elektronikindustrie zu einer Standortlogik führen, die – trotz städtischer Krise und Rezession – die Zentren hochentwickelter Innovationen begünstigt, denn diese werden Grundlage und Kontrollsystem des global ausgedehnten Produktionssystems sein. Weniger bedeutende »Innovationsmilieus« werden sich weiterentwickeln, aber zunehmend nicht als Funktion von Innovation, sondern als Funktion der Dezentralisierung einiger Teile des Innovationsprozesses. Die Produktion im Ausland wird beibehalten, aber erheblich verändert werden durch Automation von Routineabläufen und weitere Verlagerung moderner Fertigungsprozesse.

Zur räumlichen und technischen Reorganisation der Wirtschaftstätigkeit gehören die geographische Verteilung von Produktionsanlagen, Büros, Dienstleistungsangeboten einerseits, die stark angestiegene Nachfrage nach hochspezialisierten Dienstleistungen im Zusammenhang mit Fortschritten in der Mikroelektronik andererseits. Diese beiden Prozesse, Verteilung und Dienstleistungsspezialisierung, überlappen und beeinflussen sich gegenseitig. Die globale Verteilung von Produktionsanlagen und Büros erfordert die Zentralisierung der leitenden Unternehmensfunktionen. Gesellschaften, zu denen viele Betriebe, Büros und Dienstleistungsunternehmen gehören, müssen Planung, interne Administration, Distribution, Marketing und andere Aufgaben der Hauptverwaltung koordinieren. Wenn sich große Konzerne auf dem Gebiet der Produktion und des Verkaufs von konsumentenbezogenen Dienstleistungen betätigen, wird eine breite Skala von Aktivitäten, die vorher von selbständigen Unternehmen ausgeübt wurden, in die Firmenzentralen verlagert. Ein entsprechender Prozeß der Expansion zentraler Planungs- und Kontrollfunktionen auf höchster Ebene vollzieht sich in Behörden, hervorgerufen z. T. durch die technischen Fortschritte, die dies ermöglichen, und z. T. durch die zunehmende Komplexität regulatorischer und administrativer Aufgaben. Schließlich hat die Rekonzentration umfangreicher ausländischer Investitionsaktivitäten und Transaktionen in den großen Städten dieses ökonomische Kernstück der höchsten Kontroll- und Dienstleistungsfunktionen weiter genährt. Kurz gesagt, neben Dezentralisierungstendenzen zeigen sich neue Zentralisierungstendenzen.

Die Wahrnehmung zentralisierter Kontroll- und Managementfunktionen für eine geographisch weit verteilte Reihe von Betrieben, Büros und Dienstleistungsangeboten ergibt sich nicht zwingend als Teil eines »Weltsystems«. Voraussetzung dafür ist die Entwicklung einer großen Bandbreite an hochspezialisierten Dienstleistungen und höchsten Management- und Kontrollfunktionen. Mit ihnen sind die Komponenten einer globalen Kontrollkapazität (Sassen 1988) gegeben. Da sie über das Potential zu globaler Kontrolle verfügen, werden bestimmte Städte zu Knotenpunkten innerhalb eines immensen Kommunikations- und Marktsystems. Fortschritte in Elektronik und Telekommunikation haben geographisch weit voneinander entfernte Städte in Zentren der globalen Kommunikation und des Managements verwandelt.

Die räumliche Verteilung der Produktion und die Reorganisierung der Finanzindustrie haben also neue Formen der Zentralisierung für Management und Regulierung eines globalen Netzwerkes von Produktionsstätten und Finanzmärkten hervorgebracht. Die räumliche Dezentralisierung der Produktion auf internationaler Ebene hat das Wachstum zentralisierter Dienstleistungs-Knotenpunkte für ihr Management und ihre Regulierung stimuliert, und die Fortschritte in der Telekommunikation haben die Dispersion wie die zentralisierte Dienstleistungsversorgung erleichtert.

1.2. Produktionsstätte und Markt für das globale Kapital

Global Cities sind a) Orte der Produktion spezialisierter Dienstleistungen für komplexe Organisation, darunter vor allem höheres Management, Kontroll- und Dienstleistungsfunktionen, und b) Orte der Produktion von Innovation im Finanzwesen und Etablierung von Märkten. Beides ist von zentraler Bedeutung für Internationalisierung und Expansion der Finanzindustrie.

Eine Schlüsselstellung kommt der Dynamik zu, die diesen vielfältigen Aktivitäten zugrunde liegt und die die Analyse der Position von Global Cities in der Weltwirtschaft strukturiert: der Fähigkeit zu globaler Kontrolle. Sie ist unerläßlich, wenn die Wirtschaftsaktivitäten – seien es nun Produktionsanlagen, Büros oder Finanzmärkte – bei stabiler Konzentration des Besitzes und der Profitaneignung geographisch weit verteilt sind. Diese Fähigkeit zu globaler Kontrolle kann nicht einfach den strukturellen Aspekten der Globalisierung von Wirtschaftstätigkeit zugeordnet werden. Sie muß hergestellt werden. Auch Regierungen sehen sich mit zunehmend komplexen Umwelten konfrontiert, die hochentwickelte zentralisierte Lenkungs- und Kontrollsysteme erfordern.

Ich betone die Herstellung dieser Kontrollstruktur so nachdrücklich, weil ich den Aspekt hervorheben möchte, den man als Praxis der globalen Kontrolle bezeichnen könnte: die Arbeit des Produzierens und Reproduzierens von Organisation und Management in einem globalen Produktionssystem und einem globalen Finanzmarkt unter den Bedingungen ökonomischer Konzentration. Mein Thema ist dabei nicht die Machtstruktur, sondern die Produktion der Elemente, aus denen die Fähigkeit zu globaler Kontrolle entsteht, und die Infrastruktur von Arbeitsplätzen, die an dieser Produktion beteiligt sind. So werden die Stadt und die städtische Sozialordnung, die mit diesen Aktivitäten verbunden ist, zum Hauptthema. Die Entstehung der modernen Konzerne und ihre massive Partizipation an Weltmärkten und anderen Ländern hat Planung, interne Administration, Produktentwicklung und Forschung zunehmend wichtiger und komplexer gemacht. Aber wir müssen darauf achten, was im Produktionsprozeß geschieht.

Produktdiversifikation, Unternehmensfusionen und die Transnationalisierung ökonomischer Aktivität erfordern hochspezialisierte Qualifikationen (Chandler 1977). Diese »erhöhten auch die Abhängigkeit des Konzerns von den Unternehmensdienstleistungen, was wiederum eine Anregung für Wachstum und Entwicklung höherer Niveaus von Sachkenntnis bei den Unternehmungsdienstleistungsfirmen war« (Stanback/Noyelle 1982, 15). Was einmal als Hilfsmittel von den großen Konzernen eingesetzt wurde, hat sich zum zentralen Element in der Entscheidungsstruktur der Konzerne gewandelt. Ein Unternehmen mit einer Vielzahl von räumlich verstreuten Fertigungsbetrieben trägt in seiner Umgebung zur Entwicklung neuer Planungsmethoden für Produktion und Distribution bei. Der Trend zu vielen Standorten bei Fertigung, Dienstleistungen und Banken hat eine erhöhte Nachfrage nach einer breiteren Skala von spezialisierten Dienstleistungen geschaffen, um diese globalen Netzwerke von Fabriken, Dienstleistungseinheiten und Außenbüros zu steuern und zu kontrollieren. Bis zu einem gewissen Grade können diese Tätigkeiten innerhalb der Unternehmen ausgeführt werden, aber bei einem großen Teil ist das nicht möglich. Hohe Spezialisierung, Möglichkeiten der Externalisierung einiger dieser Dienstleistungen und die wachsende Nachfrage durch große und kleine Unternehmen und Behörden – all diese Bedingungen sind Ergebnis wie Voraussetzung der Entwicklung eines Marktes für selbständige Dienstleistungsunternehmen, die Komponenten dessen produzieren, was ich als globale Kontrollkapazität bezeichne.

Das wiederum bedeutet, daß kleine Firmen solche Dienstleistungen kaufen können, wie z. B. Unternehmensberatung oder internationale Rechtsexpertisen. Und das gilt für Unternehmen und Behörden in der ganzen Welt. Großkonzerne waren zwar zweifellos Schlüsselagenten für die Entwicklung dieser Potentiale und ihre Hauptnutznießer, aber sie sind nicht die einzigen Nutzer.

Das Wachstum hochwertiger Unternehmensdienste mit den besonderen Merkmalen ihrer Produktion trägt zur Erklärung der Zentralisierung von Management- und Dienstleistungsfunktionen bei, die den ökonomischen Aufschwung Anfang und Mitte der achtziger Jahre in New York angekurbelt haben.

Die Erklärung durch Fühlungsvorteile muß in mehrfacher Hinsicht verfeinert werden. Die hochspezialisierten Dienstleistungen sind meistens produktionsbezogene Dienste; im Gegensatz zu anderen Dienstleistungstypen sind sie aber nicht von der Nähe zum Nutzer abhängig. Vorteile ergeben sich für solche spezialisierten Firmen eher dann, wenn sie sich in der Nähe anderer Firmen niederlassen, die Kernelemente produzieren oder deren Nähe eine gemeinsame Produktion von bestimmten Dienstleistungsangeboten ermöglicht. Außerdem ist die Konzentration eine Folge der Bedürfnisse und Erwartungen der Personen, die diese hochqualifizierten Arbeitsplätze einnehmen. Sie werden angezogen von den Annehmlichkeiten und Lebensstilen, die große urbane Zentren bieten. Unternehmensberater können weit entfernte Klienten bedienen, aber die Art ihrer Dienstleistung macht sie von der Nähe zu Spezialisten abhängig: Anwälten, Programmierern usw. In diesem Sinne kann man also von Global Cities als Produktionsstätten sprechen.

Diese Dynamik ist bei der Finanzindustrie ebenfalls entscheidend, aber hier gibt es zwei unterschiedliche Phasen. Bis 1982, als die Schuldenkrise der Entwicklungsländer zu Ende ging, dominierten die großen transnationalen Banken den Umfang wie den Charakter der Firmentransaktionen auf den Finanzmärkten. Seitdem wird ihnen diese Dominanz zunehmend von anderen Finanzinstituten und den von ihnen entwickelten Innovationen streitig gemacht. Würde man bei der Untersuchung der Finanzindustrie heute den Schwerpunkt auf die transnationalen Banken legen, wären genau die Sektoren ausgeschlossen, in denen ein großer Teil des neuen Wachstums und der Innovationen zu finden ist, und außerdem bliebe wiederum die breite Skala von Aktivitäten, Unternehmen und Märkten unberücksichtigt, die die Finanzindustrie in den achtziger Jahren konstituieren. Diese Innovationen bewirkten eine Transformation der wichtigsten Komponenten der Finanzindustrie, eine starke Vermehrung der Finanzinstitute und die rapide Internationalisierung der Finanzmärkte. Der Standort und die Vorteile der Agglomeration gewannen in den achtziger Jahren neue Bedeutung, und das führte gleichzeitig a) zur Integration einer großen Anzahl von über die ganze Welt verstreuten Märkten in ein globales System, die das Wachstum der Industrie nach der

Schuldenkrise von 1982 förderte, und b) zu neuen Formen der Konzentration, insbesondere der Zentralisierung der Industrie in einigen führenden Finanzzentren. New York City ist eines der größten von ihnen.

2. Soziale und räumliche Konsequenzen für die Stadt

2.1. Die Auswirkungen des Dienstleistungssektors auf die Einkommen

Eine wesentliche Frage im Zusammenhang mit dieser sektoralen Verschiebung ist die Einkommensverteilung in einer von Dienstleistungen dominierten Ökonomie und, allgemeiner, die Einkommensstruktur. Studien zur Berufs- und Einkommensverteilung im Dienstleistungsbereich ergaben, daß die Dienstleistungen einen größeren Anteil an gering bezahlten Tätigkeiten hervorbringen als die verarbeitende Industrie, obwohl sich diese möglicherweise den Dienstleistungen immer weiter angleicht, und daß zweitens in einigen führenden Dienstleistungsindustrien auch ein größerer Anteil an Arbeitsplätzen in den höchstbezahlten Berufen entsteht (Hirsch 1982; Stanback/Noyelle 1982; Maume 1983; Nelson/Lorence 1985; Sheets u. a. 1987; Harrison/Bluestone 1988). Der Bedeutung des verarbeitenden Gewerbes für die Verringerung der Einkommensungleichheit in den fünfziger und sechziger Jahren ist viel Aufmerksamkeit gewidmet worden (Garofalo/Fogarty 1979; Stanback 1979; Blumberg 1981; Hirsch 1982). Als ausschlaggebende Gründe für diesen Effekt gelten im allgemeinen die größere Produktivität und der höhere gewerkschaftliche Organisationsgrad in der Fertigung. Diese Studien beziehen sich aber meist auf einen Zeitraum, der weitgehend von diesen Bedingungen charakterisiert ist. Die gewerkschaftliche Organisation hat sich auch in der verarbeitenden Industrie erheblich gewandelt. Harrison und Bluestone (1988), deren Arbeit die bisher detaillierteste Analyse von Daten zur Berufs- und Industriestruktur liefert, stellten fest, daß in der verarbeitenden Industrie viele Branchen und Berufe Einkommensverluste zu verzeichnen haben. Glickmann und Glasmeier (1989) weisen nach, daß ein Großteil der Arbeitsplätze im produzierenden Sektor des Sunbelts zu den schlecht bezahlten gehört, und Sassen (1989) stieß auf die Zunahme von halbillegalen

Ausbeuterbetrieben (Sweatshops) und Heimarbeit in mehreren Industriezweigen in New York und Los Angeles (vgl. weiterhin Portes/Sassen-Koob 1987; Fernandez/Garcia 1989; eine umfassende Darstellung der Auswirkungen des Dienstleistungssektors findet sich in Sassen 1991).

In der Literatur zur Einkommensverteilung nimmt die Debatte »Demographie oder Struktur« eine zentrale Rolle ein. Einige Forscher behaupten, daß die Zunahme der Einkommensungleichheit eine Funktion der demographischen Veränderungen ist, insbesondere des wachsenden Anteils der Frauen an den Erwerbstätigen und der großen Anzahl junger Arbeitskräfte, die auf den Babyboom zurückzuführen ist – zwei Typen von Arbeitskräften, die traditionell weniger verdienen als weiße, männliche Erwachsene (Lawrence 1984; Levy 1987).

Harrison und Bluestone (1988) haben Daten zu verschiedenen demographischen Faktoren und der Verlagerung zugunsten der Dienstleistungen untersucht und kamen zu dem Ergebnis, daß innerhalb jeder Gruppe, also z. B. weiße Frauen, junge Arbeitnehmer, weiße, männliche Erwachsene usw., die Einkommensungleichheit zugenommen hat. Sie weisen nach, daß ein Fünftel der Zunahme der Ungleichheit auf die sektorale Verschiebung zurückzuführen ist, daß aber der größte Teil des verbleibenden Ungleichheitsanstiegs innerhalb der Bereiche erfolgte, d. h., wie bei den demographischen Gruppen sind auch innerhalb der Wirtschaftsbereiche zunehmende Einkommensungleichheiten entstanden (vgl. Harrison/Bluestone 1988, Tab. A2 im Anhang). Die Autoren erklären die wachsende Ungleichheit der Einkommensverteilung mit der Restrukturierung von Löhnen und Arbeitszeit.

Es liegen mehrere detaillierte Analysen der sozialen Folgen des wachsenden Dienstleistungssektors in den metropolitanen Gebieten vor (Hirsch 1982; Stanback/Noyelle 1982; Maume 1983; Ross/Trachte 1983; Nelson/Lorence 1985; Fainstein u. a. 1986; Sheets u. a. 1987). Mit den Daten der Volkszählung von 1980 belegen Sheets u. a. (1987), daß in den hundert größten metropolitanen Gebieten einige Dienstleistungsbranchen zwischen 1970 und 1980 einen signifikanten Effekt auf die Zunahme der sogenannten Unterbeschäftigung hatten, die Sheets u. a. als Beschäftigung definieren, deren Bezahlung unterhalb der Armutsgrenze liegt. Der stärkste Effekt tritt im Zusammenhang mit dem Wachstum der Unternehmensdienstleistungen und des Einzelhandels auf. Den größten relativen Anteil daran hat der Bereich, den die Autoren als *corporate services* bezeichnen (Finanzdienste, Versicherungen, Immobilien, unternehmensorientierte Dienstleistungen, Rechtsberatung, Mitgliederorganisationen), und zwar zieht ein Beschäftigungszuwachs von einem Prozent in diesen Dienstleistungen eine Zunahme von 0,37 % bei den gering bezahlten, ganzjährigen Vollzeitarbeitsplätzen nach sich; und ein einprozentiger Beschäftigungszuwachs in den distributiven Dienstleistungen führt zu einem Anstieg von 0,32 % bei diesen Arbeitsplätzen. Zum Vergleich: Eine Beschäftigungszunahme um ein Prozent bei den personenbezogenen Dienstleistungen hatte für diese Arbeitsplätze eine Steigerung von 0,13 % und einen höheren Anteil an gering bezahlten Teilzeitarbeitsplätzen zur Folge. Der Einzelhandel hatte die stärksten Auswirkungen auf die Schaffung von ganzjährigen, schlechtbezahlten Zeitarbeitsplätzen: ein Wachstum von einem Prozent beim Einzelhandel führte zu einer Zunahme von 0,88 % bei der »Unterbeschäftigung«.

Aber wie steht es um die Auswirkungen der Dienstleistungen auf die hochbezahlten Arbeitsplätze? Nelson und Lorence (1985) sind dieser Frage nachgegangen und haben Volkszählungsdaten für die 125 größten Gebiete untersucht. Sie kamen zu dem Ergebnis, daß die Ungleichheit vor allem darauf zurückzuführen ist, daß zwischen den einkommensstärksten und den durchschnittlichen Verdienstgruppen größere Einkommensunterschiede bestehen als zwischen den durchschnittlichen und den einkommensschwächsten Gruppen (Nelson/Lorence 1985, 115). Außerdem stießen sie darauf, daß der stärkste Effekt von den Produktionsdiensten ausging, während der zweitstärkste erheblich schwächer ausfiel (1970 die sozialen Dienste und 1980 die personenbezogenen Dienstleistungen).

2.2. Wachsende Ungleichheit in New York City

Alle diese Trends sind in New York City zu beobachten, und manchmal haben sie stärkere Wirkung, als die nationalen Durchschnittswerte erkennen lassen. Diese größere Intensität läßt sich auf mindestens drei Bedingungen zurückführen. Erstens die Standortkonzentration der führenden Wachstumssektoren mit entweder scharfer Einkommensdispersion oder disproportionaler Konzentration von entweder schlecht- oder hochbezahlten Tätigkeiten. Zweitens die Fülle an kleinen Dienstleistungsunternehmen mit geringen Betriebskosten, die die massive Konzentration von Menschen in diesen Städten und der große tägliche Zustrom von nicht ansässigen Arbeitskräften und Touristen ermöglicht. Das Verhältnis der Anzahl dieser Dienstleistungsbetriebe zur ansässigen Bevölkerung ist in New York höchstwahrscheinlich signifikant höher als in einer durchschnittlichen Stadt. Außerdem bringt die starke Konzentration von Menschen in großen Städten enorme Anreize zur Eröffnung solcher Geschäfte mit sich, aber auch harte Konkurrenz und sehr geringe Erträge. Unter solchen Bedingungen werden die Arbeitskosten zum entscheidenden Faktor, und das macht eine hohe Konzentration von gering entlohnten Tätigkeiten wahrscheinlich. Drittens ist, aus eben diesen Gründen und in Verbindung mit anderen Nachfragekomponenten, die relative Größe des abgewerteten verarbeitenden Sektors in einer Stadt wie New York vermutlich größer als in einer mittelgroßen Stadt.

Der Anteil der großen Dienstleistungsindustrien mit wachsender Einkommensdispersion ist in New York erheblich höher als im nationalen Gesamtdurchschnitt. 1985 fanden sich mehr als 26 % der Gesamtbeschäftigung in New York City – gegenüber 15 % im nationalen Durchschnitt – in den Bereichen Finanzen, Versicherungen, Immobilien (Standard Industry Classification 60-69), Kommunikation (SIC 48), unternehmensorientierte Dienstleistungen (SIC 73) und Rechtsberatung (SIC 81). Außerdem ist der Anteil dieser Bereiche in New York City auch höher als in anderen Großstädten; in Los Angeles beträgt er 17,8 %, in Chicago 20,3 %. Wenn wir die Kategorie Produktionsdienste so betrachten, wie sie im allgemeinen definiert wird, also Mitgliederorganisationen (SIC 86) und diverse Business Services (SIC 89) einschließen, umfaßte diese Gruppe im Jahr 1985 32 % der Gesamtbeschäftigung der Stadt – angestiegen von 25 % im Jahr 1970 bzw. 37,7 % im Jahr 1987 – und beinahe eine Million Arbeitsplätze. Sie machte außerdem 35 % der Lohn- und Gehaltssumme der Stadt aus. In Manhattan umfaßt dieser Bereich fast 40 % der Beschäftigung und 45 % der Lohn- und Gehaltssumme. Die Produktionsdienste sind also ein signifikanter Faktor der städtischen Ökonomie, erst recht, wenn man ihre indirekten Wirkungen auf den Wohnungsmarkt, den Handel und die personenbezogenen Dienstleistungen berücksichtigt.

Die vorhandenen Daten für die Stadt New York bestätigen die Trends zur Einkommensdispersion innerhalb der Bereiche. Z. B.

zeigen Daten des New York State Department of Labor, daß im Bereich Finanzen, Versicherungen und Immobilien die höchsten Einkommen bezogen wurden; im Jahr 1987 z. B. belief sich der Durchschnittsverdienst auf $ 43 964, während der durchschnittliche Verdienst in New York City $ 27 735 pro Jahr betrug. Allerdings zeigten unveröffentlichte Daten des New York State Department of Labor aus Berufserhebungen der Jahre 1984, 1985 und 1986, daß im Bereich Finanzen, Versicherungen, Immobilien 49,4 % Büroangestellte und weitere 13 % der Beschäftigten in einfachen Dienstleistungen, Produktion und Instandhaltung tätig sind. Obwohl das durchschnittliche Jahreseinkommen beinahe das Doppelte des städtischen Durchschnitts beträgt, gibt es nur 11 % Manager- oder verwandte Tätigkeiten und 14 % andere hochqualifizierte Tätigkeiten.

Wenn man das Material über diese drei verschiedenen Aspekte im Zusammenhang betrachtet, wird deutlich, daß es eine beträchtliche Einkommensdispersion in diesem Wirtschaftszweig gibt. Daten des Bureau of Labor Statistics über den mittleren Wochenverdienst von Büroangestellten zeigen ebenfalls bei den meisten Tätigkeiten in den nichtproduzierenden Wirtschaftsbereichen eine Tendenz zu geringerem Einkommen als in der verarbeitenden Industrie oder bei Transport- und öffentlichen Versorgungsunternehmen. Im Jahr 1987 z. B. betrugen die mittleren wöchentlichen Verdienste von Sekretärinnen in der verarbeitenden Industrie $ 426, $ 480 bei Transport und öffentlicher Versorgung und $ 415 im Bereich Dienstleistungen; Schreibkräfte verdienten jeweils $ 282, $ 315 und $ 259,5.

Das Ergebnis ist eine Tendenz zu wachsender ökonomischer Polarisierung. Die mittleren Schichten bilden zwar noch die Mehrheit, aber die Bedingungen ihrer Expansion und ihrer politischökonomischen Macht – die zentrale Bedeutung von Massenproduktion und Massenkonsumtion für das ökonomische Wachstum und die Profitrealisierung – sind von neuen Wachstumsbereichen abgelöst worden. Dabei handelt es sich nicht um eine bloß quantitative Transformation, sondern darin sind die Elemente eines neuen ökonomischen Regimes zu erkennen. Diese Polarisierungstendenz nimmt deutliche Gestalt an: a) in der Organisation des Arbeitsprozesses, b) in den Strukturen der sozialen Reproduktion und c) in ihrer räumlichen Organisation.

a) Abgewertete und informelle Arbeit

In den Formen der Produktionsorganisation haben sich Transformationen vollzogen, hin zu geringeren Produktionszahlen, kleineren Betrieben, hoher Produktdifferenzierung und schnellen Veränderungen der Produkte. Damit gewannen die Zulieferung und der Einsatz flexibler Methoden der Produktionsorganisation an Bedeutung. Flexible Produktionsmethoden reichen von höchst verfeinerten bis zu sehr primitiven und finden sich in hochentwickelten oder in rückständigen Industrien. Diese Methoden der Produktionsorganisation nehmen auf dem Arbeitsmarkt deutliche Gestalt an, in den Komponenten der Arbeitskräftenachfrage und in den Beschäftigungsbedingungen. Anzeichen für diesen Wandel sind der Niedergang der Gewerkschaften in der verarbeitenden Industrie, der Verlust vieler Schutzbestimmungen, die Zunahme unfreiwilliger Teilzeitarbeit und Zeitarbeit oder anderer Formen der geringfügigen Beschäftigung. Ein extremer Hinweis auf diese Abwertung ist in der Zunahme von Sweatshops und industrieller Heimarbeit zu sehen. Die Ausdehnung des abgewerteten produzierenden Sektors betrifft zum Teil die gleichen Industrien, in denen sich früher zum großen Teil gewerkschaftlich durchorganisierte Betriebe und einigermaßen gut bezahlte Arbeitsplätze fanden, die nun durch verschiedene Methoden der Produktion und der Arbeitsorganisation ersetzt werden, wie z. B. Akkord- und industrielle Heimarbeit.

Aber der Wandel bringt auch neue Tätigkeiten im Zusammenhang mit den neuen großen Wachstumstrends hervor. Die Möglichkeiten der Produzenten, Alternativen zum durchorganisierten Fabrikbetrieb zu entwickeln, werden vor allem in Wachstumsbereichen deutlich.

Ein großer Teil des Bereichs, den ich hier den abgewerteten produzierenden Sektor nenne, ist ein Beispiel für Informalisierung. Man muß zwei Sphären der Zirkulation von Gütern und Dienstleistungen, die im informellen Sektor produziert werden, unterscheiden. Eine interne Sphäre befriedigt hauptsächlich die Bedürfnisse ihrer Mitglieder, z. B. kleine Läden im Besitz von Immigranten in der Immigrantengemeinde, die letztere beliefern; die andere zirkuliert durch den gesamten »formellen« Sektor der Ökonomie. In diesem zweiten Fall stellt die Informalisierung eine direkte Strategie der Profitmaximierung dar. Aus dem Zusammenwirken mehrerer Trends ergeben sich Anreize für die Informalisierung, und das wird besonders in Großstädten deutlich: a) die gestiegene Nachfrage nach teuren, individuellen, nichtstandardisierten Dienstleistungen und Produkten durch die wachsende einkommensstarke Bevölkerung; b) die gestiegene Nachfrage nach extrem preiswerten Dienstleistungen und Produkten auf seiten der wachsenden einkommensschwachen Bevölkerung; c) die Nachfrage nach nichtstandardisierten Dienstleistungen und Gütern oder speziellen Angeboten durch Firmen, die entweder Endabnehmer oder Zwischenhändler sind, und damit verbunden eine entsprechende Zunahme der Zulieferungen; d) die zunehmende Ungleichheit der Leistungsstärke von Unternehmen angesichts des akuten Flächenmangels, den das rapide Wachstum und die ausgeprägten Agglomerationsmuster der führenden Industrien erzeugen; e) die anhaltende Nachfrage von verschiedenen Unternehmen und Bevölkerungssegmenten, darunter auch führende Industrien und einkommensstarke Erwerbstätige, nach einer Reihe von Gütern und Dienstleistungen, die normalerweise von Firmen mit niedrigen Profitraten produziert werden, für die das Überleben angesichts der steigenden Mieten und Produktionskosten immer schwieriger wird. D.h., die Transformation der End- und der Zwischenkonsumtion und die wachsende Ungleichheit der Fähigkeit von Unternehmen und Haushalten, sich Raum zu sichern, schaffen Anreize für die Informalisierung in einer breiten Palette von Aktivitäten und Wirtschaftszweigen; die Existenz einer informellen Ökonomie aber erweist sich als Mechanismus der Kostenreduzierung, auch bei solchen Unternehmen und Haushalten, deren Überleben nicht davon abhängig ist, und gewährleistet dort Flexibilität, wo sie notwendig oder vorteilhaft ist.

b) Soziale Reproduktion

Das rapide Wachstum der Industrien, die eine starke Konzentration entweder an hoch- oder schlechtbezahlten Arbeitsplätzen oder an beiden aufweisen, hat sich in der Konsumtionsstruktur deutlich niedergeschlagen, die wiederum einen Rückkopplungseffekt auf die Arbeitsorganisation und den Typ der neu geschaffenen Arbeitsplätze ausübt. Die Zunahme der einkommensstarken Erwerbstätigen in Verbindung mit der Herausbildung neuer kultureller Formen hat zu einer Gentrification der Einkommensstarken geführt, die letztlich auf der Verfügbarkeit eines immensen Angebots an schlechtbezahlten Arbeitskräften beruht. Die Gentrification der Einkommensstarken ist arbeitsintensiv, im Gegensatz zur Gentrification im typischen Mittelklassen-Vorort, die eher einen kapitalintensiven Prozeß darstellt – größere Grundstücke für das einzelne Haus, Bau von Straßen und Autobahnen, Abhängigkeit vom privaten Fahrzeug oder Pendlerzügen, starker Einsatz von Haushaltsgeräten aller Art sowie große Einkaufszentren mit Selbstbedienungsläden. Die Gentrification der Einkommensstarken ersetzt einen großen Teil dieser Kapitalintensität durch Arbeitskräfte, direkt und indirekt. In ähnlicher Weise beschäftigen einkommensstarke Stadtbewohner in viel größerem Ausmaß Arbeitskräfte für Wartung und Instandhaltung als der Mittelklassenhaushalt der Vororte mit seinem geballten Einsatz von Eigenleistung und Geräten.

In den Delikatessenläden und Spezialgeschäften, die an die Stelle der Selbstbedienungssupermärkte und der Kaufhäuser treten, wird nach einer ganz anderen Arbeitsorganisation verfahren als in großen, standardisierten Geschäften. Dieser Unterschied in der Arbeitsorganisation zeigt sich im Verkaufs- wie im Produktionsbereich. Einkommensstarke Gentrification erzeugt eine Nachfrage nach Waren und Dienstleistungen, die häufig keine Massenprodukte sind und nicht in Massenverkaufsstellen abgesetzt werden. Nichtstandardisierte Waren, kleine Auflagen, Spezialitäten, erlesene Speisen werden normalerweise mit arbeitsintensiven Methoden hergestellt und in kleinen Geschäften mit umfassendem Service verkauft. Einen Teil dieser Produktion an billig arbeitende Unternehmen oder auch an Sweatshops oder Haushalte weiterzugeben ist durchaus üblich. Das hat Folgen für das Arbeitskräfteangebot und die Firmen, die an dieser Art von Produktion und Auslieferung beteiligt sind. Anders als bei großen Kaufhäusern und Supermärkten, wo die Produktion im Vordergrund steht und daher große, standardisierte Fabriken außerhalb der Stadt oder der Region die Norm sind, ist die Nähe zu den Geschäften für die Hersteller von Spezialitäten erheblich wichtiger.

Die erhebliche Zunahme der einkommensstarken Arbeitnehmer und deren hohe Ausgaben tragen zu diesen Folgen bei. Wie in allen großen Städten gibt es auch in New York City seit langem eine Kerngruppe von wohlhabenden Einwohnern oder Pendlern. Dieser Kern ist vermutlich durch einen großen Zustrom an reichen

Ausländern verstärkt worden, denn allein hätte er die umfangreiche Gentrification von Wohnraum und Handel in der Stadt nicht auslösen können. Von diesem Kern des Reichtums bzw. der Oberklasse müssen die neuen einkommensstarken Arbeitnehmer als Schicht unterschieden werden. Ihr verfügbares Einkommen reicht meist nicht für große Investitionen aus. Aber es genügt für eine bedeutende Ausweitung der Nachfrage nach teuren Waren und Dienstleistungen, d. h., um eine ausreichend große Nachfrage zu schaffen, die die ökonomische Existenz der Produzenten und Lieferanten solcher Waren und Dienstleistungen sichert. Außerdem ist die Höhe des verfügbaren Einkommens auch eine Funktion des Lebensstiles und demographischer Muster, z. B. der späteren Familiengründung und der größeren Zahl an Haushalten mit zwei Verdienern.

Auch die Zunahme der einkommensschwachen Bevölkerung hat zur Vielfalt kleiner Betriebe und zur Abwendung von standardisierter Massenproduktion und großen Warenhausketten, die billige Waren führen, beigetragen. Ein großer Teil der konsumtiven Bedürfnisse einkommensschwacher Bevölkerungsgruppen wird von produzierenden Betrieben und Einzelhandelsgeschäften bedient, die klein sind, abhängig von mitarbeitenden Familienmitgliedern und oft unterhalb des minimalen Sicherheits- und Gesundheitsstandards arbeiten. Billige, lokal in Sweatshops produzierte Kleidung z. B. kann mit billigen Importen aus Asien konkurrieren. Eine wachsende Bandbreite an Produkten und Dienstleistungen, von billigem Mobiliar, das in Kellerwerkstätten hergestellt wird, bis zu *gypsy cabs* und Tagesbetreuung für Kinder, steht für die wachsende einkommensschwache Bevölkerung zur Verfügung.

Es gibt zahlreiche Beispiele dafür, wie die wachsende Einkommensungleichheit die Konsumtionsstruktur verändert und dies Rückkopplungseffekte auf die Arbeitsorganisation hat: die Einrichtung einer besonderen Taxilinie, die ausschließlich den Finanzdistrikt bedient, und die Zunahme von *gypsy cabs* in einkommensschwachen Nachbarschaften, die von den regulären Taxen nicht angefahren werden; immer mehr speziell angefertigte Holzarbeiten in gentrifizierten Gebieten und billige Sanierung in armen Nachbarschaften; der Zuwachs an Heimarbeitern und Sweatshops, die entweder sehr teure Designerware für Boutiquen oder sehr billige Produkte herstellen. Eines der deutlichsten Beispiele stammt aus einer neueren Studie über Schließung und Eröffnung von Geschäftsbankfilialen im New Yorker Stadtgebiet. Sie stieß auf eine Welle von Bankfilialenschließungen, die mehreren armen und Minderheitengebieten jeglichen Bankdienst entzog – und das im führenden Finanzzentrum des Landes.

c) Räumliche Organisation

Die Komponenten der Ökonomie, die diese Strukturen hervorbringen, zeigen sich auch in parallelen Diskontinuitäten in der Nachfrage nach Wohnraum, Lebensmitteln, Kleidung, Mobiliar, Restaurants und anderen Elementen der haushaltsbezogenen und persönlichen Konsumtion. Die Stadt muß teure wie preiswerte Einrichtungen bereitstellen, die auf diese beiden Nachfragetypen ausgerichtet sind. In bestimmten Fällen müssen sogar beide am selben Ort verfügbar sein. Lebensmittel und Restaurants müssen für die einkommensstarken und die einkommensschwachen Gruppen zur Lunchzeit bereitstehen, und die Transportsysteme müssen ebenfalls beide Typen von Arbeitskräften zum selben Gebäude oder an denselben Ort schaffen. Wenn die Erwerbsbevölkerung einer Stadt von einer großen Gruppe mit Mittelklassen-Einkommen dominiert wird, kann dieser Bedarf leichter befriedigt werden, denn dann wird vermutlich eine Einrichtung mit mittleren Preisen vorherrschen, oder die Arbeitskräfte können mehr Druck ausüben, um mit den Dienstleistungen versorgt zu werden, die für private oder öffentliche Betreiber weniger profitabel sind.

Aber die Disparität der Kaufkraft, und vermutlich des politischen Einflusses, die wir heute in New York City entstehen sehen, wird wahrscheinlich zu einer einseitigen Reaktion der Ökonomie und des öffentlichen Sektors führen. Die umfangreiche einkommensstarke Erwerbsbevölkerung wird einen unverhältnismäßigen Einfluß auf beide haben und damit die Ausbeutung der einkommensschwachen Arbeitnehmer und der von ihnen genutzten Restaurants, Läden und Transportmittel maximieren. Auf dem Wohnungsmarkt hat es direkte Verdrängung einkommensschwacher Haushalte gegeben, die im Extremfall zur Obdachlosigkeit führt (vgl. die Beiträge von Smith und Marcuse in diesem Band).

Insgesamt ist das Ergebnis eine stark segmentierte Nutzung des städtischen Raumes: Gentrification der Einkommensstarken in einem recht umfangreichen Teil der Stadt, wachsende Armut und

Vernachlässigung durch den öffentlichen Sektor in den Wohngebieten einkommensschwacher Gruppen und eine zunehmende Konzentration von Immigranten. Die soliden Gebiete der Arbeiter- und der unteren Mittelklasse in den äußeren Bereichen der Stadt haben sich in einigen Fällen als stabil erwiesen, in anderen mußten sie das Eindringen von Haushalten mit höherem Einkommen hinnehmen, oder sie verfielen, wenn die Bewohner das Rentenalter erreichten oder starben und keine Kohorte von ähnlich situierten Arbeitern an ihre Stelle trat.

3. Zusammenfassung

Die Herausbildung der Global City ist also durch vier Prozesse gekennzeichnet.

Erstens hat die geographische Verteilung der Fertigung, die den Verfall der alten Industriezentren beschleunigte, eine erhöhte Nachfrage nach zentralen Management- und Planungsfunktionen und entsprechenden spezialisierten Dienstleistungen, den Schlüsselfunktionen des Wachstums in Global Cities, ausgelöst. Das Eindringen großer Konzerne in den Bereich der konsumentenbezogenen Dienstleistungen und die wachsende Komplexität der Regierungsaufgaben kurbeln die Nachfrage nach diesen Diensten weiter an.

Zweitens profitierte das Wachstum der Finanzindustrie, und besonders ihrer Schlüsselsektoren von Strategien und Begleitumständen des Strukturwandels, die anderen Sektoren schadeten, vor allem dem verarbeitenden Gewerbe. Im Endeffekt wurde auch hier wieder das Wachstum spezialisierter Dienstleistungen angeregt, die in großen Städten zu finden sind, während die ökonomische Basis anderer Standorttypen ausgehöhlt wurde.

Drittens verweisen die Bedingungen und Strukturen der beiden genannten Tendenzen auf eine Transformation der wirtschaftlichen Beziehungen zwischen Global Cities, den Staaten, zu denen sie gehören, und der Weltwirtschaft. Vor der gegenwärtigen Phase bestand eine hohe Übereinstimmung zwischen den großen Wachstumssektoren und dem gesamten nationalen Wachstum; heute dagegen stoßen wir auf wachsende Asymmetrie: die Bedingungen, die in den Global Cities für Wachstum sorgen, enthalten als maßgebliche Komponente den Niedergang anderer Gebiete in den USA sowie die Erhöhung der Staats- und Konzernverschuldung.

Viertens haben die neuen Wachstumsbedingungen zur Ausbildung einer neuen Schichtungsstruktur innerhalb der Global Cities beigetragen. Die Beschäftigungsstruktur der großen Wachstumsindustrien, charakterisiert durch die räumliche Konzentration der wichtigsten Wachstumssektoren in Global Cities und die Polarisierung der Beschäftigung in diesen Sektoren, hat das Anwachsen einer hochbezahlten und einer schlechtbezahlten Arbeitnehmerschicht bewirkt. Unmittelbar ist das auf die Arbeitsorganisation und die Beschäftigungsstruktur der großen Wachstumssektoren zurückzuführen und mittelbar auf die Arbeitsplätze, die in Dienstleistungen für die neuen gut verdienenden Arbeitnehmer an ihrem Arbeitsplatz und zu Hause nötig sind – aber auch auf die Situation der zunehmenden Zahl billiger Arbeitskräfte.

Die Kombination von Großspekulation und einer Vielzahl kleiner Firmen als Kernelemente des Komplexes aus Finanz- und Unternehmensdienstleistungen wirft die Frage nach der Stabilität dieses Wachstumsmodells auf. Werden die großen Banken wieder eine zentralere Rolle in der Finanzindustrie übernehmen? Werden Konkurrenz und die Vorteile der Größe zu Fusionen und Aufkäufen kleiner Firmen führen? Und schließlich: An welchem Punkt werden sich die Profitquellen, die diese Form des Wirtschaftswachstums erschließt, erschöpft haben?

Klaus Brake
Die räumliche Struktur der Dienstleistungsökonomie oder: Warum gibt es keine Dezentralisierung?

Seit vielen Jahren befindet sich New York in einem enormen Bauboom. Neue Wolkenkratzer mit auffälliger Architektur entstehen – vor allem für Büros, aber auch für luxuriöses Wohnen. Auffällig ist, daß sich diese Neubauten innerhalb New Yorks auf wenige Gebiete konzentrieren, ohne naheliegende Stadtteile einzubeziehen.

Was kommt darin zum Ausdruck? Eine »ökonomische Renaissance« zum einen: Sie beruht auf einer Restrukturierung als Dienstleistungszentrum, wie sie in vielen anderen Großstädten auch zu beobachten ist. Zum anderen wird eine räumliche Veränderung des Standort- und Nutzungssystems deutlich, die zu einer polarisierten Struktur aus einer neuen inneren Stadt und einem vernachlässigten breiten Rand (mit regionalem Ring von Tertiärzentren) führt. In New York ist die Polarisierung zwischen neuartiger Urbanität auf der einen Seite, und einer Stadt der Arbeitslosen, Ausländer, Armen und Alten auf der anderen Seite in besonderer Prägnanz zu beobachten.

Diese Polarisierung beruht auf stadträumlichen Konzentrationskräften der Wirtschafts- und Sozialstruktur (»Sozialökonomie«), die New Yorks Restrukturierung bewirken. Paradoxerweise liegen ihr tertiäre Tätigkeiten und die forcierte Anwendung von (Tele-)Kommunikations-Technologien zugrunde. Wie kommt es zu dieser Konstellation? Und was stellt New York City dabei dar: Beispiel oder Sonderfall?[1]

1. Ökonomische Restrukturierung und spezifische Tertiärisierung

Mit einer »ökonomischen Renaissance« in den achtziger Jahren überwand New York den etwa 10 Jahre zuvor kulminierenden Niedergang als (inter-)nationale Handelsmetropole: Nach dem

Höchststand von 1970 mit 3,744 Mio. Arbeitsplätzen ging deren Anzahl zurück auf nur noch 3,187 Mio. im Jahr 1977, wozu bis zu einem neuen Höhepunkt im Jahre 1989 (3,614 Mio.) ca. 427000 Jobs per saldo wieder hinzugekommen waren. Im einzelnen bedeutet das (vgl. Tabelle 1):

Tabelle 1   Beschäftigte nach Wirtschaftsabteilungen in New York City (1950–1991) (in Tausend)

	1950	1970	1977	1987	1989	1990	1991	1977/89 abs.	1991/1989 abs.	1991/1989 in %
Bauwesen	123	110	64	119	121,1	114,1	98,0	+57,1	−23,1	−19,07%
Industrie	1040	766	539	378	358,0	338,0	307,6	−219,0	−50,4	−14,08%
Verkehr/ Nachrichten/ Versorgungs- betriebe	332	324	259	214	223,6	224,2	218,9	−35,4	−4,7	−2,10%
Großhandel/ Einzelhandel	755	736	620	637	629,6	604,9	561,1	+9,6	−68,5	−10,88%
Finanz-/ Versicherungs-/ Immobilien- wesen	336	460	414	549	529,5	516,2	497,2	+155,5	−32,3	−6,10%
Dienstleistungen	507	785	783	1108	1144,3	1160,4	1098,0	+361,3	−46,3	−4,05%
Öffentliche Verwaltung	374	563	508	585	606,2	613,0	590,6	+98,2	−15,3	−2,54%
Gesamt	3467	3744	3187	3590	3614,4	3569,9	3371,6	+427,3	−242,8	−6,71%

Quelle: eigene Zusammenstellung aus den Materialien

– es gibt einen Verlust von insgesamt 216400 Arbeitsplätzen, und zwar in den Bereichen: Industrie, Verkehr, Nachrichten, Versorgungsbetriebe (und Großhandel), d. h. im eher traditionellen Feld des New Yorker Wirtschaftschaftsprofils;
– insgesamt 642100 Arbeitsplätze sind in dieser Zeit neu entstanden, und zwar – vom Bauwesen und vom Einzelhandel einmal abgesehen – ausschließlich im Bereich der Dienstleistungen; deren Anteil an der Beschäftigungsstruktur ist damit auf 74% gestiegen (gegenüber 60% im Jahr 1970).

Für die ersten 10 Jahre dieses Booms (1977–86) ließ sich feststellen (vgl. Tabelle 2), daß die neuen Arbeitsplätze überwiegend in nur zwei Teilbereichen entstanden waren:

– mit insgesamt plus 122000 in den Sozial-, Gesundheits- und Erziehungsdiensten;

Tabelle 2   Veränderung der Zahl der Beschäftigten nach Wirtschafts-(Unter)Abteilungen/bzw. -Gruppen in New York City (1977/86)

| | 1986 | | 1977/86 | |
	absolut (in Tsd.)	Anteil von gesamt in %	absolut (in Tsd.)	Steigerung um %
Bauwesen	114	3,22	50	78,13
Industrie/Verkehr	391	11,05	148	−27,46
Nachrichten	71	3,45	−35	−22,29
Versorgungsbetriebe	25	2,01	−5	−6,58
Großhandel	242	6,84	−6	−2,42
Einzelhandel	396	11,19	24	−6,45
Finanz-/Versicherungs-/ Immobilienwesen	529	14,95	115	27,78
davon:				
Wertpapierhandel	139,4	3,94	69,3	98,86
Bankwesen	171,0	4,83	37,2	27,80
Versicherungen (u. Dienstl.)	92,1	2,60	13,6	17,32
Immobilien (u. Dienstl.)	94,9	2,68	9,2	10,74
Holdings	26,1	0,74	3,7	16,52
Dienstleistungen	1075	30,38	292	37,29
davon:				
Unternehmens-Dienstl.	284,8	8,05	89,9	46,13
davon:				
Personalvermittlung	57,7	1,63	32,1	125,39
Computer-Dienste	18,1	0,51	10,6	141,33
Schreib-Dienste	17,0	0,48	3,8	28,79
Werbung	41,4	1,17	9,7	30,60
Div. Unternehmens-Dienstl. u.a.:	109,2	3,09	36,4	50,00
Management-Beratung	33,0	0,93	11,0	50,00
Soziale Dienste	109,9	3,11	55,4	101,65
Gesundh.-Dienste	229,9	6,50	45,3	24,54
Rechtsberatung	64,2	1,81	25,4	65,46
Erziehungs-Dienste	87,1	2,46	21,5	32,77
Unterhaltung und Erholung	31,7	0,90	8,1	34,32
Wirtschaftsprüfung	28,0	0,79	7,0	33,33
Beherbergungsbetriebe	29,4	0,83	6,2	26,72
Ingenieur-/Architekturbüros	20,0	0,57	4,0	25,00
Öffentliche Verwaltung	573	16,19	65	12,80
Gesamt	3539	100,00	351	11,01

Quelle: *BLS News NYLS 6095*; *BLMI Tables*; eigene Berechnungen

– mit plus 110000 im Finanzwesen im engeren Sinne und mit plus 127000 in den Unternehmensdiensten im weiteren Sinne.

Im zweiten Teilbereich entstanden (mit plus 237000) also 43 % aller neuen Jobs seit 1977, und mit insgesamt 735000 Arbeitsplätzen bildete er nun ein Gewicht von 21 % am gesamten Jobvolumen in New York City; zudem lagen seine Steigerungsraten in diesen 10 Jahren – mit Werten zwischen 10 % und 141 % – deutlich über denen anderer tertiärer Aktivitäten.

Dieser Bereich kann daher als die Basis des Booms bis 1989 in New York City betrachtet werden. Zugleich ist jedoch auch für die ganze Region New York eine Expansion ihres Arbeitsplatzbesatzes festzustellen (vgl. Tabelle 3), und zwar mit insgesamt noch höherem Zuwachs und in noch stärkerem Maße im tertiären Bereich. Auffällig ist allerdings, daß seine Strukturanteile dennoch unter denen von New York City bleiben und daß der Bereich Handel eine starke Position einnimmt. Eine genauere Betrachtung der Wirtschaftsstruktur der Region New York ergibt Aufschluß auch für die Merkmale des Wandels in ihrem Zentrum. Zweierlei ist dabei zu registrieren:

– tertiäre Aktivitäten in der Region hängen eng zusammen mit Verwaltungen von Industrie-, Handels-, Kommunikations- und Versicherungsunternehmen (und zwar mit Bezug auf regionale/nationale Märkte) und mit haushaltsorientierten Dienstleistungen;
– seit mehreren Jahren ist eine Abwanderung auch von Tertiärbetrieben aus New York City zu beobachten, die z. T. in die Region umziehen, insbesondere Betriebe, die branchenmäßig und funktional diesem Regionsprofil entsprechen.

Die tertiäre Restrukturierung von New York City stellt also eine ganz spezifische Auslese und Konzentration dar (Schwartz 1992). Bei dem wichtigsten Wachstumsbereich handelt es sich im wesentlichen um Geschäfts- und Investmentbanken sowie Wertpapierhandel, d. h. um Firmen, die Kapitalanlage organisieren mit Krediten und Anleihen, Firmenübernahmen oder Kursdifferenzgeschäften. Daneben besteht er aus Firmen der Wirtschaftsberatung, und zwar der Unternehmens-, Struktur-, Management- und Rechtsberatung, Markt- und Produktforschung, Werbung und technischer Dienste der Arbeits- und Gebäudeorganisation (von EDV und Leiharbeit über Reinigung und Wartung bis Bewachung).

Dieser *financial/business-services*-Komplex ist konzentriert auf

Tabelle 3 Arbeitsplätze in der Region New York* (1970–1987) (in Tausend Beschäftigte)

	1970 abs.	1970 %	NY Region 1977 abs.	1977 %	1987 abs.	1987 %	Anteil NY City 1970 %	1977 %	1987 %	87/77 %
Bauwesen	244,4	3,7	168,5	2,7	307,0	4,1	45,0	38,0	38,7	0,7
Industrie	1666,2	25,0	1347,5	21,3	1131,0	15,0	46,0	40,0	33,4	−6,6
Verkehr/ Nachrichten/ Versorgungs- betriebe	521,7	7,8	453,0	7,1	469,0	6,2	62,1	57,2	45,6	−11,6
Großhandel/ Einzelhandel	1378,3	20,6	1354,0	21,4	1621,0	21,5	53,4	45,8	39,3	−6,5
Finanzwesen/ Immobilien/ Versicherungen	597,7	9,0	579,7	9,1	815,0	10,8	77,0	71,4	67,3	−4,1
Dienst- leistungen	1271,3	19,0	1380,7	21,8	2062,0	27,4	61,7	56,7	53,7	−3,0
Öffentliche Verwaltung	997,5	14,9	1053,3	16,6	1129,0	15,0	56,4	48,2	51,8	3,6
Gesamt	6677,1	100,0	6337,3	100,0	7534,0	100,0	56,1	50,3	47,5	−2,8

Quelle: *PANYNJ*, eigene Berechnungen
* 17 Counties

Kapitalanlagegeschäfte im Weltmarktmaßstab und besteht aus der Verbindung des Angebotes an Finanz- und Wirtschaftsberatung. Dieser beratende Teil »unternehmensorientierter Dienstleistungen« ist mit der unmittelbaren Leistungserstellung ihrer Abnehmer zunehmend weniger dicht verknüpft und daher weniger standortgebunden. Eine hohe Konzentration dieser Tätigkeiten auf New York City, starke Internationalisierung und die forcierte Anwendung der Telekommunikation sind Indizien dafür, daß derartige Dienstleistungsaktivitäten einen gemeinsamen zentralen Ort herausbilden: In dieser Funktion wird New York als die – vor London und Tokio führende – *global city* bezeichnet (vgl. den Beitrag von Sassen in diesem Band).

2. Innerstädtische Konzentration: »neue City«...

Die Teilbereiche unternehmensbezogener Dienstleistungen, welche die Basis der ökonomischen Restrukturierung New Yorks bilden, stellen keineswegs ein beliebiges Konglomerat dar, sondern bilden einen Kooperationszusammenhang innerhalb von New York City. Ein Überblick über die Neubau- und Umnutzungstätigkeiten im Zusammenhang dieser tertiären Expansion der letzten 15 Jahre vermittelt den Eindruck eines beinahe irrationalen Konzentrationsprozesses innerhalb des verdichteten und gut erschlossenen inneren Stadtgebietes von New York City. Legt man alle 5 Boroughs zugrunde und berücksichtigt, daß die Jobs in New York City schon zu 57,5 % aus Büro-Arbeitsplätzen bestehen, so ist (für 1986) festzustellen: Neue Büroflächen und Arbeitsplätze sind lediglich zu ca. 7 % auf die Stadt außerhalb Manhattans verteilt; dieser nur 7,3 % der Fläche umfassende Stadtteil vereinigt damit inzwischen 67 % aller Arbeitsplätze der Stadt, 87 % der für New York City zentralen Bürotätigkeiten – und sogar 96 % des *financial-business-services*-Komplexes.

Das alles konzentriert sich nochmals in der südlichen Hälfte Manhattans auf die relativ kleinen Gebiete Downtown (Wall Street) und Midtown. Die mit der tertiären Expansion verbundene Bebauung hat diese Konzentration sogar noch weiter gesteigert: So erhöht Midtown (1970/1982) seinen Beschäftigungsanteil innerhalb Manhattans auf 63 % (von 57 %) und den eigenen Anteil von Tätigkeiten in Büros auf 50 % (von 41 %); wobei seine relative Diversifizierung im Bereich Dienstleistungen und Unternehmensverwaltungen erhalten bleibt. Ähnlich verhält es sich in Downtown, das seinen Beschäftigungsanteil innerhalb Manhattans zwar auf 22 % (von 28 %) verringert, dabei jedoch den in Büros auf 71 % (von 51 %) erhöht und die Spezialisierung im Bereich Finanzwesen noch verstärkt.

Die enorme bauliche Erweiterung in New York City, die insbesondere an den Wolkenkratzern abzulesen ist, setzt – wie schon früher – in diesen beiden Gebieten an; sie beginnt mit der Intensivierung der Bebauung, der Erschließung der Ränder von Midtown und Downtown, auch unter Nutzung bzw. Auffüllung von Ufer-/Wasserbereichen des Hudson und des East Rivers. Dies sind die Standorte der z. T. sehr großen Dienstleistungsunternehmen; das neue, fast in Verlängerung der Wall Street »im« Hudson entstandene »World Finance Center« mit Türmen für American Express, Merrill Lynch und Dow Jones ist ein hervorragendes Beispiel für diese außerordentlich intensive Agglomeration und ihre innere Logik (Helms 1988).

Es gibt noch weitere Neubau- und Umnutzungsvorgänge in New York City, die Teil der spezifischen Tertiärisierung seiner Wirtschaftsstruktur sind; sie sind über die zentralen (Hochhaus-)Distrikte Manhattans hinaus in zwei weiteren Gebieten zu beobachten:

– in dem dazwischen liegenden Bereich (»Valley«), der – weniger intensiv – genutzt wird für ergänzende Dienstleistungen in einem Überschneidungsbereich von Beratung, Technik, Design, Kultur, Wissenschaft etc. sowie für das Wohnen der neuen »Dienstleistungsschicht«;
– in den Manhattan zugewandten Teilen von New Jersey, Brooklyn und Queens, die im Uferbereich des Hudson bzw. East Rivers liegen; zusammen mit der Umnutzung ehemaliger Hafen-/Gewerbeflächen insbesondere auf der Manhattan Westside bildet dieser Raum die »waterfront area« (Cohen 1992).

In diesen beiden Gebieten wird vor allem Platz geschaffen für *back offices*, für ergänzende Dienstleistungen und für das Wohnen in urbanem Milieu; diese Standorte lagern sich eng an die zentralen Wirtschaftszonen an, sind mit ihnen durch U-Bahn-Anschlüsse gut verbunden und zeichnen sich durch städtebauliche Qualitäten aus, die als »urban« gelten (Blockbebauung, Mischnutzung, Brownstone-Häuser etc.).

Die bisherige Beschreibung erlaubt es, ein erstes Gesamtbild des Wandels in New York City zu skizzieren. Es bildet sich ein deutlich umrissener, neuartiger Urbanisierungsbereich heraus, der das gesamte südliche Manhattan und den »waterfront«-Bereich umfaßt und als die »neue City« von New York bezeichnet werden kann: Sie ist relativ einheitlich auf diesen neuen Komplex zugeschnitten, in sich vielfältig strukturiert und kompakt organisiert. Die hohe Binnenintegration wirkt offensichtlich als eine Schwelle gegen insulare Auslagerungen, etwa von Büronebenzentren in andere Stadtteile.

... und sozialräumliche Desintegration

Jenseits dieses klar umrissenen Bereichs der neuen Sozialökonomie breitet sich ziemlich abrupt eine ganz andere Realität von New York aus. Insbesondere Brooklyn, die Bronx, das hintere Queens und jenseits der Grenzen das naheliegende New Jersey sind Auffanggebiete all dessen, was verdrängt wird; sie beherbergen die vielen Menschen, die zunehmend weniger die neuen Jobs einnehmen können, und verfügen über keine (oder zu geringe) Ansätze zu Subzentren. Spuren der neuen Sozialökonomie und des ihr entsprechenden Stadtumbaus fehlen dort, wo wichtige Felder, Adern und Ergänzungen des früheren industriell-gewerblichen Wirtschaftslebens New Yorks entstanden waren.

Weit hinter den außerhalb von Manhattan gelegenen Stadtteilen (»outer Boroughs«) liegen verschiedene mittelgroße Städte (s. Abb. 2), die Standorte von z. T. sehr großen Unternehmen des Dienstleistungsbereichs bzw. von Firmenverwaltungen aus Industrie, Handel und Versicherungen geworden sind, die jedoch mit dem neuen Komplex in New York City wenig zu tun haben: Sie sind nicht primär weltmarktorientiert und ähneln daher suburbanen Tertiärzentren in anderen Regionen. Die »outer Boroughs« scheinen in ein Vakuum zu geraten zwischen der »neuen City« und diesem äußeren regionalen Ring; dessen Arbeitsmarkteinflüsse könnten weite Teile von New York City zentripetalen Kräften aussetzen und latenten Desintegrationstendenzen Auftrieb geben. Eine polarisierende Zweiteilung, die von der Wirtschaftsstruktur ihren Ausgang nimmt und sich in der sozialen Lage fortsetzt, könnte sich also auch geographisch herausbilden. Wie kommt es zu diesen Strukturen?

3. Veränderte Umweltqualitäten sind gefragt: Urbanität

Der innerstädtische Komplex wird – nach klassischer sektoraler Systematik – gebildet aus Büro- und Handels-Arbeitsplätzen, Wohnungen und Freizeiteinrichtungen; er steht jedoch in direktem Zusammenhang zu den weltmarktorientierten, unternehmensberatenden Dienstleistungen. Und diese kreieren offensichtlich ganz eigene – letztlich sozialkulturelle – Entwicklungsbedingungen, die spezifische Standortqualitäten benötigen. Eines charakterisiert sie als neuartig und spezifisch: ihre Globalisierung, die mit dem Konzept der »Flexibilisierung« zugleich die raum-zeitlichen Dimensionen der »neuen« Technologien beinhaltet (Brake 1990). Da es innerhalb dieses neuen Modells von Akkumulation und Markteroberung notwendig ist, akuten Kapitalverwertungsschwierigkeiten einer zu niedrigen Umschlagsgeschwindigkeit zu begegnen, erscheinen zwei Maximen neuartiger Aktivitätsfelder plausibel: differenzierteste Marktbedingungen weltweit, sekundenschnell und mit erhöhtem Risiko zu instrumentalisieren, und die jeweils originellsten Konzepte von Kapitalverwertung zu entwickeln, strategisch umzusetzen, rechtlich abzusichern und organisatorisch abzuwickeln.

Für zahlreiche Tätigkeiten bedeutet das, vielfältigste Anregungen sammeln und verarbeiten zu können, und zwar nicht nur für technisch/organisatorische Arbeitsmöglichkeiten, sondern vor allem für die sozialökonomischen, -kulturellen, -psychologischen und politischen Existenzbedingungen in den Gesellschaften, um deren Kaufkraft es geht und in deren aktuelle Reproduktionsbedingungen diese Markteroberung eingebettet werden muß.

Die Arbeitsbedingungen müssen sich daher in ganz besonderer Weise auszeichnen als kooperativ, anregend, kommunikativ – und sie müssen Belastungen ausgleichen, zu denen es offensichtlich durch Kompliziertheit, Konzentration und Aggressivität der Tätigkeiten kommt. Die neue Ökonomie New Yorks generiert Arbeitsprozesse, die in hohem Maße durch Flexibilität, experimentierende Rückkopplung, Engagement und Identifikation bestimmt werden; dafür kreieren sie vorrangig höherwertige Jobs; und dazu rekrutieren sie Arbeitskräfte, die solchen Leistungserwartungen gewachsen sind durch ihre (Hochschul-)Ausbildung ebenso wie ihre Einsatzfähigkeit (»swinging singles«) und Lebensgewohnheiten (»young urban professionals«).

Neben einem Heer nur noch zur Hand gehender, technisch, sanitär, verpflegend, säubernd und sichernd tätiger »Diener« wächst – auf der anderen Seite der Skala – also eine Gruppe von Beschäftigten, die einen Ausgleich in anregendem Milieu verlangt und neuartige hohe Ansprüche an die Qualitäten von Arbeits- und Wohn-Umfeld stellt.

Diese Qualitäten bestehen – kurzgefaßt – in einer extremen Kontakt- und Anregungsintensität und einer entsprechend gestalteten Umwelt. In New York bildet sich dies in der »neuen City«

ab, wo lokale Verknüpfungen zwischen Bereichen herausgebildet werden, die aufeinander angewiesen sind: Arbeitsstätten in den führenden Bereichen, angereichert durch kleinere Betriebe (externalisierter) hochspezieller Dienste, ergänzt durch personenbezogene Dienste (Verpflegung, Reparatur etc.), die von den Beschäftigten nur noch in den »Poren« ihres hochaktiven Arbeitstages wahrgenommen werden können, umlagert und durchzogen von Wohngebieten, Kultur- und Unterhaltungsangeboten. Derartige Verzahnungen konstituieren die Standortqualität: Dichte und Multifunktionalität als »Urbanität«.

4. Reformulierte »Fühlungsvorteile«

Daß die avancierte Dienstleistungsökonomie überhaupt noch konzentrierte Standorte bildet, wird darauf zurückgeführt, daß nur noch so diejenigen Fühlungsvorteile realisiert werden können, die extrem sensibel geworden sind. Ausgangspunkt dafür sind die Finanz-/Wirtschaftsberatungs-Dienstleistungen, die – bis hin zur Rechtsberatung und Werbung – ihren Sinn bekommen als die Kooperation von breitgefächerten Beratungsdiensten, die hochspezialisiert verfügbar sein müssen, wenn es darum geht, flexibel mit Produkten oder Leistungen in den Weltmarkt einzudringen. Ein solches Spektrum von Handlungsmöglichkeiten muß also verfügbar sein in Form von Kontakten, Informationen, Anregungen und Kooperationsbeziehungen. Die wesentliche Frage ist allerdings: Warum muß es dazu noch den einen gemeinsamen Ort geben, wo doch die Telekommunikation längst zu »non place electronics« (Moss/Brion 1989) entwickelt ist?

Für einen Versuch, dieses Paradoxon aufzuklären, sei zunächst auf zwei Aspekte hingewiesen:

– die Entscheidungen, um die es bei den dominanten Tätigkeiten in New York City geht, müssen eine spezifische Kompliziertheit bewältigen und eine spezifische Art von Risiken beherrschen können; diese ergeben sich aus der Notwendigkeit, komparative Vorteile des Weltmarktes produktiv zu nutzen und verschärfte Verwertungsprobleme zu meistern. Dabei ist es erforderlich, einerseits prompt reagieren zu können, andererseits aber aufgrund der Arbeitsteilung und Volumina der (internationalen) Geschäfte sich umfassend vergewissern zu können, daß die Vielfalt der Informationen auch (strategisch) richtig interpretiert wird und daß mit den Kooperanten eine vertrauensvolle Basis besteht.

– die Ideen und Konzepte müssen auf einer produktiven Verarbeitung auch von Zwischentönen der gesellschaftlichen Entwicklung basieren. Hierbei spielt das Erlebenkönnen von Trends und Lebensstilen eine ebenso große Rolle wie Feldforschung vor Ort, d. h. in aller Welt; ein »Labor« für die anwendungsorientierte Verarbeitung stellen metropole Standorte offensichtlich (wieder) dar.

Beides scheint nicht zu bewältigen zu sein ohne direkte Kontakte mit den Kontrahenten oder Kooperanten und mit der entsprechenden Szene. Das spezifische Dilemma, strategisch weltweit, jedoch intensiv personenbezogen agieren zu müssen, ist nur zu lösen mit forcierter Telekommunikation bei gleichzeitiger verdichteter und selektiver Agglomeration: Hierauf beruht die Zentralisierungskraft dieser Medien.

Dieser Zusammenhang trifft allerdings nur zu für dieses *global financing and servicing* – und nur für derartig konzipierte Arbeitszusammenhänge gilt auch eine solche Konzentration als notwendig, andere können daher durchaus peripher lokalisiert werden. New York City ist der Ort mit den am weitesten entwickelten Aktionsbedingungen dieser Art.

5. Distanzempfindlichkeit und Gentrification

Diese faktische Neubestimmung von »Fühlungsvorteilen« ist verbunden mit einer veränderten Struktur funktionaler räumlicher Arbeitsteilung. Offensichtlich müssen die spezifischen Standorterfordernisse auf das engste gekoppelt werden mit den unterschiedlichen Tätigkeiten der z. B. ja sehr großen Firmen selbst. So entspricht der Dominanz von Orientierungs- und Konzeptualisierungsaufgaben in den neuen tertiären Arbeitsfeldern eine Umwelt, die den kreativen und Kontaktleistungen, die erwartet werden, förderlich sein bzw. die Befriedigung der Ausgleichs- und Anregungsbedürfnisse ermöglichen muß. Eine Tendenz zu verdichteten, vielfältig genutzten und zentralen Gebieten im Gegensatz zur vorörtlichen Ungestörtheit erscheint daher als Hauptrichtung erklärlich. Die hochgradige Zentralisierung der als *high-level-functions* bezeichneten Tätigkeiten ist der Kern dieser Entwicklung.

Offensichtlich gilt nämlich auch für alle sonstigen Flächennutzungs- und Standortentscheidungen, wie sie im Zusammenhang dieser neuen Ökonomie New Yorks zu beobachten sind, daß die neuartigen Tätigkeiten möglichst dicht zu den Hauptakteuren (Finanz-/Wirtschaftsberatungswesen) und auch zueinander lokalisiert sein wollen. Auffallend ist z. B. die Distanzempfindlichkeit ausgelagerter *back offices*, d. h. der *operation centers* der Unternehmen, die ihren Sitz in Manhattan haben. Dabei handelt es sich nicht um bloße Rechenzentren; reine Buchungszentralen liegen längst im Zeitzonen-neutralen Mittelwesten der USA. Da sich die Firmen ihrer jeweils eigenen Softwareprogramme zur Informationsverarbeitung bedienen, placieren sie deren »Pflege« in Reichweite, oft nur 1-2 Meilen vom Hauptquartier entfernt. So z. B. American Express: Noch während für die Zentrale der Neubau im World Financial Center errichtet wurde, entstand zugleich das *operation center* 3 Blocks nördlich an der Greenwich Street; und CitiBank ging dafür zwar von Midtown über den East River, aber dort gleich ans Ufer und über die nächste U-Bahn-Station der Linie, auf der die Zentrale steht. Diese Distanzempfindlichkeit ist ein Indiz für eine Art von *just-in-time*-Kooperation auch bei Dienstleistungen.

Dies kann auch direkt verbunden sein mit Wohnstandorten. Wohnungen sind vor allem im südlichen Manhattan, im angrenzenden New Jersey und in Brooklyn gebaut worden (Brake 1988, 23 und 123 f.). Der gesamte Wohnungsbau ist (1977/86) um 24 % zurückgegangen, während der Anteil von Luxuswohnungen am Wohnungsneubau (für 1985) auf etwa zwei Drittel geschätzt wurde. Das entspricht ungefähr dem Wohnungsneubau in Manhattan, neben Staten Island dem einzigen Stadtteil, in dem 1975-1983 die Anzahl neuer Wohneinheiten pro Einwohner zunahm, und zwar überdurchschnittlich. Hinzu kommt die rasante Umwandlung von Miet- in Eigentumswohnungen, die sich zu gut 50 % allein in Manhattan abspielt, sowie die Instandsetzung bzw. Modernisierung von Wohnbauten, die mit sozialer Verdrängung verbunden ist (vgl. den Beitrag von Smith in diesem Band): Sie findet bevorzugt statt in den Slums von Manhattan – in Harlem und der Lower East Side – in zentrumsorientierten Gegenden in New Jersey (Hoboken und Jersey City) und in Brooklyn. Zwar kann insgesamt keine Rückwanderung aus den *suburbs* nach New York City nachgewiesen werden, jedoch findet ein Umbau innerhalb der Stadt mit dem Ergebnis statt, daß ein auf die »neue City« bezogenes, anspruchsvolles Wohngebiet entsteht.

Der Zusammenhang mit der veränderten Sozialökonomie ist deutlich: sie »produziert« in großer Anzahl ideenreiche und leistungsfähige Angestellte, deren Tätigkeiten über spezifische Reproduktionsansprüche mit gehobener Wohnqualität verbunden sind, vielfältig strukturiertem Ambiente, Freizeit und Kultur. So artikuliert in New York City eine umfangreiche und kaufkräftige neue Arbeitnehmerschicht ihren Bedarf an Stadtquartieren höheren Standards, eng verflochten mit den zentralen Distrikten und deren Szenen. Es ist fast eine Faustregel: Für Gebiete mit Brownstone-Häusern und U-Bahn-Anschluß nach Downtown/Midtown besteht die Gefahr der Gentrification.

6. »Urbanität« als neuartige Innenstadtqualität

Diese neuartige Dienstleistungsökonomie ist so stark innerhalb von New York City konzentriert, weil sie auf Standortqualitäten angewiesen ist, die in der Formel ausgedrückt werden können: urbanes Milieu bei weltweiter Präsenz für die Weltmarkt-Erschließung *face-to-face*. Und dem entsprechen Intensität, Niveau und einige Resultate der Stadtgestaltung im New York der letzten 10–15 Jahre. Neben Verbesserungen eher unsichtbarer Infrastrukturen der Kommunikation wie Teilen des Massenverkehrs, insbesondere aber des Informationswesens (Teleport in Staten Island etc.), tragen dazu vor allem zweierlei bei:

– die Architektur vieler Neubauten, speziell der Wolkenkratzer: Vorbei ist die Phase, in der gleiche Bauvolumen und »Adressen« noch in plumpen aufgereihten »Zigarrenkisten« verschwanden (insbesondere 6th Avenue); die verschwenderischen Binnenwelten und die Individualisierung eines jeden Büroturms durch Name, Ausstattung und Architektur und deren deutliche Verankerung in der Skyline sind Imagepflege. Jenseits all dieser Funktionalisierung kann eine deutliche ästhetische Verbesserung der Straßenumwelt festgestellt werden – allerdings ausschließlich in Teilgebieten des südlichen Manhattan.

– städtebauliche Maßnahmen im Zusammenhang mit dem Bau von Büro-Wolkenkratzern: Mit der Möglichkeit, eine ausnahmsweise noch größere Anzahl von Nutzgeschossen bauen zu dürfen, schaffen Bauherren in den unteren Etagen öffentlich zugängliche und durch Läden, Galerien, Foyers vielfältig genutzte Bereiche (»Plazas«, Atriums, Galeries etc.; vgl. den Beitrag von Wagner in diesem Band). Die »Plazas« erfüllen eine inzwischen gar nicht mehr wegzudenkende Funktion in der heutigen Innenstadt: als Selbstdarstellung von *corporate identity* und vor allem als die bisweilen einzigen (vor Wetter geschützten) Binnenwelten für die (kommunikativen) Mittagspausen der in der »neuen City« Beschäftigten.

Beide Elemente sind allein in der »neuen City« konzentriert, und zwar als Teil einer Stadtentwicklungspolitik, die seit Jahren selbst diese Konzentration unterstützt: »south of 96th street«.

7. Beispiel oder Sonderfall?

An New York City läßt sich nachzeichnen, inwieweit eine spezifische Tertiärisierung verbunden ist mit einer »Unfähigkeit zur Dezentralisierung«. Die Entwicklung in New York City korrespondiert mit den Einschätzungen darüber, welche Aktivitäten auf einen so zentralisierten Komplex angewiesen sind; das scheint sich zu entscheiden am Grad von (Nicht-)Routine. Für unternehmensberatende Dienstleistungen bzw. nicht unmittelbar Gebrauchsgüter produzierende Tätigkeiten ist wesentlich, inwieweit es um strategische Entscheidungen geht und externalisierte Kooperation erforderlich ist: Ist der Grad an derartiger Nichtroutine groß, so besteht Neigung (wenn nicht gar Zwang) zum zentralen urbanen Standort (Brake/Bremm 1993). Diese Einschätzung wird durch verschiedene Beobachtungen gestützt:

– es sind die eher national tätigen Betriebe und die Unternehmenssitze von Industrie, Handel und Versicherungen, die ins Umland gehen; Betriebe mit anderem Profil bleiben im Zentrum.
– Forschung/Entwicklung ist insoweit nicht zentralisiert, als es dabei zwar um *non-routine* par excellence geht und interne Kommunikation notwendig ist, jedoch unternehmensstrategische Momente dabei nicht zentral sind.
– entscheidend ist die Bewertung von Informationen im Diskurs, nicht deren technologische Verarbeitung;
– die Abstufung der strategischen Relevanz, insbesondere nach Weltmarkt- bzw. nationaler/regionaler Orientierung, stellt ein wesentliches Kriterium dar bei der Hierarchisierung unter den Dienstleistungsstädten hohen Rangs; urbane Qualitäten, die Zürich unbestritten auch hat, können eben New York nicht ersetzen.

Weitere Beobachtungen in New York City sind beispielhaft für Tendenzen der aktuellen Tertiärisierung: z. B. die qualitative Selektion von Aktivitäten; ebenso die ausgeprägte Spezialisierung, Konzentration, Dualisierung und Desintegration von Sozialökonomien; und auch die spezifischen Stadt-Umweltqualitäten. Diese Tendenzen scheinen charakteristisch für die gegenwärtige Restrukturierung zu sein und treffen daher grundsätzlich auf andere Städte dieses Typs ebenso zu.

Die betont desintegrierte Stadtstruktur ist ein spezifisches Resultat der aktuellen New Yorker Entwicklungspolitik einer »strategy of intensive development« (Savitch 1987), mit der die vorteilhaften Agglomerationsbedingungen des Gesamtstandortes nun – anders als etwa in Paris – auch innerörtlich eindeutig zentralisiert werden. Dem kommt allerdings entgegen, daß New York nicht über historisch entwickelte städtische Subzentren verfügt.

Ist ein solches Entwicklungsmuster gebunden an einen »Boom«? Seit 1990 sind krisenhafte Zustände offenkundig: eine zunehmende Obdachlosigkeit, ein neuerlicher Einbruch im Zustand der Infrastruktur, insbesondere Manhattans, rückläufige Beschäftigung, auch bei den Dienstleistungen (vgl. Tabelle 1), ein Zusammenbruch des Bürobaumarktes und eine zweite »Finanzkrise« im Stile der von 1975 (vgl. Fainstein 1992).

Die Auswirkungen in der Stadt scheinen das Muster der Dualisierung fortzusetzen. Zwar finden Entlassungen nun insbesondere (neben der Industrie) in den Unternehmensdienstleistungen statt und treffen damit vor allem Manhattan. Jedoch sind die »outer Boroughs« soweit deklassiert, daß sie noch weiterhin von Manhattan »positiv« dominiert werden. Verdrängungs- und Ausleseprozesse finden weiter statt, die das einseitige Weltmarktdienstleistungsprofil noch stärker ausprägen: Verlagerungen z. B. von Versicherungen, Anmietungen durch ausländische Finanzfirmen in Downtown. Inzwischen hat sich eine spezifische Lobby formiert, die bessere Standortbedingungen in New York City speziell für (internationale) Finanzdienste reklamiert und dabei auf die exzellente Telekommunikations-Infrastruktur verweist (»New York City Partnership«).

Die Hintergründe der jüngsten Rezession in New York City sind zu sehen:

– in »Abkühlungs«-Tendenzen der weltwirtschaftlichen Prosperität, und zwar (ähnlich den Exportrückgängen der BRD) im Zusammenhang mit den Marktproblemen im Nord-Süd-Verhältnis;
– in der maroden Lage der US-amerikanischen Wirtschaft, wobei hier zwei Linien wirksam werden: der wenig innovative Zustand der Industrie, die nur in geringem Maße Dienstleistungen wie in New York City stimuliert, und die dramatisch nachgebende Basis des US-Banken- und Sparkassenwesens;

– schließlich im Abflachen einer Art von »Spekulation« in Aktivitäten ohne einen letztlich tragbaren Boden, und zwar nicht so sehr in Bürobauten (die ja in New York City insgesamt recht gut ausgelastet waren), sondern in den Finanz-, Beratungs- und Vermittlungsdiensten, soweit sie auf dem Handel mit bloßen Gewinnerwartungstiteln beruhen; zusätzlich machen sich die binnenwirtschaftlichen Probleme der USA bemerkbar.

Für New York City und sein neuartiges Strukturmuster der »Dual City« (vgl. Mollenkopf/Castells 1991) bedeutet das, daß zwar der Boom als temporärer Motor entfällt, die dominierenden Tendenzen jedoch nicht gebrochen sind. Da aber nun Extra-Revenuen fehlen, wird die innere – soziale und räumliche – Strukturierung wahrscheinlich noch rigoroser ausfallen.

Glossar

BLMI	Bureau of Labor Market Informations, NY Dept. of Labor
BLS	Bureau of Labor Statistics, U.S. Dept. of Labor
Counties	US-flächendeckende Verwaltungsbezirke
DCP	Department for City Planning der Stadt New York
DT/Downtown	Kommerzielles Zentrum an der Südspitze Manhattans
Grubb + Ellis	Immobilienmakler
ES Gordon	Immobilienmakler
MT/Midtown	Kommerzielles Zentrum südlich Central Park
NYC	New York City/City of New York
NYR	New York Region
PANYNJ	Port Authority of New York and New Jersey
REBNY	Real Estate Board of New York (Verband des New Yorker Immobilienwesens)
RPA	Regional Plan Association (non profit organisation)
SSRC	Social Science Research Council (New York)

Verwendete Materialien:

Commission on the Year 2000 (1987), *Report,* New York (June)

Ehrenhalt, Samuel M (1988), *New York City in the Economic Environment – new Risks and a Changing Outlook Man.,* March, New York

Ehrenhalt, Samuel M (1991), *The Competetive Challenges: Signposts for the Future (24th Annual Institute on Challenges of the Changing Economy of New York City),* May 8

Meeting the Challenge: Maintaining and Enhancing New York City as the World Financial Capital (New York City Partnership), June 1989

NYC (City of New York), Dept. of City Planning (DCP)
– *Community District Statistics* (from the 1980 Census), June 1984
– *Community District Needs Fiscal Year 1989*, Oct. 1988

Port Authority of New York and New Jersey (PANYNJ)
– *The Regional Economy Review 1985. Outlook 1986*, March 1986
– *Forecast of Employment, Labor force and Population in the New York-New Jersey Metropolitan Region to 1995*, April 1986
– *The Regional Economy Review 1986. Outlook 1987*, April 1987
– *The Regional Economy Review 1987. Outlook 1988*, March 1988
– *Regional Economy Review 1990. Outlook 1991*, March 1991
– *Regional Perspectives. The 1991 Mid-Year Report*, September 1991
– *Regional Economy Review 1991. Outlook 1992*, March 1992

REBNY (Real Estate Board of New York)
– *Fact Book*, March 1985
– *Rebuilding Manhattan (New Office Construction)*, Oct. 1985
– *Manhattan Market Profile March 1987*, February 1988
– *The Gordon Office Market Report New York (ESG)*, July 1991; January 1992

Statistische Unterlagen:

Employment + Earnings (U.S. Dept. of Labor/Bureau of Labor Statistics) Vol. 35, No. 2 (Febr. 1988)

BLMI (Bureau of Labor Market Information/New York State of Labor), *Tables Employment/Earnings/Increases by Industries and Boroughs 1981-1986*

BLS (Bureau of Labor Statistics/U.S. Dept. of Labor), *NYLS* (New York Labor Statistics/Middle Atlantic Regional Office) *News NYLS 6095 (18. 03. 1987)*, (*Industries of Growth and Decline in New York City*)

Anmerkungen

1 Dieser Beitrag fußt auf einer empirischen Studie über New York City; für weiterführende Quellenangaben und Literaturhinweise vgl. Brake 1988.

Roger Waldinger
Ethnische Gruppen im Konflikt: Iren, Juden, Schwarze und Koreaner

Assimilation ist das große Thema der amerikanischen Immigrationsforschung. Die klassische soziologische Position der Chicago-Schule zeichnete ein optimistisches Gegenbild zu den vagen Einschätzungen der Neuankömmlinge, wie sie zu Anfang des Jahrhunderts vorherrschten. Trotz der auffälligen Fremdartigkeit, die die Zeitgenossen bestaunten, behaupteten Park, Burgess, Thomas und andere, daß die neuen Immigrantengruppen ihre kulturellen Eigenarten verlieren und in der beruflichen Hierarchie aufsteigen würden. In seiner inzwischen klassischen Arbeit formulierte Gordon die Essenz dieser soziologischen Auffassung: Immigrierende/ethnische Gruppen fangen ganz unten an und steigen allmählich auf; ihre Mobilität gründet sich auf individuelles Vorankommen, nicht auf kollektives Handeln von Gruppen; im Prozeß des Aufsteigens verlieren ethnische Gruppen ihre charakteristische Sozialstruktur; und wenn sich Angehörige ethnischer Gruppen den Mitgliedern der Kerngruppe angleichen, werden sie Teil der Kerngruppe, verbinden sich mit ihr in Nachbarschaften, Freundschaften und schließlich durch Heirat.

Aber das Bild von den Immigranten, die vorwärts- und aufwärtsstreben, läßt sich schwer mit der dunkleren, konfliktträchtigen Seite des ethnischen Zusammenlebens in Amerika vereinbaren. Konflikte, oft in schärfster Form, ziehen sich wie ein roter Faden durch die Geschichte der ethnischen Gruppen in Amerika. Die New Yorker zeigen jedenfalls eine außerordentliche Bereitschaft, wegen rassischer oder ethnischer Differenzen handgreiflich zu werden. Die jüngsten Auseinandersetzungen, in denen Schwarze mit chassidischen Juden und Koreanern in Brooklyn oder Chinesen mit Puertoricanern in Manhattan aneinandergerieten, sind die vorläufig letzten Episoden einer längeren Geschichte, die von den Kampagnen gegen die Katholiken in den fünfziger Jahren des 19. Jahrhunderts, über die Schulkonflikte nach 1890, die Kontroversen, die von den Coughlinites und dem German Bund in den dreißiger Jahren dieses Jahrhunderts geschürt wurden, und die

Schulintegrationskämpfe der sechziger Jahre bis zum heutigen Tage reicht.

In diesem Beitrag werde ich zeigen, daß der Widerspruch zwischen ethnischer Assimilation und ethnischen Konflikten stärker in Erscheinung tritt, als er real ist. Das klassische soziologische Modell irrt nicht in seiner Beschreibung einer aufwärtsgerichteten Mobilität, wohl aber in seinen individualistischen Annahmen über den Prozeß des ethnischen Wandels. Die Geschichte der ethnischen Integration in Amerika sollte eher als eine kollektive Suche nach Mobilität betrachtet werden, bei der das Eintreffen einer Immigrantenwelle nach der anderen für eine anhaltende Konkurrenz um Ressourcen sorgt. Die Gruppen steigen von unten auf, indem sie sich auf bestimmte Wirtschaftszweige spezialisieren und sie dominieren. Diese Spezialisierung wird ihnen nicht streitig gemacht, solange die neuesten Ankömmlinge mit der Arbeit auf unterstem Niveau, für die sie zuerst eingestellt wurden, einverstanden sind. Aber die ökonomische Orientierung der neu Eintreffenden wandelt sich unvermeidlich, und wenn das geschieht, wird Komplementarität zu Konkurrenz – was anhaltende ethnische Spannungen zeitigt.

Diese Geschichte soll hier in Form kurzer Kapitel aus der Erfahrung von vier ethnischen Gruppen in New York – Iren, Juden, Afroamerikanern und Koreanern – dargestellt werden. Jede Gruppe wird im Zusammenhang mit einer der vier aufeinanderfolgenden Immigrationswellen betrachtet, die im Verlauf der letzten 200 Jahre durch New York geströmt sind: die Iren mit der »alten Immigration« Mitte des 19. Jahrhunderts, die Juden mit der »neuen Immigration« zwischen 1880 und 1920, die Afroamerikaner mit den internen Wanderungsbewegungen der Phase von 1920 bis 1970, und die Koreaner mit der neuen »neuen Immigration«, die 1965 begann und in absehbarer Zukunft anhalten wird.

1. Die Iren

1,4 Millionen Iren wanderten zwischen 1846 und 1855 auf der Flucht vor der Hungersnot in die Vereinigten Staaten ein. Sie sammelten sich in Hafenstädten der Ostküste wie Boston, Philadelphia und New York, wo etwa ein Viertel von ihnen blieb. Nach den Hungerjahren verringerte sich der Anteil der Iren an den

Immigranten in die USA: zwischen 1820 und 1855 stellten sie 43 bis 47% der Immigranten, 16% in den achtziger Jahren des 19. Jahrhunderts und im frühen 20. Jahrhundert noch 3%. Aber quantitativ blieb die Zahl irischer Einwanderer während des gesamten 19. Jahrhunderts hoch; allein zwischen 1870 und 1890 waren es 1,3 Millionen.

Niedriges Bildungsniveau, fehlende Erfahrung mit industrieller bzw. handwerklicher Arbeit und Kapitalmangel führten die Iren in die unteren Bereiche körperlicher Arbeit. Die wohlhabend städtische Mittelklasse des 19. Jahrhunderts nahm irische Frauen als Hausangestellte in Dienst, die im Hause lebten. Weniger betuchte Nachbarn, die sich keine im Hause lebenden Dienstmädchen leisten konnten, beschäftigten doch irische Wäscherinnen. Irische Männer gingen unsicheren, schlechtbezahlten Tätigkeiten nach, die mit häufigem Ortswechsel verbunden waren, vor allem in der Bauindustrie. Die Merkmale dieser Branche – geringe Kapitalausstattung, die wichtige Rolle der staatlichen Aufträge und die komplexen sozialen Netzwerke von Zulieferern und Subunternehmern – ermöglichten es den Iren, sowohl in die Reihen der Unternehmer wie der Arbeiter vorzudringen.

Der Aufstieg der Iren von ganz unten ging langsam voran. Montgomery (1980, 205-217) weist darauf hin, daß »die Geschichte der irischen Amerikaner in der Metallverarbeitung unter einem guten Stern stand«, weil die ungelernten Iren, die sich in dieser Industrie sammelten, in Qualifikationen und Bezahlung schnelle Fortschritte machten, als die Eisen- und Stahlindustrie prosperierte. Aber New York war eben nicht Pittsburgh, und daher waren die Iren stärker auf die unqualifizierten Hilfsarbeiten angewiesen. Sogar noch 1900, wie aus Tabelle 1 zu ersehen ist, gab es wenige Anzeichen dafür, daß sie sich über diese niedrigsten Positionen hinausbewegten. Bei den Dienstbotentätigkeiten fand sich die stärkste irische Konzentration, und zwar bei Männern und Frauen gleichermaßen. Der wachsende Fertigungssektor bot den Iren überraschend wenige Arbeitsmöglichkeiten: Dort dominierten die qualifizierteren Deutschen die Holzverarbeitung und den Maschinenbau und die Juden die Bekleidungsindustrie. Und trotz der Rolle New Yorks als Handelszentrum waren die Iren in Handels- oder Hausierertätigkeiten stark unterrepräsentiert.

Um 1900 allerdings hatten sich die Iren bereits im öffentlichen Sektor etabliert, was sich an ihrem hohen Anteil an Regierungsbe-

Tabelle 1   Ausgewählte Tätigkeiten in New York City
im Jahr 1900

| | Gesamtbeschäftigung absolut | | | |
Männer	Alle	Schwarze	Iren	Russen
Gesamt	1 102 471	20 935	232 208	72 291
Professionelle				
Dienstleistungen	60 853	729	8 282	2 196
– Öffentlicher Dienst	3 934	9	1 440	347
Dienstleistungen	206 125	11 843	64 364	3 674
– Arbeiter	98 531	3 719	39 807	1 729
– Bedienungen	31 211	6 280	6 252	306
– Polizisten und Feuerwehrleute	16 093	116	7 993	224
Handel und Transport	405 675	5 798	86 667	22 031
– Bankfachleute	7 112	5	597	61
– Buchhalter	22 613	33	3 696	692
– Bürobedienstete	80 564	423	17 555	2 335
– Lastwagenfahrer	51 063	1 439	19 367	728
– Straßenhändler	12 635	69	748	3 737
– Händler	68 095	155	7 380	7 788
– Verkäufer	45 740	94	7 144	2 695
Produktion	419 594	1 774	70 713	44 160
– Schreiner	29 904	94	4 970	1 339
– Maschinisten	17 241	47	299	293
– Vorarbeiter	20 816	36	2 536	2 041
– Maler	27 135	177	4 111	2 350
– Drucker	21 521	53	4 923	600
– Schneider	56 094	69	1 143	20 323

Quelle: *Occupations at the census* (1904)

diensteten zeigt, und – noch eindrucksvoller – an ihrer noch stärkeren Präsenz in den Reihen der Polizei und der Feuerwehr. Zu dieser Zeit bot der öffentliche Sektor relativ wenige Arbeitsplätze, aber das sollte sich bald ändern. Die Lokalverwaltung wuchs während der ersten dreißig Jahre des 20. Jahrhunderts stark, und zwar besonders bei den Arbeitertätigkeiten, was eine Folge der Investition in umfangreiche öffentliche Arbeiten war. »Tausende von ungelernten und angelernten Iren«, schreibt Stephen Erie, »fanden Arbeit bei den kommunalen U-Bahnen, Straßenbahnen, Wasser-

Index der Repräsentation* von Männern

Männer	Schwarze	Iren	Russen
Gesamt	0,02	0,21	0,07
Professionelle Dienstleistungen	0,63	0,65	0,55
– Öffentlicher Dienst	0,12	1,74	1,35
Dienstleistungen	3,03	1,48	0,27
– Arbeiter	1,99	1,92	0,27
– Bedienungen	10,60	0,95	0,15
– Polizisten und Feuerwehrleute	0,38	2,36	0,21
Handel und Transport	0,75	1,01	0,83
– Bankfachleute	0,04	0,40	0,13
– Buchhalter	0,08	0,78	0,47
– Bürobedienstete	0,28	1,03	0,44
– Lastwagenfahrer	1,48	1,80	0,22
– Straßenhändler	0,29	0,28	4,51
– Händler	0,12	0,51	1,74
– Verkäufer	0,11	0,74	0,90
Produktion	0,22	0,80	1,61
– Schreiner	0,17	0,79	0,68
– Maschinisten	0,14	0,08	0,26
– Vorarbeiter	0,09	0,58	1,50
– Maler	0,34	0,72	1,32
– Drucker	0,13	1,09	0,43
– Schneider	0,06	0,10	5,53

*Index der Repräsentation: Anteil der ethnischen Gruppe an einer Beschäftigung, geteilt durch den Anteil der Gruppe an der Gesamtbeschäftigung

werken und Hafenanlagen (der Stadt New York)«. Erie schätzt, daß die kommunalen Versorgungseinrichtungen zwischen 1900 und 1930 mehr als die Hälfte der öffentlichen Arbeitsplätze für Iren in New York City stellten, und dazu kamen noch 21 % durch Beschäftigung bei den expandierenden Polizei- und Feuerwehrabteilungen. Die Beschäftigung der Iren in der New Yorker Stadtverwaltung vervierfachte sich in diesen Jahren beinahe und wuchs von knapp unter 20000 auf 77000, während die Gesamtzahl der städtischen Arbeitskräfte von 54000 auf 148000 stieg, also auf weniger als das Dreifache (Erie 1988, 88f.).

Gesamtbeschäftigung absolut

Frauen	Alle	Schwarze	Iren	Russen
Gesamt	367 437	16 114	112 455	10 145
Professionelle Dienstleistungen	22 422	281	4 385	306
– Lehrerinnen	12 821	96	3 389	118
Dienstleistungen	146 722	14 586	58 504	2 527
– Wäscherinnen	16 102	3 224	6 618	150
– Bedienungen	103 963	10 297	43 767	1 921
Handel und Transport	65 318	106	18 277	2 911
– Verkäuferinnen	22 705	13	7 022	1 083
– Stenotypistinnen	10 868	14	2 443	323
Produktion	132 535	1 138	31 255	14 362
– Näherinnen	37 514	813	11 624	1 948
– Putzmacherinnen	18 108	249	3 338	4 021
– Schneiderinnen	15 069	17	756	3 304

Index der Repräsentation von Frauen

Frauen	Schwarze	Iren	Russen
Gesamt	0,04	0,31	0,03
Professionelle Dienstleistungen	0,29	0,64	0,49
– Lehrerinnen	0,17	0,86	0,33
Dienstleistungen	2,27	1,30	0,62
– Wäscherinnen	4,57	1,34	0,34
– Bedienungen	2,26	1,38	0,67
Handel und Transport	0,04	0,91	1,61
– Verkäuferinnen	0,01	1,01	1,73
– Stenotypistinnen	0,03	0,73	1,08
Produktion	0,20	0,77	3,92
– Näherinnen	0,49	1,01	1,88
– Putzmacherinnen	0,31	0,60	8,04
– Schneiderinnen	0,03	0,16	7,94

Das Vordringen der Iren in den öffentlichen Sektor spiegelt die wachsende politische Macht der Demokratischen Parteimaschinen, die von Iren dominiert blieben, obwohl aus Ost- und Südeuropa inzwischen erheblich mehr Immigranten eintrafen. Aber die Herrschaft der Maschine über die Lokalverwaltung weckte den Widerstand der WASP(White, Anglo-Saxon, Protestant)-Reformer, die in ihrer feindseligen Haltung gegen alte und neue Immigranten einerseits durch kulturelle Konflikte bestärkt wurden, andererseits durch ökonomische Interessen, die von den räuberischen Methoden der Maschine gefährdet waren. Die Reformer versuchten, die Macht der Maschine durch die Zerstörung des Zusammenhangs von politischer Aktivität und öffentlicher Beschäftigung zu brechen. Die Institution öffentlicher Dienst stand weit oben auf ihren Prioritätenlisten. Mit der Einführung von Zugangsvoraussetzungen und Eignungsprüfungen für Bewerber und durch Reorganisation von Verwaltungsverfahren hofften die Reformer, zwei Ziele zugleich zu erreichen: Sie wollten im Lande geborene Angehörige der Mittelklasse für einen professionalisierten öffentlichen Dienst gewinnen und den Einfluß der Maschine darauf verringern, wer in den öffentlichen Dienst übernommen wurde und wer – wenn er einmal drinnen war – aufstieg.

Zwar wurde 1883 ein bundesstaatliches Gesetz zum öffentlichen Dienst erlassen, das eine kommunale Kommission für den öffentlichen Dienst einsetzte, aber insgesamt waren die Reformbemühungen wenig erfolgreich. Einerseits blieben die Einstellungsentscheidungen, obwohl sie technisch nun in öffentliche Zuständigkeit fielen, dem Einfluß der Tammany-Gruppe unterworfen. Für viele Tätigkeiten stellte die Stadt weiterhin Arbeitskräfte ein, ohne sie Prüfungen zu unterziehen, so daß eine beträchtliche Anzahl von Arbeitsplätzen in das Protektionssystem eingebettet blieb. Auch wenn Stellen nur über formale Prüfungen zugänglich waren, genossen Bewerber mit politischen Verbindungen trotzdem einen entscheidenden Vorteil. Nur Insider waren mit den Möglichkeiten vertraut, da die Civil Service Commission selten Stellenausschreibungen veröffentlichte. Mit Tammany Hall in Verbindung stehende Pauk-Schulen, wie z. B. das Delehanty Institute, bereiteten Arbeitssuchende auf schriftliche Tests vor, die von irischen Prüfern bewertet wurden.

Interessengruppen der Verwaltung wie das Civil Service Forum, die als Ableger der Demokratischen Partei fungierten, sorgten für bevorzugte Berücksichtigung bei den Entscheidungen der Civil Service Commission. Und die Kommission bediente sich eines losen Klassifikationssystems, das den Politikern erhebliche Ermessensspielräume bei der Gehaltseinstufung der Angestellten zugestand.

Andererseits stießen die Iren auf wenige ernstzunehmende Konkurrenten um städtische Arbeitsstellen. Wie Fogelsons Analyse der klassischen irischen Domäne – der Polizei – zeigt, bestand zu keiner Zeit ernstliche Gefahr, daß die WASPs die Iren daraus vertreiben könnten. Trotz der sporadischen Bemühungen von Reformern wie Theodore Roosevelt blieb die Zahl der im Lande geborenen Bewerber klein; wenige von ihnen waren am öffentlichen Dienst interessiert, und noch weniger zog es zur Polizei. Für die immer zahlreicheren Polen, Juden, Italiener und andere, die gerade erst eingewandert waren, bestand wenig Aussicht, in schriftlichen Prüfungen gegen die Iren zu bestehen, die immerhin den Vorteil der englischen Muttersprache hatten. Daher brachte die Einführung dieser Prüfung für den öffentlichen Dienst genau das Gegenteil des beabsichtigten Effekts hervor – sie verbesserte die Chancen der Iren (Fogelson 1977).

Die Schwierigkeiten der neuen Immigranten währten kaum eine Generation. Mit dem rapiden schulischen und beruflichen Erfolg der Juden erschien ein weiterer Konkurrent auf der Szene. Aber solange die Iren über den Einfluß von Tammany Hall auf die Stadtregierung den Zugang zu öffentlichen Arbeitsplätzen kontrollierten, konnte die interethnische Konkurrenz ihnen nicht gefährlich werden. Erstens war der Wettbewerb so angelegt, daß den Ausbildungsvorteilen der Juden möglichst wenig Wert beigemessen wurde. Dabei hatten höhere Qualifikationen für den öffentlichen Dienst ganz oben auf der Liste der Rationalisierungsexperten, Sozialwissenschaftler und Sozialarbeiter gestanden, die einen wichtigen Bestandteil der »reformerischen Vorhut« der Stadt darstellten. Aber das Reformprogramm machte wenig Fortschritte. Die Civil Service Commission legte zunehmend Wert auf Erfahrung statt auf Ausbildung und verlangte kaum formale Qualifikationen. Prüfungen wurden in unregelmäßigen Abständen anberaumt, die Prüfungsaufgaben so revidiert, daß sie nur noch Stoff enthielten, der direkt für die auszuführenden Tätigkeiten relevant war, und die Stellenbesetzung wurde manchmal erst zwei oder drei

Jahre nach einer Prüfung vorgenommen (Sayre/Mandell 1938; Rapoport 1971).

Außerdem funktionierte das Protektionssystem während der ganzen Zeit der Tammany-Dominanz, also zwischen 1917 und 1933, ungehindert. 1920 verfügte das Rathaus über fast 23 400 Stellen, für die es seine bevorzugten Kandidaten ohne Prüfungen einstellen konnte. Am Ende des Jahrzehnts kamen weitere 10 000 Stellen ohne Ausschreibung dazu, die unter Tammanys Kontrolle fielen (Berechnung nach City of New York, Civil Service Commission 1939, 20). Noch 1933 wurde kaum die Hälfte der städtischen Arbeitsplätze aufgrund von Ausleseprüfungen besetzt; Magistrat und städtische Gerichte stellten Verwaltungspersonal ein, ohne die Kriterien für den Staatsdienst zu berücksichtigen. 6000 Beschäftigte der in städtischem Besitz befindlichen U-Bahn, fast 30 000 Arbeiter und 11 000 Krankenpfleger, ungelernte Krankenschwestern und Putzfrauen wurden nach Ermessen des Bürgermeisters – oder, zutreffender, nach Gutdünken seiner politischen Berater – eingestellt (Thomas/Blanshard 1932; Kessner 1989). Zum Teil konnte diese Protektion auch den Neulingen zugute kommen, ohne den Kern der irischen Anhängerschaft zu gefährden, weil die Verwaltung insgesamt wuchs. Nach Eries Darstellung bevorzugte Tammany Hall die Juden als Juniorpartner und ließ ihnen einen größeren Anteil an der kommunalen Beschäftigung zukommen, vor allem in der Justizabteilung und im rasch wachsenden Schulsystem, wogegen die Italiener sich mit den Arbeitsplätzen bei der Müllabfuhr, der Straßenreinigung und im politisch unsicheren Hafen begnügen mußten.

Aber die Depression bereitete dieser harmonischen Aufteilung ein Ende. Die Finanzknappheit zwang das von Tammany geführte Rathaus, die städtische Beschäftigung zu reduzieren – wobei die größten Kürzungen auf Lehrer und Sozialarbeiter abgewälzt wurden, unter denen die Juden unverhältnismäßig stark vertreten waren. LaGuardias Wahl im Jahr 1933 versetzte ihnen den Gnadenstoß.

LaGuardias eigene politische Zwänge nötigten ihn, die Auswahlverfahren für öffentliche Arbeitsplätze in einer Weise zu organisieren, die nun die Juden begünstigte. Um sich in der City Hall zu behaupten, mußte er die materielle Grundlage der Macht von Tammany Hall aushöhlen und seine Anhängerschaft in den Gruppen konsolidieren, die Tammany nicht fest im Griff hatte.

Die wichtigsten davon waren die Juden, die sich 1933 zwischen LaGuardia und seinem Gegner aus der Tammany-Gruppe gespalten hatten. Beide Ziele konnten mit ein und derselben Methode erreicht werden, nämlich endlich der administrativen Umbildung grünes Licht zu geben, für die sich die Reformervorhut so lange eingesetzt hatte, die wiederum einen entscheidenden Teil von LaGuardias Koalition bildete.

Das Reformprogramm bedeutete einen Kampf an drei Fronten gegen die alten Einstellungsverfahren. Erstens drangen die Reformer in das Protektionsgehege ein und machten Prüfungen für den überwiegenden Teil der Eingangspositionen zur zwingenden Voraussetzung. Zweitens erhöhten sie den Wert von Ausbildungszertifikaten und standardisierten Tests zum Nachteil der erfahrungsbezogenen Kriterien. Und drittens internalisierten sie die Karriereebahnen, indem sie den Zugang zum Staatsdienst auf die untersten Ebenen beschränkten, Außenstehende von Beförderungsmöglichkeiten ausschlossen und sogar die höchsten Verwaltungsebenen in den öffentlichen Dienst zu übernehmen versuchten.

Insgesamt förderte die Kommission die Wettbewerbsorientierung, die der Einfluß von Tammany Hall bislang verhindert hatte, und weil die Bevölkerung als Folge der Depression verzweifelt nach Arbeitsplätzen suchte, meldeten sich die Bewerber in hellen Scharen. 1933, als Tammany Hall herrschte, hatten sich 6327 Personen um Anstellung im Staatsdienst beworben; sechs Jahre später meldeten sich 250000 Arbeitssuchende bei der kommunalen Verwaltung (Garrett 1961, 100). Viele der New Yorker, die sich um öffentliche Arbeitsplätze bewarben, waren hochqualifiziert: Das Bildungsniveau der Erwerbsbevölkerung der Stadt hatte sich – ein Ergebnis längeren Schulbesuchs – während der zwanziger Jahre erhöht, und unter den Arbeitslosen fanden sich beachtliche Zahlen von High-School-Absolventen und viele Personen, die zumindest zeitweise die aus dem Boden sprießenden öffentlichen Colleges der Stadt besucht hatten. Stolz vermeldete die Civil Service Commission in ihrem Bereich für 1939, daß sich mehr als 85000 männliche Personen für Arbeitsplätze im Amt für Abfallbeseitigung und Entwässerung beworben hätten, unter denen sich »eine außergewöhnliche Anzahl (von) College-Abgängern und einige (mit) Diplomabschlüssen« befanden (City of New York, Civil Service Commission 1940, 8).

Die größere Attraktivität der Stadt für hochqualifizierte Arbeitskräfte förderte den Zustrom von Juden. Ein Gebiet, für das sich besonders die jüdischen Bewerber interessierten, war das Lehramt, bislang eine irische Domäne (wie die oben wiedergegebene Statistik für 1900 belegt). In der ersten Dekade des Jahrhunderts waren 21 % der städtischen Lehrer Iren, auf die Juden entfielen nur 11 %. Aber 1940 stellten die Juden schon mehr als die Hälfte der Lehrer, die in den städtischen Schulen anfingen (Bayor 1988, 40).

Angesichts des Unmuts, den schon die irisch-jüdische Konkurrenz unter den Lehrern weckte, kann man sich vorstellen, um wieviel explosiver die Situation bei der Polizei war, als die New Yorker Civil Service Commission im April 1939 ein Einstellungsexamen anberaumte. Obwohl 33000 Männer auf die Veröffentlichung reagierten und mehr als 29000 sich tatsächlich der schriftlichen Prüfung unterzogen, wurden nur die 3700 Teilnehmer mit den besten Ergebnissen zur körperlichen Untersuchung eingeladen. Diese Gruppe von Bewerbern schrumpfte dann auf die 1400 Besten, von denen schließlich 300 ausgewählt wurden, die den Jahrgang von 1940 darstellten. Es überrascht nicht, daß dabei zum ersten Mal ein bedeutender Anteil von Juden vertreten war, die in den Polizeidienst eintraten. Eine Befragung der noch lebenden Mitglieder dieses Jahrgangs ergab, daß 38 % von ihnen Katholiken und 36 % Juden waren und Rußland und Irland die am häufigsten vertretenen Herkunftsländer der Großeltern der Befragten (Herrnstein u. a. o. J.).

Das Auswahlverfahren öffnete den Juden die Türen zum Polizeidienst, aber ein freundliches Willkommen war ihnen damit noch nicht gewiß. Ein jüdischer Veteran von 1940 erinnert sich: »Die Polizei war eine irische Enklave: Was glauben Sie, wie die das fanden? Es gab überwältigende Vorurteile. Viele unserer Leute wurden regelrecht bestraft und in besonders harte Bezirke versetzt. Es brauchte sehr lange, bis Juden bei der Polizei akzeptiert waren. Und große körperliche Anstrengung – manchmal Prügeleien –, um uns als Cops zu beweisen« (*Interview mit Louis Weiser, Executive Director, Council of Jewish Civil Servants*).

Die Feindseligkeiten, die bereits während der Depression und in den täglichen Begegnungen mit jüdischen Ladenbesitzern aufgeflammt waren, wurden durch das Eindringen der Juden in die Polizei weiter angefacht. Ronald Bayor, ein Historiker aus New York, schreibt dazu: »*Social Justice,* eine Zeitung, die von vielen

Iren gelesen wurde, klagte darüber, daß die New Yorker Polizei, weitgehend Iren, demnächst ›Rote‹ über sich haben würde, die die Civil Service Commission dort einsetzte. Diese ›Roten‹ waren nach Auskunft der Zeitung College-Absolventen, die man nun bei Beförderungen innerhalb der Polizei bevorzugte. *Social Justice* wunderte sich im folgenden darüber, ob nun ›ein Mann Griechisch, Mathematik, Zoologie, Astronomie und Hebräisch beherrschen muß, bevor er ein guter Polizist werden kann‹« (Bayor 1978, 28).

Und als LaGuardias Beauftragter für den öffentlichen Dienst mehr Kontrolle über den korrupten Polizeiapparat zu erlangen suchte, mischte sich Father Coughlin, der antisemitische irische Radioprediger ein, um die »Cops von New York..., 90% von ihnen gute Christen« gegen ihre Widersacher in Schutz zu nehmen, »die nicht mal einen Schlagstock von einem Stück Salami unterscheiden können« – was auf die Juden gemünzt war (zit. nach Kessner 1989, 488).

Die jüdisch-irische Rivalität brachte noch andere häßliche Episoden hervor, aber dank der Prosperität der Nachkriegsära und ihrer Möglichkeiten ebbten die Spannungen zwischen ihnen ab. Abwanderung in die Vororte und in die südlichen Bundesstaaten und der Aufstieg in die Mittelklasse verringerten die irische Bevölkerung der Stadt. Glazer und Moynihan schildern, daß in den späten fünfziger Jahren ein so ausgeprägtes Gefühl der Verlassenheit um sich griff, daß die verbleibenden New Yorker Iren sich gegenseitig erinnerten, daß »noch ein paar von uns übrig sind« (Glazer/Moynihan 1969).

Die Zurückbleibenden hielten die alteingeführten irischen Berufstraditionen aufrecht. Obwohl in den unteren Rängen der Polizei und der Feuerwehr Schwarze und Puertoricaner überwiegen, sind die höchsten Dienstgrade und die Mannschaften immer noch stark mit Iren besetzt.[1] Die Feuerwehr vermittelt noch heute ein Bild New Yorks aus alten Tagen: Ihre Mitarbeiter sind zu 93% Weiße und zu 80% Katholiken.[2] Einige Gewerkschaften sind immer noch stark von Iren geprägt: Im Jahr 1992 waren der Geschäftsführer des Bezirksausschusses der Zimmerleute, der Leiter des Ausbildungsprogramms und alle Mitglieder des Vorstandes der Gewerkschaft der Zimmerleute gebürtige Iren.

Daß die alteingeführte berufliche Spezialisierung der Iren immer noch verbreitet ist, wird auch aus Volkszählungsdaten ersichtlich.

Die Volkszählung von 1970, der späteste Zeitpunkt, für den gesonderte Aufschlüsselungen für im Ausland Geborene bzw. ihre Kinder verfügbar sind, belegt, daß die Männer der zweiten Generation immer noch im öffentlichen Dienst und in unteren Dienstleistungstätigkeiten deutlich überrepräsentiert waren, während die Frauen der zweiten Generation bei den Büroberufen stark konzentriert waren. Die kleine irische Immigrantenpopulation war sogar stärker in den traditionellen Berufen vertreten, Männer sehr stark im Handwerk, als Arbeiter und in Dienstleistungsberufen; Frauen waren in Dienstleistungen und privater Hausarbeit überrepräsentiert. Genau wie um 1900 betätigten sich die Iren selten als Selbständige.

In den achtziger Jahren bekamen diese alten Nischen schließlich Nachschub, weil eine Welle von neuen, weitgehend illegalen irischen Immigranten vor der Arbeitslosigkeit in der Republik Irland mit der Hoffnung auf ein besseres Leben nach New York floh. Während schwarzen Amerikanern die Türen der Baugewerkschaften weiterhin verschlossen blieben, wurden die Neuankömmlinge, »JFK-Schreiner« genannt, von ihren alternden Landsleuten freudig empfangen. Auch Frauen nahmen alte Traditionen wieder auf, wie man dem Anzeigenteil des *Irish Echo* entnehmen kann, den ganze Spalten von Anzeigen für Kindermädchen, Babysitter und Haushälterinnen füllen.

2. Die Juden

Obwohl die Präsenz der Juden in New York weit zurückreicht, beinahe bis zur Gründung der Stadt, wurden sie erst in den achtziger Jahren des 19. Jahrhunderts zu einem wichtigen, deutlich in Erscheinung tretenden Element des städtischen Wirtschaftslebens. Der wachsende Antisemitismus und die Härten der Modernisierung führten zu einer immensen Abwanderung der Juden aus Osteuropa, von denen der Großteil sich in die Neue Welt aufmachte. Innerhalb von 40 Jahren verwandelte die Massenimmigration die kleine Gemeinde von 80000 Personen (1880), vorwiegend deutsche Juden und ihre Nachkommen, in die größte jüdische Stadt der Welt mit zwei Millionen Einwohnern, von denen die größte Gruppe in Rußland geboren war.

Die Neuankömmlinge trafen ein, als die Nachfrage nach Konfektionskleidung stark anzusteigen begann. Viele von ihnen waren in ihrer Heimat Schneider gewesen, und obwohl die meisten mit Nadel und Faden gearbeitet hatten, paßten sie sich schnell an die maschinelle Fertigung an. Die Bekleidungsindustrie wurde so zum jüdischen Gewerbe, und bald lockte sie zahllose »Neu-Schneider« an, die ihren Lebensunterhalt bisher mit anderen Aktivitäten bestritten hatten, es nun aber für profitabler hielten, sich als Fachleute des Schneiderhandwerks auszugeben. Die Industrie paßte sich diesen Anfängern ebenso schnell an. Die Herausbildung des Subunternehmers war das Schlüsselelement in dieser Entwicklung: Selbst ein Immigrant, brachte der Subunternehmer seinen Betrieb in dem Mietshaus unter, wo andere Immigranten lebten, und warb seine Arbeitskräfte unter seinen *landsleit* oder denen an, die aus derselben Stadt stammten. Aufgrund dieser Verbindungen konnte der Subunternehmer seine Arbeitskräfte auch während der stürmischen saisonalen Fluktuationen der Industrie halten. Solange die Immigration für einen beständigen Nachschub an Neuankömmlingen sorgte, die zu verstört und zu abhängig waren, um sich woanders nach Arbeit umzusehen, konnte sich der Unternehmer der maximalen Produktivität seines Betriebs gewiß sein.

Zu dem gewaltigen Arbeitskräftereservoir vor Ort kamen andere Faktoren – die Verfügbarkeit von Textilien und New Yorks Doppelrolle als Kultur- und Modezentrum –, die die Stadt zur Hauptstadt der Bekleidungsindustrie erhoben. Diese Merkmale wirkten wiederum als zusätzliche Attraktion auf die Großhändler, die dann 1910 stark in New York konzentriert waren. Als die verschiedenen Komponenten der Bekleidungsindustrie in synergetischer Weise wuchsen, vervielfachten sich die Mobilitätschancen in der ethnisch geprägten Industrie. Über Lumpen waren einige Immigranten zu Reichtümern gekommen: Die Arbeiter in den Sweatshops, die vom Subunternehmer zum Fabrikbesitzer aufstiegen oder die im Einzelhandel mögliche Karrieren einschlugen, bildeten die neue Schicht der New Yorker »Alrightniks« (Waldinger 1986).

Zu Beginn drängten sich die Immigranten in einem unglaublich überfüllten Siedlungsgebiet am Rand des Fabrik- und Lagerhausbezirks, wo sie arbeiteten. Ihre Konzentration gab weiteren Anreiz für eine Unmenge von Kleingewerbetreibenden. Die Juden dominierten die Armee ethnischer Händler, die zu Beginn des Jahrhunderts durch die Straßen New Yorks schwärmten: Von den etwa 5000 Hausierern, die mit ihren Karren durch Manhattan zogen, waren ungefähr 60% Juden. Die Straßenhändler wiederum waren eifrige Kunden der jüdischen Groß- und Einzelhändler, die, weil sie erfolgreich mit den Kaufhäusern konkurrierten, eine umfangreiche, überwiegend jüdische Gruppe von Arbeitskräften beschäftigten.[3]

Die Konzentration der Juden in Handel und Bekleidungsindustrie bestimmte ihren anfänglichen Platz innerhalb der ethnischen Arbeitsteilung. Wie aus Tabelle 1 ersichtlich, kamen die Russen, deren große Mehrheit jüdisch war, den Iren kaum ins Gehege: Hausangestellte und gewöhnliche Arbeiter gab es kaum bei den Russen, das aber waren die üblichen Tätigkeiten der Iren; ebenso fanden sich im Schneiderhandwerk und im Einzelhandel, ob Kaufmann oder Hausierer, erheblich mehr Russen als Iren.

Wo sich die ökonomischen Pfade der Juden mit denen anderer Gruppen kreuzten, entstand Konkurrenz. Obwohl viele Juden in Osteuropa im Baugewerbe beschäftigt gewesen waren, hielten die irisch dominierten Baugewerkschaften sie aus dem Neubaubereich in New York fern. Als Ergebnis wurden jüdische Maler, Glaser und Zimmerleute meist mit Umbauarbeiten beauftragt, die sie lehrten, wie man alte Gebäude instandhält und bewirtschaftet. Das wiederum ließ sie zunächst in Mietshäuser investieren, und dann aufgrund des Wachstums und der Ausbreitung der jüdischen Bevölkerung neue Immobilien errichten. Große Abschnitte von Brooklyn und der Bronx wurden von jüdischen Bauherren errichtet, die, wenigstens zum Teil, jüdische Handwerker beschäftigten (Moore 1981, 44-50).

Die inselhafte Abgeschlossenheit der jüdischen ethnischen Wirtschaft, wie z. B. der Bekleidungsindustrie, beschränkte die direkte Konkurrenz mit Nichtjuden auf ein Minimum, und sogar dort, wo Juden und Nichtjuden auf demselben Gebiet aktiv waren, wie im Bau- und Immobilienwesen, konnten die Juden mit Hilfe ihrer Verbindungen zu jüdischen Arbeitern und Kunden Konkurrenz umgehen. Als die Juden über ihre ethnische Ökonomie hinausstrebten, wuchs die interethnische Konkurrenz, und damit verschärften sich die Spannungen. Der relativ rasche Bildungsfortschritt jüngerer Immigranten und der zweiten Generation eröffnete ihnen Arbeitsmöglichkeiten außerhalb der ethnischen Ökonomie, aber nichtjüdische Arbeitgeber waren selten geneigt, Juden einzustellen. Eine kurz vor der Großen Depression fertiggestellte

Forschungsarbeit kam zu dem Ergebnis, daß die Türen der großen New Yorker Unternehmen – »Eisenbahnen, Banken, Versicherungsgesellschaften, Anwalts- und Maklerbüros, die New Yorker Börse, Hotels... und die Zentralen der großen Konzerne« – sich den Juden nur selten öffneten (Broun/Britt 1931, 244). Der Ansturm auf die Schulen und von den Schulen in die oberen Berufsgruppen stieß auf den Widerstand der länger ansässigen, weitgehend protestantischen Bevölkerung, die diese Institutionen dominierte. In den zwanziger Jahren wurden an zahlreichen privaten Universitäten und Colleges, darunter auch die Columbia University in New York City, Quotenregelungen für die Zulassung von Juden eingeführt.

Medizinische Fakultäten führten ebenfalls Beschränkungen ein, die z. B. an der Columbia University bewirkten, daß der Anteil der Juden in den Anfangsklassen von über 50 % im Jahr 1923 auf 6,4 % 1940 sank. Da die juristischen Fachbereiche den Universitäten weniger Kosten verursachten als die medizinischen, wurden Juden dort bis zur Depression ohne Vorbehalte zugelassen, ab dann unternahmen auch die juristischen Fakultäten entsprechende Schritte, um die Präsenz der Juden zu verringern (Synnott 1986, 233-269).

Die Depression und die Diskriminierung außerhalb der ethnischen Ökonomie veranlaßten in den dreißiger Jahren viele Juden der zweiten Generation, eine Alternative im öffentlichen Sektor zu suchen. Zwar hatten ihre Bemühungen um staatliche Arbeitsplätze, vor allem im Schulwesen, früher begonnen, sie wurden aber durch die schwierige Situation der dreißiger Jahre verstärkt. Zahnärzte bewarben sich auf Arbeitsplätze für Chemiker im Gesundheitsamt der Stadt, Anwälte unterzogen sich der Prüfung für Polizisten, Promovierte bemühten sich um Lehrerstellen an höheren Schulen. D. h., Qualifikationen und Anzahl der Juden, die nach staatlicher Anstellung strebten, nahmen zu, verstärkten den Konkurrenzdruck auf die Iren und brachten die bereits beschriebenen Antagonismen hervor.

Die jüdisch-irischen Spannungen erreichten ihren Höhepunkt in den späten dreißiger Jahren; sie ebbten dann allmählich ab und wurden durch das explosivere, tief antagonistische Verhältnis zu den Schwarzen ersetzt. Obwohl die schwarzen Berufe eher denen der Iren als denen der Juden glichen, gerieten die Juden durch ihre wirtschaftlichen Aktivitäten in verschiedenen Punkten mit den

Schwarzen aneinander. Die Juden dominierten den kleinen Einzelhandel in der ganzen Stadt, nicht bloß in den jüdischen Nachbarschaften, und besonders stark waren sie in Harlem vertreten, das noch in den Jahren nach 1910 ein jüdischer Siedlungsschwerpunkt gewesen war. Die jüdischen Einzelhändler waren zwar in ihrer Haltung gegenüber schwarzen Kunden oder Angestellten zweifellos nicht übler als ihre nichtjüdischen Kollegen, aber eben auch nicht besser. Die weißen Ladenbesitzer in Harlem verkauften an Schwarze, stellten sie aber nicht gern ein. Nach Angaben des führenden schwarzen Politikers der Stadt gab es Mitte der dreißiger Jahre 5000 Mitarbeiter in den Geschäften der 125. Straße, aber kaum hundert von ihnen waren Schwarze (Capeci 1977, 172). Blumstein's, Harlems größtes Kaufhaus und in jüdischem Besitz, weigerte sich, Schwarze in anderen als den niedrigsten Tätigkeiten zu beschäftigen – bis 1930 Schwarze als Fahrstuhlführer eingestellt wurden (Osofsky 1963, 121). Aber erst 1934, nachdem das Kaufhaus zwei Monate lang boykottiert worden war, gab Blumstein's nach und beschäftigte Schwarze in allen Positionen – allerdings entpuppten sich die ersten Nutznießer dieser neuen Politik alle sehr hellhäutig (Muraskin 1972). Die Feindseligkeit gegenüber jüdischen Ladenbesitzern in Harlem wuchs während der dreißiger Jahre, geschürt durch die Depression und die wichtige Rolle der Juden als Zwischenhändler in der Ökonomie von Harlem. Dazu ein Auszug aus dem Bericht des Harlemer Bürgerkomitees (Citizen Committee of Harlem) für 1943: »Die meisten der weißen Händler in Harlem sind Juden. Obwohl der größte Teil des Grundbesitzes weißen Christen gehört – Banken, Versicherungsgesellschaften und Kirchengemeinden –, sind die Vertreter der Hausbesitzer zumeist Juden. Sie sind es, denen die unangenehmen Aufgaben obliegen, die Mieten zu kassieren, Reparaturen zu verweigern, die Ausgaben für die Hausbesitzer niedrig zu halten und sogar Räumungen zu veranlassen. Ähnlich überwiegen die Juden bei den Rektoren der öffentlichen Schulen in Harlem. Auf ihnen liegt die Bürde, Kinder disziplinieren zu müssen« (zit. nach Orlansky 1943, 28).

Folglich zielten die Proteste, organisierte und spontane, vor allem auf die jüdischen Unternehmen, obwohl »ziemlich viele Griechen, Italiener und Iren auch ihre Geschäfte in der Gegend hatten« (Ottley 1943, 118). Mit den Unruhen von 1943 »war der *Kaufmann von Venedig* nach Harlem gekommen«, wie kürzlich ein Memoirenschreiber meinte. »Die Gemeinschaft von Harlem... beging eine Opferhandlung« und brannte die Läden von Juden in einem Wutausbruch nieder, der zukünftige Ereignisse erahnen ließ – und in scharfem Gegensatz zu den gleichzeitigen Aufständen in Detroit stand, wo Weiße über Schwarze herfielen (Capeci 1977). Die Feindseligkeiten brachen immer wieder aus und erreichten dann in den sechziger Jahren ihren Höhepunkt.

Auch die Transformation der ethnischen Ökonomie löste Spannungen zwischen Schwarzen und Juden aus. Der rapide soziale Aufstieg der Juden ließ die jüdische Arbeiterklasse schrumpfen; um 1930 befanden sich beinahe zwei Drittel der Fabriken der Stadt in jüdischem Besitz, aber nur ein Drittel der dort beschäftigten Arbeiter waren Juden (Bayor 1978, 20). Das schwindende Angebot an jüdischen Arbeitern wirkte sich besonders spürbar auf die Bekleidungsindustrie aus, wo jüdische Fabrikbesitzer nun gezwungen waren, Nichtjuden in wachsender Anzahl einzustellen, und zwar erst Italiener und dann Schwarze. Schwarze waren in dieser Industrie zur Zeit ihres gewaltigen Wachstums um die Jahrhundertwende praktisch nicht vertreten gewesen – wie aus Tabelle 1 ersichtlich – und wurden erst nach und nach eingestellt. Der Arbeitskräftemangel aufgrund des Zweiten Weltkriegs kehrte die Situation dann um: In ihrer verzweifelten Suche nach Arbeitskräften stellten jüdische Arbeitgeber Schwarze in großen Zahlen ein (Stuart 1951). 1950 gab es 64000 schwarze Arbeiter in der Bekleidungsindustrie, das waren 57000 mehr als noch zehn Jahre zuvor.

Aber die Beziehungen zwischen Schwarzen und Juden erwiesen sich als gespannt. Schwarze füllten weniger qualifizierte, schlechter bezahlte Positionen aus, von denen ein Aufstieg in besser entlohnte Tätigkeiten schwer zu erreichen war. Im Betrieb zeigten Juden und Schwarze oft Cliquenverhalten, d. h., Schwarze blieben von den informellen Hilfeleistungen ausgeschlossen, mit denen Erfahrene den Anfängern traditionell dabei geholfen hatten, sich in das Metier einzuarbeiten. Obwohl die Gewerkschaften der Bekleidungsindustrie sich ausdrücklich darum bemühten, schwarze Arbeiter zu organisieren und in die Gewerkschaftsstrukturen zu integrieren, rückten nur wenige Schwarze in wählbare Ämter vor und keiner an die Spitze der Gewerkschaftshierarchie.[4] New Yorks abnehmende Wettbewerbsfähigkeit in der Bekleidungsindustrie trug ebenfalls dazu bei, die Beziehungen zwischen den Gewerkschaften dieser Branche und ihren neueren schwarzen Mitgliedern zu verschlechtern. Um Arbeitsplätze gegen Konkurrenten aus dem Süden zu schützen, verordneten die Gewerkschaften eine Politik der Lohnmäßigung, was unvermeidlich eine nachgiebigere Haltung gegen die lokalen Besitzer gewerkschaftlich organisierter Betriebe zur Folge hatte – sehr zum Verdruß der schwarzen New Yorker Konfektionsarbeiter (Helfgott 1959).

In den frühen sechziger Jahren entluden sich die Spannungen in öffentlichen Anschuldigungen, daß die Gewerkschaft Schwarze diskriminierte; daraufhin mußte sie sich in Anhörungen vor dem Kongreß verantworten, die von Adam Clayton Powell einberufen wurden, und der Fall eines schwarzen Textilarbeiters, der von der Arbeit als qualifizierter Zuschneider ausgeschlossen worden war, kam vor die Anti-Diskriminierungs-Kommission des Staates New York (New York State Commission Against Discrimination). Wenn auch das Thema bald aus dem Blickfeld der Öffentlichkeit geriet, war der Konflikt doch wichtig, weil er etwas ankündigte: den Zusammenstoß zwischen den Organisationen der Schwarzen und den Gewerkschaften der Bekleidungsindustrie. Das Symbol des sozialen Gewissens der New Yorker Juden und ihre Verbindung zu ihrer proletarischen Vergangenheit steckten die Grenzen einer Kluft ab, die sich mit dem Lehrerstreik von 1968 noch vertiefen sollte.

Die Konfektionsindustrie war die jüdische Enklave der Vergangenheit; der Aufstieg der Juden in die Mittelklasse hatte Mitte der sechziger Jahre den Schuldienst zu ihrer Domäne gemacht. Als auch ein wachsender Anteil der schwarzen Bevölkerung die Schulen nutzte, wurde die Rolle der Juden zunehmend von schwarzen Schülern, Eltern und Protestorganisationen in Frage gestellt. Die Beschwerden waren unterschiedlich und nicht immer auf die herausragende Stellung der Juden im Schulsystem bezogen, aber die Tatsache, daß so viele Juden Lehrer waren und daß der Lehrkörper so vieler Schulen in schwarzen Nachbarschaften aus Juden bestand, führte unweigerlich zum Konflikt. 1968 entließ ein von Schwarzen dominierter Schulausschuß in Brooklyn eine Gruppe von weißen, meist jüdischen Lehrern und ersetzte sie durch überwiegend schwarzes Personal; diese Aktion löste einen drei Monate währenden Streik der jüdisch geführten Lehrergewerkschaft aus. Obwohl die Gewerkschaft sich schließlich durchsetzte, konnte sie nur einen Pyrrhus-Sieg verzeichnen, zumindest was die Beziehungen zwischen Schwarzen und Juden betrifft. Erinnerungen an den

Streik und an die Feindseligkeit, die er hervorrief, sind nicht verloschen, nicht einmal eine Generation später.[5] Was sich allerdings verändert hat, ist die ökonomische Position der Juden. Die ethnische Ökonomie der Immigrantenzeit hat sich zwar erhalten, existiert aber nur noch in rudimentärer Form. Obwohl die Juden sich immer noch in der Bekleidungsindustrie betätigen, sind sie hauptsächlich in den Bereichen Design und Vermarktung vertreten. »Goldberg« betreibt keine Kleiderfabriken mehr; sein Platz wurde von »Kim« und »Wong« eingenommen, die ausschließlich Landsleute, aber keine Schwarzen einstellen. Der gleiche Wandel hat sich im kleinen Einzelhandel und bei Kleinvermietern vollzogen – den ehemaligen Brennpunkten des afroamerikanisch-jüdischen Konflikts. Auch im öffentlichen Sektor schwindet die jüdische Präsenz rapide. Nur im Schul- und höheren Bildungswesen hat sich die jüdische Konzentration der Vergangenheit unverändert erhalten. Und hier, so zeigte sich an der Affäre Leonard Jeffries, Professor für afroamerikanische Studien am City College, der auf den »Judenrektor« des College und die »Kabbala« der angeblichen Herrschaft des jüdischen Lehrkörpers schimpfte, bestehen die häßlichen Erscheinungen der früheren Rivalität fort (*The Alumnus,* The City College of New York 1992).

Wenn auch die früheren jüdischen Konzentrationen weitgehend verschwunden sind, so gibt es doch noch eine charakteristische Rolle der Juden in der Wirtschaft New Yorks. Sie findet sich in den freien Berufen, im beständig hohen Anteil der jüdischen Selbständigen, in der starken Präsenz der Juden bei den Juristen, im Immobilien- und Finanzwesen und in den Medien. Aber die derzeitigen jüdischen Tätigkeiten unterscheiden sich ganz wesentlich von der älteren, ethnischen Ökonomie, und zwar sind sie von der Dynamik der interethnischen Konkurrenz, wie sie frühere Perioden kennzeichnete, losgelöst. In gewissem Sinne hat sich die materielle Basis, die den antisemitischen Strömungen in New York über den größten Teil des 20. Jahrhunderts zugrunde lag, aufgelöst. Aber das Vermächtnis dieser Zeit und die vielen anderen Ressourcen, um die Gruppen miteinander konkurrieren können – Status, Politik, Territorium –, werden den Konflikt zwischen Juden und ihren ethnischen Nachbarn in Gang halten.

3. Die Schwarzen

Bis weit ins 20. Jahrhundert hinein hatten sich relativ wenige Schwarze in New York niedergelassen. 1890 betrug der Anteil der Schwarzen an der Bevölkerung 1,6 % – ungefähr soviel wie am Vorabend des Bürgerkriegs. Aber in den neunziger Jahren des 19. Jahrhunderts verlor der Süden Schwarze durch Abwanderung, und dieser Verlust machte sich bald als Zuwachs in New York bemerkbar. Um 1920 lebten 150000 schwarze Einwohner in New York, und obwohl sie nur 3 % der städtischen Bevölkerung umfaßten, machten sie New York zur größten städtischen Konzentration der Schwarzen. Im Verlauf der nächsten 20 Jahre, als die europäische Immigration ins Stocken geriet und schließlich endete und schlechte Bedingungen im ländlichen Süden weitere Gründe zur Abwanderung lieferten, stieg die Zahl der schwarzen New Yorker auf das Dreifache. Die Prosperität der Nachkriegszeit und eine neue Welle der Mechanisierung im Süden lösten einen letzten, gewaltigen Strom nach Norden aus: 1960 zählte die afroamerikanische Bevölkerung 1088000, von denen ungefähr 320000 in den letzten zehn Jahren aus anderen Landesteilen (vor allem aus dem Süden) in die Stadt gekommen waren (Tobier 1984, 24).

Obwohl ihre Zahl nach 1900 kontinuierlich wuchs, verließen erst ab 1940 die schwarzen New Yorker die Randbereiche der Ökonomie. Um die Jahrhundertwende fanden Schwarze vorwiegend Anstellung im Haushalt, und zwar – wie Tabelle 1 zeigt – arbeiteten 90 % der schwarzen Frauen und 55 % der schwarzen Männer in der Kategorie der Dienstboten. In der Beschränkung der Schwarzen auf Dienstbotentätigkeiten spiegeln sich zum Teil die ungünstigen Bedingungen der Konkurrenz mit Immigranten, die sie aus den Tätigkeiten verdrängt hatten, in denen sie vorher akzeptiert waren (Bloch 1969). Die anhaltende Expansion der New Yorker Ökonomie eröffnete ihnen langsam Möglichkeiten in einigen Bereichen der verarbeitenden Industrie; die ausgesetzte Immigration während des Ersten Weltkriegs und ihr Ende nach 1924 trugen ebenfalls dazu bei, daß sie Zugang zu anderen Bereichen fanden. Schon 1925 machten sich Arbeitgeber in der Bekleidungs- und Textilindustrie Sorgen um potentiellen Arbeitskräftemangel und begannen – weil die weißen Immigranten der zweiten Generation diesen Branchen abgeneigt waren – damit, Schwarze für wenig qualifizierte Arbeitsplätze einzustellen (Selekman u. a. 1925).

Aber die Depression beendete diesen Fortschritt weitgehend. 1940 – siehe Tabelle 2 – waren immer noch 44 % der Schwarzen in persönlichen Dienstleistungen beschäftigt – ein erheblich höherer Anteil als bei der Gesamtheit der Erwerbstätigen. Als der Zweite Weltkrieg sich anbahnte, wurden ihnen endlich andere Möglichkeiten eröffnet; vor allem in der Fertigung fanden sich sehr große Beschäftigungszuwächse für die Schwarzen. Aber im Unterschied zu Chicago oder Detroit war die Präsenz der Schwarzen im Fertigungssektor in New York nicht von Dauer. Da Automobilfabriken oder Stahlwerke fehlten, überwogen im New Yorker produzierenden Bereich die gering entlohnten Tätigkeiten; die weißen Arbeiter verteidigten die besser bezahlten, qualifizierteren Stellen; und da sich eher Möglichkeiten im florierenden Dienstleistungssektor boten, z. B. im Gesundheitswesen und im Staatsdienst, wanderten die Schwarzen schnell in andere Bereiche ab.[6]

Die Arbeitsplätze, zu denen die Schwarzen drängten, wiesen zwei Merkmale auf. Sie konzentrierten sich in großen Organisationen mit bürokratisch festgelegten Eintritts- und Beförderungswegen, was die Überwachung der Einstellungspraktiken und die Einführung von Strategien erleichterte, die diskriminierende Tendenzen milderten. Und die am leichtesten zugänglichen Arbeitsplätze in diesen Organisationen waren überwiegend auf unteren Ebenen zu finden, d. h. weniger attraktive Positionen, um die sich immer weniger Weiße bewarben.

Obwohl schwarze Protestbewegungen und Bürgerrechtsorganisationen die Beschäftigungsgrundlage der Schwarzen über diese Arbeitsplätze hinaus auszuweiten versuchten, waren die Bemühungen, Barrieren zu überwinden, wenig erfolgreich. Wo Schwarze mit Weißen um gute Arbeitsplätze konkurrierten, führte der Protest zwar zu Konflikten, aber nur zu mageren Beschäftigungszuwächsen. Zwei Bereiche, der Staatsdienst und das Bauwesen, illustrieren diesen Sachverhalt und die Strukturen der schwarzen Beschäftigung.

Um die Jahrhundertwende gab es wenige Arbeitsplätze für Schwarze im Staatsdienst: 1911 zählte Mary White Ovington 511 schwarze Angestellte der Stadt, weniger als 1 % der städtischen Bediensteten (Ovington 1911). Aber im Lauf der Zeit schuf der öffentliche Dienst, vor allem die Stadtverwaltung, zunehmend günstigere Bedingungen. Tabelle 2 zeigt, daß die Beschäftigung von Schwarzen in der öffentlichen Verwaltung in New York, gemessen am Anteil der Schwarzen an der Gesamtbeschäftigung, schon 1950

Tabelle 2   Arbeitsplätze von Schwarzen in New York City,
1940–1980
(Verteilung in % der Gesamtbeschäftigung der Schwarzen)

	1940		1950	
	Alle	Schwarze	Alle	Schwarze
Gesamt in Tausend	2 839	180	3 915	346
Baugewerbe	4,6	2,6	5,1	3,4
Verarbeitendes Gewerbe	26,3	10,4	27,1	45,2
– Textil	8,1	4,1	7,9	18,5
Transport	8,9	7,6	9,4	3,3
Großhandel	3,5	1,1	5,9	2,0
Einzelhandel	18,4	13,0	16,6	10,8
Banken und Versicherungen	7,9	8,3	7,2	5,0
Unternehmensorientierte Dienste	2,6	2,5	3,4	2,6
Persönliche Dienste	10,3	43,9	7,2	26,4
Professionelle Dienste	8,7	4,0	9,5	8,0
Öffentlicher Dienst	4,5	3,0	4,7	4,9

	1960		1970	
	Alle	Schwarze	Alle	Schwarze
Gesamt in Tausend	4 372	503	3 191	588
Baugewerbe	4,2	3,0	3,5	3,0
Verarbeitendes Gewerbe	24,3	21,4	20,6	17,3
– Textil	5,6	5,7	5,6	4,0
Transport	7,7	8,0	9,9	12,1
Großhandel	4,9	2,4	5,0	3,3
Einzelhandel	12,9	10,0	14,3	11,4
Banken und Versicherungen	7,4	4,0	4,0	8,6
Unternehmensorientierte Dienste	3,5	3,2	5,3	5,1
Persönliche Dienste	5,4	17,6	4,5	9,1
Professionelle Dienste	11,9	12,6	24,7	21,7
Öffentlicher Dienst	4,3	5,7	5,7	7,2

| | 1980 | |
| | Alle | Schwarze |
Gesamt in Tausend	2918	649
Baugewerbe	2,7	2,2
Verarbeitendes Gewerbe	17,4	13,6
– Textil	5,2	3,0
Transport	10,0	12,5
Großhandel	4,8	2,9
Einzelhandel	13,3	9,4
Banken und Versicherungen	12,0	11,0
Unternehmensorientierte Dienste	6,6	6,3
Persönliche Dienste	3,5	5,6
Professionelle Dienste	23,1	28,9
Öffentlicher Dienst	4,8	6,5

Index der Repräsentation von Schwarzen

	1940	1950	1960	1970	1980
Baugewerbe	0,56	0,67	0,72	0,85	0,81
Verarbeitendes Gewerbe	0,40	0,67	0,88	0,84	0,78
– Textil	0,50	1,67	1,01	0,72	0,58
Transport	0,85	2,34	1,04	1,22	1,25
Großhandel	0,32	0,35	0,48	0,65	0,61
Einzelhandel	0,70	0,65	0,78	0,79	0,71
Banken und Versicherungen	1,05	0,69	0,54	2,16	0,92
Unternehmensorientierte Dienste	0,97	0,75	0,90	0,96	0,95
Persönliche Dienste	4,24	3,66	3,28	2,00	1,63
Professionelle Dienste	0,46	0,85	1,06	0,88	1,25
Öffentlicher Dienst	0,68	1,05	1,32	1,27	1,34

Quelle: *Census of Population,* 1940–1980

gleichzog und in den folgenden Jahren beträchtlich über dieses Niveau anstieg. 1963, als Schwarze etwa 13 % an der Gesamtbeschäftigtenzahl – im öffentlichen und im privaten Sektor – der Stadt ausmachten, stellten sie 23 % der Mitarbeiter im Dienst der Lokalverwaltung (New York City Commission on Human Rights 1963). Und 1990, als die Schwarzen weniger als ein Viertel aller New Yorker Arbeiter umfaßten, war der Anteil der Schwarzen in städtischem Dienst auf 35 % geklettert (Berechnungen nach unveröffentlichten Berichten folgender Institutionen für 1990: New York City Department of Personnel, New York City Board of Education, New York Transit Authority, New York Housing Authority, Health and Hospital Corporation). Sogar diese Zahlen verbergen noch die Bedeutung des öffentlichen Dienstes, weil die Beschäftigung im Staatsdienst unter Schwarzen erheblich variiert und davon abhängt, ob sie im Lande oder im Ausland geboren sind. Für eingeborene Schwarze ist die Regierung der Arbeitgeber *par excellence*; beinahe 4 von 10 Schwarzen arbeiten auf Bundes-, Staatsoder örtlichen Regierungsebenen (Waldinger/Bailey 1992, 2).

Aber die Fortschritte der Schwarzen in den Lokalverwaltungen sind höchst ungleich verlaufen. Ihre Bollwerke sind die schlecht bezahlten Positionen auf unterer Ebene, wie z. B. in der Büroarbeit, wo über 65 % der Beschäftigten Schwarze sind (New York City Citywide Equal Employment Opportunity Committee 1988, 5). Ein Blick auf die Beschäftigung nach Institutionen zeigt das gleiche Muster: Schwarze stellen beinahe 50 % der Arbeitskräfte im Strafvollzug und 64 % in der Sozialbehörde – Institutionen, deren Arbeitsbedingungen und Arbeitsplätze als unangenehm gelten, selbst wenn sie einen Collegeabschluß voraussetzen, wie es bei Sozialarbeitern der Fall ist (Berechnungen nach New York City Department of Personnel 1990). Wie kürzlich in einem Bericht zu lesen war, bleiben Schwarze »in einer kleinen Gruppe von Institutionen konzentriert, wo sie niedrige Gehälter beziehen« und begrenzte Aufstiegschancen haben (Stafford/Die 1989, 63).

Im Vergleich dazu sind sie erheblich seltener in die uniformtragenden Dienste eingedrungen, die traditionell die begehrtesten Arbeitsplätze der Stadt bei Männern mit mittlerem Bildungsniveau waren. Der gröbsten Verstöße macht sich die Feuerwehr schuldig, wo sich 1990 der Anteil der Weißen an den Gesamtbeschäftigten auf 93 % belief – von 96 % im Jahre 1963 gesunken (New York City Department of Personnel 1990)! Bei der Polizei hat sich mehr verändert als bei der Feuerwehr, aber Weiße waren im Frühjahr 1991 immer noch mit 74,6% an dem gesamten uniformtragenden Personal vertreten.

Wie wir gesehen haben, sind interethnische Spannungen in den uniformtragenden Diensten weit verbreitet; in diesem Umfeld war der Eintritt von Schwarzen besonders schwierig. In der Vergangenheit haben die Weißen nicht nur versucht, den Zugang zu Arbeitsplätzen bei Polizei und Feuerwehr zu kontrollieren, sondern auch die Schwarzen zu isolieren, die die Zugangsbarrieren überwunden hatten. Heute gibt es Spannungen vor allem in Hinsicht auf die Zuteilung von Arbeitsplätzen, und zwar beim Einstieg wie bei der Beförderung. Die Heftigkeit der Konflikte und die anhaltenden Probleme für Minoritäten haben den Konsens darüber zerschlagen, welche Regeln gelten sollen.

Obwohl die Resultate der Prüfungen im öffentlichen Dienst in der Vergangenheit zu Rechtsstreitigkeiten führten, änderte sich das gesetzliche Umfeld mit der Verabschiedung des Gesetzes zur Chancengleichheit bei der Einstellung *(Equal Employment Opportunity Act)*, das das Bürgerrechtsgesetz von 1964 so ergänzte, daß es auch für lokale und staatliche Verwaltungen galt. Seit den siebziger Jahren haben Zusammenschlüsse von Minderheitenangehörigen bei Polizei und Feuerwehr nachzuweisen versucht, daß die Testverfahren keine Relevanz für die Arbeitsinhalte und einen »benachteiligenden Effekt« für Minoritäten (und Frauen) hatten. Prozesse haben seitdem das System des Staatsdienstes in die Defensive gebracht, wobei die Gerichte oft die Testergebnisse für ungültig erklärten und Einstellungs- oder Beförderungsquoten forderten.[7]

Die Reihe der Rechtsstreitigkeiten weist auf anhaltende Rassenkonflikte darüber hin, wer in die uniformtragenden Dienste aufgenommen wird und in ihnen vorankommt, wenn er einmal eingestellt ist. Der Inhalt der rechtlichen Auseinandersetzungen zeigt, daß der Schwerpunkt der Spannungen auf den Regeln liegt, nach denen die Zuteilung verläuft. Der springende Punkt des Problems ist, daß die traditionellen Testverfahren, vor allen Dingen schriftliche Prüfungen, beinahe immer benachteiligende Effekte haben werden und der Zusammenhang zwischen den geprüften kognitiven Fähigkeiten und anschließender erfolgreicher beruflicher Leistung nicht zu widerlegen ist. Aber bisher war es unmöglich, die traditionellen Verfahren durch Alternativen zu ersetzen, die ein anderes Verhältnis von Weißen zu Bewerbern aus Minoritäten zur Folge haben und trotzdem die Zustimmung aller Beteiligten finden.

Weiß-schwarze Rivalität hat außerdem Konflikte darüber ausgelöst, *wer* um Arbeitsplätze bei der Stadt konkurrieren kann. In New York wurde die Residenzpflicht für Polizisten und andere Staatsbedienstete 1962 im Rahmen einer Professionalisierungskampagne in den Städten der USA abgeschafft (Fogelson 1977, 170). Die Reformer sahen in der Aufhebung der Residenzpflicht ein Mittel, die Verflechtung von Staatsdienst und lokaler politischer Maschine zu schwächen und gleichzeitig das Angebot an potentiellen Bewerbern zu vergrößern, d. h. die Qualifikationen der Beschäftigten anzuheben. Aber statt dessen stellte sich der unbeabsichtigte Effekt ein, daß Polizei, Feuerwehr und andere öffentliche Arbeitsplätze für Weiße attraktiver wurden, die in die Vororte zogen. In den späten sechziger Jahren lebte schließlich die Hälfte der New Yorker Polizeimitglieder außerhalb der fünf Stadtbezirke (Cohen/Chaiken 1973).

Als die Reformer dann nach Minderheitenprotesten die Residenzpflicht wiedereinführen wollten, verhinderten die uniformtragenden Dienste und ihre Organisationen die Rückkehr zum Status quo ante. Anfang der siebziger Jahre setzten sich die Gewerkschaften der uniformtragenden Dienste bei der bundesstaatlichen Legislative damit durch, eine Gesetzesvorlage zur Wiedereinführung der Residenzpflicht abzulehnen (Fogelson 1977, 289). Die Gelegenheit zur erfolgreichen Wiederholung dieser Aktion bot sich 1978, als New York City eine Residenzpflicht beschloß, nur damit sie sofort von der Legislative wieder aufgehoben wurde. Auch Mitte der achtziger Jahre waren ähnliche Bemühungen zum Scheitern verurteilt, woraufhin die Stadt New York eine Residenzpflicht nur für neue zivile Mitarbeiter erließ und damit implizit die größere Macht der uniformtragenden Dienste in diesem Punkt eingestand.

Bei den uniformtragenden Diensten hat die Konkurrenz um gute, hochbegehrte Arbeitsplätze einen anhaltenden Konflikt erzeugt, der sich bis weit über den Arbeitsplatz hinaus ausgeweitet hat. Die Bemühungen der Schwarzen, ihre Chancen in den uniformtragenden Diensten zu erhöhen, haben politische Resultate erbracht, wie z. B. Quoten, die Weiße in anderen Bereichen häufig unterlaufen konnten. Andererseits hat die größere politische Macht der Weißen strukturelle Veränderungen gebremst, die den

Schwarzen und anderen Minderheiten weitere Möglichkeiten eröffnet hätten.

Im Baugewerbe finden sich noch mehr Hinweise auf Konflikte, die zugleich zeigen, wie wenig Fortschritt damit erzielt wird. Die Eigenarten des Bauwesens haben ausgeprägte ethnische Segmentierung und heftige Konflikte produziert, für die diese Industrie zu Recht berüchtigt ist. Trotz der traditionellen irischen Dominanz sind andere ethnische Gruppen europäischer Herkunft in die Baubranchen vorgedrungen; die Juden, indem sie – wie gezeigt – die Iren umgingen, und die Italiener, indem sie ihre Nachfolge antraten. 1980 waren die Italiener stärker als alle anderen großen ethnischen Gruppen im Baugewerbe aktiv: Auf einem Repräsentationsindex, auf dem ein Wert von 1 dem Anteil einer Gruppe an der Gesamtbeschäftigung entspricht, erreichten die im Lande geborenen Italiener 1,47, die im Lande geborenen Iren 1,04 und die im Lande geborenen Juden 0,54.

1980 lag der Wert für die eingeborenen Schwarzen bei 0,71. Darin kommt zum Ausdruck, wie hoch Barrieren noch sind, gegen die die Schwarzen Jahrzehnte zuvor zu kämpfen begannen (berechnet nach *Census of Population*, Public Use Microdata Sample von 1980; vgl. Waldinger 1989c, 65). Bis in die sechziger Jahre waren die Baubranchen in New York buchstäblich unerreichbar für Schwarze, was auf informelle Muster ethnischer Anwerbung und formale Anforderungen zurückzuführen ist, die Außenseiter sehr wirkungsvoll aussperrten. Anfang der sechziger Jahre hagelte es Proteste im Bauwesen, und gewalttätige Konfrontationen an den Arbeitsstellen kehrten regelmäßig wieder.[8] Diese Zerrissenheit und gerichtliche Auseinandersetzungen, die die systematische Ausgrenzung Schwarzer aus bestimmten Ausbildungsprogrammen demonstrierten, unterminierten die institutionelle Basis der formalen rassischen Exklusion. 1964 verbot der Staat New York nur über die Gewerkschaften zugängliche Ausbildungsverhältnisse und ordnete an, daß solche Programme offene und öffentliche Anwerbekampagnen durchführen und eine Reihe objektiver und subjektiver Kriterien in die Auswahl der Kandidaten einfließen lassen müssen (Marshall/Briggs 1967). Da den Gewerkschaften untersagt wurde, Auszubildende nach irgendwelchen anderen Kriterien »außer Qualifikationen« einzustellen, eröffneten die Gerichte den Protestorganisationen eine Chance, und diese nutzten die formale Ausbildungsstruktur, um junge Arbeitskräfte aus Minderheiten einzuschleusen.[9]

Die wachsende Zahl der schwarzen Auszubildenden trug aber wenig dazu bei, die Gesamtbeschäftigung der Schwarzen zu erhöhen, da die Gewerkschaften die Lehrstellen auch in den besten Zeiten nicht beträchtlich vermehrten; und die direkte Zuerkennung des Gesellenstatus – der übliche Weg zu den qualifizierten Arbeitsplätzen – wurde den Schwarzen weiterhin verweigert. Folglich hielten die Spannungen an und führten zu Versuchen, die formale Ausbildung zu umgehen und die Anzahl der Arbeitskräfte aus Minoritäten durch Einstellungspläne zu erhöhen.

Als der New-York-Plan 1970 in Kraft trat, war er einer von mehr als 70 *hometown*-Plänen im ganzen Lande, die den Arbeitern aus Minderheiten die Bauindustrie durch eine besondere »Trainee«-Kategorie zugänglich machen sollten und ihnen Beschäftigung zum Lehrlingstarif ausschließlich bei öffentlich geförderten Arbeiten zuwiesen.

Obwohl der Plan von normalerweise eher gegeneinander arbeitenden Parteien wie dem New Yorker Bürgermeister John Lindsay und dem Gouverneur des Staates New York, Nelson Rockefeller, dem Building Trades Council und dem amerikanischen Arbeitsministerium unterstützt wurde, war seine Realisierung doch von schwerwiegenden Problemen überschattet. Einige Gewerkschaften weigerten sich, den Plan zu akzeptieren, bis sie dem Druck der Stadt nicht mehr widerstehen konnten. Und sogar dann wurden nur relativ wenige Auszubildende in das Programm aufgenommen. Die erbitterte Opposition von Bürgerrechtsgruppen äußerte sich in – manchmal gewalttätigen – Protesten an Baustellen. In anderen Fällen legten gewerkschaftlich organisierte Arbeiter im Streit über die Einstellung von Minderheiten die Arbeit nieder. Als Bürgermeister Lindsay dem Plan 1973 durch Vorgabe von Einstellungszahlen und -richtlinien noch strengere Form geben wollte, entzogen ihm die Gewerkschaften und die Bauunternehmer jegliche Unterstützung.

1976 wurde die Bautätigkeit in New York aufgrund der wirtschaftlichen Krise der Stadt eingestellt; und als sie in den frühen Achtzigern in großem Umfang wiederaufgenommen wurde, kam es nicht wieder zu ernsthaften Konflikten. Bürgermeister Koch belebte den New-York-Plan, indem er eine Einstellungsquote für einkommensschwache Einwohner bei staatlich geförderten Projekten anordnete. Für kurze Zeit fühlte er sich verpflichtet, ein besonderes Büro für die Beziehungen zur Bauindustrie einzurichten, aber Konflikte mit den Baugewerkschaften ließen ihn diese Tür bald wieder schließen (New York City, Office of Construction Relations 1982). Hin und wieder kam es zu gewalttätigen Zusammenstößen auf Baustellen, aber im allgemeinen stimmten die Bauunternehmer die Einstellungspraktiken mit Bürgerinitiativen ab, um den Frieden zu erhalten. 1987 wurde im Bericht der Mayor's Commission on Black New Yorkers die Einrichtung von Einstellungsbüros auf Quartiersebene gefordert, aber die Wahl des ersten schwarzen Bürgermeisters von New York im Jahr 1989 brachte keine Neuerung auf diesem Gebiet. Als schwarze Protestorganisationen und Bauunternehmer 1991 einen gemeinsamen Verband gründeten, konnten sie kaum mehr tun, als bei staatlichen und städtischen Behördenvertretern auf die Einhaltung der bereits vorhandenen Gesetze zu pochen.

In dieser Situation eingeschränkter politischer Mobilisierung bei den Schwarzen konnten die Gewerkschaften ihre Kontrolle über die institutionellen Mechanismen der Industrie verfestigen. Obwohl in den siebziger Jahren mehr Minderheitenangehörige Ausbildungsverträge bekommen hatten, trotz der Beschäftigungsverluste in der zweiten Hälfte des Jahrzehnts, kehrten sich die Trends in den achtziger Jahren, als das Bauwesen einen Boom erlebte, um. Zwischen 1980 und 1987 erweiterten die Gewerkschaften das Lehrstellenangebot um 146%. Aber die Zahl neu eingestellter Minderheitenangehöriger verringerte sich in diesen Jahren, wobei die stärksten Verluste in den qualifiziertesten Gewerben auftraten, und wenige Angehörige von Minderheiten beendeten ihre Ausbildungszeit mit einem Abschluß. Dieses trostlose Ergebnis löste beim bundesstaatlichen Arbeitsministerium, das den gesetzlichen Auftrag hatte, den Minoritäten mehr Ausbildungsplätze zu verschaffen, beredtes Schweigen aus. Das Ministerium strich niemals ein Programm wegen Diskriminierung, nicht ein einziges Mal verwies es ein Ausbildungsprogramm zur rechtlichen Beurteilung an das Amt für Menschenrechte oder an den obersten Bundesstaatsanwalt, und den Gewerkschaften gegenüber verhielt es sich außerordentlich nachgiebig in Hinsicht auf Ausbildungsbarrieren, die diskrimierend in ihren Auswirkungen, wenn nicht in ihrer Absicht sein könnten. D. h., im Bauwesen wie in den uniformtragenden Diensten lösten die Versuche der Schwarzen, in die traditionellen Bahnen der ethnischen Aufwärtsmobilität zu gelangen, anhaltende Konkurrenzkonflikte um die Stellenzuweisung aus.

Letztendlich mobilisierten die Weißen genügend Macht, um Arbeitsplätze für die Mitglieder ihrer eigenen Netzwerke zu sichern.

4. Die Koreaner

Mitte der sechziger Jahre, als New York seine einheimische Bevölkerung nicht mehr halten konnte, griff die Stadt auf ihre Rolle als Mekka der Immigranten zurück. Unmittelbar nach der Liberalisierung der amerikanischen Einwanderungsgesetze im Jahr 1965 begannen die Immigranten nach New York zu strömen. Seitdem waren sie die wichtigste Triebkraft des demographischen und ethnischen Wandels in New York – und daran wird sich auch in absehbarer Zeit nichts ändern.

Obwohl die Koreaner nur einen geringen Anteil der neuen Immigranten in New York ausmachen (etwa 3 % von den 80000 bis 90000 legalen Einwanderern jährlich), spielen sie eine wichtige und deutlich in Erscheinung tretende Rolle. Niemand hatte 1965 solch einen Andrang asiatischer Einwanderer erwartet. Das reformierte Gesetz begünstigte Einwanderer, die in einem Verwandtschaftsverhältnis zu amerikanischen Staatsbürgern oder Personen mit unbefristeter Aufenthaltsgenehmigung standen. Da in den vorangegangenen fünfzig Jahren so wenige Einwanderer aus Asien gekommen waren, wie konnten asiatische Neuankömmlinge amerikanische Verwandte finden, mit denen sie wiederzusammengeführt werden wollten? Die Antwort ist, daß Verwandtschaftsverhältnisse zwar hilfreich, aber nicht ausschlaggebend waren. Die Reformen von 1965 boten auch Chancen für Immigranten mit Qualifikationen, die im Lande rar waren, z. B. Ingenieure, Ärzte, Krankenschwestern, Apotheker. Mit den Studenten, die bereits in den Vereinigten Staaten lebten und leicht Zugang zu amerikanischen Arbeitgebern fanden, machten diese Berufe die erste Welle der neuen asiatischen Immigranten aus und schufen das Fundament für den Nachzug von weniger gut ausgebildeten Verwandten.

Gut ausgebildete, hochqualifizierte Immigranten überwogen also unter den in die USA – und nach New York – einwandernden Koreanern. Aber als Neuankömmlingen mittleren Alters, mit schlechten Englischkenntnissen und häufig ohne berufliche Zulassung, gelang es relativ wenigen Koreanern, sich wieder auf den Gebieten zu betätigen, für die sie ausgebildet waren. Statt dessen wandten sie sich dem Kleingewerbe zu und eröffneten neue Betriebe in einem Tempo, mit dem wenige andere Gruppen gleichziehen können.

Die Koreaner begannen im Obst- und Gemüseeinzelhandel und übernahmen Geschäfte in allen Teilen der Stadt, ungeachtet der Zusammensetzung der Nachbarschaften oder ihrer Kundschaft. Von da aus drangen die Koreaner in andere Spezialbereiche des Einzelhandels vor: chemische Reinigung, Fischgeschäfte, Scherz- und Geschenkartikel und Nagelstudios. 1980 war schon ein Drittel der koreanischen Männer in New York selbständig. Das Koreanische Unternehmensverzeichnis für 1991 liefert einen leicht zugänglichen Indikator für das wirtschaftliche Wachstum in den achtziger Jahren und verzeichnet über 120 Spezialbereiche des Handels, in denen sich koreanische Firmen betätigen.

Die Wurzeln der ethnischen Ökonomie der Koreaner erstrecken sich auf mehrere Bereiche. Sie fanden kaum Konkurrenz vor. Seit den neunziger Jahren des 19. Jahrhunderts war der kleine Einzelhandel die Domäne der jüdischen und italienischen Immigranten und ihrer Nachkommen gewesen. Aber seit Mitte der sechziger Jahre hatten die Söhne und Töchter der italienischen Ladenbesitzer Besseres zu tun, als einen Laden zu betreiben; und ihre Eltern, alt, müde und von der Kriminalität verschreckt, verkauften bereitwillig an die Neulinge aus Korea. In den achtziger Jahren war der Nachschub an neuen, weißen, im Lande geborenen Unternehmern so gut wie versiegt. Eine Umfrage unter Geschäftsleuten in Wohnvierteln von Queens und Brooklyn ergab, daß beinahe die Hälfte der Läden in weißem Besitz von Immigranten betrieben wurde.

Ein weiterer Ansporn für das Wachstum kam aus der ethnischen Gemeinschaft. Wie alle anderen Immigrantengruppen haben auch die Koreaner besondere Vorlieben und Bedürfnisse, die am besten von Landsleuten befriedigt werden können: Das Wachstum der koreanischen Bevölkerung hat Betätigungsfelder für koreanische Wirtschaftsberater, Ärzte, Makler, Haarstylisten und Restaurantbesitzer geschaffen. Allerdings ist die koreanische Gemeinde zu klein, um eine sehr große, auf ethnische Bedürfnisse orientierte wirtschaftliche Infrastruktur zu tragen. Aber die Gemeinde hat ihre ethnischen Verbindungen nach Korea genutzt, um geschäftliche Aktivitäten zu entwickeln, die auf nicht-koreanische Märkte zielen. Die aktiven Handelsbeziehungen zwischen Südkorea und den Vereinigten Staaten dienten vielen koreanischen Im- und

Export-Geschäften als Sprungbrett; 119 von ihnen sind im Koreanischen Unternehmensverzeichnis für 1991 aufgeführt. Die Importeure wiederum waren eine Quelle preisgünstiger Waren für koreanische Einzelhändler, die – wie Min feststellte – leichten Zugang zu Informationen und Krediten haben und bei Warenauswahl, Preisen, Lieferfristen und Krediten bevorzugt behandelt werden (Min 1988).

Schließlich begünstigt die Sozialstruktur der koreanischen Gemeinschaft den Geschäftserfolg in einem Maße, wie es bei wenigen anderen Immigrantengruppen der Fall ist. Viele Koreaner emigrieren mit Kapital, und wem es an Bargeld mangelt, der kann Mittel durch die Hilfe rotierender Kreditvereinigungen aufbringen; da Koreaner in ganzen Familieneinheiten auswandern, garantieren die Familienmitglieder ein Reservoir an billigen und vertrauenswürdigen Arbeitskräften; die überwiegende Selbständigkeit bedeutet, daß Koreaner enge Beziehungen zu anderen Geschäftsinhabern pflegen, die wiederum als Quelle von Information und Unterstützung fungieren; und die hohe Organisationsdichte in der koreanischen Gemeinde – unzählige Klubs von ehemaligen Studienkollegen, Kirchen, Zusammenschlüsse von Geschäftsleuten – sorgt für weitere Informationskanäle und die nötigen Kontakte. Diese Ressourcen der Gemeinschaft unterscheiden die Koreaner von ihren Konkurrenten, denn diese sind weniger häufig in ethnische oder familiäre Beziehungen eingebettet, die bei der Beschaffung von Geschäftsinformationen und Kapital oder bei Personalproblemen genutzt werden können.

Die Koreaner haben es durch den Handel »geschafft«, wenn auch in bescheidenem Ausmaß. Aber ihre kaufmännischen Aktivitäten, die so deutlich wahrzunehmen und so stark an den Handel mit Außenstehenden gebunden sind und für die wirtschaftliche Stabilität der Gruppe eine so wichtige Rolle spielen, haben den Koreanern auch Konflikte eingetragen. Die Konflikte wiederum haben dazu beigetragen, die Bedeutung der ethnischen Zugehörigkeit der Koreaner zu verstärken, und so eine altvertraute New Yorker Struktur erzeugt: Die ethnische Gruppe wird zu einer Interessengruppe.

Die Koreaner mußten feststellen, daß es nicht nur interethnische Konflikte gibt; es gibt auch andere Bedrohungen, und in den achtziger Jahren mobilisierten sie die koreanischen Kaufleute in beachtlichem Umfang. Wie alle anderen Kleingewerbetreibenden waren die Koreaner mit der Lokalverwaltung nicht zufrieden; meist handelte es sich dabei um Maßnahmen der Regierung oder solche, die sie androhte. In den Augen der Inhaber von Obst- und Gemüseläden achtete die Gesundsheitsbehörde zu peinlich auf die Sauberkeit der Bürgersteige, was häufig in einer Geldbuße für die koreanischen Ladenbesitzer resultierte. So wurde es zu einer hohen Priorität der koreanischen Organisationen, die Stadt mit Forderungen nach Lockerung der Inspektionen zu bedrängen. In den späten achtziger Jahren, als die Finanzkrise der Stadt sie nach neuen Einnahmequellen suchen ließ, dachten Finanzplaner über die Einführung einer Sondersteuer für chemische Reinigungen nach. Daraufhin gingen die koreanischen Besitzer chemischer Reinigungen eine ungewöhnliche Koalition mit den weißen Besitzern von Wäschereien und der Gewerkschaft der Wäschereiarbeiter ein, um die geplante Steuer abzuwenden. Und genau wie alle anderen Kleingewerbetreibenden waren die koreanischen Händler auch manchmal unzufrieden mit der Regierung, wenn sie nicht handelte. Die Prosperität der achtziger Jahre erlaubte es Vermietern von Gewerbeflächen, die Mieten auf das Maximum anzuheben, was die Kleingewerbetreibenden in der ganzen Stadt in arge Bedrängnis brachte. Die Koreaner schlossen sich mit nichtkoreanischen Gleichgesinnten zusammen, um eine Beschränkung der gewerblichen Mieten durchzusetzen – ohne Erfolg.

Nicht-ethnische Bedrohungen erregten die koreanische Gemeinschaft zwar, aber die interethnischen Beziehungen erwiesen sich als erheblich beunruhigender. An verschiedenen Fronten hatten sich Spannungen aufgebaut: im Umgang mit Lieferanten- und, wichtiger, mit Kundengruppen. Italiener und Juden haben sich zwar weitgehend aus dem kleinen Einzelhandel zurückgezogen, aber sie sind noch im Großhandel tätig, wo Unternehmen und Profite größer sind. Zwangsläufig trieben also jüdische und italienische Obst- und Gemüse- oder Fischgroßhändler umfangreichen Handel mit Koreanern. Dieses Zusammentreffen verlief nicht immer glücklich, wie Illsoo Kim in seinem bahnbrechenden Buch schildert: »Obwohl sie in vieler Hinsicht den ökonomischen Aufstieg der früheren europäischen Immigrantengruppen in Amerika imitieren, waren die Koreaner auch den Feindseligkeiten dieser Gruppen ausgesetzt. Besonders in den ersten Jahren ihres Eintretens in den Obst- und Gemüsehandel berichteten Koreaner über viele Zwischenfälle auf dem (Groß-)Markt in Hunts Point. Das reichte von unfairer Preisgestaltung und dem Verkauf minderwertiger Ware durch italienische und jüdische Großhändler bis zu physischer Bedrohung und Schlägereien, die von rivalisierenden weißen Einzelhändlern angezettelt wurden« (Kim 1981, 15).

Ebendiese Konflikte lösten die allererste Massendemonstration von Koreanern in New York aus. Kim berichtet zwar, daß die Koreaner bald von den Großhändlern akzeptiert wurden, aber es hat weiterhin Zwischenfälle und Proteste gegeben, z. B. boykottierten die Koreaner erst kürzlich einen der größten Fischhändler der Stadt (Min 1991, 235).

Die Probleme mit den weißen Großhändlern nehmen sich jedoch als unbedeutende Störmanöver aus, wenn man sie mit den Spannungen vergleicht, die das Verhältnis der Koreaner zu den Schwarzen charakterisieren. Wie in jeder anderen amerikanischen Großstadt boten auch in New York die schwarzen Quartiere den neuen Immigranten aus Asien und dem Mittleren Osten ein wichtiges wirtschaftliches Absatzgebiet. Zum Teil traten Koreaner und andere Immigranten lediglich an die Stelle der älteren, weißen Gruppen, die lange an Schwarze verkauft hatten und nun möglichst schnell der zunehmend schwierigen und gespannten Situation entkommen wollten. Wenn Koreaner in schwarzen Nachbarschaften Geschäfte eröffneten, füllten sie auch die Lücke wieder aus, die die Schließung der zu großen, nicht-ethnischen Ketten gehörenden Geschäfte hinterlassen hatte, die allmählich die wenig profitable, mit hohen Betriebskosten verbundene Geschäftstätigkeit für die Ghetto-Kundschaft einstellten. An Schwarze zu verkaufen, erwies sich als äußerst konfliktträchtig. Kleinere Proteste brachen in den späten siebziger Jahren aus. 1981 war die 125. Straße, Harlems Hauptgeschäftsstraße, Ziel eines Boykotts, in dessen Verlauf schwarze Führer die Koreaner als »Vampire« bezeichneten, die nach Harlem gekommen waren, um »schwarze Konsumenten auszusaugen« (Cheng/Espiritu 1988, 521).

Wiederholte Sicherheitsprobleme und organisierte Zusammenstöße bewegten koreanische Geschäftsinhaber, zusätzlich zu den bereits bestehenden Zusammenschlüssen der Händler einer bestimmten Einzelhandelsbranche *neighborhood prosperity associations* zu gründen. Daher finden sich neben Vereinigungen wie der Korean Produce Association oder der Korean Apparel Contractors Association auch Nachbarschaftsgruppen wie die Korean Merchants Association of the Bronx oder die Uptown Korean

Merchants Association, die sich darum bemühen, »die Beziehungen der koreanischen Händler zu den örtlichen Anwohnern oder Gemeinschaften zu verbessern. Die *prosperity association* in Brooklyn z. B. lud zu einem riesigen Nachbarschaftspicknick, wo den Ortsansässigen und ihren Führern koreanische Speisen serviert wurden. Zugleich unterhalten die meisten der Wohlstandsvereinigungen informelle Beziehungen zu den lokalen Polizeirevieren, um für die Betriebe ihrer Mitglieder den erforderlichen polizeilichen Schutz zu sichern« (Kim 1988, 238).

Aber solchen Bemühungen war nicht viel Erfolg beschieden, und das zeigte sich 1990, als die Spannungen zwischen schwarzen Kunden und koreanischen Kaufleuten sich so verschärften, daß Boykottposten vor zwei koreanischen Geschäften im Brooklyner Gebiet Flatbush aufgestellt wurden. Auslöser war der Streit eines koreanischen Ladenbesitzers mit einem schwarzen haitianischen Kunden, der ihn des tätlichen Angriffs bezichtigte. Diese Behauptung rief schwarze Aktivistengruppen – von ziemlich zweifelhaftem Ruf (Jacoby 1991) – auf den Plan, die zu einem Boykott aufriefen, der nicht nur den Übeltäter, sondern auch einen benachbarten koreanischen Händler betraf, gegen den nie etwas vorgebracht worden war.

Was als Nachbarschaftsstreit begann, breitete sich schnell weiter aus. Der Boykott dauerte zwei Monate und machte den Verkauf in beiden Geschäften unmöglich. Obwohl die Kunden ausblieben, konnten die Läden durch Spenden aus der organisierten koreanischen Gemeinde weiterbestehen, die große Gefahr für ihr wirtschaftliches Überleben auf sich zukommen sah, falls der Boykott Erfolg haben sollte. Mit der Zeit konnten auch Regierungsvertreter nicht umhin, sich in den Konflikt einzuschalten. Der Boykott geriet zu einer Krise für David Dinkins, New Yorks ersten schwarzen Bürgermeister, dem von vielen Seiten vorgeworfen wurde, daß er sich nicht aktiv um eine Beilegung des Streits bemühte. Der Boykott wurde schließlich aufgegeben, und ein Gericht wies die Klage des gekränkten haitianischen Kunden ab. Aber der Vorfall verweist auf künftige Auseinandersetzungen. In New York wurde auch zu anderen, glücklicherweise kurzlebigen Boykotts aufgerufen, während der Konflikt in Flatbush sich noch hinzog. Ein Zusammenstoß zwischen Schwarzen und einer kleinen Gruppe vietnamesischer Flüchtlinge – die wahrscheinlich für Koreaner gehalten wurden – in einem nahegelegenen Brooklyner Gebiet zeigte, wie schnell die Spannungen von einem Quartier auf ein anderes übergreifen können. Und man muß sich nur Städte wie Philadelphia oder Los Angeles ansehen – wo Schwarze und Koreaner in viel gewalttätigere Auseinandersetzungen verstrickt sind –, um sich darüber klarzuwerden, wie tief verwurzelt die Spannungen zwischen diesen beiden Gruppen sind.

5. Schlußbetrachtung

Natürlich gehört mehr zum ethnischen Leben in New York als die Geschichte der hier untersuchten vier Gruppen. Und die Chronik der New Yorker Iren, Juden, Schwarzen und Koreaner ist ebenfalls reichhaltiger und vielschichtiger als die Geschichte der Berufe, die ich hier wiedergegeben habe. Auch wenn die absichtlich einseitige Orientierung dieses Beitrags nur diesen Aspekt beleuchtet, erinnert uns dies doch an die unverminderte Bedeutung der ethnischen Zugehörigkeit, die nicht auf Sympathie für die eigenen Leute oder Abneigung gegen Außenstehende zu beschränken ist. Eher beruht die zentrale Rolle der Ethnizität auf ihrer Funktion als Mechanismus, der die Gruppen unterschiedlicher Arbeitskräfte in deutlich unterscheidbare Segmente des Arbeitsmarktes eingeordnet hat. In diesem Sinne war die ethnische Arbeitsteilung die zentrale Arbeitsteilung im modernen New York. Heute wie in der Vergangenheit bestimmen klar getrennte Rollen bei der ethnischen Arbeitsteilung ein Gefühl von »Wirsein« und Gruppeninteresse – und sichern damit das Fortbestehen ethnischer Fragmentierung und ethnischer Konflikte.

Anmerkungen

1 Barbara Gelb, die in den siebziger Jahren wie niemand sonst Zugang zu den oberen Rängen der New Yorker Polizei hatte, fand heraus, daß von den 38 Kommissaren mit ein bis vier Sternen 19 irischer Abstammung waren. Dagegen »gab es nur zwei mit italienischer Herkunft« (Gelb 1983, 172).
2 Daten zur ethnischen Zusammensetzung der Mitarbeiter der Feuerwehr stammen aus dem *Equal Employment Opportunity Statistics-Agency*

Full Report, New York City Department of Personnel, Juni 1990; solche zur religiösen Zugehörigkeit aus *Center for Social Policy and Practice in the Workplace 1988*, 41.

3 In den dreißiger Jahren waren 90 % der ungefähr 25 000 Beschäftigten im Einzel- und Großhandel mit Textilien Juden.

4 Hasia Diner (1977, Kap. 6) beschreibt die Reaktion der jüdischen Gewerkschaftselite auf das Eindringen der Schwarzen in die Bekleidungsindustrie sehr wohlwollend. Herbert Hill hat diesen Prozeß in zahlreichen Arbeiten erheblich kritischer eingeschätzt (vgl. Hill 1968). Eine kenntnisreiche Abwägung dieser Probleme findet sich bei Nancy Green (1987).

5 Diane Ravitch (1988) hat das nach wie vor präziseste Werk zu diesem Thema vorgelegt. Louis Harris' Befragung zu der rassischen Einstellung schwarzer und jüdischer New Yorker, die kurz nach dem Streik durchgeführt wurde, demonstriert überzeugend die nachteiligen Auswirkungen des Streiks auf die Beziehungen zwischen den beiden Gruppen (Harris/Swanson 1970).

6 Obwohl dieses Thema ihre Studien nur am Rande berührt, zeigen Leon Fink und Brian Greenberg, wie traditionelle Muster der Folgewanderung, in Verbindung mit Beschäftigungszuwächsen und später steigenden Löhnen, zum Anstieg der schwarzen Beschäftigung im New Yorker Gesundheitswesen beitrugen (Fink/Greenberg 1989).

7 Die Berichte eines von Koch eingesetzten Untersuchungsausschusses zu Personalentscheidungen bei der Polizei liefern einen hervorragenden Überblick über juristische und administrative Kontroversen im Zusammenhang mit der Personalpolitik der Polizei (vgl. City of New York, Mayor's Advisory Committee for Police Management and Personnel Policy 1987).

8 Eine größere Konfrontation wird von Herbert Hill (1983) ausführlich geschildert.

9 Ende der sechziger Jahre bis Mitte der siebziger Jahre widmeten Wissenschaftler und Befürworter dieser Strategie viel Aufmerksamkeit. Verteidigt wird sie von Marshall und Briggs (1967), scharf attackiert dagegen von Hill (1974).

John H. Mollenkopf
Wechselnde Koalitionen bei den
Bürgermeisterwahlen: 1985, 1989 und danach

Während die Entwicklungen, die in anderen Kapiteln dieses Buches beschrieben werden, Klassenstruktur, soziale Zusammensetzung und Geographie der Stadt New York tiefgreifend verändert haben, hatten sie weniger direkte Auswirkungen auf die Wahldynamik, zumindest bis zu den Bürgermeisterwahlen im September und November 1989.[1] Trotz ihrer liberalen Tradition und trotz der Tatsache, daß die Weißen nicht-lateinamerikanischer Herkunft Mitte der achtziger Jahre in New York eine Minderheit darstellten, wählte die Stadt zwischen 1977 und 1989 weiße, konservative Bürgermeister. Damit steht sie im Gegensatz zu anderen großen Städten in den Vereinigten Staaten wie Detroit oder Atlanta, in denen einheimische Afroamerikaner die Weißen als dominante Wählerschaft abgelöst haben. Obwohl die Stadt New York im November 1989 mit David N. Dinkins ihren ersten afroamerikanischen Bürgermeister wählte, werden die Schwarzen in New York wahrscheinlich niemals die dominante Wählergruppe in der Stadt werden.

Dafür gibt es sowohl simple wie vielschichtige Gründe. In einfachen demographischen Begriffen läßt es sich so ausdrücken, daß die Stadt zwar weniger weiß, deshalb aber nicht schwärzer wird. Immigration ist die dynamischste Kraft, die auf die Bevölkerungsstruktur der Stadt einwirkt: Im Lande geborene Populationen, seien es nun Weiße, Schwarze oder Puertoricaner, schrumpfen relativ zu den Immigranten aus Ländern wie Jamaica, der Dominikanischen Republik, Kolumbien und China, die das Bevölkerungswachstum der Stadt vorantreiben.

In komplizierteren politischen Begriffen kann man sagen, daß Bürgermeister Dinkins und seine Bündnispartner noch zeigen müssen, ob sie die Wählerkoalition von 1989 wiederherstellen, geschweige denn institutionalisieren können. Trotz des zeitweiligen Erfolgs rebellischer Wählerkoalitionen, die ethnische und rassische Grenzen so weit überschritten, daß reformerische Bürgermeister wie Fiorello LaGuardia (der von 1934 bis 1945 im Amt war) oder John V. Lindsay (1966-1973) gewählt wurden, dominierte eine konservative, weiße Wählerkoalition die Politik der Stadt New York während der Amtszeit des Bürgermeister Edward I. Koch (1978-1989). Trotz ihrer Niederlage im Jahr 1989 ist diese konservative Koalition immer noch in der Lage, sich wieder zu konsolidieren.

Außerdem müssen alle Bürgermeister aus Wählerkoalitionen erst noch Regierungskoalitionen bilden. Die Wählergruppen, die den Bürgermeister Dinkins 1989 unterstützten, sind sehr heterogen und in heftige Konflikte untereinander verstrickt. Einige von ihnen sind zahlenmäßig recht umfangreich und können für Wahlen mobilisieren, aber ihre Interessen laufen denen der großen Privatunternehmen zuwider, ohne deren stillschweigende Unterstützung ein Bürgermeister nicht regieren kann. Dinkins z. B. wurde stark unterstützt von den Gewerkschaften des öffentlichen Dienstes und von sozialen Organisationen. Diese beiden Interessengruppen fordern mehr öffentliche Ausgaben und Steuererhöhungen anstelle von Leistungskürzungen, um den städtischen Haushalt zu sanieren. Damit stehen sie in direktem Konflikt mit den Immobilienbesitzern und Entwicklungsgesellschaften, die die Kreditwürdigkeit der Stadt bestimmen, und den Herausgebern der großen Zeitungen, die Haushaltskürzungen, stabile oder sinkende Steuersätze und Subventionen für die Wirtschaft befürworten. Letztere mögen zwar keinen entscheidenden Einfluß auf Wahlergebnisse haben, aber sie können Glaubwürdigkeit und Regierungsfähigkeit eines Bürgermeisters erheblich beeinflussen. Angesichts des schwerwiegenden wirtschaftlichen Rückgangs von 1989 bis 1991 und der folgenden Finanzkrise der Stadt gerieten die Interessengruppen, die Dinkins gewählt hatten, in zunehmenden Konflikt mit denen, die über Erfolg oder Scheitern seiner Verwaltung entscheiden können. Dinkins hat diesen Konflikt bisher nicht zur Zufriedenheit einer dieser beiden Gruppen lösen können. Daher ist überhaupt nicht abzusehen, ob er noch einmal wiedergewählt wird.

Dinkins gewann die Bürgermeisterwahl im Jahr 1989 mit 43 000 Stimmen Vorsprung bei 1,78 Mio. abgegebenen Stimmen extrem knapp. Sein Sieg bedeutete möglicherweise einen Wendepunkt in der New Yorker Politik. Wenn seine Wählerkoalition hält, kann sie eine Politik formieren, die auf einer neuen Art des urbanen Liberalismus und einer neuen rassenübergreifenden Koalition aufbaut und nicht von der fiskalischen Krise und der weißen Bevölkerung dominiert wird. Wenn er damit scheitert, wird eine relativ konservative, wachstumsorientierte Koalition, die sich zum Teil auf die weiße Abneigung gegen einen Machtzuwachs bei den Minoritäten und gegen die Ausgaben zur Bekämpfung der sozialen Ungleichheit stützen kann, wieder das politische Geschehen in New York dominieren.

Wir wollen im folgenden drei Fragen diskutieren:

1. Welche Faktoren machten es der dominierenden konservativen Koalition möglich, in den siebziger und den achtziger Jahren ihren Einfluß zu behalten?

2. Wie veränderten sich diese Bedingungen, so daß es zur Wahl von Dinkins kam?

3. Welche Fähigkeiten braucht Dinkins, damit er seine Wählerkoalition institutionalisieren kann?

1. Demographischer und politischer Kontext

Noch 1960 bestand die Bevölkerung New Yorks zum weit überwiegenden Teil aus im Lande geborenen Weißen, d. h. Kindern und Enkeln der russischen und polnischen Juden, der italienischen und irischen Katholiken, die zwischen 1900 und 1920 in die Stadt einwanderten. Schwarze und Lateinamerikaner stellten nur eine kleine Minderheit. Obwohl sich Banken und Unternehmenszentralen hier konzentrierten, verfügte New York in den fünfziger Jahren immer noch über den größten Seehafen und die größte Konzentration an verarbeitender Industrie. Vierzig Jahre später haben sich diese Verhältnisse radikal gewandelt. Warenproduktion und -distribution haben an Bedeutung verloren, während die hochwertigen Unternehmens-Dienstleistungen (vor allem das Finanzwesen), gemeinnützige soziale (wie Kliniken und Universitäten) und öffentliche Dienstleistungen jetzt die Ökonomie der Stadt bestimmen. 1990 stellte der US-Zensus fest, daß Weiße nichtlateinamerikanischer Herkunft lediglich 43,2 % der New Yorker Bevölkerung ausmachten, während die Schwarzen 25,2 %, die Weißen lateinamerikanischer Herkunft 24,4 % und Asiaten 6,7 % stellten. Die Minderheiten repräsentierten also eine Mehrheit innerhalb der Gesamtbevölkerung. Diese Trends wurden in einer Reihe von Studien dokumentiert (Bailey/Waldinger 1986-87; Mollenkopf 1988b; Waldinger 1989b). Für die fünfziger Jahre kann man New York zutreffend als eine weiße, männliche, ethnische Stadt der Arbeiterklasse beschreiben, in der die Gewerkschaften des privaten Sektors und die politischen Maschinen der Demokraten florierten (vgl. den Beitrag von N. Fainstein in diesem Band). Heute ist die weiße Arbeiterklasse praktisch aus der Stadt verschwunden; ihre Nachkommen mögen in den Vororten oder auf Arbeitsplätzen in der Stadt anzutreffen sein, aber nicht als Industriearbeiter in New York City. Die Beschäftigten im Dienstleistungssektor sind überproportional Schwarze und Frauen, während Lateinamerikaner und Chinesen in der schrumpfenden Gruppe der Industriearbeiter vorherrschen, z. B. in der Bekleidungsindustrie.

Das Stimmrecht für alle männlichen Weißen und die dominante Position der parteipolitischen Organisationen der Demokraten vor der Herausbildung einer städtischen Arbeiterklasse sowie die Auswirkungen der Immigration auf die Zusammensetzung dieser Arbeiterklasse hatten schwerwiegende Folgen für die politische Entwicklung in den Vereinigten Staaten. Aufgrund dieser Bedingungen mußten die städtischen Arbeiter keine Arbeiterparteien gründen, um das Wahlrecht zu erlangen. Statt dessen kanalisierten die Parteiorganisationen der Demokraten, auch bekannt als »politische Maschinen«, ihr Wahlverhalten in New York und in anderen großen alten Städten des Ostens.

Die Demokratische Partei garantierte also die politische und ökonomische Aufwärtsmobilität für eine stetige Folge von neuankommenden Arbeitern verschiedener Ethnien, angefangen in den sechziger Jahren des 19. Jahrhunderts mit den Iren, dann kamen Juden und Italiener in den dreißiger Jahren und schließlich Schwarze und Puertoricaner in den sechziger Jahren unseres Jahrhunderts. Diese Partei hatte ihre Basis stets in der Mittelklasse, vor allem bei kleinen Gewerbetreibenden, denen politische Verbindungen wertvolle Aufträge einbringen konnten. Die weiße protestantische Wirtschaftselite blieb der Republikanischen Partei verpflichtet, und später, in den sechziger und siebziger Jahren, schlossen sich ihnen die wohlhabenderen weißen Katholiken an, die sich von den Demokraten abwandten, als diese die schwarze und puertoricanische Wählerschaft zu absorbieren und zu organisieren begannen.

Die historische Dominanz der Demokratischen Partei mit ihrer klassenübergreifenden ethnischen Wählerschaft brachte es mit sich, daß die städtische Politik in Amerika nie eine explizite Klassenbasis besaß (Bridges 1984). Angesichts ihrer eigenen Klassenbasis haben sich die Republikaner nie Interessen der Arbeiterklasse zugewandt, um die fest im Sattel sitzenden Demokraten anzugreifen, sondern solchen Themen wie Korruption und die Unfähigkeit der Demokraten, auf ihre eigene Wählerschaft zu reagieren. Da sie nie eine explizite Arbeiterpartei waren, haben die Demokraten, um ihre Basis zu konsolidieren, statt auf den Klassenkonflikt eher auf ethnische und rassische Gruppen gezielt, wenn sie ab und zu auch populäre Ressentiments gegen die Wirtschaftselite nutzten, um die Republikaner in die Defensive zu treiben. Daraus erklärt sich, daß die Politik der Stadt New York von ethnischen und Rassenzugehörigkeiten und nicht von Klassenzugehörigkeiten bestimmt wird.

Zugleich führten erhebliche Veränderungen in der rassischen und ethnischen Zusammensetzung der städtischen Bevölkerung immer wieder dazu, daß wachsende, aber nicht repräsentierte Wählergruppen die bestehende politische Ordnung herausforderten. Das wurde im allgemeinen daran deutlich, daß neuere Gruppen den älteren ihre führende Rolle innerhalb der Demokratischen Partei streitig machten. Eine wichtige Strategie, um die Demokratische Partei zu Reaktionen zu zwingen, lag darin, in ausreichender Anzahl für die Republikaner (oder in einigen Fällen eine radikale dritte Partei) zu stimmen, um die Vorherrschaft der Demokraten zu gefährden. Nach einer Phase des Konflikts haben die Organisationen der Demokraten dann üblicherweise diese Gruppen in der Partei und in der Hierarchie der Regierungsämter in subalterne Positionen gebracht.

Weil sie die jeweils dominierende ethnische Koalition in der Demokratischen Partei schwächten, haben Phasen ökonomischer und sozialer Krisen oft die schärfsten und erfolgreichsten Gefährdungen der dominanten politischen Koalition durch aufsteigende, aber noch ausgeschlossene ethnische Gruppen ausgelöst. Während der Depression der dreißiger Jahre z. B. gelang es Juden und Italienern, einen viel stärkeren Einfluß in Politik und Regierung durch die Wahl des Bürgermeisters Fiorello LaGuardia zu gewinnen, und zwar mit Unterstützung sowohl der Republikaner als auch einer sozialistischen dritten Partei. Die Demokraten, bis dahin von den Iren dominiert, förderten daher jüdische und italienische Parteifunktionäre, die dieses Stimmenpotential durch eine angemessene

Verteilung von Protektion zurückgewinnen konnten. In der Depression wurden die Demokraten auch in der nationalen Politik zur Mehrheitspartei, und zwar auf einer Basis von weißen Wählern der städtischen Arbeiterklasse. Das deutet darauf hin, daß der Zustrom nicht-weißer Mehrheiten in den großen zentralen Städten nach 1960 wieder eine Herausforderung der bis dahin in der Demokratischen Partei dominierenden Koalition zur Folge hatte. Auf die Dauer mußten diese Herausforderer durch Integration von Schwarzen oder Lateinamerikanern »gezähmt« und zur dominanten Wählergruppe der Partei werden. In den meisten der großen alten Städte des Nordens fand das in genau dieser Reihenfolge statt. New York allerdings blieb bis 1989 eine auffällige Ausnahme.[2] Und auch 1989 fiel Dinkins' Sieg gefährlich knapp aus.

In anderen Worten: Die etablierte politische Ordnung in New York widersetzte sich erfolgreich der vollen Repräsentation der wachsenden schwarzen und lateinamerikanischen Populationen der Stadt auch dann noch, als andere Städte bereits schwarze Bürgermeister wählten. (Zur politischen Entwicklung der Schwarzen in New York vgl. Lewinson 1974; Green und Wilson 1989; Thompson 1990; für die lateinamerikanische Bevölkerung existiert keine neuere umfassende Analyse, aber vgl. dazu Jennings 1977; Georges 1984; Falcon 1988.) Bis zu Dinkins' Wahl im Jahr 1989 waren alle gewählten Mitglieder der zentralen Stadtregierung weiß. Zwischen 1977 und 1989 gab es unter den Präsidenten der fünf Distrikte keinen Schwarzen und keinen Lateinamerikaner. Dinkins wurde 1985 zum Präsidenten des Distrikts Manhattan gewählt, und der Puertoricaner Fernando Ferrer übernahm 1986 das Amt des Präsidenten im Bezirk Bronx, nachdem sein Vorgänger wegen Korruption verurteilt worden war. Auch zu dieser Zeit hielten Schwarze und Lateinamerikaner nur zwei der elf Stimmen in dem mächtigen Board of Estimates. Diese wichtigste legislative Körperschaft der Stadt wurde 1989 durch eine Reform der Stadtverfassung aufgelöst, nachdem der Oberste Gerichtshof (U.S. Supreme Court) sie für verfassungswidrig erklärt hatte (vgl. den Beitrag von S. Fainstein in diesem Band).

Dieser Erfolg stellte aber lediglich den Einfluß wieder her, den Percy Sutton, der schwarze Präsident des Bezirks Manhattan, und der puertoricanische Präsident des Bezirks Bronx, Herman Badillo, zwanzig Jahre zuvor aufgegeben hatten, als sie ihre Sitze zur Verfügung stellten und 1977 für das Bürgermeisteramt kandidierten. Schwarze und Lateinamerikaner stellten danach zwar die Hälfte der städtischen Bevölkerung, waren aber in der Stadtverwaltung nicht und im Board of Estimates mit nur 18 % der Stimmen vertreten. Im Magistrat, bis 1990 ein ziemlich unbedeutendes Gremium, entfielen von 35 Sitzen lediglich neun (26 %) auf Schwarze und Lateinamerikaner. Ganz entscheidend war, daß Bürgermeister Koch die Stimmen schwarzer oder lateinamerikanischer Wähler oder gewählter Amtsinhaber für seine Wahl und zur Machtausübung nicht benötigte (Mollenkopf 1989, 1990). Nach Umfragen beim Verlassen der Wahllokale haben allerdings 1985 etwa 37 % der schwarzen und 70 % der lateinamerikanischen Wähler für ihn gestimmt.

New York ist also ein Paradox: Bis zu Dinkins' Sieg 1989 reflektierte die Wahlpolitik nichts von den großen Veränderungen, die sich auf sozialem und kulturellem Gebiet vollzogen hatten und von denen jedes Wahlsystem letztendlich abhängig ist. Daraus entwickelte sich eine Ungleichheit bei den Wahlen und in der Politik, entsprechend den sozialen und ökonomischen Ungleichheiten, wie sie in anderen Kapiteln dieses Buches beschrieben werden.

Wie konnte das geschehen? Juden und Italiener hatten den Iren einen manchmal gewaltsamen Kampf um die Kontrolle innerhalb der Demokratischen Partei geliefert, und beide hatten auch radikale Alternativen zur Partei verfolgt. Aber die Demokraten absorbierten sie schließlich in das politische System New Yorks im Verlauf eines Prozesses von Reform und Neuorientierung, der gleichzeitig die Herausforderer »zähmte« und die dominierende Koalition wiederherstellte (Lowi 1964, 200; Gerson 1990). Shefter (1986) weist z. B. nach, wie Juden und Italiener als Voraussetzung für die Aufnahme in das politische Establishment dem Radikalismus abschwören mußten. Wieso geschah dies nicht mit Schwarzen und Lateinamerikanern?

Um diese Frage zu beantworten, muß man drei Aspekte des politischen Nachfolgeprozesses berücksichtigen. Erstens dauerte er viele Jahrzehnte. Ab 1848 setzte die massenhafte Einwanderung von Iren ein, aber ein irischer Bürgermeister wurde erst 1888 gewählt, obwohl Tammany Hall, die Demokratische Maschine Manhattans, früher in irische Hände geraten war. Juden und Italiener trafen zwischen 1890 und 1910 ein, aber erst in den fünfziger Jahren lösten sie die irischen Parteiführer der Demokraten ab.

(LaGuardia, dessen Vater Italoamerikaner und dessen Mutter jüdischer Herkunft war, wurde als Republikaner 1933 gewählt, aber die italienischen Demokraten stellten erst 1950 einen Bürgermeister, und ein jüdischer Demokrat wurde erst 1973 gewählt.) Schwarze und Puertoricaner kamen während des Zweiten Weltkriegs und danach in die Stadt, konnten aber erst 1989 einen schwarzen Bürgermeister wählen. Es wird noch eine Weile dauern, bis ein Puertoricaner das Bürgermeisteramt antritt. Es ist also überhaupt nicht sicher, ob die Schwarzen auf ihrem Weg zu politischer Macht in New York hinter den weißen ethnischen Gruppen zurückbleiben.

Zweitens hat das politische Establishment den Gruppen, die um politische Integration kämpfen, einen hohen Preis abverlangt. Die ausgeschlossenen Gruppen mußten ihre radikale Rhetorik und ihre Forderungen nach grundlegendem sozialen Wandel zugunsten des pragmatischen Dialogs der Insider aufgeben. Den meisten Gruppenmitgliedern trug diese Entscheidung aber lediglich symbolische Vorteile ein, etwa den Stolz darauf, einen der Ihren in ein hohes Amt gewählt zu sehen. Materielle Belohnungen behielt das politische Establishment nämlich den Führern vor, die gezeigt hatten, daß sie die Mobilisierung der streitenden Gruppe im Sinne des politischen Establishments im Griff hatten. Integration war also eng mit Entradikalisierung verknüpft. Wenn eine benachteiligte sozio-ökonomische Lage radikale Impulse innerhalb einer Gruppe lebendig hält, wie es für die Schwarzen und Lateinamerikaner in New York zutrifft, kann das den Prozeß politischer Integration und Unterordnung verlangsamen.

Schließlich kann die Rassenzugehörigkeit ein qualitativ anderes Element in die Politik der Gruppenabfolge einbringen. Bis zu einem gewissen Grad verlief die unterordnende Integration der schwarzen und puertoricanischen Populationen in New York nach dem üblichen Muster. Um 1940 herum begannen diese Gruppen rapide zu wachsen, und kurz darauf wählten sie ihre ersten Amtsinhaber. Schwarze und puertoricanische Stimmen trugen 1965 und 1969 entscheidend zur Wahl des Reformbürgermeisters John Lindsay bei, und seine Verwaltung versprach diesen Gruppen größere Repräsentanz in der Stadtregierung. 1969 betrug der Anteil der Stimmen von Schwarzen und Puertoricanern 16,5 % an Lindsays Mehrheit von 42,4 % (Kimball 1972, 170). Mit Sicherheit verwendete die Stadtverwaltung öffentliche Mittel, um Minderheitenführer zu kooptieren und den Protest der wachsenden schwarzen und lateinamerikanischen Wählerschaft zu dämpfen (Shefter 1977; Morris 1980).

Die folgende Entwicklung machte diese Errungenschaften allerdings wieder zunichte. Während der 1975 einsetzenden Finanzkrise und der Amtszeiten der Bürgermeister Abraham Beame (1975-1977) und Edward Koch (1978-1988) wurden unter dem Druck der konservativen republikanischen Regierung in Washington die Programme gekürzt, die den Armenvierteln der Schwarzen und Lateinamerikaner zugute kommen sollten. Die politische Integration der Schwarzen und der Lateinamerikaner war damit zum Stillstand gekommen bzw. gescheitert. Zum Teil wurde die Verantwortung dafür der Finanzkrise zugeschoben (Tabb 1982; Lichten 1986). Andere Stimmen verwiesen auf die Städteförderung der Bundesregierung, die ab 1978 gekürzt wurde, insbesondere bei Wohnungsbauprogrammen und Maßnahmen zur Bekämpfung der Arbeitslosigkeit. Aber diese Faktoren allein sind keine ausreichende Erklärung, denn sie wirkten auch in anderen Städten, in denen die Errungenschaften der Schwarzen und Lateinamerikaner nicht zurückgenommen wurden. Außerdem konnte die Stadt aufgrund der lokalen Steuereinnahmen aus dem Wirtschaftsboom nach 1977 ihre Ausgaben rapide steigern (Brecher/Horton 1991). Mit der Finanzkrise, der Ära Reagan und lokaler Sparpolitik läßt sich nicht erklären, warum die Integration der Minoritäten in New York während der achtziger Jahre solch einen Rückschlag erlitt. Womit dann?

2. Politische Ungleichheit in New York City

Drei unterschiedliche Erklärungskonzepte können für die große Kluft zwischen Bevölkerung und gewählter Vertretung in den siebziger und achtziger Jahren herangezogen werden: Erstens führen persönliche Merkmale wie geringes Einkommen, geringe Bildung und politische Entfremdung nicht dazu, daß Angehörige von Minderheiten sich um Politik kümmern, was die Erfolgsaussichten derer verringert, die sie vertreten würden; zweitens ist das politische System so organisiert, daß es die Partizipation von Minderheiten ausschließt bzw. diskriminierend wirkt; drittens ist die Führung von potentiell rebellischen Koalitionen zu schlecht orga-

nisiert und zersplittert, um einen erfolgreichen Angriff zustande-
zubringen. Zwar gibt es für jeden dieser Faktoren Belege, doch soll
dieser Abschnitt darlegen, daß die zweite und die dritte Erklärung
die überzeugendsten sind.

Einflußreiche Studien wie *The Changing American Voter* und
die *Michigan National Election Studies* behaupten, daß individuelle Merkmale wie Einkommen, Bildung, Beruf, Religion, ethnische Zugehörigkeit und familialer Hintergrund in Interaktion
mit Partei-Identifikation, Themen und Kandidatenpersönlichkeit
stehen und die Entscheidung eines Individuums, ob und wen es
wählt, beeinflussen (Nie u. a. 1976). Sie begründen die fehlende
politische Integration von Minderheiten mit dem relativ geringen
Einkommens- und Bildungsniveau der Schwarzen und Puertoricaner; ihre größere politische Entfremdung bewirke niedrige Wahlbeteiligung und damit geringe Repräsentanz. Nach dieser Auffassung ergeben sich politische Ungleichheiten direkt aus ökonomischen und rassenbezogenen Ungleichheiten. Die Überzeugung der
Politiker New Yorks, daß Minderheiten nicht zur Wahl gehen,
korrespondiert damit.

Alternative Erklärungsversuche konzentrieren sich statt dessen
auf die Frage, wie das politische System die politische Partizipation
strukturiert, also einige Formen fördert und andere hemmt. Eine
Variante, die von den radikalen Analytikern bevorzugt wird, aber
auch charakteristisch für die Arbeit von V. O. Key und W. D.
Burnham ist, lokalisiert den Ursprung politischer Ausgrenzung
und Unterrepräsentanz in den Spielregeln der Politik, im Prozeß
der Kandidatenauswahl, in der Festlegung oder Neubestimmung
der Wahlbezirke, im Charakter des Parteienwettbewerbs (oder
dessen Fehlen), in der Zusammensetzung der dominierenden Koalition und in verschiedenen möglichen Motiven für politische Mobilisierung (reguläre Parteiorganisationen, Gewerkschaften des
öffentlichen Dienstes, Kirchen usw. vgl. Key 1949; Burnham
1966; Piven/Cloward 1988; Mollenkopf 1987b, 1990). Dieser Ansatz erklärt die geringe politische Integration von Minderheiten
mit absichtlicher Ausgrenzung, anhaltender Bedeutung der regulären demokratischen Parteiorganisationen und dem Mangel an
politischem Wettstreit in einem schwach organisierten Einparteiensystem.

Eine andere strukturelle Begründung führt den politischen Ausschluß der Minoritäten auf die schwache politische Organisation

und Führung innerhalb der schwarzen und lateinamerikanischen Wählerschaften zurück, im Verfall städtischer sozialer Bewegungen, die sie bisher vorantrieben, und auf eine daraus resultierende Neigung zur Kooptation (Piven/Cloward 1977). Nach dieser Auffassung ist die Unfähigkeit der dominierenden politischen Koalition, Schwarze und Lateinamerikaner mehr als nur marginal oder untergeordnet zu integrieren, weder auf individuelle Merkmale noch auf Rassenvorurteile in den politischen Spielregeln zurückzuführen, sondern auf das Scheitern der politischen Führung und der politischen Mobilisierung unter Schwarzen und Lateinamerikanern selbst. Ronald Walters z. B. kritisiert die schwarzen politischen Führer, weil sie sich der Demokratischen Partei anpassen, statt den Versuch zu unternehmen, eine Machtbalance zwischen den beiden Parteien herzustellen (Walters 1988). Andere Autoren betonen die Schwäche und die Zersplitterung der politischen Führung und Fehler bei ihren strategischen Entscheidungen (Falcon 1988; Green und Wilson 1989). Diese beiden Alternativen zu den individualistischen Erklärungsversuchen schließen sich natürlich nicht gegenseitig aus. Die Tendenzen in einer politischen Struktur und die strategischen Entscheidungen der Akteure beeinflussen sich gegenseitig stark.

Diese konkurrierenden Erklärungsversuche in New York können evaluiert werden durch die Analyse von Daten zur Wählerregistrierung, Wahlbeteiligung und Stimmenzahl der Kandidaten in den 60 New York State Assembly Districts (ADs) der Stadt seit 1982, in Verbindung mit nach Assembly Districts geordneten demographischen Daten aus der Volkszählung von 1980. Im Gegensatz zu Umfragedaten, in die sich leicht Irrtümer einschleichen, ermöglicht es dieser Datensatz, die Auswirkungen einer breiten Skala von individuellen und strukturellen Faktoren auf der Basis tatsächlichen politischen Verhaltens in New York zu untersuchen. Auch dieses Datenmaterial hat natürlich seine Grenzen, insbesondere bei der demographischen Veränderung nach 1980 und durch Meßfehler, die sich aus der Unterrepräsentation von Minoritäten ergeben (Mollenkopf 1989). Bevor wir uns dieser Analyse zuwenden, müssen wir allerdings erst einmal den Charakter der Wahlkämpfe in New York City untersuchen.

New York City hat eine vielfältige politische Geographie. Die wachsenden, relativ armen schwarzen und lateinamerikanischen Populationen konzentrieren sich in und um Ghettogebiete wie Mittel- und East Harlem, Lower East Side, South Bronx und Bedford-Stuyvesant in Brooklyn. Die meist wohlhabenderen Weißen leben noch immer in ihren Enklaven auf der East und West Side Manhattans. In den achtziger Jahren drangen sie in einige Viertel der Minderheiten wie die Lower East Side vor und transformierten Bezirke mit Loft-Fabriken wie Soho oder Tribeca (vgl. den Beitrag von Smith in diesem Band). Italiener und Juden der Mittelklasse haben ihre Enklaven an der Peripherie gebildet, von Riverdale in der Bronx und Bayside in Queens bis nach Canarsie, Bensonhurst und Bay Ridge in Brooklyn. Immigrantenquartiere ergänzen dieses Muster, vor allem die chinesischen Siedlungen Chinatown, Flushing und Elmhurst in Queens, Sunset Park in Brooklyn; die westindischen Nachbarschaften von Crown Heights und Flatbush in Brooklyn und Cambria Heights in Queens; die Dominikaner in Washington Heights und die lateinamerikanischen Einwohner von Jackson Heights in Queens.

Die Parteiführer der Demokraten haben 60 Assembly Districts festgelegt, die die Funktion von Wahlkreisen für die fünf Bezirksparteiorganisationen erfüllen. Jeder der fünf Boroughs von New York City besitzt eine rechtlich eigenständige Bezirksparteiorganisation mit einem Bezirksparteiführer, der von den männlichen und weiblichen Vorsitzenden der ADs in diesem Bezirk gewählt wird. Nachdem sie sich der Repräsentanz der Schwarzen und Lateinamerikaner in den vierziger und fünfziger Jahren zunächst widersetzt hatten, legten die Parteiführer dann ADs fest, die diese Populationen zusammenfaßten und damit Sitze für Schwarze und Lateinamerikaner sicherten (Gerson 1990 beschreibt diesen Prozeß für Brooklyn). 1980 lag die Durchschnittsbevölkerung der ADs bei 118000, und alle enthalten eine Vielfalt rassischer und ethnischer Komponenten, aber die hohe geographische Segregation bringt es mit sich, daß die meisten ADs einen vorherrschend rassischen/ethnischen Charakter haben. Die Neufestlegung 1982 ließ 13 ADs mit einer schwarzen Mehrheit entstehen, 3 mit lateinamerikanischer Mehrheit und acht weitere Bezirke, in denen Schwarze und Lateinamerikaner zusammengenommen die Weißen an Zahl übertreffen. In den 36 ADs mit weißer Mehrheit überwiegt im allgemeinen auch eine ethno-religiöse Gruppe, und zwar entweder Juden oder weiße Katholiken, von denen die Italoamerikaner die größte Gruppe stellen. In zwei ADs sind Asiaten mit einem erheblichen Anteil vertreten, aber sehr wenige Asiaten sind wahlberechtigt.

Anders ausgedrückt: Obwohl die Weißen nicht-lateinamerikanischer Herkunft 1980 nur über eine knappe Bevölkerungsmehrheit in der Stadt verfügten, ergab die 1982 erfolgte Neufestlegung der Wahlkreise 36 von Weißen dominierte und 24 von Minderheiten dominierte ADs, weil die Minoritätenbezirke so angelegt waren, daß sie die Wählerschaft der Minoritäten konzentrierten. Schwarze Kandidaten für Regierungsämter unterstützen diese Konzentration. ADs müssen im allgemeinen über mehr als 75 % an schwarzer bzw. lateinamerikanischer Bevölkerung verfügen, bevor sie den Repräsentanten einer Minderheit wählen. Trotzdem wurden in den achtziger Jahren zwei ADs mit einer Minderheitenbevölkerung von über 70 % von Weißen repräsentiert, und zwar der AD 32 in Queens, der das Gebiet um den Kennedy Airport umfaßt, und AD 42, East Flatbush in Brooklyn. Klassenzugehörigkeit und Einkommen stehen in starker Relation zur Rasse, wobei Puertoricaner und Dominikaner als Fabrikarbeiter und schlechtbezahlte Arbeiter im Dienstleistungsbereich die Masse der Armen ausmachen. Weiße nicht-lateinamerikanischer Herkunft dominieren im Management und den leitenden Positionen in den führenden Wirtschaftsbereichen. Die Schwarzen befinden sich zwischen diesen beiden Gruppen und besetzen überwiegend Büroarbeitsplätze im privaten Sektor und untere Management- und Leitungspositionen vor allem in der öffentlichen Verwaltung und in den sozialen Diensten. Die Asiaten, die stark in der Bekleidungsindustrie und Gastronomie konzentriert sind, haben sich dem mittleren Einkommen der Weißen angenähert (Stegman 1988).

Nach den individualistischen Erklärungsansätzen variiert die politische Partizipation in den verschiedenen ADs. Zu dem Erdrutschsieg für Reagan im Jahr 1984 z. B. trugen die lateinamerikanischen ADs bloß 4 % der Gesamtzahl der abgegebenen Stimmen in der Stadt New York bei, in den schwarzen ADs waren es 18 %, und die restlichen 78 % stammten aus den weißen ADs. Diese ADs enthalten allerdings zwei verschiedene Arten von Wählergruppen.

Unter nationalen Aspekten sind die zwei Millionen oder mehr

Wähler, die in New York bei den Präsidentschaftswahlen abstimmen, die wichtigsten. (Bei der Präsidentschaftswahl von 1984 gaben über 2,3 Mio. Wähler ihre Stimme ab, 1988 waren es noch 1,9 Mio.; also ein stetiger Rückgang seit 1960, als 3 Millionen Stimmen abgegeben wurden.) Die Gouverneurswahlen mobilisieren die zweitgrößte Wählerzahl, etwa 1,7 Mio., während an den Bürgermeisterwahlen in den achtziger Jahren meist nur 1,3 Millionen Wähler teilnahmen. (Die Wahl von 1989 lag mit 1,78 Mio. abgegebenen Stimmen über der durchschnittlichen Wahlbeteiligung.) Wenn die Wahlbeteiligung am größten ist, erhalten die Republikaner mehr Stimmen, als ihre Mitgliederzahlen allein vermuten lassen. (Ronald Reagan konnte 1984 beinahe 40 % der New Yorker Wählerstimmen auf sich vereinigen, obwohl lediglich 14 % der Wähler hier registrierte Republikaner sind.) Diese Wahlen werden auch von den weißen Wählern dominiert, die älter und wohlhabender sind als die Angehörigen von Minderheiten.

Eine zweite, erheblich kleinere Wählergruppe entscheidet den Ausgang der Bürgermeisterwahlen: die ungefähr 700 000 Stimmberechtigten, die regelmäßig an den Vorwahlen der Demokratischen Partei teilnehmen. Wenn in dieser Wahl keiner der Kandidaten eine Mehrheit von mindestens 40 % auf sich vereinigen kann, müssen sich die beiden führenden Kandidaten einen Monat später einer Stichwahl stellen. Da beinahe 70 % aller Stimmberechtigten in New York City registrierte Demokraten sind, gewinnt der demokratische Kandidat normalerweise die allgemeine Wahl. Nur wenn sich ein großer Teil der Demokraten für einen unabhängigen bzw. einen republikanischen Kandidaten entscheidet, wie es bei Fiorello LaGuardia und John Lindsay geschah, kommen die demokratischen Kandidaten in Schwierigkeiten. Da die Stadt 60 % der Wahlberechtigten bei den Vorwahlen der Demokraten des Bundesstaats stellt, hat sie auch einen erheblichen Einfluß darauf, wen die Demokraten als ihren Kandidaten für das Gouverneursamt aufstellen. Bei dieser Wahl kann der nominierte Demokrat allerdings seines Sieges nicht so sicher sein wie sein Parteifreund in der Stadt.

Die Beteiligung in diesen demokratischen Vorwahlen ist im Vergleich zur Beteiligung an den Präsidentschaftswahlen gering. Nur 688 000 Stimmen wurden bei den Bürgermeistervorwahlen von 1985 abgegeben, in denen Edward Koch seine schwarzen und weißen liberalen Herausforderer haushoch schlug, und lediglich

749 000 in der heiß umkämpften Gouverneursvorwahl 1982, die Koch an Mario Cumo verlor. Da Schwarze und Lateinamerikaner sich viel häufiger als Weiße bei den Demokraten registrieren lassen und in den demokratischen Vorwahlen eher für schwarze oder lateinamerikanische Kandidaten stimmen, sind sie bei den demokratischen Vorwahlen besser repräsentiert als in allgemeinen Wahlen.

Von ungefähr 5,2 Millionen Einwohnern im stimmberechtigten Alter sind etwa drei Millionen erst vor kurzer Zeit registriert worden. Auf die Demokraten entfallen etwa zwei Drittel dieser Zahl. Die zweitgrößte Gruppe, 15 %, gab keine Partei an, und 14 % ließen sich für die Republikaner eintragen. (Die winzigen Parteien der Liberalen und Konservativen konnten jeweils weniger als ein Prozent auf sich vereinigen.) Die Demokraten erzielten 1985 in der Bürgermeistervorwahl lediglich 37 %. Weniger als 13 % der stimmberechtigten Bevölkerung beteiligten sich an der Wahl, die ihren Bürgermeister bestimmen sollte.

2.2 Die Wählerschaft der Demokraten bei Vorwahlen

Die Wählerschaft der Demokraten bei Vorwahlen blieb von 1960 bis Mitte der siebziger Jahre bemerkenswert stabil bei etwa 750 000. Die hitzige Vorwahl von 1977, in der sich Koch gegen jüdische, italienische, schwarze und puertoricanische Kandidaten durchsetzte, mobilisierte überdurchschnittlich viele Wähler (916 000), wogegen die Wahlen von 1981 und 1985, die ihn im Amt bestätigten, unter außergewöhnlich geringer Beteiligung durchgeführt wurden: 1981 waren es 581 000 Wähler und 1985 eine eher typische, aber immer noch niedrige Zahl von 675 000. Abgesehen von 1977 hat etwa ein Drittel der registrierten Wähler die Stimme abgegeben.

Eine einfache Aufstellung der Stimmen, die in Wahlbezirken (ADs) mit verschiedenen vorherrschenden Minoritäten abgegeben wurden, scheint die verbreitete Weisheit zu bestätigen, daß Minderheiten nicht zur Wahl gehen. Tabelle 1 enthält die Daten zum Wählerverhalten in der Wahl von 1984 und der Bürgermeistervorwahl von 1985: In vorwiegend von Minoritäten bewohnten ADs wurde lediglich ein Drittel der Stimmen bei der Präsidentschaftswahl im Jahr 1984 und nur wenig mehr in den demokratischen Vorwahlen von 1985 abgegeben. Jeder Kandidat müßte also be-

Tabelle 1 Zahl der Stimmen und Wahlbeteiligung in den
Stimmbezirken nach ethnischer Zusammensetzung

Ethnische Gruppe	1984 Präsidentenwahl		1985 Bürgermeistervorwahl	
	Stimmen	Wahl-beteiligung	Stimmen	Wahl-beteiligung
Schwarze (% von gesamt)	422990 18,1	70,4%	129464 18,8	26,8%
Latinos	93054 4,0	68,2%	35521 5,2	31,2%
Minoritäten	264708 11,3	71,8%	91392 13,3	32,0%
weiß geprägt	374275 16,0	78,6%	112260 16,3	34,5%
stärker weiß geprägt	722433 30,9	82,1%	208400 30,3	36,2%
sehr stark weiß geprägt	460431 19,7	83,4%	111209 16,2	33,5%
gesamt	2335470	76,9%	688553	33,4%

Quelle: *NYC Board of Elections;* Weiß geprägte Stimmbezirke: 50–75% Weiße
ohne Latinos; stärker weiß geprägte: 75–85%; sehr stark weiß geprägte:
85–100%

trächtliche Unterstützung aus weißen Gebieten erhalten, um unter
diesen Bedingungen die Wahl zu gewinnen. Sogar wenn ein Minderheitenkandidat alle Stimmen der Minderheit auf sich vereinigen
könnte, brauchte er oder sie immer noch ein Viertel der weißen
Stimmen, und ein solches Ausmaß an weißer Unterstützung
konnte bisher nur Thomas Bradley in Los Angeles (und später
David Dinkins in New York) im ersten Anlauf gegen einen weißen
Opponenten erzielen.

Möglicherweise sind geringere Registrierung und geringere
Wahlbeteiligung in den ADs der Minderheiten auf niedrigere Einkommen, geringeres Bildungsniveau und geringere politische Organisationskraft zurückzuführen. Aus Tabelle 2 geht jedoch hervor, daß dies nicht für die Registrierung gilt. Wenn man den

Bevölkerungsteil überprüft, der das Wahlalter erreicht hat und bei der Volkszählung die Staatsangehörigkeit angibt, stellt sich heraus, daß Schwarze und Lateinamerikaner tatsächlich sogar leicht höhere Registrierungsquoten hatten als die weißen ADs, trotz ihres geringeren sozioökonomischen Status. Das ist zum Teil ein Ergebnis von Kampagnen zur Eintragung in die Wahllisten, die Jesse Jacksons Kandidatur in der Präsidentschaftsvorwahl 1984 unterstützen sollten und die erhebliche Zugewinne an Registrierten in schwarzen und lateinamerikanischen ADs erbrachten. Damit erweist sich das Stereotyp von den wahlabstinenten Minderheiten als Teilwahrheit.

Während alle ADs 1980 die gleiche Gesamtbevölkerung hatten, lebten in den ADs der Minoritäten etwa ein Sechstel weniger *wahlberechtigte* Einwohner. Die Spalten 2 und 3 der Tabelle zeigen, daß Schwarze und Lateinamerikaner jünger waren als die weiße Bevölkerung und mit geringerer Wahrscheinlichkeit Staatsangehörige. Im Jahr 1980 waren etwa 80 % der Einwohner der weißesten ADs 18 Jahre oder älter, während nur 69 % der schwarzen und 64 % der lateinamerikanischen Bevölkerung in diese Altersgruppe fielen. Dies ist eine Funktion sowohl des ethnischen Wandels – die selektive Abwanderung jüngerer Weißer aus der Stadt und der Zuzug jüngerer Familien, die zu einer Minderheit gehören – als auch der höheren Geburtenrate bei Schwarzen und Lateinamerikanern im Vergleich zur weißen Bevölkerung. Dieser Unterschied wird ganz besonders bei der Jugend deutlich: Über 80 % der neu ins öffentliche Schulsystem Eintretenden waren schwarz, lateinamerikanischer oder asiatischer Herkunft.

Unter der Minderheitenbevölkerung befinden sich auch erheblich mehr im Ausland Geborene, die sich nicht naturalisieren ließen. Während in den schwarzen ADs eine von acht Personen in der Volkszählung von 1980 angab, die amerikanische Staatsangehörigkeit nicht zu besitzen, war es in den weißen ADs nur eine von 16. In den ADs der Lateinamerikaner ist die Zahl der Staatsbürger wahrscheinlich hoch, weil die Puertoricaner, ca. 60 % der lateinamerikanischen Bevölkerung, Staatsangehörige sind. Die anderen 40 % jedoch sind im Ausland geboren und immigrierten nach 1965 aus Ländern wie der Dominikanischen Republik, Kuba und Kolumbien. Sie sind meist keine amerikanischen Staatsbürger. In der Volkszählung von 1980 behaupteten mehr im Ausland Geborene, Staatsbürger zu sein, als es für sie wirklich zutraf. (Das Amt für

Tabelle 2   Bevölkerung, Wahlberechtigte, Registrierung und
Wahlbeteiligung in ethnisch verschieden zusammengesetzten
Wahlbezirken (ADs) in New York

Ethnische Zusammensetzung	Bevölkerung 1980	Bevölkerung im wahlberechtigten Alter	Anteil amerikanischer Staatsbürger	wahlberechtigte Bürger	Registrierte Wähler	Anteil der registrierten Wähler an den wahlberechtigten Bürgern
Schwarze (13 ADs)	118 000	69,2%	86,1%	70 300	46 400	66,0%
Latinos (3 ADs)	116 000	64,5%	93,3%	69 800	45 800	65,6%
Minoritäten (8 ADs)	121 000	70,1%	85,7%	72 700	46 000	63,3%
weiß geprägt (10 ADs)	118 000	75,9%	86,2%	77 200	47 700	61,8%
stärker weiß geprägt (16 ADs)	120 000	80,3%	90,2%	86 900	54 800	63,1%
sehr stark weiß geprägt (10 ADs)	119 000	80,3%	93,0%	88 900	55 300	62,2%

Quelle: *1980 Census STF4(A) grouped by AD. New York City Board of Elections*

Stadtplanung schätzt, daß in diesem Zensus 200 000 Personen
fälschlicherweise die amerikanische Staatsangehörigkeit für sich in
Anspruch nahmen.) Eine Studie aus dem Jahr 1988 führt Quellen
aus der Volkszählung an, nach deren Schätzung 26% der Lateinamerikaner im Wahlalter keine Staatsbürger sind (Velazquez 1988).
In schwarzen und gemischten Minderheitswahlbezirken gaben
20% der lateinamerikanischen Bevölkerung an, die Staatsbürgerschaft nicht zu besitzen. Danach wird in Tabelle 2 die Staatsangehörigkeit der Lateinamerikaner überschätzt und das Verhältnis
von Registrierung zu wahlberechtigter Bevölkerung unterschätzt.
Aber auch so wird deutlich, daß die fehlende Staatsbürgerschaft
die Wahlberechtigung unter Schwarzen und Lateinamerikanern
erheblich verringert.

Registrierung setzt sich nicht immer in Wählerstimmen um. Die sehr unterschiedliche Wahlbeteiligung bei der Präsidentschaftsvorwahl der Demokraten im Jahr 1988 und der Präsidentschaftswahl im selben Jahr, wie sie aus Tabelle 3 ersichtlich wird, macht das deutlich. Bei der Vorwahl kamen aus den schwarzen und den lateinamerikanischen ADs – die im Durchschnitt zu etwa 80 % für die Demokraten registriert sind – durchschnittlich einige Tausend Stimmen mehr als aus den weißen ADs. Während die Wahlbeteiligung der Lateinamerikaner hinter der Wahlbeteiligung in weißen Gebieten zurückblieb, zogen die ADs der Minderheiten mit den weißen ADs gleich, und die schwarzen ADs übertrafen sie, womit sie den Durchschnitt in der Gesamtstadt anhoben. Die Präsenz eines charismatischen schwarzen Kandidaten hatte ganz eindeutig beträchtliche Auswirkungen auf die politische Mobilisierung der Schwarzen. In starkem Kontrast dazu steht die Bürgermeistervorwahl von 1985, in der ein schwacher schwarzer Kandidat die geringste durchschnittliche Stimmenzahl in der Stadt und die niedrigste Wahlbeteiligung in den schwarzen ADs erreichte.

Im Vergleich zu den Weißen läßt sich insgesamt ein geringerer Anteil der schwarzen und lateinamerikanischen Bevölkerung New Yorks registrieren oder beteiligt sich an Wahlen, aber mit Armut und Bildungsdefiziten läßt sich dieser Unterschied nicht begründen. Denn tatsächlich läßt sich *trotz* dieser Bedingungen ein größerer Teil der potentiell wahlberechtigten Afro- und Lateinamerikaner registrieren, als dies bei den Weißen der Fall ist. Viel eher ist der geringe Anteil der Wähler an der Bevölkerung mit jugendlichem Alter und mit der großen Gruppe der nicht Eingebürgerten erklärbar. Außerdem schlägt zu Buche, daß das politische System nicht oft schwarze oder lateinamerikanische Kandidaten für höhere Ämter nominierte und damit den registrierten Afro- und Lateinamerikanern keinen besonderen Grund zur Beteiligung an allgemeinen Wahlen gab. Ein charismatischer schwarzer Kandidat wie Jesse Jackson in den Präsidentschaftsvorwahlen 1988 erreichte eine *größere* Wahlbeteiligung der Minoritäten im Vergleich zu den Weißen.

Das Argument, der ungleiche Einfluß bei Wahlen in New York City sei einzig auf individuelle ökonomische und soziale Benachteiligungen zurückzuführen, ist damit entkräftet. Schwarze und Lateinamerikaner üben weniger Macht durch Wahlen aus, als ihre zahlenmäßige Stärke vermuten ließe. Das liegt aber nicht daran,

Tabelle 3 Stimmen und Wahlbeteiligung in den Wahlbezirken (ADs) nach ethnischer Zusammensetzung bei der Präsidentenwahl 1988 in New York City
(Durchschnitt der ADs in Tausend)

| Ethnische Zusammensetzung | Vorwahlen | | | Wahlen | | |
	Registrierte Wähler	Wahlbeteiligung	Jackson	Registrierte Wähler	Wahlbeteiligung	Dukakis
Schwarze (13 ADs)	17,5	57,4%	88%	28,7	63,4%	88,5%
Latinos (3 ADs)	14,3	44,3%	70%	30,0	62,1%	85,3%
Minoritäten (8 ADs)	14,7	49,1%	63%	28,5	64,2%	82,6%
weiß geprägt (10 ADs)	13,7	50,2%	31%	33,6	71,6%	62,3%
stärker weiß geprägt (16 ADs)	11,5	52,9%	22%	41,9	74,8%	61,2%
sehr stark weiß geprägt (10 ADs)	11,8	48,3%	11%	42,1	75,9%	51,5%
gesamt 60 ADs	15,4	51,7%	44%	34,0	69,9%	66,7%

Quelle: *New York City Board of Elections*

daß sie ärmer und weniger gebildet, sondern daß sie jünger sind, seltener zu den Staatsangehörigen zählen und keine Wahlangebote bekommen, die bei ihnen starkes Interesse wecken.

Angesichts dieser Tatsachen erscheinen Minderheitengruppen im Vergleich mit der weißen Bevölkerung politisch recht gut mobilisiert. Diese Mobilisierung ist besonders wichtig, weil Afro- und Lateinamerikaner relativ gut bei den Vorwahlen der Demokratischen Partei vertreten sind, die im allgemeinen über den Zugang zur Macht im Rathaus bestimmt. Bis zu einem gewissen Grad werden damit ihre Jugend und ihre geringe Wahlbeteiligung kompensiert.

Die Wurzeln der politischen Ungleichheit sind innerhalb des

lokalen politischen Systems zu suchen, in der Art, wie die Bildung der dominanten Koalitionen in den Vorwahlen der Demokraten vor sich geht. Zwölf Jahre lang schaffte es Bürgermeister Edward I. Koch, eine Wählerkoalition zu schmieden, die ohne die Stimmen der Schwarzen und der Lateinamerikaner eine Mehrheit erringen konnte. Das gelang zum Teil durch Ausnutzen der Rassenspannungen in der Stadt, aber auch durch Aufgreifen der Spaltungen zwischen Afro- und Lateinamerikanern sowie innerhalb jeder Gruppe. Bis zu Jacksons Erfolg 1988 und Dinkins' Siegen im Jahr 1989 war es den politischen Führern der Schwarzen und der Lateinamerikaner nicht gelungen, sich mit den liberalen Weißen so zu verbünden, daß sie die dominante Koalition unter Koch bedrohen konnten. Diese Tendenzen wurden noch verstärkt durch die innere Dynamik eines schwach organisierten Einparteiensystems.

3. Die Entstehung einer konservativen Dominanz: Weiße Unterstützung für die Koch-Koalition

Bekanntermaßen haben die Weißen den Bürgermeister Koch 1985 in der Bürgermeistervorwahl der Demokraten stark unterstützt. Eine Regressionsanalyse der Wahlergebnisse von 1985 zeigt jedoch, daß weiße ethnische Gruppen sich in ihrer Haltung unterschieden: bei den weißen Protestanten hatte er den geringsten Rückhalt, Iren und Italiener waren ihm schon geneigter, aber aus der jüdischen Bevölkerung kam stürmische Unterstützung. (Die in der Volkszählung von 1980 erhobenen Daten über russische und polnische Abstammung dienen dabei zur groben Einschätzung der jüdischen Bevölkerung.) Diese Variable liefert den bei weitem zuverlässigsten Anhaltspunkt für die Stimmabgabe bei dieser Bürgermeisterwahl. Im Unterschied zu den weißen Katholiken haben die Juden eine starke Tendenz zu den Demokraten, und wie jede andere ethnische Gruppierung favorisieren sie ihre eigenen Kandidaten. Außerdem artikulierte Koch brillant den Zeitgeist der traditionell liberalen New Yorker Juden, als sie sich rechten Positionen annäherten (Harris/Swanson 1970; Rieder 1985).

Wie zu erwarten, hatten ADs, deren weiße Bevölkerung höhere Anteile an Hochschulabsolventen, Angehörigen freier Berufe und solchen Haushalten aufwies, die nicht aus Familien bestehen, den Bürgermeister 1985 weniger häufig unterstützt. Der Bürgermeister begann also seinen Kampf um eine Wählermehrheit mit starker Unterstützung einer ethnischen Gruppe, der Juden, die etwa 15% der New Yorker Bevölkerung ausmachen und 25 bis 30% der Wähler bei den Vorwahlen der Demokraten. Des weiteren wurde er von den weißen Katholiken nicht-lateinamerikanischer Herkunft unterstützt, z. B. denen italienischer und irischer Abstammung. Oberflächlich erklären diese ethno-religiösen und Rassencharakteristika das Ergebnis besser als Klassenzugehörigkeit. Allerdings muß berücksichtigt werden, daß »Klasse« in New York City sehr viel mit »Farbe« zu tun hat. D. h., Kochs größte weiße Wählergruppen sind überproportional in den oberen Berufsgruppen vertreten; in den unteren finden sich mehr Schwarze, Lateinamerikaner und Asiaten.

3.1 Innere Spaltungen: Minderheitenunterstützung für die Koch-Koalition

Einige schwarze Führer warfen Koch vor, er polarisiere die Rassenbeziehungen in New York, und während seiner Amtszeit gab sein Verhalten ihnen sicherlich recht. In Anbetracht der starken Unterstützung von weißen ethnischen Gruppen könnte man schließen, daß seine große Mehrheit 1985 vorrangig auf Rassenpolarisierung beruhte. Tatsächlich aber war das nicht der Fall. Nach Umfragen beim Verlassen der Wahllokale erhielt Koch 37% der schwarzen und 70% der lateinamerikanischen Stimmen gegen schwarze und weiße liberale Herausforderer. Worauf beruhte diese Unterstützung aus den Minderheiten?

Die Schwarzen waren in ihrer Ablehnung des Bürgermeisters am konsequentesten. Sie sind die am stärksten segregierte ethnische Gruppe in New York. Schwarze und lateinamerikanische Populationen grenzen zwar oft aneinander, aber sie überlappen sich nur an wenigen Stellen, z. B. zwischen Harlem und East Harlem oder zwischen Bushwick und Bedford-Stuyvesant. Die ADs sind aber groß genug und so umrissen, daß sogar die geschlossensten schwarzen Gebiete einige Lateinamerikaner aufweisen, und eine ganze Reihe der ADs hat eine recht gemischte Bevölkerung. Wenn man den Anteil der Lateinamerikaner in den Minderheiten-ADs berücksichtigt, dann steht der Anteil schwarzer Bevölkerung im Wahlalter durchweg in stark negativer Korrelation zur Unterstützung für den Bürgermeister.

Allerdings gewann Koch auch in den am stärksten von Schwarzen geprägten ADs immer noch 35 % der Stimmen. Interessant ist, daß sowohl das Überwiegen schwarzer fürsorgeabhängiger Familien als auch das Vorhandensein von Schwarzen mit hohem Bildungsniveau sich auf die Unterstützung für Koch statistisch signifikanter negativ auswirkte als die Kategorie Rassenzugehörigkeit. ADs mit mehr schwarzen Angestellten im öffentlichen Dienst zeigten auch weniger Neigung, für Koch zu stimmen, wogegen ADs mit vielen Westindern sich etwas aufgeschlossener zeigten. Allerdings ist keine dieser Korrelationen statistisch signifikant. Man kann daher die Hypothese aufstellen, daß Koch am ehesten von den Schwarzen unterstützt wurde, die zur Arbeiterklasse, zur immigrierten »Mitte« der schwarzen Bevölkerung gehören, wogegen weder die schwarzen Professionals noch die armen Schwarzen sich für ihn entschieden.

Die Lateinamerikaner befinden sich in der schlechtesten wirtschaftlichen Position in New York. Sie sind der Auffassung, daß sie diskriminiert werden und daher politisch mit den Schwarzen kooperieren sollten. Trotzdem verhielten sie sich 1985 überwältigend loyal gegenüber Koch und stimmten nicht für den schwarzen Gegenkandidaten (Velazquez u. a. 1988). Und auch Jesse Jackson konnte 1984 nicht auf sie zählen.

Dieses Verhalten könnte auf verschiedene Weise erklärt werden. Die politischen Führer der Afro- und Lateinamerikaner haben jahrelang miteinander um die Anerkennung durch das etablierte politische System konkurriert, und dessen Führer wiederum haben oft versucht, sie gegeneinander auszuspielen. Obwohl die Lateinamerikaner beinahe so zahlreich sind wie die Schwarzen, haben sie im Vergleich zu ihnen lediglich ein Drittel gewählte Verwaltungsmitglieder – eine Tatsache, die Unmut bewirkt.[3] Wenn sie eine Rassenidentität wählen sollen, ziehen Lateinamerikaner eindeutig die weiße der schwarzen vor. In der Volkszählung von 1980 bezeichneten sich 50 % der Lateinamerikaner als »weiß«, 40 % wählten die Kategorie »andere«, und nur 10 % bezeichneten sich als »schwarz«. Darüber hinaus identifizieren sich Lateinamerikaner stärker als jede andere Gruppe, einschließlich der nichtlateinamerikanischen Katholiken, mit der Kategorie »konservativ« (etwa ein Drittel).

Innerhalb der lateinamerikanischen Bevölkerung bestehen erhebliche ethnische Unterschiede. Vor vierzig Jahren stammte die lateinamerikanische Population überwiegend aus Puerto Rico; heute macht diese Gruppe nur noch die Hälfte aus. Der Zuwachs rekrutiert sich aus der Dominikanischen Republik und aus Lateinamerika. Von den 20 ADs, die mindestens zu einem Fünftel von Lateinamerikanern bewohnt werden, sind fünf überwiegend nichtpuertoricanisch. Lateinamerikanische Einwohner dieser ADs sind wohlhabender, vermutlich seltener Staatsbürger (und daher keine Wähler) und stimmen wahrscheinlich häufiger für den Bürgermeister Koch. Die Wahrscheinlichkeit, daß sie 1985 für einen der puertoricanischen Kandidaten für das Amt des Magistratspräsidenten ihre Stimme abgegeben haben, ist eher gering, und das gilt auch für Jesse Jackson 1988.

Eine Wahlumfrage zu den Präsidentschaftswahlen 1984 bestätigt diese Muster. Darin wurde festgestellt, daß 73 % der lateinamerikanischen Wähler Puertoricaner, 14 % Dominikaner, 5 % Kubaner und 8 % andere Lateinamerikaner waren. Während 42 % der Puertoricaner Bürgermeister Koch gegenüber Herman Badillo, einem puertoricanischen früheren Bezirkspräsidenten, favorisierten, waren es bei den Kubanern 61 % und bei den Dominikanern 52 % (HACER/National Hispanic Women's Center 1985). D. h., der Bürgermeister fand bei den im Ausland geborenen Lateinamerikanern und schwarzen Immigranten größeren Rückhalt.

Seinen Wahlkampf von 1985 richtete Koch danach aus, mehr Unterstützung von Lateinamerikanern und Schwarzen, vor allem bei ihrer Immigrantenbevölkerung, zu erreichen. Sein Wahlkampfleiter berichtete, daß er die Hälfte seines Wahlkampffonds von 7 Mio. Dollar für Straßenwerbung einsetzte, zum größten Teil in Minderheitenquartieren. Außerdem baute der Bürgermeister emsig ein Netzwerk von Anhängern in Minoritätengruppen auf, indem er den im sozialen Bereich engagierten Nachbarschaftsinitiativen Unterstützung zukommen ließ. Viele Empfänger dieser Mittel standen in Verbindung mit den regulären Parteiorganisationen der Demokraten in den äußeren Stadtbezirken, und keiner hat sich offen gegen Kochs Wiederwahl gestellt. Schließlich hat die reguläre demokratische politische Kultur, die mit solchen Zuschüssen gepflegt wird, eine beträchtliche Basis in Minoritätenquartieren. Sowohl Befragungsdaten wie Wahlanalysen deuten darauf hin, daß die Existenz starker regulär-demokratischer politischer Clubs die Zustimmung für den Bürgermeister 1985 bei den Minderheiten vergrößerte. Eine 1988 durchgeführte Umfrage der

City University New York ergab, daß einer von acht schwarzen registrierten Demokraten einem politischen Club der Demokraten angehörte. Die Wahrscheinlichkeit, daß sie den Bürgermeister unterstützten, lag bei dieser Gruppe mehr als doppelt so hoch (31 %) als bei denen, die keinem Club angehörten (13 %).

3.2 Differenzen zwischen den potentiellen Herausforderern

In den achtziger Jahren zeigte sich Koch sehr viel geschickter als seine Kontrahenten, wenn es darum ging, die Spaltungen für sich zu nutzen, die sich im postindustriellen New York herausgebildet hatten. Die Feminisierung der Erwerbsbevölkerung, das Entstehen neuer Dienstleistungsberufe, die schleichende Revolution der Struktur privater Haushalte und die Immigration aus der Karibik bzw. Asien haben die Rassen- und Klassenkategorien fragmentiert, auf die sich politische Koalitionen bislang gegründet hatten. Diese Spaltungen hinderten Koch aber nicht, eine konservative dominante Koalition zu bilden – er profitierte sogar von ihnen. Die potentielle Opposition schwächten sie dagegen ganz erheblich. 1985 z. B. gelang es Koch, Schwarze gegen Weiße auszuspielen, Männer gegen Frauen und vermögende Immigranten gegen die im Lande geborenen Professionals und die Armen.

Die Schwarzen bemühten sich 1985 durchaus, potentiell oppositionelle Kräfte gegen Koch zu vereinigen, aber sie scheiterten damit. Dieser Fehlschlag ist ein gutes Beispiel dafür, wie die entstehenden Spaltungen gegen die potentiellen Herausforderer arbeiteten. Die Repräsentanten der Schwarzen in Manhattan entschlossen sich, einen schwachen schwarzen Kandidaten gegen Koch aufzustellen, statt entweder einen Puertoricaner, der mit ihrer Hilfe die Wahl gewonnen hätte, oder eine weiße Kandidatin zu unterstützen, die sich für sie engagierte. Ihr Kandidat erreichte dann schließlich einen kümmerlichen dritten Platz in den Vorwahlen und verlor gegen den Bürgermeister sogar in zehn der dreizehn hauptsächlich von Schwarzen bewohnten ADs. Dieses Debakel vertiefte die Klüfte zwischen Afro- und Lateinamerikanern, zwischen männlichen und weiblichen Leitfiguren, zwischen den schwarzen Repräsentanten von Manhattan und Brooklyn und zwischen schwarzen »Regulären« und schwarzen Reformern (Green/Wilson 1989, 105-108; Thompson 1990).

Das schlecht organisierte Einparteiensystem New Yorks hat

diese Fragmentierung der möglichen Herausforderer noch verstärkt. Martin Shefter beschreibt es folgendermaßen: »Obwohl die Fraktionierung die politische Kraft der rassischen Minderheiten New Yorks untergräbt, ist sie doch mehr ein Symptom als die eigentliche Ursache ihrer Schwäche. Dieser Faktionismus charakterisiert eine Politik, die unter den Bedingungen geringer Wahlmobilisierung stattfindet: Wenn sich Politiker nicht bemühen, ihre Kontrahenten durch größere Mobilisierung zu übertreffen, versuchen sie zu siegen, indem sie sie ausmanövrieren« (Shefter 1987, XV).

Neue Entwicklungen überlagern die alten Unterscheidungen von Rasse und Klasse. Die Zahl der im Lande geborenen Schwarzen und Puertoricaner nimmt ab, wogegen die Immigration der Westinder, Dominikaner und Asiaten zunimmt. Männlich dominierte Berufe wachsen nur langsam oder schrumpfen, während weibliche Berufe zunehmen. Diese Unterschiede zersplittern nicht nur potentiell rebellische Kräfte, sie haben auch einen fruchtbaren Boden geschaffen, auf dem die dominante Koalition teilen und herrschen kann. In dieser Hinsicht gleicht New York der Einpartenpolitik des Südens in den vierziger Jahren (Key 1949, Kap. 14).

Eine multivariante Analyse der Beziehungen zwischen der weißen, schwarzen und lateinamerikanischen Bevölkerung eines AD und der Wahrscheinlichkeit, mit der sie 1985 für weiße, schwarze und lateinamerikanische Kandidaten gestimmt haben, zeigt, wie einflußreich diese Beziehungen sein können. In weißen ADs wurden viele Stimmen für weiße, aber nicht für afro- oder lateinamerikanische Kandidaten abgegeben; in schwarzen ADs wurde gegen weiße Kandidaten abgestimmt, stark zugunsten der schwarzen, gegenüber den lateinamerikanischen Kandidaten verhielten sie sich indifferent; und in den lateinamerikanischen ADs wurde gegen die weißen Kandidaten und für die lateinamerikanischen gestimmt, und sie verhielten sich indifferent zu den schwarzen Kandidaten.

In den achtziger Jahren nahm also die politische Ungleichheit in New York *nicht* die Form simpler Ausgrenzung oder Demobilisierung an. Drei Ebenen der Spaltung innerhalb der Wählerschaft stärkten die dominante konservative Koalition 1985 und schwächten die Herausforderer: 1. Der enorme Beifall, den Kochs Politik zu ethnischen und rassenbezogenen Themen bei den weißen Wählern fand, gefördert von den Auswirkungen der durchgängig nach

Rassen polarisierten Stimmabgabe; 2. Unterschiede nach Ethnien, Rassen und Staatsangehörigkeit und zwischen schwarzen Regulären und schwarzen Rebellen förderten die Spaltungen innerhalb der schwarzen und der lateinamerikanischen Wählerschaft, die es dem Bürgermeister ermöglichten, bedeutende Unterstützung aufzubauen; 3. Uneinigkeit unter den weißen Liberalen, Afro- und Lateinamerikanern und die zersplitterte Führung dieser Wählergruppen machten die Bildung einer Koalition der Herausforderer zunichte.

4. Der Untergang der Koch-Koalition und der Aufstieg von David Dinkins – Die Vorwahl bei den Demokraten

Am 7. November 1989 wählten die Bewohner der Stadt New York ihren ersten afroamerikanischen Bürgermeister, David N. Dinkins, gegen einen weißen Kandidaten der Republikaner, Rudolph Giuliani, mit einer knappen Mehrheit von 43000 von insgesamt 1,78 Millionen abgegebener Stimmen. In den Vorwahlen hatte Dinkins den Bürgermeister Koch mit 51% zu 43% (es gab zwei weitere Kandidaten) geschlagen und wurde damit von den Demokraten nominiert. Sein Sieg stand in absolutem Kontrast zu dem Scheitern eines schwarzen Herausforderers vier Jahre zuvor. In der Wahl selbst vermochte Dinkins etwa 27% der nicht-lateinamerikanischen weißen Wählerschaft für sich zu gewinnen und 91% der schwarzen sowie 65% der lateinamerikanischen Wähler. Dieses Ergebnis erinnert an die liberale Koalition zweier Rassen, der John V. Lindsay seine Wiederwahl 1969 verdankte, aber es unterscheidet sich darin, daß die schwarzen Wähler und nicht die weißen Liberalen das Herzstück des Erfolgs waren (vgl. Tabelle 4). Dinkins' Sieg ist um so bemerkenswerter, als ein Jahr zuvor lediglich 40% der Wähler ihn gut genug zu kennen glaubten, um sich eine Meinung über ihn zu bilden.

Dinkins trat also als relativ Unbekannter an, stürzte einen sehr erfahrenen und angesehenen Bürgermeister und schlug dann einen hochangesehenen Staatsanwalt in einem Wahlkampf, der denkwürdig wegen Guilianis aggressiver Attacken war. Nur Tom Bradleys Aufstieg in das Bürgermeisteramt in Los Angeles ist damit vergleichbar, und der hatte zuvor schon einmal einen beachtlichen

Tabelle 4   Die liberale Koalition bei den Bürgermeisterwahlen
in New York City
(1969 und 1989)

| | 1969 | | 1989 | |
	Wähler	Lindsay	Wähler	Dinkins
Weiße	79%	42%	56%	27%
Katholisch	43%	21%	24%	18%
Jüdisch	30%	44%	18%	35%
Schwarze	15%	83%	28%	91%
Latinos	6%	67%	13%	65%
Sonstige	-	-	3%	33%
gesamt	-	44%	-	50%

Quellen: *1969 Louis Harris Associates Exit Poll; 1989 New York Times/
WCBS Exit Poll*

Wahlkampf um das Amt geführt, bei dem er starke Unterstützung
von den liberalen Weißen, vor allem Juden, erhielt, die in ihm den
Weg zur Macht sahen. In New York war die Situation entgegen-
gesetzt. Wie konnte Dinkins angesichts der Zersplitterung der
potentiellen Mitglieder einer Herausforderer-Koalition solch ein
überwältigendes Ergebnis erzielen?

Dinkins konnte die Zersplitterung zumindest zeitweilig überwinden. Er brachte verschiedene Fraktionen der politischen Führung der Schwarzen zusammen, konnte Schwarze und Lateinamerikaner zur Zusammenarbeit bewegen, bekämpfte die Rassenpolarisierung unter den Weißen, und schließlich gewann er auch die
Unterstützung der regulären demokratischen Parteiorganisationen, die großen Einfluß auf die afro- und lateinamerikanischen
Wähler von Bronx und Queens besitzen. Ironischerweise leistete
auch Bürgermeister Koch seinem Herausforderer Dinkins dabei
nicht unerhebliche Hilfestellung. Ein Korruptionsskandal, wachsende Bestürzung bei den weißen Liberalen über den Zustand der
Rassenbeziehungen und Jacksons Kampagne im Jahr 1988 – all dies
wirkte sich auf Dinkins' Ergebnis aus.

Anfang 1986 kam allmählich heraus, daß zwei der Bezirkspartei-
vorsitzenden, die in enger Verbindung zu Koch standen (Stanley

Friedman aus der Bronx und Donald Manes aus Queens), ihren Einfluß bei Koch benutzt hatten, um aus Verträgen der Stadt mit privaten Parkplatzvermietern Geld zu unterschlagen, aus der Zuteilung von Konzessionen für Kabelfernsehen Schmiergelder zu beziehen und den Auftrag zum Kauf von Computern an eine Firma zu vergeben, an der beide insgeheim beteiligt waren. Die Untersuchung dieser Korruptionsfälle förderte immer neue Fälle ans Licht, die viele Personen aus dem engsten Umkreis des Bürgermeisters zu Fall brachten (Newfield/Barrett 1988).

Diese Vorfälle unterminierten das Ansehen des Bürgermeisters in der Öffentlichkeit und schwächten die regulären demokratischen Organisationen in Queens und der Bronx erheblich, die Koch 1985 einen erheblichen Anteil der afro- und lateinamerikanischen Stimmen gesichert hatten. 1989 waren viele der afro- und lateinamerikanischen Repräsentanten, die bis dahin den regulären Parteiorganisationen verbunden waren, bereit, Dinkins zu unterstützen. Vier Jahre zuvor wäre das nicht möglich gewesen.

In dieser Zeit erlebte New York eine Reihe von gewalttätigen Übergriffen zwischen den Rassen. 1986 hetzten weiße Jugendliche in Howard Beach in Queens einen Schwarzen, der eines Abends in ihrer Nachbarschaft aufgetaucht war, zu Tode. Im April 1989 verprügelte und vergewaltigte eine Bande von schwarzen Jugendlichen, die im Central Park auf Beute aus waren, eine weiße Investmentbankerin. Schließlich, kurz vor den demokratischen Vorwahlen im September 1989, ermordete eine Gruppe von weißen, vorwiegend italienischen Teenagern in Bensonhurst, Brooklyn, einen schwarzen Jugendlichen, der in das Quartier gekommen war, um sich ein gebrauchtes Auto anzusehen. Diese Ereignisse brachten viele New Yorker zu der Überzeugung, daß die Rassenbeziehungen sich verschlechterten.

Obwohl Koch eindeutig Stellung gegen die Täter von Howard Beach und Bensonhurst bezog, hörten viele Weiße aus seiner Kritik an Schwarzen und seiner unerschütterlichen Verteidigung der weißen Mittelklasse die implizite Botschaft heraus, daß er Weiße den Schwarzen vorzog. Letztendlich haben sich erhebliche Teile der weißen öffentlichen Meinung den Afro- und Lateinamerikanern in ihrer Wendung gegen Koch angeschlossen, und zwar sowohl wegen seiner Unfähigkeit, die Rassenbeziehungen zu verbessern, als auch wegen des Korruptionsskandals (Arian u. a. 1991, Kap. 4 und 6).

Aber auch das hätte noch nicht genug sein können, um Dinkins bei der potentiellen demokratischen Vorwählerschaft zum Sieg zu verhelfen, denn diese blieb in ihrer Mehrzahl weiß. Wenn ein beträchtlicher Anteil der nicht-lateinamerikanischen Weißen sich gegen einen schwarzen Kandidaten entschieden hätte, dann wäre Koch als Sieger aus der Wahl hervorgegangen. Dinkins durfte davon ausgehen, daß er die schwarzen Stimmen, die etwa 33 % der demokratischen Vorwählerschaft ausmachen, wenn sie stark mobilisiert werden, zusammen mit den lateinamerikanischen, etwa 10 %, auf sich vereinigen würde.

Jesse Jacksons New Yorker Vorwahlkampagne für die Präsidentschaft Anfang 1988 war entscheidend dafür, daß er die Stimmen von Afro- und Lateinamerikanern vereinigen konnte. Anders als 1984, als viele Regierungsmitglieder Walter Mondale gegenüber Jackson favorisiert hatten, unterstützten sie ihn 1988 beinahe alle. Ihnen folgten die Gewerkschaften der städtischen Angestellten und der Krankenhausbeschäftigten. Ihre Bemühungen zahlten sich aus. Obwohl der schwarze Bürgermeisterkandidat 1985 bloß 17 % der lateinamerikanischen Stimmen gewinnen konnte, bekam 1988 Jackson 70 %. Damit hatte er 43 % der Gesamtstimmenzahl der Vorwahl in New York City und die Mehrheit gegenüber Dukakis und Gore erreicht. Jacksons Sieg führte den schwarzen und lateinamerikanischen Führern den Vorzug der Kooperation vor Augen.

Als die anderen Bürgermeisterkandidaten in der demokratischen Vorwahlkampagne 1989 zurückblieben, wurde immer klarer, daß Dinkins gegen Koch die Hälfte der Stimmen gewinnen mußte. Zu diesem Zweck brauchte seine Kampagne eindeutig eine breitere Basis, als Jackson sie erreicht hatte, insbesondere unter den weißen Wählern und dort vor allem unter den relativ liberalen jüdischen Wählern. (Weiße Protestanten, ebenfalls liberal, machen nur etwa 5 % der New Yorker Wählerschaft aus.)

Da Dinkins durchweg pro-israelische außenpolitische Positionen und Anliegen der liberalen Juden unterstützt und sich vom Black-Muslim-Führer Louis Farrakhan und seinen Schmähungen der Juden distanziert hatte, konnte er an die Juden appellieren. Trotz des Risikos, von nationalistischen Teilen der schwarzen Bevölkerung kritisiert zu werden, unternahm Dinkins energische Anstrengungen, um weiße Wähler zu gewinnen. Er äußerte sich auch zugunsten der Frauenrechte, unterstützte Schwule und Lesben und präsentierte sich als den liberalsten aller Kandidaten. Und da Koch afro- und lateinamerikanische Stimmen brauchte, um die Wahl zu gewinnen, vermied er es, Dinkins allzu heftig anzugreifen. Schließlich erzielte Dinkins 51 % der Stimmen in der Vorwahl, Koch dagegen nur 43 %.

4.1 Die Wahl des Bürgermeisters

Die Wahl zu gewinnen, versprach noch schwieriger zu werden, als Koch zu schlagen. Der republikanische Kandidat Rudolph Giuliani hatte einen hervorragenden Ruf als Oberster Staatsanwalt für die Stadt New York. Er hatte korrupte Demokraten wie Stanley Friedman, Wall-Street-Kriminelle und Mafiabosse ins Gefängnis gebracht. Da die Wähler der Stadt Kriminalität und Drogen als die Schlüsselprobleme der Stadt ansahen, war er in einer idealen Position, um ihren Beifall zu erringen. Außerdem ist die Hälfte der New Yorker Einwohner im Wahlalter katholisch. Giuliani durfte also nicht nur auf den üblichen Anteil von 35 % der republikanischen Anhängerschaft zählen, er hatte auch gute Chancen, weiße Koch-Wähler der Mittelklasse durch Themen, Rasse und Ideologie abzuziehen. Dinkins konnte ebenso mit einem Kern von 35 % bis 38 % an schwarzen, lateinamerikanischen und weißen liberalen Wählern rechnen, aber damit fehlten immer noch 25 % bis 30 % der Stimmen, die gewonnen werden wollten. Die Gruppe der Wechselwähler gehörte überwiegend zur weißen Mittelklasse.

Aus Dinkins' Perspektive waren von dieser Wechselwählergruppe am ehesten jüdische Angehörige der mittleren und der unteren Mittelklasse, die an der städtischen Peripherie lebten, zu gewinnen. Diesen Wählern paßten einige von Dinkins' Freunden nicht, insbesondere Jesse Jackson, und darum bat Dinkins ihn, nicht weiter an seinem Wahlkampf teilzunehmen. Dinkins versuchte, sich sowohl als Mainstream-Demokrat wie als einziger Kandidat zu präsentieren, der die Rassen in der Stadt versöhnen und Probleme wie Obdachlosigkeit durch neue soziale Programme bewältigen könnte. Der erschreckende Gedanke an den Verlust der Macht versammelte die wichtigen Persönlichkeiten der Demokraten, angeführt von Bürgermeister Koch und Gouverneur Cuomo, und die Parteiorganisationen des Bezirks zu Dinkins' Verteidigung.

Tatsächlich versuchte Giuliani, die Koch-Koalition neu erstehen zu lassen, wenn auch in etwas konservativerer Form. Zu diesem Zweck unternahm er eine brutale Attacke wegen Dinkins' Versäumnis, bei der Offenlegung seiner finanziellen Verhältnisse Einkommensteuer-Rückzahlungen in den frühen siebziger Jahren anzugeben, und wegen eines schlecht dokumentierten Transfers von Anteilen der Inner City Broadcasting an seinen Sohn. Dinkins sollte mit den korrupten Demokraten identifiziert werden, die Giuliani gerichtlich verfolgt hatte. Während diese unerbittliche Negativpropaganda Dinkins' Rückhalt bei den Schwarzen unzweifelhaft stärkte und auch einige Weiße und Lateinamerikaner auf seine Seite trieb, kostete sie ihn einen großen Teil der weißen Wechselwählerschaft. An positiver Programmatik hatte Giuliani nicht viel zu bieten, aber indem er die Demokraten als korrupt und sich als Reformer hinstellte, bedrohte er implizit den Modus vivendi, auf den sich Immobilieninvestoren, Gewerkschaften und andere Großinteressen während der Regierungszeit der Demokraten mit der Stadtverwaltung geeinigt hatten.

Am Wahltag wandten sich abtrünnige Demokraten in rekordverdächtigen Zahlen Giuliani zu, insbesondere Juden, die in Gebieten wie Marine Park und Canarsie in Brooklyn oder Kew Gardens und Fresh Meadows in Queens lebten. Ebendiese Wähler hatten Michael Dukakis in New York zum Sieg über George Bush verholfen. Auch nicht-lateinamerikanische weiße katholische demokratische Wähler wurden in immensen Zahlen abtrünnig. Für Giuliani stimmten fünf von sechs weißen Katholiken und einer von vier Lateinamerikanern sowie über sechs von zehn jüdischen Wählern. Das hat beinahe gereicht, um Rudolph Giuliani zum nächsten Bürgermeister New Yorks zu machen.

Aber nicht ganz. Die Loyalität eines Kerns von weißen Liberalen, gewachsene Unterstützung durch Lateinamerikaner und die Solidarität der schwarzen Wähler ließen Dinkins ganz knapp als Sieger hervorgehen. Angespornt von Giulianis Angriffen beteiligten sich die Schwarzen in rekordverdächtigen Zahlen an der Wahl, vor allem in den zentralen Brooklyner Gebieten Bedford Stuyvesant und Crown Heights. Weiße Protestanten und weniger streng religiöse, liberale Juden aus Manhattan blieben Dinkins treu. Gentrifizierte Viertel wie Chelsea, Greenwich Village, SoHo und Park Slope in Brooklyn stimmten zu zwei Dritteln für Dinkins. Und schließlich stimmten die Lateinamerikaner trotz ihres Katholizismus und ihres Konservatismus mit mehr als sieben von zehn abgegebenen Stimmen für Dinkins. Ihre Wahlbeteiligung war jedoch niedrig und ihr Anteil an der Gesamtstimmenzahl betrug nur 10%. Auch das Geschlecht war eine wichtige Kategorie. In jeder demographischen Gruppe gibt es mehr weibliche als männliche Wähler. Im Vergleich mit Giuliani galt Dinkins eindeutig nicht nur als Kandidat, der den Frauen die Entscheidung über eine Abtreibung überlassen will, sondern wurde auch mit Kategorien wie »für Kinder«, »für Elternschaft« und »für Bildung« identifiziert. In jeder ethnischen Gruppe war die Wahrscheinlichkeit der Unterstützung für Dinkins bei Frauen etwas höher als bei Männern.

5. Schlußbetrachtung

Bedeutet die Amtseinführung von David Dinkins am 1. Januar 1990 einen grundsätzlichen Wandel der Strukturen politischer Ungleichheit, die New York City während des größten Teils der siebziger und achtziger Jahre charakterisierte? Unter einem wichtigen Aspekt muß man die Frage bejahen. Schwarze, Lateinamerikaner und liberale Weiße, die sich bestenfalls an der Peripherie der bisherigen dominanten Wählerkoalition fanden, sind zentrale Bestandteile der neuen. Dinkins hat mit seinen Ämterbesetzungen diese Wählerschaften zu berücksichtigen versucht, sie werden besseren Zugang zur Macht und höheren Einfluß haben als bisher. Dinkins' Wahl hat die Integration von Minoritäten und Liberalen in New York City eindeutig verbessert.

Nun allerdings, da Dinkins Bürgermeister ist, muß er regieren. Er muß nicht nur die disparaten Elemente seiner Wählerkoalition zusammenhalten, sondern auch Arbeitsbeziehungen mit den wichtigen institutionellen Kräften der Stadt herstellen. Sein knapper Sieg, das Weiterbestehen der Spaltungen, die die Organisation einer Herausfordererkoalition früher so schwermachten, und die immense ökonomische, soziale und kulturelle Distanz zwischen Dinkins' Wahlbasis und den entscheidenden Machtinhabern würden es ihm auch unter den besten Bedingungen erschweren, die Ungleichheiten in der postindustriellen Stadt direkt zu bekämpfen. Das Ausmaß der Finanzkrise, die dem Abschwung der lokalen Ökonomie nach dem Zusammenbruch in der Wall Street im Oktober 1987 folgte, hat ihn bisher an einem derartigen Versuch gehindert.

Zugleich ist die Verwaltung der Stadt New York aber relativ zentralisiert, und ihr Bürgermeister besitzt potentiell den Zugriff auf umfängliche Ressourcen und regulierende Kräfte. Die Herausforderung, mit der die neue Verwaltung sich konfrontiert sieht, ist es, diese zu nutzen, um die Neuverteilung der politischen Macht auf eine stabile Grundlage zu stellen. Im Frühjahr 1991 wurden die Bezirke für einen erweiterten Magistrat mit 51 Sitzen festgelegt. Wären in diesem Magistrat die Wählergruppen der Dinkins-Koalition besser repräsentiert, so würde das Dinkins sehr helfen.

Man darf auf keinen Fall vergessen, daß sowohl Kochs als auch Dinkins' Wählerkoalition Bemühungen repräsentieren, eine politische Mehrheit aus typisch postindustriellen Elementen zu fügen. Sie können nicht auf simple Klassen- oder Rassendichotomien reduziert werden, wie z. B. weiße Mittelklasse gegen eine afro- und lateinamerikanische Arbeiterklasse. Die postindustrielle Transformation läßt Rassen- und Klassenkategorien wie »schwarz« oder »Arbeiterklasse« zusammenbrechen, auf denen die amerikanische Politik einen großen Teil der Zeit nach dem Zweiten Weltkrieg beruhte. Das Wachstum der Dienstleistungen, der Verfall der traditionellen Industrien und die sich wandelnde Arbeitswelt bewirken fundamentale Veränderungen der Klassenstruktur. Immigration, die neue Rolle der Frauen in der Erwerbsbevölkerung, die Veränderungen der Familie und die Herausbildung postindustrieller Wertsysteme verändern soziale Zusammensetzung und soziale Organisation der Bevölkerung. Die Überschneidung dieser beiden Entwicklungen hat eine qualitativ neue Arbeitsteilung unter den Aspekten Rasse, Ethnie, nationale Herkunft und Geschlecht hervorgebracht. Keine Wählerkoalition kann zu einer Mehrheit werden, solange sie sich nicht auf ein wirkliches Verständnis der damit verbundenen neuen Spaltungslinien gründet. Kochs Mobilisierungsbemühungen zielten auf das zahlenmäßig abnehmende, aber ökonomisch aufsteigende Bevölkerungssegment, nämlich die weiße Manager- und Professional-Schicht, die gewerkschaftlich organisierten Teile bestimmter Industrien, und Teile der zunehmenden, aber ökonomisch untergeordneten Bevölkerung, vor allem die Lateinamerikaner.

Auch Dinkins muß sich um eine klassenübergreifende Koalition bemühen, nicht nur um wiedergewählt zu werden, sondern um regierungsfähig zu sein. Im Gegensatz zu Koch versuchte er, die außerhalb der hochentwickelten Unternehmensdienstleistungen beschäftigten Arbeiter der Minderheiten mit den weißen liberalen Professionals zu vereinen, die in der umfänglichen Stadtverwaltung, im gemeinnützigen Bereich und den sozialen Dienstleistungen beschäftigt sind. Mit knappem Vorsprung gelang ihm das auch. Allerdings muß er dieses knappe Mandat durch die Unterstützung der mächtigen privaten Institutionen stärken, von denen seine Regierungsfähigkeit abhängt. Er muß außerdem die Macht der Verwaltung so verwenden, daß sie sowohl seine Wahl- wie seine Regierungskoalition stärkt.

Die wichtigsten Institutionen, auf die er sich zum Nutzen seiner Wählerkoalition stützen kann, sind die sozialen Einrichtungen, die Gewerkschaften des öffentlichen Dienstes und die Demokratische Partei. Sie alle sind stark auf staatliche Förderung angewiesen. Da die Stadt seit dem Einsetzen der Rezession 1989 unter wachsenden Finanzproblemen leidet, war Dinkins zu der Entscheidung gezwungen, entweder seinen Freunden zu helfen (durch Steuererhöhungen, um günstige Tarifabkommen zu ermöglichen und Entlassungen zu minimieren) oder die Abwendung des privaten Sektors und der weißen Mittelklassenbevölkerung zu vermeiden (die Steuererhöhungen so gering wie möglich halten wollen). Das hat zu erheblichen Spannungen innerhalb seiner Regierung geführt. Seine Reaktionen darauf haben den Anschein erweckt, daß Dinkins eine klare Strategie zur Lösung der Finanzkrise fehlt und er statt dessen zwischen den Polen hin- und herspringt. Hinter diesen Spannungen lauert die Möglichkeit, daß die Staatsregierung und die Privatwirtschaft eingreifen und dem Bürgermeister die Kontrolle über die städtischen Finanzen entreißen, wie sie es 1975 schon einmal getan haben.

Anfang des Jahres 1992 waren die Prognosen für die Regierung Dinkins nicht günstig. Ein Teil seiner Wählerschaft war verärgert, weil der Bürgermeister die Mittel für ihre Programme gekürzt hat und keine Lohnerhöhungen gewähren konnte. Andererseits finden seine Wähler aus der Geschäftswelt, daß er den Haushalt nicht genügend gekürzt, aber die Steuern zu stark erhöht hat. Es ist nicht übertrieben, festzustellen, daß die politische Entwicklung der Stadt New York davon abhängt, wie Bürgermeister Dinkins diese prekäre politische Situation bewältigen wird.

1 Dieses Kapitel stellt eine gründliche Überarbeitung von Mollenkopf 1991 dar.

2 1980 fanden sich von den zwanzig größten zentralen Städten zehn (New York, Chicago, Philadelphia, Baltimore, Washington, Indianapolis, Milwaukee, Columbus, Boston und Cleveland) im nordöstlichen Quadranten der Vereinigten Staaten. Indianapolis, Milwaukee, Columbus und Washington hatten nicht-lateinamerikanische weiße Populationen von 70% oder mehr. Von den verbleibenden sechs Städten hatte lediglich New York bis 1989 keinen schwarzen Bürgermeister gewählt. Baltimore hatte erst 1987 mit Kurt Schmoke einen schwarzen Bürgermeister gewählt, und nach dem Tod des ersten schwarzen Bürgermeisters von Chicago, Harold Washington, wurde der Weiße Richard Daley Jr. sein Amtsnachfolger.

3 Falcon 1988, 379. Die lateinamerikanische Bevölkerung ist auch viel weniger segregiert und konzentriert als die schwarze, und hat es daher schwerer, Sitze im Senat oder Magistrat zu gewinnen.

Neil Smith
Gentrification in New York City[1]

In seinem immer noch einflußreichen Essay über *Die Bedeutung der Grenze in der amerikanischen Geschichte*, 1893 verfaßt, schrieb Frederick Jackson Turner: »Die amerikanische Entwicklung ist nicht einfach in einer Richtung verlaufen, sondern vollzog sich unter Rückkehr zu primitiven Bedingungen auf einer ständig vorangeschobenen Grenzlinie und brachte neue Entwicklung für dieses Gebiet. Die soziale Entwicklung Amerikas hat im Grenzgebiet immer wieder von vorn begonnen. ... In diesem Voranschreiten ist die Grenze der vordere Rand der Welle – der Punkt, an dem Wildheit und Zivilisation aufeinanderprallen. ... Die Wildnis wurde durchdrungen von immer zahlreicheren Vorstößen der Zivilisation« (Turner 1958).

Turner sah das Vorschieben der Grenze und das Zurückdrängen von Wildnis und Wildheit als den Versuch, einer abweisenden und feindlichen Natur Lebensraum abzuringen. Das beschränkte sich nicht auf räumliche Ausdehnung und graduelle Beherrschung der äußeren Welt, sondern für Turner lag darin auch eine zentrale Erfahrung, die die Einzigartigkeit des amerikanischen Nationalcharakters prägte. Wann immer die zähen Grenzpioniere die vorderste Linie weiter hinausschoben, wurde dem amerikanischen Besitz nicht nur neues Land einverleibt, sondern damit floß auch neues Blut durch die Adern des amerikanischen demokratischen Ideals. Jeder neue Vorstoß nach Westen, um die Natur zu unterwerfen, sandte mit der Demokratisierung der menschlichen Natur Wellen zurück nach Osten.

Im 20. Jahrhundert ist die Metaphorik von Wildnis und Grenze weniger für die Prärien, Berge und Wälder des Westens als für die städtischen Gebiete vor allem der Ostküste verwendet worden. Verglichen mit der Suburbanisierungs-Erfahrung erschien die amerikanische Stadt des 20. Jahrhunderts der weißen Mittelklasse als städtische Wildnis; sie war und ist für viele der Ort, an dem Verbrechen und Krankheit, Gefahr und Gesetzlosigkeit gedeihen, der Rohzustand menschlicher Natur. Genau dies war die Hauptangst einer Generation von Stadttheoretikern der Nachkriegszeit, und sie schlug sich in ihren Themen nieder: der »Pesthauch« der Stadt und ihr »Verfall«, die »soziale Misere« der Innenstadt, die »Pathologie« städtischen Lebens, kurz, die unheilige Stadt (Banfield 1968). Die Stadt wird zur Wildnis oder zum Dschungel (Long 1971; Sternlieb 1971; Castells 1976). Anschaulicher als die Nachrichtenmedien oder sozialwissenschaftliche Theorie machte Hollywood aus diesem Thema ein ganzes Genre von »Asphaltdschungel«-Produktionen, angefangen bei *Westside Story* und *King Kong* bis hin zu den *Warriors* und *Fort Apache, the Bronx* (deutscher Titel: *Bronx*). Während diese Darstellung der Stadt als Wildnis und Dschungel in den fünfziger und sechziger Jahren durch und durch antiurbane Züge trug, hat die Herausbildung der Gentrification inzwischen die Metaphorik der Grenze in eine Reihe mächtiger prourbaner Codes verwandelt.

Gentrification ist der Prozeß, in dessen Verlauf zuvor verwahrloste und verfallene innerstädtische Arbeiterviertel für Wohn- und Freizeitnutzungen der Mittelklasse systematisch saniert und renoviert werden. Seit in den sechziger Jahren mit der Sanierung alter städtischer Kerngebiete begonnen wurde, hat sich die Gentrification in den amerikanischen Städten weit ausgebreitet. In manchen ist sie auf einige innerstädtische Enklaven beschränkt, während sie in anderen, wie z. B. New York City, Baltimore oder San Francisco, soviel Triebkraft entwickelte, daß sie die Investitionen in den innerstädtischen Wohnungsmarkt dominierte. Wenn sie auch nirgends so dominant oder verbreitet war wie die suburbane Expansion, ist im Zuge der Gentrification doch eine Reihe von mächtigen, neuartigen Prozessen zu beobachten, die – weil sie den früheren Annahmen über die unaufhörliche, nach außen gerichtete Bewegung der städtischen Entwicklung widersprechen – deutlich sichtbar und symbolisch für eine neue Urbanität geworden sind (Smith 1992). Um die darauffolgende Expansion einer Mittel- und oberen Mittelklassenpopulation in den städtischen Kern zu beschreiben, wurde auf eine viel optimistischere Grenzmetaphorik zurückgegriffen. In der Sprache der achtziger Jahre sind Stadt-Pioniere, Stadt-Siedler und Stadt-Cowboys die neuen Helden der städtischen Grenze. Es gibt sogar »Stadt-Pfadfinder«, die die potentiell lukrativen Bezirke aufspüren, die »demnächst fällig« sind. Die gentrifizierte Stadt offenbart den Optimismus, die Romantik und die gewinnverheißenden Aussichten der Grenze.

Nirgends ist dieser Grenzoptimismus so stark eingesetzt worden, um Gentrification als eine progressive, sozial segensreiche Wandlung darzustellen, wie in New York City. Wie wir noch sehen werden, sind die Ursprünge und die Folgen der Gentrification viel bedenklicher, tiefer verwurzelt und problematischer, als solcher Optimismus vermuten läßt. In diesem Beitrag möchte ich die Praxis der Gentrification in New York, vor allem in der Lower East Side, untersuchen. Ich möchte die Ursachen und die Entwicklung der Gentrification in diesem Viertel beleuchten und den Zusammenhang zwischen Gentrification als einem sozialen, ökonomischen und geographischen Prozeß in der Stadt und ihrer öffentlichen Darstellung in der Bilderwelt der Grenze untersuchen. Zunächst soll jedoch ein breiterer Überblick über den Prozeß der Gentrification in New York City ins Thema einführen, und bevor ich mich der Lower East Side zuwende, möchte ich noch einige allgemeine Bemerkungen zu den Ursachen der Gentrification und der Bedeutung der Desinvestitionsprozesse machen.

1. Geographischer und historischer Überblick

Gentrification in New York City begann in den späten fünfziger und frühen sechziger Jahren als ein durchaus idiosynkratischer Prozeß. Während der Nachkriegszeit hatten zwei Prozesse die städtische Umgestaltung bestimmt: suburbane Investition und Expansion am Stadtrand sowie zunehmende Desinvestition und Verfall im städtischen Kern. Die früheste Gentrification zeigte sich in der sporadischen Renovierung von Wohnungen und Gebäuden meist in und um Greenwich Village, als sich dieses traditionelle Quartier der Bohème in den späten fünfziger Jahren zum Sammelbecken einer entstehenden Gegenkultur entwickelte. Etwa zur selben Zeit wurden im Rahmen des West Side Renewal Plan – ein öffentlich geförderter Stadterneuerungsplan – am südlichen Ende der Upper West Side mehr als ein Dutzend verwahrloster Apartmentblocks abgerissen und dabei mehr als 10000 Personen verdrängt. An dieser Stelle fanden dann eine Konzerthalle, ein Opernhaus und mehrere Hochhäuser mit Wohnungen für mittlere Einkommensgruppen (Lincoln-Center) ihren Platz. Diese Investition öffentlicher Mittel stimulierte eine langfristige private Reinvestition, die sich während der nächsten 30 Jahre auf die gesamte Upper West Side ausdehnte. Die charakteristische Brownstone-

Bebauung dieses Gebietes, die zumeist aus dem Bauboom der Jahre 1877 bis 1893 stammt, bot einen idealen baulichen Zustand für profitable Umgestaltung.

Die Gentrification, die in den späten fünfziger Jahren im Village begann, dehnte sich in den Sechzigern in angrenzende Nachbarschaften aus, zunächst ins West Village, dann südlich nach SoHo. SoHo war ein wichtiges Industrie-, Handels- und Lagerhausgebiet für den Hafenbetrieb Manhattans gewesen, verlor aber diese Funktion, als Hafenaktivitäten und Industrie in die äußeren Stadtbezirke und Vororte abwanderten. Die aufgegebenen Industrieflächen hatten in den frühen sechziger Jahren ein paar Künstler angelockt, doch ein von Rockefeller initiierter Erneuerungsplan drohte das Gebiet aufzuwerten und neu zu erschließen, u. a. durch ein Netz von Stadtautobahnen, die New Jersey, Manhattan und Brooklyn verbinden sollten. Nach einer öffentlichen Auseinandersetzung, die nicht bloß Künstler und Investoren, sondern auch verschiedene Fraktionen der lokalen herrschenden Klasse gegeneinander aufbrachte, entschied sich die Stadtverwaltung, die bauliche Umgebung von SoHo als besonderes Künstlerviertel zu erhalten und die Zuwanderung von Künstlern anzuregen (Zukin 1982; Jackson 1985). Ebenfalls in den sechziger Jahren erschienen die ersten Anzeichen von Gentrification auf der anderen Seite des East River in Brooklyn Heights und Park Slope.

Bis in die frühen siebziger Jahre, als die nationale und die internationale Ökonomie in eine schwere Depression gerieten und New York City in einer tiefen Finanzkrise zahlungsunfähig wurde, war Gentrification noch eine vergleichsweise isolierte Neuheit auf dem Wohnungsmarkt der Stadt. Sie war ein sporadischer Prozeß und begrenzt auf eine relativ kleine Zahl von Quartieren. Aber nach der wirtschaftlichen Rezession und der Finanzkrise vollzogen sich in der Restrukturierung der Raumökonomie New Yorks in den späten siebziger Jahren zwei bedeutende Veränderungen. Erstens häuften sich Auftreten und Verbreitung der Gentrification dramatisch. Neue Bürogebäude um das Finanzzentrum im südlichen Manhattan und Wall Street – vor allem das 1974 eröffnete World Trade Center – ließen dort neue Ausgangspunkte der Gentrification entstehen: in Tribeca, das SoHo und Greenwich Village mit Wall Street verbindet; in Chelsea und um den Union Square bis zum nördlichen Teil der 14. Straße; und in der Lower East Side. In der Upper West Side breitete sich der Prozeß über sein ursprüngliches Kerngebiet nach Norden aus und zeigte sich in Morningside Heights um die Columbia University; auf der anderen Seite des Central Park faßte er Fuß in Yorkville, nördlich der bereits vornehmen Upper East Side. Hoboken, New Jersey, auf der anderen Seite des Hudson River, das lange eine verwahrloste Arbeiterstadt gewesen war, erlebte anhaltende Reinvestition und Zuwanderung in den späten siebziger Jahren (Bierbaum 1980; Barry/Derevlany 1987). In Brooklyn waren es Boerum Hill (Kasinitz 1987), Fort Greene, Clinton Hill (Hinds 1987) und andere Nachbarschaften, die gegen Ende der Siebziger die Anfänge der Gentrification erlebten. In den achtziger Jahren war dann sogar gegen alle Vermutung in Vierteln wie Harlem (Schaffer/Smith 1986), Washington Heights und Hell's Kitchen[2] ein Vordringen der Gentrification zu beobachten.

Die Ausdehnung der Gentrification in den späten siebziger und den achtziger Jahren brachte eine qualitative wie quantitative Verschiebung in ihrer Bedeutung mit sich. Das Phänomen florierte nicht nur in einem Netz innerstädtischer Nachbarschaften, sondern es wurde Bestandteil einer größeren sozialen, ökonomischen und geographischen Restrukturierung der Stadt. Es handelte sich nicht länger um eine bloß episodische, merkwürdige Erscheinung auf dem Wohnungsmarkt, sondern Gentrification wurde zunehmend zu einer zentralen Komponente einer tiefergreifenden städtischen Transformation im Zusammenhang mit – wie immer man es bezeichnen will – Postindustrialismus, Postfordismus oder Postmoderne. Gleichzeitig erweiterte sich die Reihe der zur Gentrification gehörenden Prozesse, als Sanierung von Wohnkomplexen, Neubau von Apartmenthäusern, genossenschaftliche Renovierung, Freizeitkooperativen zur informellen Instandsetzung und viele andere Formen der »Erneuerung« die Wohnbereiche der Innenstadt umgestalteten. Eng verknüpft mit New Yorks Schicksal als Weltstadt auf eine Weise, die in den siebziger Jahren nicht vorausgeahnt werden konnte, hatte sich die Gentrification mit den Grundstücks- und Wohnungsmärkten herausgebildet und umfaßte nun eine breite Skala von miteinander verflochtenen Prozessen, die die einfache Sanierung ergänzten.

Diese Verschiebung wird am deutlichsten durch die Battery Park City symbolisiert, eine gänzlich neue Bebauung an der südwestlichen Spitze der Insel Manhattan, angrenzend an Wall Street und das World Trade Center (Fainstein 1992). Das ökonomische und architektonische Herzstück dieser Anlage bildet ein Bürogebäudekomplex, World Financial Center genannt, in dem von 1983 bis 1989 etwa 850000 qm neuer Büroflächen verfügbar wurden. Es wird dominiert von Finanzkonzernen wie American Express und Merrill Lynch. Aber Battery Park City, mit riesigen städtischen und bundesstaatlichen Subventionen von Olympia and York errichtet – einem kanadischen Immobilieninvestor, der auch für die Canary Wharf in den Londoner Docklands verantwortlich zeichnet –, repräsentiert eine funktional integrierte Umgebung. Gegen Ende der achtziger Jahre waren mehr als 6000 Wohneinheiten für einkommensstarke Eigentümer und Mieter fertiggestellt; neue Geschäfte, Restaurants und Bars wurden eröffnet; die Straßen mit Kopfsteinen gepflastert. Nirgendwo in New York tritt die globale und lokale Tendenz zur Gentrification so deutlich in Erscheinung wie in der vollkommen künstlichen, auf einer Aufschüttung errichteten Landschaft der Battery Park City.

Als Gentrification immer stärker in die gesamte städtische Restrukturierung integriert wurde, wandelte sich auch das Profil der Zuwanderer in gentrifizierten Nachbarschaften. Früher konnten sie hauptsächlich nach zwei Kategorien unterschieden werden: eindeutig zur oberen Mittelklasse gehörende Personen, die durchaus ihr suburbanes Haus behalten haben mögen, aber von der »hohen« Kultur der Innenstadt angelockt wurden, und andererseits Personen, die auf verschiedene Weise mit sogenannten gegenkulturellen Aktivitäten zu tun hatten – Künstler, Studenten, Schauspieler, Lehrer, Architekten – und mehr von den populären Kulturen der Stadt angezogen wurden. Erst in den späten siebziger Jahren begann die Gentrification beachtliche Zahlen von hochqualifizierten Beschäftigten aus den Unternehmensdiensten, den Finanz- und öffentlichen Sektoren anzuziehen – die sogenannten Yuppies. Gentrification wurde erst in den achtziger Jahren ein Mittelklassenphänomen, als die Anzahl junger, aufsteigender Professionals die beiden bisherigen Gruppen der Zuwandererpopulation übertraf.

Zwar fehlen Hinweise darauf, daß die Rezession von 1980 bis 1982 das Tempo und die Ausdehnung der Gentrification in New York City stark beeinflußt hat, aber der Börsenkrach von 1987 und die anschließende ökonomische Depression seit 1990 führten zu einem deutlichen Rückgang der entsprechenden Aktivitäten. 1991 begannen die Propagandisten eines neuen urbanen Traums, die den

Überschwang der Achtziger ernst genommen hatten, das angebliche »Ende der Gentrification« zu beklagen, ja sogar den Beginn einer »Degentrification« (Bagli 1991). Tatsächlich war der Rückgang der Gentrification ungleichmäßig. An marginaleren, abgelegeneren Orten wie Harlem kam der Prozeß völlig zum Stillstand, während in der Lower East Side und anderswo der innerstädtische Wohnungsmarkt zwar schrumpfte, aber doch einige Gentrifizierungsaktivitäten weitergeführt wurden. Eine fundiertere Einschätzung, die sowohl theoretisch wie empirisch belegt werden kann, deutet darauf hin – wie wir noch sehen werden –, daß Gentrification als Determinante des New Yorker Wohnungsmarktes trotz der ökonomischen Depression keineswegs verschwunden ist.

2. Die Entlarvung der Grenzideologie

Die ökonomische Geographie der Gentrification in New York City – die räumliche Ausbreitung des Prozesses von mehreren Keimzellen aus – bietet sich für die Grenzmetaphorik an. Hell's Kitchen wurde in einer Immobilienannonce mit dem »Wilden Wilden Westen« verglichen und die Lower East Side als eine »Neogrenze« (Levin 1983) und als »Indianerland« (Charyn 1985) beschrieben. Und das ist keine harmlose Metaphorik, sie ist vielmehr eindeutig sozial befrachtet. So wie Turner die Existenz der Ureinwohner Amerikas wahrnahm und sie als Teil einer grausamen Wildnis ansah, so behandelt die zeitgenössische urbane Grenzmetaphorik die gegenwärtigen Innenstadtbewohner implizit als ein natürliches Element ihrer physischen Umgebung und damit als faktisch nicht vorhanden. Die Bezeichnung *»urban pioneer«* ist genauso arrogant wie der ursprüngliche Begriff des Pioniers, denn sie geht von einer Stadt aus, die noch nicht von Menschen bewohnt ist; wie die eingeborenen Amerikaner wird die gegenwärtige städtische Arbeiterklasse als nicht-sozial betrachtet, als eine physische Bedrohung, die von der Umgebung ausgeht. Turner machte das explizit, als er die Grenze den »Punkt, an dem Wildheit und Zivilisation aufeinanderprallen«, nannte, und obwohl das heutige Grenzvokabular der Gentrifizierung kaum so deutlich ist, behandelt es die Innenstadtbevölkerung recht ähnlich (Stratton 1977). Ein angesehener Wissenschaftler ging sogar so weit zu behaupten, in gentrifizierenden Quartieren sollte man zwischen einer *civil* *class* und einer *uncivil class* unterscheiden (Clay 1979, 37 f.). Es gibt noch weitere Parallelen. Für Turner ist die geographische Ausdehnung nach Westen mit der Entstehung des Nationalgefühls verbunden. Eine ebenso spirituelle Hoffnung drückt sich in der Propaganda aus, die Gentrification als die vorderste Front einer städtischen Renaissance Amerikas in den siebziger und achtziger Jahren hinstellte. Wenn es nach einer Bundespublikation geht, offenbart sich im historischen Bezug der Gentrification das »psychologische Bedürfnis, Erfolge der Vergangenheit neu zu durchleben, weil es in den letzten Jahren so viele Enttäuschungen gab – Vietnam, Watergate, die Energiekrise, Umweltverschmutzung, Inflation, hohe Zinsen usw.« (Advisory Council on Historic Preservation 1980, 9).

Bisher hat niemand ernsthaft angeregt, James Rouse (den amerikanischen Investor, auf dessen Konto viele der auffälligen Malls, Plazas, Märkte und Touristenarkaden in den amerikanischen Innenstädten gehen, wie z. B. Harbor Place in Baltimore oder in New York der South Street Seaport) als den John Wayne der Gentrification zu betrachten, aber ein solcher Vorschlag würde einem großen Teil der gegenwärtigen Metaphorik durchaus entsprechen. Letztendlich dient diese Grenzmetaphorik der Rationalisierung und Legitimierung eines Eroberungsprozesses, sei es nun im Wilden Wilden Westen des 19. oder der Innenstadt des 20. Jahrhunderts.

Aber wie bei jeder Ideologie gibt es reale, wenn auch voreingenommene und verfälschte Begründungen für die Einordnung der Gentrification als neue, städtische Grenze. In diesem Grenzbegriff sehen wir eine vielsagende Verknüpfung ökonomischer, geographischer und historischer Dimensionen von Entwicklung. Die Grenze war gleichzeitig ein geographischer Ort, ein Zeichen in der Landschaft, der wegweisende Vorposten der ökonomischen Entwicklung und ein Symbol des historischen Schicksals. Im 19. Jahrhundert war die Expansion der geographischen Grenze in den USA und anderswo zugleich eine ökonomische Expansion des Kapitals. Der rauhe Individualismus allerdings, der die kulturelle Substanz des Grenzmotivs ausmacht, ist in einer Hinsicht ein Mythos: Turners Grenze wurde weniger von einzelnen Pionieren und Siedlern als von Banken, Eisenbahngesellschaften, dem Staat und anderen Spekulanten nach Westen vorgetrieben (Swierenga 1968; Slotkin 1985; Wyckoff 1988). Während dieser Phase wurde die ökonomische Ausdehnung teilweise durch absolute geographische Expansion vorbereitet, d. h., wirtschaftliche Expansion setzte eine Ausweitung des geographischen Einflußbereiches voraus, in den die Wirtschaftstätigkeit vordrang.

Der Zusammenhang zwischen ökonomischer und geographischer Entwicklung und dem angeblichen historischen Schicksal hat sich erhalten – was die derzeitige Gebräuchlichkeit der Grenzmetaphorik erklärt –, zeigt sich aber in völlig anderer Form. Was die räumliche Basis angeht, so vollzieht sich ökonomische Expansion heutzutage nicht durch geographische Expansion, sondern durch die innere Differenzierung geographischer Räume (Smith 1982, 1990). Die heutige Raumproduktion – geographische Entwicklung – ist daher ein kraß ungleich verlaufender Prozeß. Gentrification, Stadterneuerung und die weiterreichenden, komplexeren Prozesse städtischer Umstrukturierung sind alle Teil der Redifferenzierung des geographischen Raumes auf städtischer Ebene. Und während ihre Basis mit der ökonomischen Expansion der Nachkriegszeit gelegt wurde, besteht ihre größere Wirkung heute in einer signifikanten Restrukturierung der städtischen Raumwirtschaft. Wie an der ursprünglichen Grenze sind dort, wo die »urbanen Pioniere« ihren Aktivitäten nachgehen, Banken, Immobiliengesellschaften, der Staat oder andere kollektive ökonomische Akteure gewöhnlich vor ihnen dagewesen. In diesem Zusammenhang scheint es angemessener, die James Rouse Company nicht als den John Wayne, sondern als die Wells-Fargo-Gesellschaft der Gentrification zu betrachten.

Der Grenzjargon verschleiert die Tatsache, daß die städtische Grenze vor allem anderen eine ökonomische Grenze ist. Von den sozialen, politischen und kulturellen Transformationen in den zentralen Stadtbereichen hängen die mit Gentrification einhergehenden Veränderungen im urbanen Leben und in der urbanen Erfahrung ab, aber sie werden auch so beschrieben, um die Tatsache zu verleugnen, daß Gentrification eine Profitabilitätsgrenze darstellt. Gentrification ist in einen größeren globalen Kontext eingebettet, und das wird deutlich an der enthusiastischen Sprache der Befürworter der städtischen Enterprise Zone; eine Idee, der die Regierungen Thatcher und Reagan in den achtziger Jahren den Weg bahnten (vgl. Anderson 1983). Hier soll nur einer ihrer Apologeten zitiert werden, Stuart Butler (ein britischer Ökonom, der für die Heritage Foundation, eine rechtsgerichtete amerikanische

Ideologiefabrik, arbeitet): »Man könnte behaupten, daß wenigstens ein Teil des Problems, dem sich viele städtische Bereiche heute gegenübersehen, in unserer Unfähigkeit liegt, die von Turner erläuterten Mechanismen (die kontinuierliche lokale Innovation) ... auf die innerstädtische Grenze zu übertragen. Die Städte erleben einen grundlegenden Wandel, und trotzdem werden die Maßnahmen zur Bewältigung dieser Veränderungen hauptsächlich von weit entfernten Regierungen verfügt. Wir haben nicht erkannt, daß sich in den Städten selbst Chancen ergeben könnten, und wir haben es ängstlich vermieden, lokale Kräfte in die Lage zu versetzen, sie zu ergreifen. Die Befürworter der Enterprise Zone wollen ein Klima herstellen, in dem der Grenzprozeß innerhalb der Stadt wirken kann« (Butler 1981, 3).

3. Alternative Erklärungen

Wenn die Ökonomie der städtischen Grenzausdehnung durch ihre spezifische ideologische Darstellung systematisch verschleiert wird, so scheint die vorrangige Aufgabe darin zu liegen, diese grundlegenden ökonomischen Prozesse aufzuspüren. Andernfalls würden die kulturellen Implikationen der Gentrification wie der Auseinandersetzungen um Gentrification systematisch und ideologisch verborgen bleiben. Man darf dabei nicht vergessen, daß es sich hier nicht um eine philosophische Argumentation für ein Primat der Ökonomie handelt; es ist eher so, daß Kultur und Politik der Gentrification nicht ohne Berücksichtigung einer sonst oft ausgeschlossenen ökonomischen Dimension verstanden werden können. Kurz gesagt, um die neue städtische Grenze zu erkennen, müssen wir eine verfälschte Geschichte durch die tatsächliche Geographie ersetzen. Die Verbindung mit einem weitreichenden Wandel in der sozialwissenschaftlichen Raumtheorie ist offensichtlich (vgl. Jameson 1984; Soja 1989; Harvey 1989).

Geographisch wie historisch entsteht Gentrification aus einer spezifischen Beziehung zwischen Desinvestition und Reinvestition. Desinvestition – der absolute oder relative Entzug von Kapital – ist ein notwendiger Vorläufer der Reinvestition, die Gentrification ankündigt. Desinvestition kann aktiv sein, z. B. wenn Banken Darlehen zum Kauf und Verkauf von Grundbesitz verweigern, oder wenn Vermieter und Eigentümer die notwendige

Unterhaltung und Instandsetzung von Gebäuden nicht mehr vornehmen, weil sie ihr Kapital lieber anders investieren. Aber Desinvestition kann auch eher passive Form annehmen, z. B. wenn Reinvestition, Unterhaltung und Instandsetzung zwar weitergeführt werden, aber in ihrem Umfang systematisch hinter diesen Aktivitäten in anderen Stadtteilen zurückbleiben. Das Resultat ist eine relative »Entwertung« des betroffenen Grundbesitzes und der jeweiligen Nachbarschaften.

Man kann sich die Gentrificationsgrenze als die Linie vorstellen, die Desinvestition von Reinvestition trennt. Vor dieser Grenzlinie bleibt der Grundbesitz durch die vielen unterschiedlichen Verhaltensweisen der Vermieter, Eigenheimbewohner, Finanzinstitute, der Mieter und des Staates weiterhin Desinvestition und Entwertung ausgesetzt. Nach mehreren Jahren können Desinvestition und Entwertung eine »Mietlücke« hervorbringen, d. h., die *tatsächlich* kapitalisierte Grundrente liegt bei gegenwärtiger Nutzung erheblich unter der *potentiellen* Grundrente, die an diesem Standort bei besserer und höherwertiger Nutzung erzielt werden könnte (Smith 1979a). Im Gegensatz dazu ist hinter der Grenzlinie an die Stelle der Desinvestition irgendeine Form der Reinvestition getreten. Wie reinvestiert wird, das kann erheblich variieren; es kann sich um private Sanierung von Wohnhäusern oder öffentliche Reinvestition in die Infrastruktur handeln, um unternehmerische oder andere private Investition in Neubauvorhaben oder um rein spekulative Investition, die wenig oder gar keine Veränderung der gebauten Umgebung mit sich bringt. So gedacht, repräsentiert die Grenzlinie den wegweisenden historischen und geographischen Vorposten der städtischen Restrukturierung und Gentrification.

Bei dieser Konzeptualisierung der Gentrification liegt ein Schwerpunkt auf den Mustern und Prozessen der Desinvestition. Desinvestition in der gebauten Umgebung ist noch kaum theoretisch erfaßt worden, dabei zeigt schon ein flüchtiger Streifzug durch die Lower East Side, Harlem, die South Bronx, durch East New York, Bedford Stuyvesant und viele andere New Yorker Quartiere, daß jahrzehntelange Desinvestition und ökonomische Zerstörung äußerst einschneidende Folgen für das New Yorker Erscheinungsbild hatten. Dies ist nicht der Ort für eine theoretische Exegese von Desinvestition; es muß der Hinweis genügen, daß unter den Wissenschaftlern, die sich mit diesem Prozeß auseinandergesetzt haben, Desinvestition meist (wenn auch auf sehr verschiedene Weise) als integraler Bestandteil des kapitalistischen Grundstücks- und Wohnungsmarkts angesehen wird (Sternlieb/ Burchell 1973; Harvey/Chaterjee 1974; Bradford/Rubinowitz 1975; Bartelt 1979; Lake 1979; Wolfe u. a. 1980; Salins 1981; Downs 1982). Geographisch hat sich Gentrification in der Innenstadt konzentriert, wo die ältere Bausubstanz der extensivsten und schwersten Desinvestition ausgesetzt war. In der Lower East Side und in Harlem sind Desinvestition und ökonomische Zerstörung seit dem ersten Jahrzehnt des 20. Jahrhunderts zu beobachten; in der South Bronx setzte dieser Prozeß später (in den fünfziger Jahren) ein; in Greenwich Village und der Upper West Side ist Desinvestition weder so systematisch noch so anhaltend wie in den anderen Quartieren aufgetreten. In allen Fällen stand der innerstädtischen Desinvestition die gewaltige suburbane Investition und Expansion gegenüber.

Anders ausgedrückt: Vor der Gentrification verliefen Kapitalinvestition und -desinvestition geographisch und sozial weitgehend getrennt und waren jeweils in den Vororten bzw. der Stadt zu finden. Langfristige Desinvestition in einem städtischen Quartier – die Kehrseite der suburbanen Expansion – führte zu Verfall der Bausubstanz und, im schlimmsten Falle, zu großflächiger Aufgabe von Gebäuden. In den frühen achtziger Jahren waren volle 25 % der Wohneinheiten im zentralen Harlem verlassen, die Lower East Side kam auf etwa die Hälfte dieser Quote. Aber Desinvestition bereitete auch die Bedingungen für Reinvestition vor – vor allem schnell verfügbare, billige Grundstücke an sehr zentralen Standorten. Im typischen Fall umfaßt der Prozeß nicht sofort eine ganze Nachbarschaft, sondern die »Grenze der Profitabilität« dringt zunächst in die Randgebiete der desinvestierten Nachbarschaften vor, wo die Nähe zu stabileren Wohnungsmärkten der Reinvestition etwas von ihrem Risiko nimmt. Von den Rändern breitet sich die Gentrification-Grenze dann normalerweise nach innen aus.

Um den Grenzverlauf zu bestimmen, muß man zunächst den Umkehrpunkt herausfinden, an dem Desinvestition von Reinvestition abgelöst wird. In der Geschichte der Nachbarschaften zeigen sich nicht immer deutliche Umkehr- oder Wendepunkte. Viele Quartiere werden relativ beständig mit den notwendigen Mitteln für Reparaturen, Instandhaltung und Gebäudeverkauf versorgt und bleiben daher von dauerhafter Desinvestition und Verfall verschont. In anderen, die bereits eine Phase der Desinvestition erlebt haben, wird nicht wesentlich in den vorhandenen Gebäudebestand reinvestiert. Wenn allerdings Gentrification in einem Quartier beginnt, gibt es solch einen Umschwung. Will man die Gentrification-Grenze aufspüren, dann muß man einen Indikator entwikkeln, der diesen Wendepunkt in einer gegebenen Nachbarschaft erfaßt und damit das deutlichste Anzeichen für den einsetzenden umfassenderen Gentrificationsprozeß liefert. Wenn man spezifische zeitliche Wendepunkte identifiziert und diese für die gesamte Nachbarschaft generalisiert, wird es möglich, eine Karte der Gentrification-Grenze anzulegen und ihren Verlauf historisch zu verfolgen.

Das auffälligste Anzeichen für den wirtschaftlichen Wendepunkt im Zusammenhang mit Gentrification wäre eine signifikante und anhaltende Zunahme der durch Hypotheken finanzierten baulichen Veränderung von Grundbesitz. Wir wissen bereits, welche entscheidende Rolle das Finanzkapital bei der geographischen Aufteilung des städtischen Raums in festumrissene Teilmärkte und bei der ortsspezifischen Desinvestition spielt (Harvey 1974; Bartelt 1979; Wolfe u. a. 1980). Wenn ein angemessener Zustrom an Hypothekenmitteln ausbleibt, kann die Gentrification in einem Quartier natürlich beginnen, aber sie wird wahrscheinlich keinen Erfolg haben. Gentrification-Forscher stützen sich daher häufig auf Hypothekendaten (Williams 1976, 1978; Smith 1979b; DeGiovanni 1983; Schaffer/Smith 1986), die auch im allgemeinen eine sehr ergiebige Datenquelle darstellen. Allerdings geben sie keinen sonderlich präzisen Indikator für *beginnende* Reinvestition ab, die den Wendepunkt markiert. Ein großer Teil der frühesten Gentrification-Aktivitäten wurde von den Investoren am äußersten Rand der ökonomischen Grenze betrieben, wo die traditionellen Geldgeber im allgemeinen noch nicht investieren mögen. Bevor traditionelle Quellen verfügbar werden, sind die Mechanismen der Mittelbeschaffung sehr vielfältig, verbinden oft mehrere Geldgeber in irgendeiner Art von Partnerschaft und sind äußerst schwer aufzuspüren. Ein übliches Arrangement dieser Art vereint in einer Partnerschaft einen Architekten, eine Immobilienfirma, einen Generalunternehmer, einen Rechtsanwalt und einen Finanzexperten. Die ersten drei befassen sich mit der eigentlichen Renovierung des Gebäudes, während der Anwalt sich um alle Fragen im Zusammenhang mit Besitzübertragung, Darlehensverträgen, staatlichen Zuschüssen und Steuernachlässen sowie um die legalen

»Probleme«, die sich aus der Vertreibung der vorhandenen Mieter ergeben, kümmert. Jeder der Partner leistet einen finanziellen Beitrag zu dem Projekt, und dem Finanzmakler obliegt es, auf der Grundlage dieses Eigenkapitals zusätzliche private Kredite für das Projekt zu sichern. Wo die Sanierung nach diesem Modell organisiert wird, können der Zeitpunkt oder der Umfang der ursprünglichen Reinvestition aus traditionellen Hypothekendaten nicht erschlossen werden.

Andere Forscher haben sich auf staatliche Förderprogramme – wie die Modernisierungszuschüsse in London (Hamnett 1973) oder das J-51-Programm in New York City (Wilson 1985; Marcuse 1986) – gestützt, um die ursprüngliche Reinvestition zu datieren. Zwar haben diese Daten auf einer niedrigeren Ebene der Analyse gewissen Nutzen, sie sind aber noch gröbere Indikatoren als der Zustrom der Hypothekenmittel und für die Feststellung eines Wendepunktes auf Nachbarschaftsebene ungeeignet. Eine detaillierte Aufstellung über den Zustand der Häuser und eine Einschätzung des Gebäudeverfalls könnten auch wichtige Informationen in bezug auf das Einsetzen der Reinvestition liefern, aber man darf nicht vergessen, daß die Reinvestition der Sanierung eines Gebäudes bereits lange vorausgegangen sein kann. Tatsächlich fand DeGiovanni (1987, 32, 35) in einer detaillierten Untersuchung des Verdrängungsdrucks in der Lower East Side stichhaltige Beweise dafür, daß der Verfall durchaus »ein integraler Teil des Reinvestitionsprozesses« sein kann, wenn nämlich Vermieter unangenehme Wohnbedingungen fördern, »um das Gebäude von den derzeitigen Mietern freizumachen«, bevor sie größere Verkäufe angehen. Veränderungen des baulichen Zustands sollten eher als Reaktionen auf ökonomische Strategien denn als Ursachen angesehen werden, und deshalb bieten sie bestenfalls einen groben Anhaltspunkt für die Reinvestition.

Daten zu Steuerschulden liefern dagegen einen sehr empfindlichen Indikator für beginnende Reinvestition im Zusammenhang mit Gentrification. Daß Vermieter und Gebäudeeigentümer ihre Grundbesitzabgaben nicht bezahlen, ist eine übliche Form der Desinvestition in verfallenden Nachbarschaften. Steuerhinterziehung ist eigentlich eine Investitionsstrategie, weil sie Immobilienbesitzern den Zugang zu Kapital garantiert. Da schwerwiegende Hinterziehung den Besitz an dem Gebäude durch ein städtisches Enteignungsverfahren gefährdet, könnte man erwarten, daß die

Höhe der Steuerschulden in einer Nachbarschaft hochempfindlich auf Umschwünge der Investitionstrategie reagiert. Wo Vermieter und Besitzer die Überzeugung gewinnen, daß substantielle Reinvestition möglich ist, werden sie versuchen, den Besitz an einem Gebäude zu erhalten, dessen Verkaufswert vermutlich steigen wird. Wenn die Zahlungen für ein Gebäude schwerwiegende Rückstände aufweisen, muß wenigstens ein Teil der Steuern nachgezahlt werden, um die Übernahme durch die Stadt zu verhindern. Die Ablösung von Steuerschulden kann also als erster Schritt der Reinvestition angesehen werden. Daher zeigt sich bei den Besitzern von Gebäuden, deren Wert als gering bis mittel eingeschätzt wird – so Lake in seiner Pittsburgh-Studie –, eine deutliche Korrelation zwischen ihrer Wahrnehmung der wachsenden Grundstückswerte und ihrer Neigung, die hinterzogenen Steuern zu bezahlen (Lake 1979, 192; Sternlieb/Lake 1976).

Salins (1981, 17) bewertet Steuerschulden als »zweifellos sehr empfindlichen Index aktiver und beginnender Wohnraumzerstörung, insbesondere wenn man sie unter den Aspekten Dauer der Delinquenz und Umfang des Besitzes, der sich in verschiedenen Stadien des Enteignungsverfahrens befindet, betrachtet«. Daraus folgt, daß der systematische Abbau der Rückstände einen ebenso empfindlichen Index der Reinvestition darstellt; allerdings sind in keinem Kontext diese Daten auf einer feineren Ebene der geographischen Desaggregation als der der Stadt oder (in New York City) des Stadtbezirks analysiert worden. Außerdem, wie auch Lake hervorhebt (1979, 207), ist »Grundsteuer-Delinquenz ... lediglich eine Oberflächen-Manifestation von tiefverwurzelten Antagonismen«, die dem umfassenderen Prozeß städtischer Entwicklung eigen sind. Er denkt dabei an das Verhältnis zu sich wandelnden geographischen Entwicklungsmustern, aber auch an den Niedergang der Städte und die Erfahrung der städtischen Finanzkrise. Steuerhinterziehung findet sich auf der Schwelle zwischen Wachstum und Verfall, Expansion und Kontraktion, und die rapide Restrukturierung der Stadt durch Gentrification in den siebziger und achtziger Jahren trägt weiter zu der entscheidenden Bedeutung der Rückstandstrends bei. Hier werden wir allerdings einige dieser weiterreichenden Verknüpfungen außer acht lassen und uns im Detail auf die Auswirkungen der Gentrification-Grenze in einer einzigen Nachbarschaft beschränken.

Jede Stadt hat ihre spezifischen Verfahren, um Steuerbetrug

festzustellen und Gebäude, die eine gewisse Rückstandsschwelle überschritten haben, in öffentliches Eigentum zu überführen. In New York City wird das Enteignungsverfahren gewöhnlich erst dann gegen Gebäudebesitzer eingeleitet, wenn sie sich mit zwölf oder mehr Vierteln (drei Jahre) im Rückstand befinden. Bei einem Rückstand von zwölf Vierteln wird ihnen eine Gnadenfrist von einem weiteren Viertel eingeräumt, in dem sie die Steuern nachzahlen können, bevor es zum Verfahren kommt. Im Verlauf der nächsten zwei Jahre kann der Eigentümer das Gebäude noch entschulden, aber das liegt im Ermessen der Stadt. Manche Gebäude werden weit nach der 12-Viertel-Schwelle ausgelöst, ohne daß sie enteignet wurden, andere werden nach individuell aufgestellten Ratenzahlungsplänen entschuldet, und wieder andere werden von einem Besitzer auf den nächsten übertragen, wobei die Steuerschulden im Kaufpreis enthalten sind. Obwohl die Grenze zwischen ungefährlicher und riskanter Steuerdelinquenz also nicht absolut, sondern eher fließend ist, hat die Verwaltung sich meist an die 12-Viertel-Grenze gehalten.

Die Grundsteuerdelinquenz in ganz New York City erreichte 1976 einen Höhepunkt, als über 7 % der Wohngebäude in Rückstand geraten waren – eine außerordentliche Zahl, die auf erhebliche Desinvestition verweist. Allerdings sind die Delinquenzraten in den letzten elf Jahren stetig zurückgegangen und erreichten 1986 mit 2 % den niedrigsten Stand seit 70 Jahren (Williams 1987). Ganz unmittelbar läßt sich der rapide Rückgang der Gesamtrückstände mit dem Nachlassen der Rezession und der Finanzkrise der siebziger Jahre und zum Teil mit der Antizipation des strengeren Gesetzes von 1978 erklären. Aber zum größten Teil ist er auf weitverbreitete Gentrification und die rapide Inflation bei den Immobilienpreisen seit den späten siebziger Jahren zurückzuführen. In den achtziger Jahren haben erheblich weniger Gebäudebesitzer ihren Besitz aufgegeben als in den sechziger und den siebziger Jahren.

Trotz des Gesamtrückgangs bei den Steuerrückständen ruiniert Desinvestition immer noch erhebliche Teile des städtischen Mietwohnungsbestandes. Heute konzentriert sich Desinvestition sowohl geographisch wie ökonomisch zunehmend in älteren Quartieren, die von großen Mietwohnungskomplexen und anderen Mehrparteien-Mietshäusern geprägt sind und sich häufig weiter vom Zentrum entfernt befinden als die Quartiere, die die einschneidendste Gentrification erlebten. Es sind die ärmsten Quartiere, und sie wurden über Zeiträume von etwa 30 bis 70 Jahren durch massive, systematische und anhaltende Desinvestition zerstört: die Lower East Side im inneren Kern sowie Harlem, Bedford Stuyvesant, Brownsville, East New York und die South Bronx im zweiten Ring.

4. Die Lower East Side

New Yorks Lower East Side wurde 1988 nach Polizeiübergriffen gegen Demonstranten, die den Tompkins Square Park für sich erhalten wollten, zu einem zentralen Schlachtfeld der Gentrification (Smith 1992). Der Park wurde intensiv von Obdachlosen genutzt und von seinen Verteidigern wie von der Stadtverwaltung als entscheidender Anker und als Symbol der fortschreitenden Gentrification der Lower East Side betrachtet. Wenn wir also die Grenze der Profitabilität rekonstruieren, wie sie in die Lower East Side eingedrungen ist, wollen wir nicht einfach eine ökonomische Geographie, sondern ein integriertes Konzept der Entstehung der Gentrifications-Landschaft herausarbeiten.

Bei der Gentrification der Lower East Side spielte eine charakteristische Koalition zwischen der Kunst- und der Immobilienindustrie eine Rolle. »Man muß sich klarmachen«, schrieb ein ortsansässiger Kunstkritiker, »daß das East Village oder die Lower East Side mehr sind als ein geographischer Ort – nämlich eine Gemütsverfassung« (Moufarrege 1982, 73). Und in der Tat wurde die Lower East Side von den frühen bis in die mittleren achtziger Jahre enthusiastisch als der Ort der neuesten künstlerischen Bohème in New York City gefeiert und im Überschwang mit dem Quartier Latin oder dem Londoner Soho verglichen. Im Gentrificationsprozeß der Lower East Side fungierten Kunstgalerien, Tanzclubs und Studios als Stoßtrupps der Reinvestition in das Quartier, obwohl die ungewöhnliche Komplizenschaft der Kunstszene mit der sozialen Zerstörung durch Gentrification selten eingestanden wird (aber vgl. Deutsche/Ryan 1984). Zwischen 1982 und 1987 überflügelte das Gebiet die betulichen Uptown-Galerien von Madison Avenue und 57. Straße und sogar die kühnere, wenn auch durch und durch unternehmerische Kunstszene des benachbarten SoHo. Die Attraktivität der Lower East Side fand die Kunstpresse in ihrer »einzigartigen Mischung aus Armut, Punkrock, Drogen und Brandstiftung, Hell's Angels, Alks, Prostituierten und verfallenden Häusern, die sich zu einem abenteuerlichen avantgardistischen Milieu von beachtlicher Ausstrahlung vereinen« (Robinson/McCormick 1984, 135). Das Viertel war schon lange ein gegenkulturelles Anhängsel des feineren Greenwich Village gewesen, als in den späten siebziger Jahren der Zustrom von Künstlern einsetzte; nach 1981 wurde dieser Zustrom durch die groß angekündigte Eröffnung neuer Galerien zunehmend institutionalisiert und erreichte 1987 einen Höhepunkt mit etwa 70 Galerien. Danach sorgten kräftig angestiegene Mieten und der finanzielle Ruin zahlreicher Galerien für den Niedergang der künstlerischen Szene in diesem Viertel. Anderen Bereichen der Kulturindustrie lieferte die Lower East Side z. B. den Schauplatz und das Thema von Dutzenden von Romanen und mehreren Filmen aus den achtziger Jahren, am bekanntesten darunter wahrscheinlich Steven Spielbergs Flirt mit dem Gentrification-Genre: *Batteries Not Included*. Aber die Romantisierung von Armut und Benachteiligung – eben die »einzigartige Mischung« dieser Gegend – hat ihre Grenzen, und der Neonglitter und das Blendwerk ästhetischen Ultrachics konnten die härteren Realitäten von Verdrängung, Obdachlosigkeit, Arbeitslosigkeit und Elend in einem Quartier, das durch Gentrification in eine neue Grenze verwandelt wird, nur zum Teil übertünchen.

Der Wohngebäudebestand des Gebietes ist geprägt von vier- bis sechsgeschossigen Mietshäusern, in der zweiten Hälfte des letzten Jahrhunderts errichtet und inzwischen, nach Jahrzehnten der Desinvestition, entweder stark verfallen oder frisch renoviert und aufpoliert durch Gentrification. Dazwischen finden sich gelegentlich zehn- und mehrgeschossige Komplexe des öffentlichen Wohnungsbaus aus der unmittelbaren Nachkriegszeit. Sozial ist die Lower East Side ein Mosaik von polnischer und puertoricanischer, ukrainischer und schwarzer Arbeiterklasse, Yuppies und Punkkultur, Quiche- und vegetarischen Restaurants und Obdachlosenheimen, immer noch bestehenden Kirchen verschiedener Ethnien und ausgebrannten Gebäuden. Hier gab es früher in diesem Jahrhundert intensive sozialistische, kommunistische und anarchistische Organisationstätigkeit, wichtige Vorläufer der New Yorker Intellektuellen und gleichzeitig ein außerordentlich günstiges Klima für kleine Unternehmen und Geschäfte der neu Eingewanderten. Diese außergewöhnlich vielfältige Geschichte und Geographie verweisen darauf, daß erkennbare räumliche Muster der Reinvestition, soweit sie hier gefunden werden können, mit tiefer verwurzelten Regelmäßigkeiten im Gentrificationprozeß zusammenhängen.

Die Verteilung der Steuerrückstände in der Lower East Side ist für die Periode von 1975 bis 1986 untersucht worden, um zu sehen, ob sich eine erkennbare Gentrification-Grenze feststellen läßt. Im Detail wird das Verfahren an anderer Stelle beschrieben (Smith u. a. 1989), hier soll nur kurz gesagt werden, daß man für die Verteilung der Steuerrückstände eine Karte anlegt, indem man für jeden Häuserblock oder jede Zensuseinheit das Datum feststellt, an dem Desinvestition von Reinvestition abgelöst wurde – den Wendepunkt –, und diesen Wendepunkt in einer generalisierten Karte der Gentrification-Grenze verzeichnet. Das deutlichste Muster, das daraus entsteht, ist eine ziemlich klare, von Westen nach Osten vordringende Grenzlinie, deren frühestes Eindringen im Nordwesten bzw. im Südwesten der Lower East Side festzustellen ist. In anderen Worten: Die Reinvestitionsgrenze drängt nach Osten, bis sie durch erkennbare Barrieren im Osten und Südosten aufgehalten und verlangsamt wird. Die Gentrification-Grenze stieß also von Greenwich Village, SoHo, Chinatown und dem Finanzdistrikt ostwärts in die Lower East Side vor.

Barrieren, die sich der vordringenden Grenze entgegenstellten, werden an mehreren Gipfeln deutlich, besonders in der östlichen Delancey Street und an ihrem südlichen Rand nahe der South Street. Delancey Street ist zum großen Teil eine Geschäftsstraße; eine breite Durchgangsstraße zur Williamsburg Bridge, die Manhattan und Brooklyn verbindet, und ihre Verkehrsstaus, der Lärm und die Unpassierbarkeit können die Reinvestition durchaus gehemmt haben. Allgemeiner kann man diese Gipfel als Grenzen der Gentrification ansehen; die östlichen und südlichen Ränder des Gebietes sind mit großen Komplexen des öffentlichen Wohnungsbaus besetzt, die sicherlich als starke Barrieren wirkten. Außerdem ist eines dieser Hindernisse gegen Reinvestition das traditionelle Herz der Lower East Side, wo die Desinvestition noch 1985 anhielt, bis weit in den Konjunkturaufschwung hinein. Dies ist auch das ärmste Gebiet, die größte lateinamerikanische Gemeinde in der Umgebung und das Zielgebiet der »Operation Pressure Point«, eines durch Gentrification ausgelösten härteren Durchgreifens der

Polizei in der Drogenszene, das 1985 begann – wie es sich so trifft, im Jahr des endgültigen Wendepunktes.

Es scheint zwei verschiedene Perioden der Reinvestition in den Gebäudebestand gegeben zu haben; die erste zwischen 1977 und 1979 betraf besonders die westlichen und die nördlichen Blocks, und die zweite nach 1980 erstreckte sich auf die gesamte Lower East Side. Man muß zwar berücksichtigen, daß Reinvestition (nach der Tilgung der Steuerschulden beurteilt) nicht zwingend produktive Reinvestition bedeutet, die Gentrification und städtische Restrukturierung ankündigt, sondern lediglich auf einen spekulativen Markt hinweisen kann, aber die Reinvestition in die westlichen/nördlichen Blocks in den späten siebziger Jahren war so stabil, daß sie durch die Rezession von 1980 bis 1982 anhielt, wenn auch auf geringerem Niveau. Sichtbare Beweise bestätigen, daß Reinvestition in dem Gebiet westlich der First Avenue bereits länger andauert, stabiler und weiter verbreitet ist, wogegen die statistischen Belege darauf hindeuten, daß die Zensuseinheiten im östlichen und südöstlichen Sektor die höchsten Bevölkerungsverluste (58-74%) durch die gesamten siebziger Jahre hinnehmen mußten und hier erst spät in den Achtzigern ein ökonomischer Aufschwung einsetzte. Von 1975 bis 1981 bewegte sich die Profitgrenze mit einer durchschnittlichen Geschwindigkeit von 100 bis 200 Metern pro Jahr. Diese Zahl ist allerdings mit Vorbehalt zu betrachten, denn sie repräsentiert den Durchschnittswert für einen Zeitraum, in dem sich der Markt äußerst wechselhaft verhielt: Hohe Desinvestition von 1976 bis 1977 kündigte eine langsame Ausdehnung der Profitgrenze an, wurde dann aber gefolgt von einem schnelleren Vorschieben bis 1980, wonach wiederum massive Desinvestition das Vordringen der Grenze bis 1982 verlangsamte. Außerdem umfassen diese Daten lediglich zwei kurze Zyklen von Reinvestition und Desinvestition, und man muß bei der Generalisierung der Schlußfolgerungen äußerst sorgfältig vorgehen. Zumindest müßte wohl das Konzept einer ökonomischen Grenze in gentrifizierenden Nachbarschaften so ergänzt werden, daß sich das wechselhafte Tempo der Expansion darin niederschlägt. Die Ausweitung der Grenze ist potentiell empfindlich gegen externe ökonomische und politische Kräfte; es könnte sich eher um einen Prozeß, in dem sich Stillstand und Fortschreiten ablösen, als um ein gleichmäßiges Vordringen handeln.

Diese Konturen der Reinvestition in der Lower East Side werden schon von einer flüchtigen Beobachtung der Gentrification in der Gegend bestätigt. Für viele Beobachter schien Gentrification ins East Village von seiner westlichen Grenze zum etablierteren Greenwich Village einzudringen. Die Umgebung der nördlichen 14. Straße mit Gramercy Park, aber auch Union Square weiter westlich, waren die Ziele früher Sanierungsaktivitäten, und obwohl Stuyvesant Town (ein Hochhauskomplex für mittlere Einkommensgruppen auf der weiter östlich gelegenen Nordseite der 14. Straße) die südliche Ausbreitung höherer Grundstückswerte anfänglich behindert haben mag, so kann er doch, als der Prozeß einmal einsetzte, genausogut als nördlicher Anker der Gentrification gedient haben. Im Gegensatz dazu erlebten die südlichen und östlichen Blocks innerhalb der Lower East Side stärkere Desinvestition und später einsetzende Reinvestition. Die Reinvestition begann nicht in den Gebieten, die am stärksten von Desinvestition und Aufgabe betroffen waren, sondern an den Rändern (Marcuse 1986, 166), wo hohe Profitabilität von den geringsten Risiken begleitet war.

Schließlich sollten die lokale Komplexität des Musters und seine Abweichung von einem geradlinigen Ausweitungsprozeß niemanden überraschen; schon Frederick Jackson Turner, Urheber der These vom »Ende der Grenze« des 19. Jahrhunderts, wurde an ebendiesem Punkt angreifbar: Wenn auch die eigentliche Grenzlinie über ein Gebiet hinweggezogen war, so ließ sie doch resistente Nischen der Grenzexistenz hinter sich zurück. Genau wie bei der ursprünglichen Grenze handelt es sich auch bei der Gentrification-Grenze nicht um eine »Mauer« gleicher und kontinuierlicher Entwicklung, sondern um einen höchst ungleichmäßigen und differenzierten Prozeß.

5. Die Politik der Grenze

Diese Rekonstruktion der ökonomischen Grenze der Gentrification bietet einen guten Ausgangspunkt für das Verständnis der Grenzideologie. Wesentlich dabei ist nicht so sehr, daß eine so dargestellte Grenze reine Erfindung ist, sondern daß in der ideologischen Darstellung die ökonomische Basis der Grenze übergangen wird, damit »die Grenze« in einem positiveren Licht erscheinen kann. Für viele Bewohner der Lower East Side und anderer in

Gentrification begriffener Gebiete, deren Quartiere und Gemeinschaften durch die Aktivitäten des Immobilienmarktes in eine Grenze verwandelt wurden, gehört Turners »Punkt, an dem Wildheit und Zivilisation aufeinanderprallen«, zur täglichen Erfahrung. Die ökonomische Barbarei eines gentrifizierenden Wohnungsmarktes ist eine lebhafte Realität, die die Politik der Grenze abbildet.

In den späten achtziger Jahren, als die Zahl der New Yorker Obdachlosen sich auf 100000 zubewegte, wurde Tompkins Square Park im Herzen der Lower East Side zum zeitweiligen Zuhause für mehrere hundert Obdachlose. Im Zusammenhang mit einer breiteren Gentrification-Strategie drohten die Stadtverwaltung und das Grünflächenamt (Department of Parks) mit einer Sperrstunde für den Park. Eine Reihe zunehmend aggressiver Anti-Gentrification-Demonstrationen war die Folge, und am 6. August 1988 kulminierte diese Entwicklung in dem brutalen Einsatz von etwa 400 Polizisten gegen die Demonstranten. Für einen Kommentator, der die Erinnerung an Custer am Little Big Horn beschwor, war der Kampf um den Tompkins Square Park »ein letztes metaphorisches Gefecht« gegen Gentrification (Carr 1988, 17). Während der nächsten drei Jahre war der Park von bis zu 300 Obdachlosen, Hausbesetzern und Häuserkampfaktivisten besetzt, bis sie schließlich am 3. Juni 1991 von der Stadt vertrieben wurden.

Der Kampf um das »Indianerland«, wie die Lower East Side genannt wurde (Charyn 1985, 7), geht weiter. Wenn die Grenze der Gentrification aus der Sicht der Pioniere eine Grenze der Profitabilität ist, so stellt sie sich aus der Perspektive der »eingeborenen« Arbeiterklasse als eine Frontlinie des Kampfes dar. Es ist eine »voranrollende Welle« – in Turners Worten –, hinter der die Mieten unerschwinglich, Wohnungen unerreichbar und die eindringende Kultur vollkommen fremd ist. Vor dieser heranrollenden Welle scheint Gentrification das Überleben der gewachsenen Gemeinschaften zu bedrohen; sie werden im Verlauf dieser »Interpenetration« mit Gentrification-Linien verschlungen, fragmentiert und verdrängt, zunächst entlang der Hauptstraßen und dann in den Nebenstraßen. Es ist eine externe Kraft, gänzlich unkontrollierbar von innen, trotzdem stellt man sich ihrem Vordringen entgegen, um das Zuhause und die Nachbarschaft zu verteidigen. Die Parallele zur Erfahrung der eingeborenen Amerikaner im wilden wilden Westen ist in der Tat zutreffend. Die 1989 einsetzende

Rezession hat die Gentrification in New York sicherlich gedämpft, aber sie hat den Prozeß ebensowenig zum Stillstand gebracht, wie der Bürgerkrieg der 1860er Jahre die Ausdehnung der ursprünglichen Grenze nach Westen oder die Depression der dreißiger Jahre die Suburbanisierung beendeten. Die Depression der neunziger Jahre könnte die Erscheinungsformen und die Verlaufsbahnen der Gentrification durchaus verändern, aber die Geschichte der Desinvestition und die entsprechenden Möglichkeiten der Reinvestition in ganzen Abschnitten der Innenstadt werden vermutlich nicht ungenutzt bleiben, wenn nicht ein ganz grundlegender politischer Wandel in sozialen und ökonomischen Strukturen stattfindet.

Danksagung

Dieses Forschungsprojekt wurde von der National Science Foundation gefördert. Wir möchten Fritz Nelson für Hilfe bei der Datenanalyse danken und Tanya Steinberg und Valerie Preston für anregende Kritik und Kommentare.

Anmerkungen

1 Dieser Beitrag basiert auf erweiterten Teilen von zwei bereits veröffentlichten Arbeiten: Smith 1986 und Smith u. a. 1989. Er wird hier mit Erlaubnis der Verlage und der Koautoren veröffentlicht.
2 Hell's Kitchen ist ein ehemaliges Slumgebiet um die 8th Avenue an der 42nd Street (Anm. d. Hg.).

Peter Marcuse
Wohnen in New York:
Segregation und fortgeschrittene Obdachlosigkeit
in einer viergeteilten Stadt

1. Was heißt fortgeschrittene Obdachlosigkeit?

Daß 60000 Kinder, Frauen und Männer in New York auf der Straße oder in Obdachlosenunterkünften leben, ist weder eine Fehlentwicklung in einem ansonsten reibungslos funktionierenden System der Wohnungsversorgung noch eine bedauerliche Ausnahme von der Regel, daß eine moderne Weltstadt wohlhabend genug ist, um alle ihre Einwohner mit Wohnungen zu versehen. Obdachlosigkeit, wie wir sie heute kennen, ist auch kein zeitloses Problem, das in gewissem Umfang jede Gesellschaft, von der Antike bis in die Gegenwart, hervorbringt. Vielmehr ist die gegenwärtige Obdachlosigkeit etwas Neues, etwas, das man »fortgeschrittene Obdachlosigkeit« nennen könnte und das als logische Begleiterscheinung einer Reihe von ökonomischen und politischen Veränderungen auftritt, die die meisten zeitgenössischen fortgeschrittenen industrialisierten Gesellschaften charakterisieren. Die Vorgänge, die Obdachlosigkeit erzeugen, erreichten in den siebziger Jahren eine Schwelle, die diese neue Obdachlosigkeit hervorbrachte: Obdachlosigkeit in einer technologisch entwickelten Gesellschaft, Obdachlosigkeit inmitten von Reichtum und Überfluß.

Fortgeschrittene Obdachlosigkeit in einer Stadt wie New York charakterisiert also eine spezifische Entwicklungsphase des zunehmend internationalisierten, technologisch entwickelten Wirtschaftssystems, in dem Kontrolle zunehmend zentralisiert und Macht zunehmend konzentriert wird. Ursache und Wirkung stehen dabei meiner Ansicht nach in folgendem Verhältnis: Der gegenwärtige Wandel der ökonomischen Strukturen bewirkt auch Veränderungen in den Beziehungen zwischen Klassen und Gruppen einer Gesellschaft und innerhalb ihrer Städte. Diese Veränderungen stärken die Position einiger, schwächen andere und schließen wieder andere völlig aus dem ökonomischen System aus. Die ökonomischen und sozialen Grenzen zwischen den Klassen manifestieren sich räumlich und in den Wohnbedingungen, ein Ergebnis sowohl der Wohnungsmarktmechanismen wie politischer Prozesse. Diejenigen am unteren Ende der Skala werden vom Wohnungs- und vom Arbeitsmarkt verdrängt, wenn Mieten und Immobilienpreise steigen, Arbeitsplätze rar werden und Löhne sinken. Es gehörte zu den herkömmlichen Funktionen des Staates, die Folgen dieser Ausgrenzung zu mildern, um sowohl eine flexible Ökonomie wie den sozialen Frieden zu erhalten. Das ökonomische Argument trifft nicht mehr zu. Und ebensowenig das politische, denn das Gleichgewicht der politischen Kräfte hat sich so verschoben, daß eine maßgebliche staatliche Rolle bei der Wohnungsversorgung von denjenigen, die im Besitz der Macht sind, nicht mehr als notwendig für den Erhalt dieser Macht angesehen wird.

Ökonomische Prozesse sind also verknüpft mit Veränderungen in den Machtverhältnissen (in der politischen wie in der ökonomischen Sphäre) und mit Veränderungen der räumlichen Struktur der Stadt. All diese Prozesse machen sich auch über das System der Wohnungsversorgung bemerkbar, ihre Folgen sind Ausgrenzung und schließlich Obdachlosigkeit für ein beachtliches Segment der Bevölkerung; ein Segment, um das sich der Staat nicht mehr kümmert, es sei denn unter direktem Druck. Das Ergebnis ist fortgeschrittene Obdachlosigkeit, die sich in ihren Ursachen wie in ihren Auswirkungen von den Phänomenen unterscheidet, die ihr vorausgingen.

Diese Thesen sind weit entfernt von den konventionellen Erklärungen der Obdachlosigkeit und unterscheiden sich grundsätzlich von der Theorie, die dem größeren Teil der zeitgenössischen Forschung zur Obdachlosigkeit und der Politik in den USA zugrunde liegt.[1] Diese Forschung konzentriert sich auf die Frage, wer die Obdachlosen sind. Ihre Theorie impliziert, daß es Merkmale der Obdachlosen sind, die ihre Obdachlosigkeit hervorrufen; also zielen ihre Strategien zur Lösung des Obdachlosenproblems darauf, mit Personen umzugehen, die bestimmte Merkmale aufweisen bzw. diese Merkmale zu modifizieren. Dieser Ansatz hat den großen politischen Vorteil, daß er die Aufmerksamkeit von den ökonomischen und politischen Verhältnissen ablenkt, die so vielen Menschen die Möglichkeit genommen haben, angemessene Unterkunft zu finden, und sie statt dessen auf die Opfer richtet: Ein klassisches Beispiel dafür, wie man dem Opfer die Schuld an seiner Misere gibt. Was gegenwärtig zur Behebung der Obdachlosigkeit in den Vereinigten Staaten unternommen wird, kann durchaus als Versuch charakterisiert werden, die Obdachlosigkeit zu »neutralisieren«, sie von ihren beunruhigenden, verstörenden emotionalen Auswirkungen auf die Wohlhabenderen zu befreien und ein System, das auf privater Profitmaximierung beruht, gegen den Vorwurf zu verteidigen, daß es in seinem fanatischen Individualismus soziale und moralische Werte opfert.[2] Hier soll dagegen auf die für politisches Handeln notwendige Erkenntnis hingewiesen werden, daß Obdachlosigkeit nur die extreme Erscheinungsform von gesellschaftlichen Beziehungen ist, die sehr wohl öffentlicher Kontrolle unterliegen, die sich seit 1975 in wachsendem Tempo fortentwickelt haben und die so lange eine Anklage fundamentaler Aspekte der modernen Gesellschaft bleiben, bis sie direkt bekämpft und unter gesellschaftliche Kontrolle gebracht werden.

2. Das Wesen der Obdachlosigkeit

Obdachlosigkeit besteht nicht einfach darin, daß jemand auf der Straße lebt. In einer zivilisierten Gesellschaft bedeutet ein Zuhause mehr als nur Zuflucht. Aspekte wie persönliche Sicherheit, bauliche Angemessenheit, Schutz, Privatheit, Erreichbarkeit sind ebenso wichtig. »Zuhause« ist kein statischer, sondern ein historischer Begriff. Wenn man die Behausungen der germanischen Stämme des Mittelalters, der russischen Leibeigenen im 18. Jahrhundert oder die Sklavenhütten des amerikanischen Südens als adäquat betrachtete, würde heute niemand »obdachlos« genannt. Aber wenn Obdachlosigkeit bedeutet, keine Wohnung zu haben, die einem allgemein akzeptierten Minimalzustand entspricht, dann ist Obdachlosigkeit heute allerdings ein erhebliches Problem.

Eine Möglichkeit, dies zu verdeutlichen, besteht darin, die expliziten und impliziten Definitionen von Obdachlosigkeit genau zu untersuchen (vgl. Marcuse 1989b). Im einen Extrem kann Obdachlosigkeit eng auf diejenigen begrenzt werden, die ohne Unterkunft leben: auf den Straßen, in Türeingängen, vielleicht auch an Orten, die überhaupt nicht zum Schlafen gedacht waren, wie Bushaltestellen, Bahnhöfe oder Polizeireviere. Im anderen Extrem werden alle diejenigen eingeschlossen, die in unzulänglichen Unterkünften leben: in Behausungen unter dem Minimalstandard, in unsicheren Wohnungen, in Wohnungen, die sie sich gar nicht leisten können, in verfallenden Nachbarschaften. Es gibt keine »richtige« oder »falsche« Definition, aber die verschiedenen Definitionen haben sehr unterschiedliche politische Implikationen. Tatsache ist, daß Obdachlosigkeit im engen Sinne nur das Ende eines Kontinuums ist, ein besonders exponiertes und lebensgefährliches Dasein, aber nicht grundsätzlich verschieden von ähnlichen Situationen wie z. B. dem Leben in einem von Ratten verseuchten Apartment mit undichtem Dach oder in einem Gebäude, das von Drogenhändlern benutzt wird, oder in einer Dreizimmerwohnung mit 15 Personen zusammengepfercht. Die enge Definition verschleiert die Verbindung zwischen denen, auf die sie zutrifft, und vielen anderen, die ihr nahe sind. Die enge Definition ist ein Teil des Bestrebens, die politische Brisanz der Obdachlosigkeit zu neutralisieren, indem man aus ihr eine Art Unfall macht. Eine nützliche Definition sähe folgendermaßen aus: Obdachlosigkeit heißt, kein Zuhause zu haben, nicht in einer Wohnung (oder einer Nachbarschaft) zu leben, die minimale Anforderungen an Schutz, Privatheit, persönliche Sicherheit, Sicherheit der Wohndauer, Ausstattung, Raum für die wesentlichen wohnbezogenen Tätigkeiten, Kontrollierbarkeit der nächsten Umgebung und Erreichbarkeit erfüllt. »Minimale Anforderungen« ist die historische Komponente der Definition und variiert nach Zeit und Ort. Der Standard ist also relativ, und er wird sozial, nicht individuell bestimmt. »Obdachlosigkeit« zu definieren als »jeglichen Zustand, in dem die derzeitige Unterbringung nicht angemessen ist, und zwar aus Gründen, die dem Antragsteller stichhaltig erscheinen« (Watson/ Austerberry 1986), ist zu weit gefaßt, um nützlich zu sein, hebt aber die Tatsache hervor, daß »Zuhause« für verschiedene Menschen jeweils unterschiedliche Bedeutung hat.

Eine allgemeine Definition der Obdachlosigkeit enthält eine Reihe von Kategorien, die für analytische und statistische Zwecke wichtig sind. Nach ihnen lebt:

– *ohne Unterkunft* – Wer auf der Straße oder an irgendeinem Ort lebt, der für nächtlichen Aufenthalt nicht bestimmt ist oder normalerweise nicht benutzt wird oder keinen Schutz vor den Elementen bietet.

– *mit Unterkunft, aber ohne eigene Wohnung* – Wer als überwiegenden nächtlichen Aufenthaltsort ein öffentliches oder privates

Obdachlosenheim, ein *welfare hotel* (von der Stadt bezahlte Pensionen) oder eine Notunterkunft aufsucht; wer in Unterkünften lebt, die Schutz vor den Elementen bieten, aber die meisten oder alle anderen Merkmale eines Zuhauses nicht aufweisen und/oder nur für vorübergehenden Aufenthalt bestimmt sind. Die Merkmale dieser beiden Kategorien entsprechen dem Phänomen, das Watchman/Robson (1983, 7) als »sichtbare Obdachlosigkeit« bezeichnen.

– *mit Unterkunft, aber unmittelbar von Obdachlosigkeit bedroht* – Wer nur vorübergehend eine Unterkunft gefunden hat, d. h., wer provisorisch und befristet aufgenommen wurde und z. B. in beengten Verhältnissen bei Freunden oder Verwandten lebt; wer illegal ein Haus unterhalb des Standards besetzt hat; wer seine Wohnung räumen muß, ohne eine andere Wohnmöglichkeit zu haben. Der Weg in die Obdachlosigkeit kann über den Zwischenschritt der vorübergehenden Unterkunft verlaufen; danach findet sich dann keine Bleibe mehr. Diese Definition fügt den beiden ersten Kategorien (»ohne Unterkunft« bzw. mit nur minimalem Schutz) die zeitliche Dimension hinzu; sie umfaßt auch diejenigen, die derzeit eine Unterkunft haben, aber Gefahr laufen, sich in absehbarer Zukunft ohne Wohnmöglichkeit zu finden: Watchman/Robson (1983, 6) nennen das »unsichere Unterkunft«.

– *mit Unterkunft, aber ohne Zuhause* (in völlig inadäquater Unterkunft) – Wer unter Umständen lebt, die zeitweise stabil sind, aber unterhalb jedes akzeptablen Wohnstandards, wie z. B. Überbelegung; in Unterkünften, deren baulicher Zustand unterhalb der Norm liegt; in einer verlassenen oder verfallenden Nachbarschaft; oder in einer Unterkunft, die die anderen sozial akzeptierten Mindestanforderungen an menschenwürdiges Wohnen nicht erfüllt. Der Weg in die Obdachlosigkeit kann auch über völlig unangemessene Wohnsituationen führen. Diese Definition geht über den Begriff der Wohnungslosigkeit hinaus, denn sie schließt auch alle diejenigen ein, deren Unterkunft nicht dem akzeptierten Minimalstandard entspricht. Watchman/Robson (1983, 6) bezeichnen diese Kategorie als »unerträgliche Wohnbedingungen«. Was unter die beiden letzten Kategorien fällt, wird häufig als »verdeckte Obdachlosigkeit« bezeichnet.[3]

Bevor ein Haushalt als obdachlos in einer dieser Bedeutungen zu definieren ist, entsteht eine Situation, die allergrößte Aufmerksamkeit erfordert, wenn das Problem der Obdachlosigkeit bekämpft werden soll: die Situation der Familien, die ohne Intervention von außen wahrscheinlich demnächst obdachlos werden.

– *von Obdachlosigkeit bedroht* ist: Wer wahrscheinlich obdachlos wird, und zwar aus Gründen, die nicht ursächlich mit dem Wohnen zusammenhängen. Materielle und gesundheitliche Probleme ohne den finanziellen Rückhalt, sie zu bewältigen, sind die verbreitetste Form dieses Risikos. Während die Gefahr anfänglich aus nicht wohnungsbezogenen Faktoren erwächst, können die hohen Kosten und/oder der Wohnungsmangel das Risiko erhöhen oder den gefährdeten Haushalt über die Schwelle zur Obdachlosigkeit stoßen.

3. Das Ausmaß der Obdachlosigkeit

Die Begriffe sind hier abstrakt definiert worden; vielleicht können Zahlen sie konkretisieren und ihre Relevanz für politische Maßnahmen belegen. Die Zahlen können nicht addiert werden, aber eine Größenordnung ergibt sich aus Tabelle 1.

Die Zahlen[4] sind zwar genau und vermutlich erschreckend, aber es geht hier gar nicht um Quantitäten. Entscheidend ist vielmehr der unzweifelhafte Nachweis, daß Obdachlosigkeit, wie immer man sie auch definiert, in einem Kontinuum existiert und Bestandteil von Entwicklungen ist, die mindestens ein Viertel des Wohnungsmarktes betreffen.[5] Darüber hinaus machen diese Zahlen die Vorstellung zunichte, daß Obdachlosigkeit in irgendeiner Weise als Eigenschaft einer Person oder einer Familie, als persönliche Schwäche oder Störung anzusehen ist – es sei denn, daß man mehr als ein Viertel unserer Bevölkerung als derart gestört beurteilen will. Ganz eindeutig geschieht hier etwas, das sich auf den gesamten Wohnungsmarkt erstreckt. Und es ist etwas Neues.

4. Wie sich Obdachlosigkeit verändert: »Fortgeschrittene Obdachlosigkeit«

Aus den folgenden Zahlen werden das Ausmaß der Obdachlosigkeit und der Zeitpunkt ihrer Veränderung ersichtlich; eine Nachkriegskrise, beginnend in den späten siebziger Jahren, mit einem

Tabelle 1 Obdachlosigkeit in New York City[5] am Ende der
achtziger Jahre

ohne Unterkunft:	
auf der Straße (geschätzt)	25 000
mit Unterkunft, aber ohne eigene Wohnung:	
Einzelpersonen in Obdachlosenunterkünften	10 000
Familienmitglieder in	
zeitweiliger Unterbringung	16 640
mit Unterkunft, aber demnächst obdachlos:	
in überbelegten privaten Wohnungen	73 000
in überbelegten öffentlichen Unterkünften	35 000
durch erzwungene Räumung	
obdachlos geworden, pro Jahr	69 660
durch Aufgabe von Wohnhäusern, pro Jahr	25 000
durch Gentrification Verdrängte, pro Jahr	75 000
aus der Psychiatrie Entlassene	>1 000
vorgesehener Verlust von Behelfswohnungen pro Jahr	700
(abzüglich: verfügbarer neuer Wohnraum)	−6 000
in nicht angemessenen Unterkünften:	
in verwahrlosten Wohnungen	62 000
in Wohnungen mit 3 oder mehr Mängeln	338 380
unangemessene Nachbarschaft:	
in Häuserblocks mit verlassenen Gebäuden	469 480
früher in Behelfswohnungen, die beseitigt wurden	109 000
von Obdachlosigkeit bedroht:	
mit zu hoher Mietbelastung	935 000
unterhalb der Armutsgrenze	515 171
arbeitslos (1992)	384 000
geraten jährlich unter die Armutsgrenze (geschätzt)	13 500

ununterbrochenen jährlichen Zuwachs, danach eine Krise und
Zuwächse, die offensichtlich unabhängig von konjunkturellen
Auf- und Abschwüngen sind.

– Bis zum Jahr 1989 hatte der Höchstwert der durchschnitt-
lichen Übernachtungen in Obdachlosenunterkünften der Stadt
New York 9000 Personen betragen, das war 1936. Der niedrigste
Wert danach waren 500 Personen, und zwar während des Zweiten
Weltkriegs; bis 1979 überstieg die Zahl nicht die Grenze von 2000;
im Winter 1988/89 wuchs sie auf 10000 an (vgl. Tabelle 2).

Tabelle 2 Zahl der Betten in Obdachlosenunterkünften

Jahr	Zahl der Unterkünfte	Zahl der Betten
1935		980
1936		9 000
1937		8 000
1943		500
1944		500
1946		1 500
1955		2 200
1962		2 250
1973		2 000
1978	4	
1979	8	1 800
1980	12	2 100
1981	60	4 000
1982	85	
1983	72	5 000
1984	159	6 000
1985	235	
1986	290	
1987	370	
1988	302	
1989		10 000

Quelle: *Human Resources Administration, City of New York;* Kirchheimer 1989/90, 618.

– Bis 1982 hielten sich weniger als 1000 wohnungslose Familien pro Nacht in einer Obdachlosenunterkunft auf; 1987 war diese Zahl auf etwa 5000 Familien, einschließlich 12000 Kinder, angewachsen.

– 1978 gab die Stadt New York 8 Mio. Dollar für Betrieb und Verbesserung der Obdachlosenunterkünfte für alleinstehende Männer und Frauen aus; im Jahr 1985 belief sich dieser Betrag auf mehr als 100 Mio. Dollar.

– Notunterkünfte für Familien wurden erstmals im Jahr 1982 bereitgestellt; 1985 wurden auch dafür 100 Mio. Dollar ausgegeben (*New York City Human Resources Administration 1984; New York City Mayor's Office of Operations 1987*).

– Die Zahl der Berichte über Obdachlosigkeit in der *New York*

Tabelle 3 Beschäftigung, Arbeitslosigkeit und Einkommen
in New York City

Jahr	Arbeitslose in Tsd.	Arbeitslosen- quote	Beschäftigte in Tsd.	Durchschnitt- liches Familien- einkommen
1950				15 676
1960				21 567
1970	161	4,8	3 171	28 880
1971	223	6,7	3 097	
1972	225	7	3 002	
1973	191	6	2 982	30 820
1974	227	7,2	2 938	29 735
1975	331	10,6	2 787	28 970
1976	346	11,2	2 745	29 863
1977	306	10	2 751	30 025
1978	273	8,9	2 789	30 730
1979	268	8,7	2 799	30 669
1980	264	8,6	2 807	28 966
1981	278	9	2 820	27 977
1982	296	9,6	2 798	27 591
1983	288	9,4	2 759	28 147
1984	275	8,9	2 806	28 923
1985	261	8,1	2 965	29 302
1986	237	7,4	2 983	30 534
1987	186	5,7	3 058	30 853
1988	152	4,7	3 082	
1989	190	5,8	3 104	
1990	228	6,8	3 111	

Quelle: *U.S. Bureau of Labor Statistics; Center for Urban Policy Research*
(George Steinlieb)

Times erhöhte sich von 1979 auf 1989 von 4 auf 302 (vgl. Tabelle 3)
(Kirchheimer 1989/90).
— In verschiedenen Prozessen wurde die Stadt New York dazu
verurteilt, Obdachlosen eine Unterkunft zuzuweisen: 1981 für
Männer, 1982 für alleinstehende Frauen, 1986 für Familien.
— Offiziell als Rezessionsjahre bezeichnet wurden die Jahre
1960, 1969, 1970, 1974, 1975, 1980, 1981, 1982; die Jahre mit den
höchsten durchschnittlichen Familieneinkommen waren 1973,

Tabelle 4   Indikatoren der Wohnungsknappheit

Jahr	Miete > 30% des Einkommens	Leerstände	Überbelegungen	Leerstände (nach der Gebäudezählung)
1950	25			75 546
1960	24	38 300	99 000	103 671
1965	25,3	68 423	68 000	
1968	27,4	26 035		
1970		33 000	64 000	80 827
1975	38,1	56 968	38 000	
1978	46,3	58 682	29 000	
1980				141 602
1981	45,6	42 157	31 000	
1984	48,2	39 594	45 000	
1987	47,5	47 486	42 000	
1990				159 261

Quelle: *U. S. Bureau of the Census, New York City, Housing and Vacancy Survey,* verschiedene Jahrgänge

Erläuterung: Überbelegung ist definiert durch "mehr als 1 Person pro Wohnraum"

1978, 1987 (vgl. Tabelle 4). Diese Auf- und Abschwünge weisen keine systematische Relation zu den Hoch- und Tiefpunkten der Obdachlosigkeit auf, vor allem nicht zu dem rapiden Anstieg seit Mitte der siebziger Jahre.

– Der Höchstwert bei der Anzahl von Familien unterhalb der Armutsgrenze war – seit den Nachkriegsjahren – 1959 mit 8 320 000 erreicht, der niedrigste Wert 1973 mit 4 828 000. Von 1973 bis 1983 erhöhte sich ihre Anzahl langsam, fiel dann wieder langsam zurück, genau zu dem Zeitpunkt, als die Anzahl der Obdachlosen hochschnellte.

Diese Muster sind nicht nur in New York City zu beobachten. Die verläßlichsten Zahlen auf nationaler Ebene beziehen sich auf Betten in Obdachlosenheimen und unterschätzen daher die absolute Anzahl der Obdachlosen beträchtlich. Immerhin zeigen sie an, daß sich deren Anzahl in den drei Jahren zwischen 1984 und 1987 verdoppelt hat, und zwar auf über eine Million Obdachlose im Jahr 1987 (vgl. Burt 1991, 33).

Was hat sich in diesen Jahren so drastisch verändert? Welche ursächlichen Mechanismen verbergen sich hinter diesem sicherlich

quantitativ neuen Ausmaß der Obdachlosigkeit, der fortgeschrit-
tenen Obdachlosigkeit? Um das herauszufinden, müssen wir die
Verschiebungen bei der Zusammensetzung und Rolle der großen
Interessengruppen einer Gesellschaft, der Klassen, und bei der
Machtbalance untersuchen.

5. Die historischen Wendepunkte im Wesen
der Obdachlosigkeit

Es gibt zwei große Wendepunkte in der Geschichte der Obdachlosigkeit seit dem Mittelalter. Einer läßt sich im 19. Jahrhundert im
Zusammenhang mit industrieller Revolution und Urbanisierung
beobachten. Es hatte zwar vorher Perioden gegeben, in denen viel
mehr Menschen ohne angemessene Unterkunft lebten, z. B. die
Zeiten agrarischer Depression in England oder der Dreißigjährige
Krieg. Mit der industriellen Revolution[6] im 19. Jahrhundert allerdings konzentrierte sich die Obdachlosigkeit in den Städten und
löste sich aus ihrem direkten Zusammenhang mit der Arbeit und
anderen äußeren Kräften, da sich das Wohnen selbst von der
Arbeitsstätte trennte. In der Zeit des industriellen Kapitalismus
wurde der Konjunkturzyklus mit seinen kurzfristigen Fluktuationen der ökonomischen Aktivität zur wichtigsten Determinante
der Obdachlosigkeit: In schlechten Zeiten nahm die Obdachlosigkeit erhebliche Ausmaße an, wogegen sie in guten Zeiten beinahe
verschwand.[7]

Der zweite Wendepunkt in der Geschichte der Obdachlosigkeit
findet sich in den siebziger Jahren des 20. Jahrhunderts. Die Obdachlosigkeit steigt signifikant und plötzlich an, unabhängig von
den kurzfristigen Konjunkturschwankungen; d. h., sie besteht
ebenso in Zeiten sehr geringer wie hoher Arbeitslosigkeit, und die
Erkenntnis setzt sich durch, daß es sich um ein dauerhaftes Phänomen in einer räumlichen Konzentration handelt. Damit sind die
Merkmale der fortgeschrittenen Obdachlosigkeit beschrieben, wie
sie heute in New York City auftritt.

Die Behauptung, daß für die Zeit nach den siebziger Jahren von
einer neuen Form der Obdachlosigkeit gesprochen werden muß,
ist unmittelbar plausibel (eine ausführliche Begründung erfolgt
weiter unten). Den Anfang machen Veränderungen in der ökonomischen Organisation, die sich weltweit und besonders folgen-

reich für die großen Städte in den siebziger Jahren vollzogen
Dieser Wandel ist bereits viel diskutiert worden, und mehrere
andere Beiträge in diesem Buch beschreiben ihn am Beispiel New
Yorks. Im Verlauf dieser Reorganisation haben sich – nicht nur
quantitativ, sondern auch qualitativ – die wichtigsten Trennungslinien zwischen den Bewohnern der Stadt verschärft, also das, was
man unter dem Aspekt der Macht über die Stadtstruktur, Wohnungsversorgung und Obdachlosigkeit ihre Klassenstruktur nennen könnte.

Angesichts der Trennungslinien zwischen den Gruppen, die ein
Interesse an der Stadt haben, wird ihr Verhältnis zueinander zum
entscheidenden Faktor der Stadtentwicklung. Verschiebungen im
politischen Kräfteverhältnis haben den ökonomischen Wandel begleitet und verstärkt. Die politischen Veränderungen kamen nicht
automatisch, sondern waren das Ergebnis von Konflikten – innerhalb wie außerhalb der Wahlkämpfe –, die in den Vereinigten
Staaten Mitte der siebziger Jahre eine entscheidende Wendung
nahmen. Das Ergebnis, ein Sieg der konservativen Kräfte, kam
dadurch zustande, daß eine geschickte Führung die künstliche
Finanzkrise des Staates[8] für sich zu nutzen verstand, in dem sie
einen Keil zwischen die Gruppen trieb, die am wahrscheinlichsten
von den wirtschaftlichen Veränderungen benachteiligt würden: die
Mittelschicht, die gering verdienende Arbeiterklasse und die Ausgegrenzten. Diese Spaltung verschärfte die Gegensätze entlang der
politischen, kulturellen und ethnischen Trennungslinien, und das
spiegelt sich in den räumlichen Mustern der heutigen Stadt (und
verstärkt sie): Vierteilung, die Spaltung in abgesonderte Teile und
die Verfestigung der Merkmale jedes einzelnen Teils, so daß getrennte Viertel entstehen, separate, aber interdependente Städte
innerhalb einer Stadt.

Die Vierteilung der heutigen Metropole ist also die räumliche
Spiegelung dieser Gegensätze, die von diesen Spaltungsbemühun-
gen hervorgerufen wurden, genauso wie Obdachlosigkeit ihre ex-
tremste Manifestation darstellt. Anders als die duale Stadt, die Dis-
raeli und Engels im 19. Jahrhundert beschrieben, ist die moderne
Stadt zunehmend gespalten und in vier Teile zerrissen, abgesehen
von jenen Luxusgebieten, die eigentlich kein Teil der Stadt sind,
sondern eher eine internationale »nichträumliche Sphäre«. Die vier
räumlichen Teile der Stadt könnte man folgendermaßen bezeichnen: die *gentrifizierte Stadt*, die *suburbane Stadt*, die *Stadt der*

Mietwohnungen; wobei die Obdachlosen und ein bedeutender Teil der nicht länger benötigten, »überflüssigen« Bevölkerung aus diesen Gebieten gänzlich vertrieben sind und in der *aufgegebenen Stadt*[9] leben. Das Verhalten der Behörden in den USA läßt sich häufig am ehesten mit dem Bemühen erklären, die Menschen aus der aufgegebenen Stadt, vor allem die Obdachlosen, daran zu hindern, das Funktionieren des mit Unbehagen etablierten Status quo in den anderen Vierteln der Stadt zu stören, sei es durch Aktionen oder auch nur durch ihre bloße Anwesenheit. Während also die aufgegebene Stadt zunehmend ghettoisiert und mit ausgrenzenden Barrieren umgeben wird, entwickelt sich die gentrifizierte Stadt im Schutz von eingrenzenden Barrieren zu einer Enklave der Oberschicht, und sowohl in der suburbanen Stadt wie der Stadt der Mietwohnungen werden Fragen von Zugehörigkeit und Ausgrenzung immer wichtiger. Wer ausgegrenzt wird, gehört mit wachsender Wahrscheinlichkeit demnächst zu den Obdachlosen.

Die Vierteilung der Stadt liefert natürlich nicht die ganze Erklärung für die fortgeschrittene Obdachlosigkeit. Sie wird hier so ausführlich behandelt, weil sie ein Schlüssel für das Verständnis der neuen Obdachlosigkeit ist, mit dem ihre Dynamik von den Formen unterschieden werden kann, in denen sie vor zwanzig oder zweihundert Jahren auftrat. Obdachlosigkeit muß vor allen Dingen als Frage des Wohnungsbaus betrachtet werden, denn schließlich ist es der Mangel an Wohnraum, der Menschen obdachlos macht. Ein Schlüssel zum Zusammenhang zwischen wirtschaftlichen, politischen und räumlichen Entwicklungen und der Obdachlosigkeit ist das System der Wohnungsversorgung.

Der wichtigste Mechanismus des Wohnungssystems ist die Rolle, die der Staat dem privaten Markt zuweist, d. h. das Ausmaß, in dem der Profit die Motivation für den Wohnungsbau ist. Die Bedeutung des Profits im Wohnungsbau ist eine Funktion öffentlicher Entscheidungen, staatlicher Politik, denn letztendlich wird die Rolle des Marktes vom Verhalten des Staates bestimmt. Je stärker eine Regierung der traditionellen Sozialdemokratie zuneigt, um so größer die Rolle des Staates, um so geringer die Rolle des privaten Profits. Da die Versorgung der Allerärmsten mit angemessenem Wohnraum gemeinhin keine Quelle des Profits ist, wächst bei geringem staatlichem Eingreifen die Gefahr der Obdachlosigkeit. Ihr exakter Umfang wird dann vom privaten Markt bestimmt, vor allem durch die Höhe der wirtschaftlich effektiven Nachfrage.

Was ist also »neu« an den Ursachen der gegenwärtigen Obdachlosigkeit, an dem, was wir »fortgeschrittene Obdachlosigkeit« nennen? Drei Aspekte kennzeichnen die Periode nach 1970:

– Zunächst die Dauerhaftigkeit der Armut bei den Ärmsten und den Obdachlosen. In früheren Phasen wurde stets davon ausgegangen – auf dem Wohnungsmarkt wie von den Obdachlosen selbst –, daß Armut etwas Vorübergehendes (oder Selbstverschuldetes) sei und daß früher oder später jeder Arbeitswillige wieder einen Arbeitsplatz finden würde. Das zeigte sich z. B. sehr deutlich während der großen Depression, als die Armen weitgehend als die »abgesunkene Mittelklasse« betrachtet wurden. So würde heute niemand die Bewohner der Ghettos in den verlassenen Städten charakterisieren. Wer heute sehr arm ist, und dazu gehören die Obdachlosen, bleibt aus den normalen Kreisläufen des Wirtschaftssystems ausgeschlossen. Ein statistisches Muster mag dafür als Beispiel dienen: Zum ersten Mal seit Mitte der achtziger Jahre hat ein Beschäftigungszuwachs nicht zu einer Verringerung der Arbeitslosigkeit geführt (vgl. Tabelle 5). Bisher kann noch nicht beurteilt werden, ob sich dieses Muster fortsetzen wird, aber es deutet darauf hin, daß die kurzfristigen Konjunkturschwankungen die wirtschaftlichen Möglichkeiten derjenigen am unteren Ende der Skala nicht mehr beeinflussen.

– Der zweite Unterschied betrifft die räumliche Dimension, die Vierteilung der Stadt. Die Obdachlosen sind zum großen Teil Menschen, die aus anderen Vierteln der Stadt verdrängt wurden und preisgünstigen Wohnraum bestenfalls in der aufgegebenen Stadt finden, oft im subventionierten Wohnungsbau in heruntergekommenen Nachbarschaften. Der räumliche Druck auf diese Nachbarschaften wird noch verstärkt durch die Zweckentfremdung von Wohnungen, also den Einzug von Büros in Quartiere, die vorher preisgünstigen Wohnraum boten (in New York City z. B. Chelsea, Clinton, das East Village).

– Schließlich erzeugt die räumliche Konzentration der Armut, die aus der Vierteilung der Stadt entstanden ist, einen Teufelskreis: Je stärker sich in einem Gebiet die Armut konzentriert, um so schlechter wird es mit öffentlichen Dienstleistungen versorgt, um so schlimmer verfällt die bauliche und soziale Umgebung und wiederum um so stärker wird sich die Armut mit all den entsprechenden baulichen, sozialen und wirtschaftlichen Verfallserscheinungen hier konzentrieren. Die Politiker nennen diesen Prozeß

Tabelle 5 Wohnungen mit regulierter Miete

Jahr	Miete kontrolliert	Miete stabilisiert	Total
1960	1 476 000		1 476 000
1965	1 336 000		1 336 000
1969	1 267 000		1 267 000
1970	1 265 000	350 000	1 615 000
1975	642 000	770 000	1 412 000
1978	402 000	872 000	1 274 000
1981	286 000	928 000	1 214 000
1984	218 361	943 140	1 161 501
1987	155 361	935 373	1 090 734

Quelle: *U. S. Bureau of the Census, New York; City Housing and Vacancy Survey,* verschiedene Jahrgänge

Erläuterung: "Kontrollierte Miete" bedeutet, daß jährlich die Miete nur bis zu 6% erhöht werden darf; "stabilisierte Miete" bedeutet, daß die Miete nur in einem bestimmten Verhältnis zu den steigenden Unterhaltskosten gesteigert werden darf.

»triage«[10], die Stadtökonomen sprechen von dem Einfluß der Nachbarschaftsmerkmale auf den Immobilienwert; für die Armen ist es *red-lining* (vgl. dazu Häußermann 1983; Marcuse 1979). Keiner dieser drei Faktoren ist gänzlich neu, aber sie alle haben seit 1970 qualitativ an Bedeutung gewonnen.

Um die Mechanismen, die fortgeschrittene Obdachlosigkeit hervorbringen, eingehender zu untersuchen, wenden wir uns zunächst den Veränderungen der Klassenstruktur zu, anschließend ihren räumlichen, dann ihren politischen Konsequenzen, und schließlich kommen wir noch einmal zurück auf die Rolle des Staates auf dem Wohnungsmarkt und deren Beziehung zur Obdachlosigkeit.

6. Die ökonomische Struktur, Macht und Klassentrennungen

Die grundlegenden Klassenstrukturen[11] in einer Stadt wie New York können folgendermaßen beschrieben werden:
a) Die Spitze wird von denjenigen mit realer Entscheidungs-

macht besetzt: der Machtelite, der herrschenden Klasse. Die Lohn-
beziehung – Arbeitgeber gegen Arbeitnehmer – ist hier nicht entscheidend, auch nicht die Realisierbarkeit von Mehrwert – die
Möglichkeit, die Arbeitskraft anderer direkt auszubeuten; es geht
vielmehr um den Besitz, sei es aktiv oder passiv, von Kapital im
allgemeinsten Sinne und darum, ob dieses Kapital in Produktions-
oder Zirkulationsprozessen eingesetzt wird.

b) Akademisch gebildete Fachspezialisten, Manager und Techniker arbeiten für Kapitalbesitzer, also diejenigen mit Entschei-
dungsmacht. Trotzdem sind sie mit ihnen nicht identisch, da ihre
wirtschaftliche Lage erheblich unsicherer ist; sie unterstehen (direkt oder indirekt) anderen in höheren Positionen oder mit größerem Vermögen. Ob sie im Dienstleistungssektor beschäftigt sind
oder nicht, ist hier unerheblich; sie leisten sicherlich keine körperliche Arbeit, aber sie können ebensogut in der Industrie wie im
Finanzwesen, im Handel oder in der Versicherungsbranche tätig
sein. Auch Selbständigkeit ist kein bestimmendes Merkmal; möglicherweise muß sich ein Freiberufler seinem Klienten ebenso un-
terordnen wie ein Arbeitnehmer seinem Arbeitgeber. Disziplin
und Motivation sind internalisiert und überlagern das Streben nach
Einkommen und Reichtum mit dem Wunsch nach Ansehen, Status
und Macht. Es gibt also eine klare Beziehung zu Konsumtions-
merkmalen, denn die Gratifikationen des Erfolgs werden großenteils im Lebensstil sichtbar. Diese Gruppe ist demnach weitgehend
kongruent (wenn auch durch das Alter begrenzt!) mit der Kategorie Yuppie (Young Urban Professional), und die entsprechende
Wohnform ist oft Gentrification.[12]

c) »Mittelklasse« ist ein mißbrauchter Begriff, aber er könnte
eindeutig definiert und nützlich sein. Im allgemeinen fallen darunter die qualifizierten Angestellten, besser bezahlten Fabrik- und
Dienstleistungsarbeiter, Ladenbesitzer, erfolgreiche Handwerker
und die meisten Künstler. Die Grenze zwischen Mittel- und Arbeiterklasse ist fließend und wird sowohl durch die Position innerhalb einer Befehls- und Machthierarchie wie durch das Einkommen festgelegt; Einkommen ist in den meisten Fällen ein guter
Ersatz für Position. Wenn man von der üblichen Haushaltszusam-
mensetzung ausgeht, dürfte der entsprechende Wohnbereich der
Vorort sein.

d) Auch die Kategorie Arbeiterklasse muß weit gefaßt werden.
Dazu gehören nicht nur Fabrikarbeiter, sondern auch die schlecht-

bezahlten Arbeiter im Dienstleistungsbereich. Natürlich gibt es größere Unterteilungen: Angestellte/Arbeiter, Eigentümer/Mieter, gelernt/ungelernt, weiß/schwarz, Ausländer/Staatsbürger, gute/schlechte Ausbildung, über/unter der Armutsgrenze, dauerhaft/zeitweise beschäftigt, informell/formell beschäftigt.[13] Auch wenn die Beschäftigung nicht stabil ist und die Lohnniveaus schwanken, so stammen doch die Mittel für den Lebensunterhalt im großen und ganzen aus abhängiger Beschäftigung oder selbständiger Geschäftstätigkeit und nicht aus direkter staatlicher Unterstützung oder illegalen Aktivitäten. Die Löhne in diesem Bereich sind seit einiger Zeit rückläufig, und wenn hier neue Arbeitsplätze entstehen, dann werden für sie durchweg geringere Löhne angesetzt als vor zwanzig Jahren. Die Mietwohnung ist die klassische, aber bei weitem nicht die ausschließliche Wohnform.

e) Schließlich gibt es die Marginalisierten, die Ausgegrenzten[14], die dauerhaft Arbeitslosen, die Ghettoisierten. Zwar sind die Merkmale der Marginalisierten leicht aufzuzählen – unverhältnismäßig viele Angehörige von Minderheiten, weibliche Familienvorstände, Junge und sehr Alte, schlecht Ausgebildete –, aber in diesen Charakteristika liegt nicht die Ursache für ihren Ausschluß vom Hauptstrom des ökonomischen Geschehens. Es sind die Beschäftigungsstruktur, die die Anzahl der Arbeitslosen festlegt, und die Wirtschaftsstruktur, die bestimmt, ob es eine große Gruppe von Ausgegrenzten geben wird oder nicht, also weder Rasse noch Geschlecht, die aber entscheidend dafür sind, wer zu den Arbeitslosen gehört. Und Veränderungen der Wirtschaftsstruktur haben in der Tat zu einer wachsenden Anzahl von Ausgeschlossenen geführt. In der Vergangenheit stieg die Nachfrage nach ungelernten Arbeitern mit der Produktion; in den fortgeschrittenen industriellen Ökonomien gibt es diese steigende Nachfrage nicht mehr, ja, sie wurde – besonders seit den frühen siebziger Jahren – nicht einmal mehr erwartet. Damit ist auch die Notwendigkeit eines Arbeitskräftereservoirs[15] beträchtlich geringer geworden, und der positive Anreiz für die Herrschenden, Fürsorgeleistungen für den Unterhalt der Ausgeschlossenen bereitzustellen, weil sie in Zukunft vielleicht gebraucht würden, ist weitgehend entfallen. Was sie an staatlicher Unterstützung erhalten werden, hängt also zum großen Teil von den negativen Anreizen ab, die von ihnen ausgehen, also von Unruhe[16] oder anderen Kräften, die sie mobilisieren können. Wenn diese Macht aber schwindet und die der Gegenseite zunimmt, wie es seit den frühen siebziger Jahren der Fall ist, dann werden die Fürsorgeleistungen des Wohlfahrtsstaats drastisch eingeschränkt (vgl. dazu den Beitrag von Windhoff-Héritier in diesem Band). Die Ausgegrenzten leben üblicherweise in den am stärksten verfallenen und vernachlässigten Quartieren der ganzen Stadt, und je weniger Macht sie besitzen, desto häufiger werden sie obdachlos.

Die Einordnung von Menschen in solche Kategorien (die sicherlich ein wenig willkürlich, wenn auch mehr als taxonomisch sind) ist natürlich nicht statisch. Die Grundlage für das Ansteigen der Obdachlosigkeit in jüngster Zeit und für die Restrukturierung der Stadt, von der die Obdachlosigkeit ein Teil ist, ist in Verschiebungen zwischen diesen Kategorien zu sehen. Vincent Navarro spricht von »einer Verringerung der Mittelklasse, einem langsamen Anwachsen der Ober- und der oberen Mittelklasse und einem rapiden Wachstum der gering entlohnten unqualifizierten Arbeiterklasse« (Navarro 1991, 436). Wenn zur unqualifizierten Arbeiterschaft auch die Marginalisierten gezählt werden, dann muß die Richtung des Wandels, den er andeutet, allgemein als richtig bezeichnet werden.

7. Der räumliche Ausdruck der Klassenzugehörigkeit

Die Klassenstruktur hat entscheidende Auswirkungen auf die räumliche Struktur, wenn auch eher in vermittelter Weise und innerhalb baulicher und historischer Begrenzungen. Castells und Mollenkopf schreiben dazu: »Die exklusiven Nachbarschaften oder die Arbeiterviertel sind die räumliche Konfiguration sozialer Ungleichheit, die selbst ein Produkt der Klassengesellschaft ist, aber nicht als unmittelbares Werk einer bestimmten sozialen Klasse. Sozialer Wandel in den Städten vollzieht sich unter dem vereinten Druck der Kämpfe zwischen herrschenden und untergeordneten Klassen, sozialen Bewegungen (darunter geschlechtsbezogene, ethnisch bestimmte, nationale Befreiungs- und Bürgerbewegungen) und der relativ autonomen Rolle des Staates« (Mollenkopf/Castells 1991, 411).

Als Ergebnis der hier beschriebenen ökonomischen und politischen Umstrukturierung vertiefen sich die Trennungslinien, die die »Arbeiterviertel« hervorbrachten, ständig und riegeln die Wohnbereiche der ganz Armen, der Aufgegebenen und in Obdachlosigkeit Absinkenden noch stärker ab. Der Prozeß ist bereits so weit fortgeschritten, daß es in der umfänglichen »Unterschichten«-Debatte in den USA heute als selbstverständlich vorausgesetzt wird, daß Wohnort und Klasse identisch ist. Daher werden die Unterschichten definiert als »Menschen, die in Armutsgebieten leben« (Bane/Jargowsky 1987), bzw. in »Nachbarschaften, in denen bestimmte Haushaltstypen die Norm sind« (Ricketts/Sawhill 1986); bei William J. Wilson geht es um eine »schwarze Ghettounterschicht« und die Transformation der »innerstädtischen Nachbarschaften« als eines wichtigen ursächlichen Faktors der gegenwärtigen Entwicklung (Wilson 1987). Ökonomischer und sozialer Wandel und räumliche Umstrukturierung gehen Hand in Hand.

8. Wie sieht die räumliche Struktur heute aus?[17]

Die luxuriösen Stadtviertel, die Wohnorte der Wohlhabenden, liegen zwar in deutlich abgegrenzten Wohngebieten, aber zugleich sind sie nicht räumlich gebunden. Die Wohnorte der Schwerreichen gehören nicht zu irgendeinem Viertel der Stadt. Sie sind daher an keinem der Viertel besonders interessiert, genausowenig wie die Männer, die die Pferde peitschten, damit sie den zu vierteilenden Gefangenen auseinanderrissen, an irgendeinem der übrigbleibenden Viertel interessiert waren. Für die Wohlhabenden ist die Stadt weniger als Wohnort wichtig, denn als Stätte von Macht und Profit.[18] Sie dient ihnen in erster Linie als profiterzeugende Maschine. Die Wohlhabenden profitieren von den Aktivitäten, die in der Stadt ausgeübt werden, oder (zunehmend) von den Immobilienwerten, die aufgrund dieser Aktivitäten entstehen. Sie mögen das Leben in der Stadt auch durchaus genießen, aber sie haben viele andere Optionen. Wenn sie in der Stadt leben, dann in einer Welt, die gut gesichert ist gegen Kontakte mit Nichtmitgliedern ihrer Klasse und die ihnen sorgfältig gewählte und geschützte Freizeitaktivitäten und Befriedigungen bietet. Falls sie in der Stadt einmal keinen Profit und kein Vergnügen mehr finden sollten, können sie sie verlassen[19]; für sie ist die Stadt jederzeit disponibel. Vor vielen Jahren bemühten sie sich darum, ihre abgeschlossenen Gebiete in der Stadt durch öffentliche Maßnahmen wie Bebauungsvorschriften zu verteidigen[20]; heute verfügt jedes private Apartmenthochhaus über einen eigenen Sicherheitsdienst, und anderswo schirmen Mauern die Enklaven der Reichen gegen Eindringlinge ab.[21] Die Schärfe der Segregation wird bestürzend deutlich an der Servilität, mit der eine Stadt wie New York sich beeilt, die Obdachlosen von den Straßen oder aus den Verkehrseinrichtungen zu vertreiben, die den Reichen dienen, um den Blick und das Zartgefühl der Reichen vor ihnen zu bewahren und sie in die entlegenen Armenghettos abzuschieben. Das geht sogar so weit, daß Pflanzenbilder und Jalousien auf die mit Brettern vernagelten Fenster der verlassenen Häuser geklebt werden, damit sie bewohnt erscheinen und die Reichen auf ihrem Weg zur Arbeit ein Potemkinsches Dorf betrachten können. Obwohl die vornehmen Gebiete von den anderen Stadtvierteln wegen deren Dienstleistungs- und Versorgungsfunktionen abhängig sind, existieren sie räumlich segregiert von ihnen.

Die gentrifizierte Stadt[22] dient den akademisch qualifizierten Spezialisten, Managern, Technikern, Yuppies zwischen 20 und 30 und Hochschulprofessoren: all jenen, denen es gut geht, die aber für andere arbeiten und letztendlich von ihnen abhängig sind. Die frustrierte Pseudokreativität[23] ihrer Tätigkeiten treibt sie zur Suche nach anderen Befriedigungen, die sie im Konsum finden, in spezifischen Kulturformen, in »Urbanität«, ihrer ursprünglichen historischen Gehalte entleert und mehr auf Konsum bezogen als auf intellektuelle Produktivität oder politische Freiheit. Sie wählen ihre Wohngebiete nach Umweltaspekten oder sozialen Annehmlichkeiten, wegen ihrer Ruhe oder ihrer Betriebsamkeit, weil sie historisch interessant oder gerade modisch sind. Gentrifizierte Arbeiterquartiere, ältere Wohngebiete der Mittelschicht, neue Wohnkomplexe mit modernen und gut ausgestatteten Apartments – sie alle erfüllen ihre Bedürfnisse. Nähe zum Arbeitsplatz ist wichtig wegen der langen und unvorhersehbaren Arbeitszeiten, wegen der Fülle an Kontakten und der Verfügbarkeit von Dienstleistungseinrichtungen und der über sie entstehenden Kontakte.

Die suburbane Stadt der traditionellen Familie, suburban zumindest in ihrem Charakter, wenn vielleicht auch nicht nach Anlage oder Standort, wird von den besser verdienenden Arbeitern und Angestellten, der »unteren Mittelschicht«, dem Kleinbürgertum angestrebt. Hier finden sich Stabilität, Sicherheit und die angenehme Welt des Konsums. Bevorzugt werden Besitz und Nutzung eines Einfamilienhauses (je nach Alter, Geschlecht, Zu-

sammensetzung des Haushalts), aber auch Eigentums- oder Mietwohnungen können angemessen sein, besonders wenn sie öffentlich gefördert wurden und/oder gute Verkehrsanbindung haben.
Das Zuhause als Symbol des Ich, der Ausschluß von Personen mit
niedrigerem Status, physische Sicherheit gegen Eindringlinge, politischer Konservatismus, Behaglichkeit und Entkommen aus der
Welt des Arbeitsalltags (deshalb auch oft beträchtliche Entfernung
zur Arbeitsstätte) sind charakteristisch für diese Wohnform. Die
Sicherheit der Grundstückswerte (das Heim als finanzieller Rückhalt, als Erbe und als Wohnsitz) ist wichtig. Archie Bunker verkörpert das miese Stereotyp dieses Vorstadtbewohners, der stolze und
unabhängige Arbeiter bzw. Bürger ist der positive Gegentypus.

Arbeiter mit geringem Einkommen, die für Mindestlöhne oder
wenig mehr arbeiten, oft nur unregelmäßig beschäftigt sind, wenige Vergünstigungen erhalten, unsichere Arbeitsplätze haben und
keine Chance des Aufstiegs, sie alle müssen sich mit der Stadt der
Mietwohnungen zufriedengeben. Ihre Stadt ist viel weniger abgegrenzt. Früher nannte man ihre Quartiere Slums, und als deren
Bewohner sich als aufsässig und undiszipliniert erwiesen, fielen
sie Slumsanierungen und Aufwertungsbemühungen zum Opfer.
Heute wird ihnen ihr Platz durch Vernachlässigung und/oder Verdrängung zugewiesen, durch Kürzung bei den Dienstleistungen,
Verfall der öffentlichen Einrichtungen und politische Mißachtung.
Weil sie aber für das Funktionieren der Gesamtstadt notwendig
sind, haben sie bestimmte Möglichkeiten, politischen Druck auszuüben, um staatlichen Schutz zu erhalten: Mietpreisbindung und
öffentlicher Wohnungsbau sind hauptsächlich auf ihre Aktivitäten
zurückzuführen, obwohl sie häufig Gruppen mit höherem Status
zugute kamen, sobald der Druck nachließ. Als man ihre Quartiere
für »höherwertige Nutzungen« beanspruchte, wurden sie abge-
drängt, entweder durch Stadtsanierung oder durch Gentrification.
Aus dem Kampf gegen die Verdrängung, geführt unter dem Banner
der Nachbarschaftserhaltung, sind einige der militantesten sozialen Bewegungen unserer Zeit hervorgegangen, insbesondere wenn
sie sich mit dem Kampf ihrer wohlhabenderen Nachbarn, die
ebenfalls ihre Quartiere schützen wollten, verbanden.

Die aufgegebene Stadt, das Ghetto, ist unter ökonomischen und
– in den USA – Rassengesichtspunkten der Ort der ganz Armen,
der Ausgegrenzten, die noch nie Arbeit hatten oder dauerhaft
arbeitslos sind, der Obdachlosen und der Asylbewohner. Brök-

kelnde Infrastruktur, verfallende Gebäude, die Herrschaft äußerer, unpersönlicher Kräfte, direkte Ausbeutung auf der Straße, rassische und ethnische Diskriminierung und Segregation, die Stereotypisierung der Frauen – das ist hier alltägliche Realität. Die räumliche Konzentration der Armen wird durch die staatliche Politik noch gefördert; der öffentliche Wohnungsbau wird zur immer stärker ghettoisierten, letzten Zuflucht (die besseren Einheiten werden soweit wie möglich privatisiert), Drogen und Verbrechen häufen sich hier, Ausbildungswesen und öffentliche Einrichtungen werden vernachlässigt.

Es liegt im Wesen der Obdachlosigkeit, daß die Betroffenen nicht zu »Teilen« irgendeiner dieser Städte werden; sie haben kein Zuhause, keinen Wohnort im üblichen Sinne. Es ist auch tatsächlich – wie wir noch sehen werden – das Hauptziel der Maßnahmen einer konservativen Regierung, diese Menschen unsichtbar zu machen, sie aus dem Weg zu schaffen, zu neutralisieren. Sie können sich in jedem Bereich der Stadt aufhalten, der es ihnen ermöglicht, die elementaren überlebensnotwendigen Dinge zusammenzuklauben, und das wird eben oft in den Randgebieten sein, wo die Stadt der Mietwohnungen und die gentrifizierte Stadt aufeinanderstoßen, oder in Geschäfts- und Wohnbereichen, wo die Chancen, Nahrungsmittel und vorübergehende Aufenthaltsmöglichkeit zu finden, besser scheinen als anderswo, oder in öffentlichen Einrichtungen, wo gewaltsame Vertreibung eher unwahrscheinlich ist. Ihre Zufluchtsmöglichkeiten aus früheren Zeiten, die einzeln vermieteten Räume oder die billigen Hotels in der Bowery, verschwinden, sie werden entweder, wenn sie sich an den Rändern der gentrifizierten Stadt befinden, Opfer der Gentrification, oder sie werden schlicht dem Verfall überlassen.

9. Das Bindeglied zur fortgeschrittenen Obdachlosigkeit: Der Wohnungsmarkt

Der Wohnungsmarkt liefert die Verbindung zwischen Veränderungen in der ökonomischen und räumlichen Struktur der Stadt und dem wachsenden Risiko der Obdachlosigkeit. Er bewirkt dann tatsächliche Obdachlosigkeit, wenn die politischen Folgen dieser Veränderungen den Rückzug des Staates aus der Verpflichtung gegenüber den von Obdachlosigkeit Bedrohten erlauben.

So wie sich die fortgeschrittene Obdachlosigkeit grundlegend von der Obdachlosigkeit vor den siebziger Jahren unterscheidet, so haben sich auch ihre Ursachen in entscheidenden Punkten geändert.

New York leidet seit langem an Wohnungsmangel. Darauf weist auch die Tatsache, daß es die einzige Stadt in den Vereinigten Staaten ist, in der seit dem Zweiten Weltkrieg durchgehend eine Mietpreisbindung in Kraft war. Ein paar Schlüsselzahlen zur Illustration: Die Leerstandsquote blieb durchweg unter den als angemessen eingeschätzten 5 %; eine verblüffende Anzahl von Haushalten gibt mehr als 30 % ihres Einkommens für die Miete aus; Überbelegung kommt häufig vor und ist oft erheblich.

Aber Wohnungsmangel produziert nicht automatisch Obdachlosigkeit; es hat sich etwas geändert seit den frühen siebziger Jahren. Auffällig sind z. B. die unterschiedlichen Tendenzen beim Wohnungsmangel und bei der Obdachlosigkeit: Während ersterer relativ stabil geblieben ist, ist letztere in schwindelnde Höhen geschossen. Das zugrundeliegende Muster, das Obdachlosigkeit hervorbringt – so meine Argumentation –, ist das Zusammentreffen zweier ökonomischer Trends (und eines politischen Wandels, auf den ich zum Schluß zurückkommen werde). Erstens ist eine Verlagerung der Beschäftigung für unqualifizierte Arbeitskräfte festzustellen: einerseits eine internationale Verlagerung, weg von den entwickelten Industrieländern und hin zu den weniger entwickelten Ländern mit niedrigen Löhnen – ermöglicht durch wachsende internationale Konzentration der Kontrolle über ökonomische Aktivitäten –, andererseits eine Veränderung des Typs der unqualifizierten Arbeit, die in den städtischen Kontrollzentren gefragt ist, nämlich zugunsten von Dienstleistungsaktivitäten und zum Nachteil der Fertigungstätigkeiten. Zweitens führt die Konzentration von Besitz, Kontrolle und Management zu einem entsprechenden Anstieg der Beschäftigung in Kontroll- und Leitungsfunktionen in der zunehmend internationalisierten Wirtschaft.

In einer Phase wirtschaftlicher Prosperität reagiert der Immobilienmarkt auf diese Veränderungen, indem er Wohnraum vom unteren Ende für Nutzungen auf höherem Niveau verfügbar macht. Das bedeutet »Aufwertung« von Wohnraum auf ganzer Front, aber besonders profitabel ist die Nachfrage der Gentrifizierer nach Wohnraum in Arbeiterwohngebieten, um ihn für Bewohner mit höherem Einkommen nutzbar zu machen: So werden die

Grenzen der gentrifizierten Stadt ausgeweitet. Manchmal geht das zu Lasten der Mittelschicht, der potentiellen Vorortbewohner, häufig geschieht es auf Kosten der Stadt der Mietwohnungen; dann werden Rand- und Inselbereiche übernommen und für profitablere Nutzungen umgestaltet. Die dort lebten, finden wahrscheinlich keine andere Wohnmöglichkeit, und da ihnen staatliche Hilfe nicht gewährt wird, finden sich viele von ihnen ohne Obdach wieder.

Diese Vorgänge sind seit den frühen siebziger Jahren zu beobachten. Die Bereiche in der Stadt der Mietwohnungen, die in der Nähe von Geschäftszentren liegen und insbesondere diejenigen, deren Bewohner marginalisiert waren oder der Arbeiterklasse angehörten, deren Gebäudebestand aber gut war (z. B. Reihenhäuser, die während der Depression in kleine und billige Einheiten aufgeteilt worden waren), wurden in bessere Wohnungen für die Gruppe der höheren Angestellten umgewandelt. Manchmal waren diese Häuser vorher aufgegeben, d. h. dem Markt entzogen worden, z. B. in den westlichen Teilen der Lower East Side und Gebieten im Manhatten Valley, aber häufiger waren die Arbeiterklassenbewohner vorher verdrängt worden. Aufgegebene Insel- und Randgebiete gingen so manchmal direkt in die Gentrification über, die Kernstücke der aufgegebenen Stadt allerdings nicht.[24] Der Anstieg der so produzierten Obdachlosigkeit wurde zu Beginn dieses Beitrags dokumentiert.

Eine Rezessionsphase, wie wir sie derzeit erleben, könnte zumindest eine Ursache der Obdachlosigkeit, nämlich die Gentrification bremsen. Diese Schlußfolgerung ist nicht sicher, denn Gentrification ist ja weitgehend eine Ortsveränderung von Personen, die bereits in der Stadt leben, und insbesondere von Spezialisten, Managern, Technikern, die ihren Wohnsitz in räumliche Nähe zu ihrer Arbeitsstätte, ihren Vergnügungsstätten und anderen prestigeträchtigen Orten verlegen wollen. Aber ihre Fähigkeit, diese höheren Standards auch zu finanzieren, nimmt ab: bestimmte Gebiete, die vor fünf Jahren gentrifiziert worden wären, bleiben nun wohl erst einmal davon verschont. Allerdings wird dieser Rückgang der Verdrängung höchstwahrscheinlich wieder aufgewogen von einer Zunahme der Armut, so daß die aufgegebene Stadt in absehbarer Zukunft vermutlich weiterwachsen wird.

Die dramatischsten Belege für die Verknüpfung dieser räumlichen Veränderungen mit der Obdachlosigkeit werden vom Urban

Institute in einer neueren Studie vorgelegt, die von einem überraschenden Befund ausgeht: »Mehr Armut in einer Stadt korreliert nicht mit mehr Obdachlosigkeit, aber in Städten, die sowohl ein hohes Armutsniveau wie ein hohes Pro-Kopf-Einkommen aufweisen, finden sich auch signifikant höhere Obdachlosenzahlen. Die Einkommensungleichheit in diesen Städten wirkt sich unmittelbar auf ihre Wohnungsmärkte aus: Die Vielzahl der Arbeitnehmer mit guten Arbeitsplätzen oder hohen Qualifikationen treibt die Kosten für die meisten Wohnungen weit über das hinaus, was arme oder nichtbeschäftigte Haushalte aufbringen können. Die wachsende ›Gentrification‹ in Städten wie New York ist ein gutes Beispiel für diesen Druck auf den Wohnungsmarkt.«[25] Die ausgrenzenden Effekte der räumlichen Segregation in der Stadt werden auch von einer weiteren Studie[26] hervorgehoben: Die Diskriminierung der Afroamerikaner und der Lateinamerikaner in New York wächst und ist hier gegenwärtig stärker ausgeprägt als in allen anderen 36 Städten, die in dieser Studie untersucht wurden. Daß über 90 % der Obdachlosen Afro- oder Lateinamerikaner sind, ist kein Zufall.

Aber vom Wohnungsmarkt kann man natürlich keinesfalls erwarten, daß er diejenigen versorgt, von denen kein Profit zu erwarten ist. Das war traditionell die Rolle des Staates. Wieso hat der Staat nicht reagiert, um die neue Obdachlosigkeit unter Kontrolle zu bekommen?

10. Die neue Wohnungspolitik

Der politische Konsens nach dem Ende des Zweiten Weltkriegs ist an anderer Stelle ausführlich analysiert worden (vgl. den Beitrag von N. Fainstein in diesem Band). Seine Entstehung, zu beobachten z. B. an einem klassischen Beispiel wie der Bundesrepublik Deutschland, erfordert Einvernehmen zwischen Arbeitern und Kapital, damit beide Seiten an den Früchten des Wachstums teilhaben können. Dieser Konsens brachte den Wohlfahrtsstaat hervor. Er basiert auf der sogenannten fordistischen Akkumulationsweise und hat in den meisten westlichen Industrieländern, zumindest bis 1975, zuverlässig funktioniert. Die ökonomische Entwicklung, die dem Bruch dieses Einvernehmens zugrunde liegt, ist ebenfalls andernorts beschrieben worden.[27] Großbritannien unter Thatcher war das erste Land, das eine andere politische Gangart einschlug, und zwar sehr abrupt. In den Vereinigten Staaten bereiteten die Niederschlagung der Ghettounruhen in den sechziger Jahren, Nixons zweite Amtszeit, die Rezession von 1973 und die Finanzkrise den Umschwung in den amerikanischen Städten vor. Diese politischen Vorgänge markieren den Übergang von der unsichtbaren zur sichtbaren Obdachlosigkeit.

Die Unruhen in den Ghettos, die den Erfolgen der Bürgerrechtsbewegung Mitte der sechziger Jahre in den Südstaaten auf dem Fuße folgten, stellten die Bedingungen des Nachkriegskonsenses in den USA in Frage. Eine große Bevölkerungsgruppe, die Schwarzen, wollte es nicht länger hinnehmen, daß sie immer nur den kleinsten Anteil von den Erträgen des Wachstums zugewiesen bekam und in Zeiten des Konjunkturrückgangs stets am gefährdetsten war. Die vom Protest gegen den Vietnamkrieg mobilisierten Massen und die neue Linke unterstützten ihre Forderungen, und so schien von den städtischen Ghettos eine ernsthafte Bedrohung für das etablierte System auszugehen, die manche der Mächtigen veranlaßte, darüber nachzudenken, wie der Nachkriegskonsens zu verbessern und auf weitere Bevölkerungssegmente auszudehnen sei.

Doch mit der Wahl Nixons konnten die Hardliner innerhalb des Establishments einen Sieg verbuchen. Sein erster Erfolg im Jahr 1968 ist eher als Scheitern Lyndon B. Johnsons zu beurteilen, aber der zweite Sieg gab das Signal für die Abkehr vom Wohlfahrtsstaat und den liberalen Reaktionen auf die Aufstände in den Ghettos. Der erfolgreiche Einsatz von Gewalt, um weitere Unruhen zu unterdrücken, war symptomatisch für das Scheitern der Bemühungen um eine Veränderung. Mit der Aussetzung aller Wohnungsbauprogramme der Bundesregierung im Januar 1972 (darunter sowohl der öffentliche Wohnungsbau, errichtet mit öffentlichen Mitteln und in öffentlichem Besitz, als auch der Wohnungsbau für niedrige und mittlere Einkommensgruppen, der mit Zinssubventionen und Darlehen gefördert wurde) und der Entschärfung der verbliebenen Programme zur Bekämpfung der Armut (die Bundesmittel direkt an Bürgergruppen geleitet und damit häufig soziale Bewegungen oder militante Protestgruppen unterstützt hatten) wurde die Gegenoffensive der Konservativen weitergeführt. Die Rezession des Jahres 1973 und die unmittelbar darauffolgenden und sehr erfolgreichen Bemühungen, die veränderte ökonomische Lage in eine

»Finanzkrise« der Regierung zu verwandeln, lieferten den Vorwand für eine massive Kürzung der Regierungsprogramme, die in irgendeiner Weise redistributiv wirkten.

Die künstliche Finanzkrise bot eine günstige Gelegenheit, einen Keil zwischen die Klassen zu treiben; einen Keil, der die Kluft zwischen den einzelnen Teilen der viergeteilten Stadt erheblich vertiefte und die Öffentlichkeit die Aufgabe eines Viertels der Stadt und die Obdachlosigkeit hinnehmen ließ. Der allgemeine Konsens der Nachkriegsära hatte auf der Partizipation aller gesellschaftlichen Klassen, in größerem oder geringerem Ausmaß, beruht. In den Ghettoaufständen kam die Desillusionierung einer Bevölkerungsgruppe zum Ausdruck, und das Bedrohliche daran war, daß diese Enttäuschung sich auf die gesamte Arbeiterschaft auszuweiten und damit den generellen Konsens zu sprengen drohte. Das trat jedoch nicht ein, und daran mag klar geworden sein, daß ein allgemeiner Konsens zur Erhaltung der etablierten Struktur überhaupt nicht notwendig war. Aber um die Ausgrenzung eines Segments der Gesellschaft durchzuführen, mußte sichergestellt werden, daß es keine Bündnisse mit anderen Gruppen einging, und das wiederum konnte man erreichen, indem man einen Keil zwischen die nicht Betroffenen und die Betroffenen trieb. Rassismus ist solch ein Keil, der lange eingesetzt wurde, Sexismus ein anderer, der besonders gute Dienste leistete, um die Fürsorgeabhängigen zu isolieren. Es gelang diesem konservativen Angriff in den siebziger Jahren, einen weiteren Keil zwischen die Arbeiterklasse und die ganz Armen zu treiben und die Arbeiter einerseits glauben zu lassen, ihre Zukunft liege eher in einer Verbindung mit denen über ihnen als mit denen unter ihnen, und sie andererseits ohne Protest Leistungen annehmen zu lassen, die ihnen auf Kosten der Armen angeboten wurden, vor allem bei der Verteilung öffentlicher Leistungen.

Die wechselnden politischen Koalitionen bei den Bürgermeisterwahlen der Stadt New York (vgl. dazu Shefter 1987 und den Beitrag von Mollenkopf in diesem Band) zeigen deutlich die Folgen dieser Spaltung. Unmittelbar nach dem Krieg wurde in den Wahlkampagnen und in den Programmen z. B. des Bürgermeisters Robert Wagner versucht, für alle Bevölkerungsgruppen etwas zu tun. Sie fanden Zustimmung bei der wachsenden Minoritätenbevölkerung, aber sie sicherten auch die Basis bei den weißen Wählern aller Einkommensgruppen; ihr politisches Haus stand allen offen, höchstens die extreme Linke blieb ausgeschlossen. John Lindsay (1966-1970, 1970-1974) mußte sich dann während seiner zweiten Amtszeit für eine Seite entscheiden. Er strebte eine Koalition an, in der auch die Ausgeschlossenen und die Arbeiterklasse vertreten waren, mit erheblichem Rückhalt bei den oberen Einkommensgruppen, angefangen an der Spitze der Pyramide bis zu den höheren Angestellten, aber auf Kosten der Mittelklasse, der suburbanen Wählerschaft. Koch (1978-1990) schlug nach seiner Wahl einen anderen Weg ein. Während der Finanzkrise sah er seine Wählerschaft in der Mittelklasse und darüber und bemühte sich um die Unterstützung der Arbeiterklasse (womit er auch bis gegen Ende seiner letzten Amtszeit sehr erfolgreich war), indem er die Arbeiter und die Armen gegeneinander ausspielte. Er begründete das folgendermaßen: Was an Mitteln in soziale Programme (einschließlich Wohnungsbau) für die Armen fließe, müsse notwendigerweise auf Kosten derjenigen gehen, die voll beschäftigt seien, auch wenn sie zu wenig verdienten. Dinkins versuchte in seinem Wahlkampf 1989, diese Spaltung aufzuheben; ob dies zu anderen Ergebnissen führt, wird man abwarten müssen. Allerdings sind die Antagonismen, die in den letzten 15 Jahren aufgebaut wurden und viel weiter zurückreichende Wurzeln haben, vermutlich nicht so einfach zu versöhnen.

Die Klassentrennungen zeigen sich räumlich wie politisch. Vor 1975 war die Metapher der dualen Stadt vermutlich viel treffender als heute: Die Individuen betrachteten sich entweder als Teil der respektablen Mehrheit oder der diskriminierten Minderheit. Soweit es Integrationsbemühungen gab, zielten sie darauf, Gebiete mit Minderheitenkonzentrationen zu verringern oder die weißen Vororte auch für nichtweiße Bewohner zu öffnen. Von solchen Zielen wird heute kaum mehr gesprochen.[28] Die Trennungen innerhalb dieser Kategorien vergrößern sich aber. Ein Schwerpunkt der Debatte um die neue Stadtverfassung war das NIMBY-Problem: *Not In My Back Yard* (nicht in meinem Garten); d. h.: In meiner Wohngegend will ich kein Obdachlosenheim, keine Rehabilitationsklinik, keine Wohnungen für untere Einkommensgruppen haben. In Arbeiterquartieren erwies sich NIMBY genauso als Hindernis wie in suburbanen Nachbarschaften, wenn auch aus unterschiedlichen Gründen: Nicht Rassismus war das Problem, denn die meisten der protestierenden Nachbarschaften setzten sich bereits zum größten Teil aus Minderheiten zusammen, sondern die

Befürchtung, daß die Unterbringung von noch mehr Ausgegrenzten in Quartieren mit Mietwohnungen, die sich schon von der Aufgabe dieses Gebiets bedroht sahen, diesen Prozeß beschleunigen, zumindest aber die Probleme dieser Gebiete verschärfen würde. Die sogenannten »neuen Ghettos« (vgl. Vergara 1991, 3 ff.) entwickeln sich also mit Hilfe staatlicher Subventionen, die Vororte werden in Ruhe gelassen.

Beim anderen Extrem, bei privaten Gebäuden und privaten Erschließungen im luxuriösen Teil der Stadt, schotten sich die oberen gesellschaftlichen Schichten vom Rest der Stadt dadurch ab, daß sie so viele Dienstleistungen und Einrichtungen wie möglich in ihr Gebiet aufnehmen. Luxuriöse Miet- und Eigentumsanlagen haben heute ihre eigenen Fitneßclubs, eigene Restaurants, Einkaufszentren und Versammlungsräume. Private Wachdienste, Pförtner und Sicherheitssysteme sind schon lange selbstverständlich. In einigen Fällen gesteht es die Stadt den Bewohnern bestimmter Nachbarschaften zu, Steuermittel einzusetzen, nur um ihre Quartiere zu verbessern und Dienstleistungen innerhalb ihres Quartiers anzusiedeln. Man könnte das staatlich organisierte Privatisierung kommunaler Dienstleistungen nennen.

Und natürlich hat das neue politische Kräfteverhältnis direkte Auswirkungen auf die Wohnungspolitik, einschließlich der Maßnahmen für die Obdachlosen, genauso wie auf ihre räumlichen Komponenten. Die Schwächung der Mietpreisbindung ist ein Indikator für diesen Wandel. Nach einem erfolglosen Versuch im Jahre 1969, die Mietpreisbindung gänzlich aufzuheben, setzte sich eine moderate Form der Regulierung durch, die Mietpreisstabilisierung, die nicht so sehr darauf zielt, die Mieten niedrig zu halten, als vielmehr die jährlichen Erhöhungen oberhalb eines »frei bestimmten« Marktniveaus zu begrenzen.

Während die räumlichen Ursachen der fortgeschrittenen Obdachlosigkeit durch bestimmte Maßnahmen der Städte verstärkt und die Mietpreisbindungen gelockert werden, wird der gesamte Umfang der städtischen wie der nationalen Maßnahmen zur Bekämpfung der Obdachlosigkeit verringert. Als Bürgermeister Dinkins 1990 eben neu im Amt war, verbürgte er sich dafür, alle *welfare hotels* zu schließen, und für eine Weile gelang ihm das auch. Nun werden sie wieder eröffnet. Die Leiterin des Büros für Obdachlosigkeit beim Bürgermeister, Nancy Wackstein, eine engagierte Anwältin der Obdachlosen, trat 1991 aus Enttäuschung über die geringen Mittel zurück, die für ihre Aufgaben zur Verfügung standen. Jeder Schritt, den die Stadt in ihrem Umgang mit den Obdachlosen ohne Bleibe und denen in Unterkünften, den sichtbaren Obdachlosen, unternimmt, treibt mehr von den unsichtbaren Obdachlosen auf die Straße und in die Asyle. Die Kürzung der Bundesmittel für den Wohnungsbau ist oft dokumentiert worden; angefangen bei dem kurzfristigen, völligen Einfrieren der zusätzlichen Ausgaben für den Wohnungsbau im Jahr 1973 unter Nixon, ist es mit der Beteiligung des Bundes an der Wohnungsversorgung auch in den Jahren unter Reagan und Bush ständig bergab gegangen (vgl. Marcuse 1988a).

11. Schlußbemerkung

Fortgeschrittene Obdachlosigkeit entsteht als logische Reaktion des Wohnungsmarktes auf die ökonomische Restrukturierung der Nachkriegsperiode und deren räumliche Begleiterscheinungen. Dem Nachwohlfahrtsstaat bereitet das kein Kopfzerbrechen. Da keine Veränderung des politischen Kräfteverhältnisses zu erwarten ist, wird sich die fortgeschrittene Obdachlosigkeit vermutlich ungehindert ausdehnen.

Anmerkungen

1 Eine Diskussion dieser Literatur findet sich in: Marcuse 1988d.
2 Diese Argumentation ist detailliert ausgeführt in: Marcuse 1988b. Außer der Schuldzuweisung an das Opfer dienen u. a. folgende Strategien diesem Zweck: Das Ausmaß der Obdachlosigkeit wird verharmlost; Obdachlosigkeit wird als Fehlentwicklung in einem gut funktionierenden Wohnungsversorgungssystem behandelt und eher als ein Problem psychischer Gesundheit statt als Wohnungsproblem angesehen; ein Teil der Obdachlosigkeit wird als »freiwillige« etikettiert; die Sichtbarkeit der Obdachlosen wird reduziert; es wird behauptet, daß Obdachlosigkeit ein unlösbares bzw. ein zeitloses Problem darstelle, daß sie eine reine Einkommensfrage oder nur vorübergehend sei und von selbst verschwinden werde.
3 Das Amt für Wohnungsbau und Stadtentwicklung (Department of Housing and Urban Development) weist diese Komponente der Defi-

nition explizit zurück. »›Obdachlosigkeit‹ bezieht sich auf Personen auf der ›Straße‹, die bei ihrer Suche nach einer Bleibe keine Alternative als die einer privaten oder öffentlichen Einrichtung haben. Obdachlose Personen unterscheiden sich von denen, die eine dauerhafte Unterkunft haben, auch wenn diese Unterkunft in unangemessenem baulichen Zustand ist. Sie unterscheiden sich auch von denen, die unter Bedingungen der Überbelegung leben.«

4 Wenn nicht anders angegeben, stammen die Zahlen entweder aus dem alle drei Jahre vom Amt für Volkszählung der Stadt New York (Bureau of the Census for New York City) erhobenen Wohnungs- und Leerstandsbericht (*Housing and Vacancy Survey*), aus Marcuse 1986, aus Studien der Stadt New York (*New York City Human Resources Administration*) oder von der Coalition for the Homeless. Eine ausführliche Darstellung der Methoden findet sich in Marcuse 1989b.

5 Insgesamt umfaßte der Wohnungsmarkt in New York City im Jahr 1990 nach dem Zensus 2 992 169 Einheiten. Die Zahl der Haushalte betrug 2 819 407 bei 7 322 564 Einwohnern.

6 Der Aufstieg des Kapitalismus kann anstelle der industriellen Revolution, die auf ihn folgte und ihn zur vollen Entwicklung brachte, als alternativer Zeitpunkt für diesen ersten Wendepunkt gelten und die Vertreibung der Landarbeiter im Verlauf der Einhegungsbewegung als Beginn der »modernen« Obdachlosigkeit.

7 Diese Periode hat Hopper (1983) genauer erforscht. Die Implikationen einer nichthistorischen Betrachtung sind dargelegt in Marcuse 1988c.

8 Zur Debatte um das Wesen der »Finanzkrise« vgl. Marcuse 1981. Sie war künstlich, und zwar nicht in dem Sinne, daß die Stadt nicht wirklich in eine Krise steuerte, weil sie so fortfuhr wie bisher, sondern weil sie absichtlich provoziert und ausgenutzt wurde von denen – v. a. in Unternehmerkreisen –, die eine Veränderung der städtischen Politik zu ihren Gunsten herbeiführen wollten, d. h. Verringerung der Fürsorgeausgaben und Konzentration auf die »wirtschaftliche Entwicklung«. Vgl. dazu Tabb 1982; Lichten 1986.

9 Anmerkung der Herausgeber: Im englischen Originaltext benutzt der Autor den Begriff *abandoned city*. Damit sind jene Gebiete gemeint, in denen verfallende Häuser leerstehen, die als Unterschlupf für Obdachlose dienen. Sie dürfen nicht mit Slums verwechselt werden, in denen Häuser regulär gegen Mietzahlung bewohnt werden, auch wenn sich der bauliche Zustand nur wenig von den aufgegebenen Gebieten unterscheidet.

10 Vgl. die ausführlichere Darstellung in Marcuse u. a. 1982.

11 Die Debatte um »Klassen« ist alt. Sie soll hier nicht aufgenommen werden, aber die Verwendung von Kategorien, die sich auf Rollen von Individuen in ihrer Teilnahme an ökonomischen Aktivitäten in der Stadt beziehen, scheint mir unmittelbar nützlich, um die Beziehungen

zwischen ökonomischem Wandel und räumlichen Strukturen der Stadt herauszuarbeiten. In diesem Sinne bleibt »Klasse« weitgehend kongruent, ob sie nun unter Produktions- oder Konsumtionsaspekten definiert wird.

12 Auf diese Verknüpfung wird weiter eingegangen in Rose 1984 und Marcuse 1989a.

13 Das »informell« gehört durchaus hierher: es trifft zu auf Beschäftigte an Arbeitsplätzen, deren Arbeitsbedingungen nicht nach allgemein akzeptierten sozialen Standards entweder staatlicher oder formeller gewerkschaftlicher Bestimmungen festgelegt wurde. Der Unterschied zwischen formeller und informeller Beschäftigung für Arbeiter ist ein gradueller und sollte in einem Land wie den Vereinigten Staaten nicht überbewertet werden (vgl. dazu Sassen 1991; Castells/Portes 1989). Ob Arbeitsschutzgesetzgebung oder entsprechende Vereinbarungen eingehalten werden, hängt davon ab, wieviel Druck die Arbeiter ausüben können. Informelle Beschäftigung hat letztendlich einseitige Vorteile und wird zunehmen, sowie sich die Machtverhältnisse zugunsten des Establishment verschieben.

14 Ausgeschlossen nicht in dem Sinne, daß sie keinerlei Anteil am Wirtschaftsgeschehen hätten, sondern daß ihnen die meisten seiner Vergünstigungen nicht zugänglich sind; ausgeschlossen aus der Gruppe, für die der Staat Fürsorge als notwendig ansieht, und ausgeschlossen von der Beteiligung an Entscheidungen, d. h. von politischer Macht. Siehe dazu Mollenkopf/Castells 1991, 409.

15 Marx definierte »Reservearmee« so: Der Kapitalismus produziert »eine relative Überbevölkerung von Arbeitern ... Der kapitalistischen Produktion genügt keineswegs das Quantum disponibler Arbeitskraft, welches der natürliche Zuwachs der Bevölkerung liefert. Sie bedarf zu ihrem freien Spiel einer von dieser Naturschranke unabhängigen industriellen Reservearmee« (Marx 1869, 664).

16 Wie Frances Piven und Richard Cloward (1977) überzeugend dargestellt haben.

17 Die Begriffe, mit denen die Stadtviertel hier bezeichnet werden, leiten sich aus dem Charakter des jeweiligen Wohngebiets ab. Eine vollständige Beschreibung der Stadtviertel (die hier nicht möglich ist) würde ausführlicher auf das Verhältnis von Wohnort und Arbeitsstätte eingehen und die Arbeitsstätten und ihre Einbettung zu einer ebenso entscheidenden Komponente der Charakterisierung separater Quartiere machen, wie es in diesem Text die Nachbarschaft ist. Die Beziehungen der Quartiere untereinander würden damit klarer, denn die meisten dieser Beziehungen beruhen auf arbeits-, nicht auf wohnbezogenen Kontakten. Arbeits- und Geschäftsbeziehungen sind erheblich stärker untereinander verknüpft als Beziehungen des Wohnorts, für die eher eine strikte Absonderung gilt.

18 Die Restrukturierung der Städte hat Immobilien immer profitabler gemacht, wovon die bereits Wohlhabenden überproportional begünstigt werden. Joel Blau (1985, 85) zitiert Zahlen, die zeigen, daß die reichsten 1 % der Bevölkerung 45 % ihres Einkommenszuwachses aus Grundbesitz bezogen.

19 75 % der höheren Manager von Konzernen mit Zentralsitz in New York City lebten 1975 außerhalb der Stadt (Brint 1991, 155).

20 Toll (1969) beschreibt sehr anschaulich die Bemühungen der wohlhabenden Anwohner der Fifth Avenue, ihre herrschaftlichen Wohnanlagen vor »unvereinbarer angrenzender Nutzung« zu schützen, indem sie 1916 die erste Bebauungsverordnung der Stadt New York zustande brachten.

21 Die neue Architektur der Shopping Malls, Skywalks (eigene Fußgängerzone oberhalb des Straßenniveaus) und der polizeigeschützten Fußgängereinkaufszonen ist ein verblüffender räumlicher Spiegel der sozialen Segregation. Skywalks in den Innenstädten z. B. erlauben es den Geschäftsfrauen und -männern – sowohl symbolisch wie real –, sich über die Köpfe der Armen fortzubewegen. Vgl. Marcuse 1988c; Barnett 1989.

22 Ich benutze den Begriff hier nicht in seinem engeren Sinn, um einen Teil der Stadt zu bezeichnen, aus dem höhere Schichten die niedrigeren vertrieben haben, sondern im weiteren Sinn für Gebiete, die bewohnt werden von oder geplant sind für Professionals, Manager, Techniker, wie sie weiter oben beschrieben wurden. Bei den Gebäuden kann es sich genauso um Neubauten wie um »gentrifizierte« Häuser im engeren Sinn des Wortes handeln.

23 Damit sind nicht kreative Künstler gemeint, die man früher als Bohemiens bezeichnet hätte, denn die können sich die Mieten in der gentrifizierten Stadt im allgemeinen nicht leisten und haben sich wahrscheinlicher irgendwo zwischen der aufgegebenen und der Mietstadt niedergelassen. Da sie sich bevorzugt in spezifischen Nachbarschaften zusammenfinden, können sie als Vorläufer der Gentrification angesehen werden. Vgl. dazu Rose 1984, die präzise zwischen verschiedenen Kategorien der Gentrifizierer unterscheidet, und Zukin und Brake in diesem Band.

24 Dieses Muster wird ausführlich dargestellt in Smith/Williams 1986 und im Beitrag von Smith in diesem Band.

25 Das Urban Institute faßt hier die Ergebnisse von Burt 1991 zusammen.

26 Ein Artikel in der *New York Times* vom 3. 11. 1991 berichtete über diese Arbeit einer Forschergruppe an der Universität von Syracuse.

27 Vgl. z. B. die Arbeiten von David Harvey, die Debatte um die flexible Akkumulation und postfordistische Akkumulationsweisen, die Diskussion zur Veränderung der internationalen Arbeitsteilung usw.

28 Ausgenommen sind einige suburbane Gebiete wie Brookhaven oder

kleinere Gemeinden in New Jersey, aber auch dort erlaubt die neue Gesetzgebung die Wahl zwischen Integration in den Vororten oder verbessertem Wohnungsbau (zum großen Teil für Minderheiten) in den Städten, und meist fällt die Entscheidung für den verbesserten Wohnungsbau und nicht für das Zusammenwohnen.

Adrienne Windhoff-Héritier
Das Dilemma der Städte –
Sozialpolitik in New York City

1. Das Dilemma der Städte

New York City ist eine Stadt der Gegensätze, von Reich und Arm, von *glitz and gloom*; in ihr gehören, wie in den meisten amerikanischen Großstädten, Wohlfahrtsabhängigkeit und Armut zum Lebensalltag. Vermag die Politik der Stadt, insbesondere die Sozialpolitik, die Folgen städtischer Armut mit all ihren problematischen Konsequenzen abzumildern? Um die Antwort vorwegzunehmen: Die städtische Wohlfahrtspolitik ist nur dann in der Lage, die Not der Armen substantiell zu lindern, wenn sie in eine umfassende Sozialpolitik eingebettet ist, die vom Staat mit ähnlicher parteipolitischer Programmatik mitgetragen wird. Die Gründe dafür liegen auf der Hand: Die Städte sehen sich in dem Dilemma, daß sie einerseits einen großen Teil der Armen der Nation beherbergen und die Problembeladenen durch ihre Anonymität und ihre Dienstleistungen anziehen, andererseits aber die Struktur ihrer Steuereinnahmen eine Umverteilungspolitik zugunsten der Armen erschwert.

Die Armutsbevölkerung in den großen Städten sieht sich in einem Circulus vitiosus der Armut, der Arbeitslosigkeit, des Analphabetentums, der Teenager-Schwangerschaft, des Drogenkonsums und des Verbrechens gefangen, einem Circulus vitiosus, der sich selbst am Leben erhält. Zwar bringen die Städte nicht ihre eigenen Armutsprobleme hervor. Diese sind vielmehr das Ergebnis des wirtschaftlichen Strukturwandels, der Wanderungsbewegungen sowie bundesstaatlicher Maßnahmen, die die Stadtflucht ermutigen. Die Großstädte ziehen die Problembeladenen an, weil sie Leistungen und Dienstleistungen sowie Anonymität bieten und die schon existierenden, von *kin-ties* getragenen Einwanderernetze weitere Migranten anziehen. Hat eine Armutsgegend sich einmal als solche verfestigt, besteht die Gefahr, daß sich die sozialen und institutionellen Verbindungen zum »Mainstream« der amerikanischen Gesellschaft vermindern und sich eine Kultur der Armut mit ihrer eigenen Dynamik entfaltet.

So stieg gegenläufig zum nationalen Trend, der eine gleichbleibende oder stagnierende Zahl von Wohlfahrtsempfängern zeigte, die Zahl der Sozialhilfeempfänger in den großen Städten zwischen 1970 bis 1980 deutlich an (Wacquant/Wilson 1989, 76). Insbesondere in New York City war das der Fall. Heute leben mehr Arme in New York als in jeder anderen Stadt oder jedem anderen County der Vereinigten Staaten. Rund ein Fünftel der Stadtbewohner sind arm, ein Drittel von ihnen sind Kinder. 40 % aller Einwohner des Staates New York sind als arm einzustufen, 60 % von ihnen sowie 66 % der Wohlfahrtsempfänger des Staates leben in New York City (Lurie/ Bane 1988, 421). Alleinstehende Mütter und ihre Kinder stellen die größte und am schnellsten wachsende Gruppe unter den Armen dar. Sie machen 80 % der Empfänger von Aid for Families with Dependent Children (AFDC) aus. Die durchschnittliche Wohlfahrtsempfängerin in New York City ist schwarz, alleinstehend, arbeitslos und hat zwei Kinder (Ginsberg/Mesnikoff 1984, 9).

Obwohl die Städte eine überproportionale Last der nationalen Armutsprobleme tragen, verfügen sie im Rahmen ihrer eigenen Steuereinnahmen nicht über die notwendigen Mittel, um angemessene Leistungen und Dienstleistungen für die Armen zu finanzieren. Ganz im Gegenteil, die Struktur der städtischen Steuereinnahmen und die Angewiesenheit darauf, Wertpapiere an der Börse zu verkaufen, hindern die lokalen politischen Akteure daran, sich auf redistributive Maßnahmen einzulassen. Die Städte sind dem Spiel der »externen« Marktkräfte ausgesetzt, wenn sie mit anderen Städten um Industrieansiedlungen konkurrieren. Auch verfügen sie nicht wie die Bundesregierung über die Möglichkeit, Bevölkerungsströme nach ihrem Willen zu lenken. Wenn die Städte daher für mittlere und hohe Einkommensgruppen hohe Steuern erheben, um generöse Wohlfahrtsleistungen zu finanzieren, kann sich dies als kontraproduktiv erweisen und den Exodus der Wohlhabenden und der Mittelschicht aus der Stadt beschleunigen. Gleichzeitig werden die Armen von hohen Wohlfahrtsleistungen angezogen (Peterson 1979, 164). 1985 flossen 17,2 % der Einnahmen von New York City aus Grund- und Eigentumssteuern, 12,3 % aus Mehrwertsteuern (*sale taxes*), 27,2 % aus persönlichen Unternehmens- und Bankeinkommenssteuern, 17 % aus Zuweisungen des Staates New York, 16,4 % aus Zuweisungen des Bundes und 9 % aus anderen Quellen (Green/Moore 1988, 226f.). 1990 stammten die städtischen Einnahmen zu 10 % aus Zuweisungen des Bundes, zu

22 % aus Mitteln des Staates New York, zu 25 % aus Eigentums-
und Grundsteuern sowie zu 43 % aus anderen Steuereinkünften.
1989 kamen rund 400 Firmen in Manhattan für den größten Teil
der 500 Milliarden Dollar an kommerziellen Grund- und Eigentumssteuern auf und nur rund 1000 von 35000 Firmen zahlten
50 % der 1,7 Milliarden Dollar an kommerziellen Einkommenssteuern (Lipper 1989, 45). Etwa 10000 Haushalte bezahlten 20 %
der 2,6 Milliarden Dollar an persönlichen Einkommenssteuern,
und aus 180000 Haushalten flossen 50 % der persönlichen Ein-
kommenssteuereinnahmen (Lipper 1989, 45).

Angesichts dieser Abhängigkeit von den gut verdienenden Steu-
erzahlern ist es nicht überraschend, daß nur ein kleiner Anteil der
kommunalen Steuereinnahmen in Wohlfahrtsprogramme fließt
(Peterson 1979, 165). 1972 wurden bundesweit nur 2,8 % der
lokalen fiskalischen Ressourcen für Wohlfahrtszwecke ausgegeben
und nur 14,7 % der kommunalen Finanzmittel für größere redistributive Dienstleistungen verwendet. Im Vergleich dazu wandte
die Bundesregierung 55 % des »domestic budget« für Umvertei-
lungsmaßnahmen auf, die Einzelstaaten 29,2 % ihrer Einnahmen.[1]
New York City verwandte 1990 von seinen Gesamteinnahmen
23 % für Sozialhilfe und soziale Dienstleistungen, 5 % für Gesund-
heitsausgaben und 23 % für schulische Dienstleistungen (New
York City, Office of Management and Budget 1991).[2] Immerhin
liegt New York mit 14,7 % (ausschließlich der Ausgaben für Schulen) über dem, was andere Städte im Durchschnitt für Umvertei-
lungsmaßnahmen ausgeben (Peterson 1979, 165).

In Anbetracht der Struktur der städtischen Steuereinnahmen
sehen sich die großen Städte, obwohl sie vor großen Armutsproble-
men stehen, gezwungen, eine Politik des ökonomischen Wachstums
zu betreiben. Jedoch hat eine einseitige Strategie des Wachstums
ihre Tücken, die übersehen werden, wenn Stadtregierungen mit
Unternehmen verglichen werden, die nur auf die Anforderungen
des Marktes reagieren (Peterson 1981). Denn eine solche Wachstumspolitik, wie sie beispielsweise von der Koch-Administration
nach der fiskalischen Krise praktiziert wurde, wirft ihre eigenen
Probleme auf: Das schnelle wirtschaftliche Wachstum, das mit Hilfe
von Steuererleichterungen und Deregulierung gefördert wurde, vertiefte die soziale und ökonomische Spaltung der Stadt, erhöhte die
Zahl der Armen und Obdachlosen, beschleunigte den Niedergang
einiger Stadtteile und vertiefte damit die soziale, rassische und

ethnische sozialräumliche Segregation. Auch erzeugte die Wachstumspolitik negative externe Effekte, die ihrerseits wiederum eine Stadtflucht auslösen können, wenn die Stadt nicht für entsprechende Infrastrukturverbesserungen sorgt, um Recht und Ordnung und eine akzeptable Lebensqualität in der Stadt zu gewährleisten.

In diesem grundsätzlichen Dilemma wandten sich die Städte schon früh an die Bundesregierung, um finanzielle Unterstützung zu erlangen. Diese wurde gewährt, brachte aber auch eine größere fiskalische Abhängigkeit (Gurr/King 1987, 67). New York City suchte sowohl die Unterstützung von Washington als auch von Albany, um die Härten der Armut abzumildern. Heute verwaltet die Stadt das größte Wohlfahrtsprogramm der Vereinigten Staaten; es wird überwiegend vom Staat New York und durch Bundeszuweisungen finanziert.

2. Die Unterstützung durch den Staat

»To prevent the cities from becoming sinks of unemployment and social degradation« (Gurr/King 1987, 3), wurden um 1935 mit der Verabschiedung der Social Security-Gesetzgebung wesentliche Innovationen in der Wohlfahrtspolitik vorgenommen. Seither können die Einzelstaaten und die Städte auf die finanzielle Unterstützung der Bundesregierung zählen, wenn es um die Bekämpfung der Armut geht. Mit dem Sozialhilfeprogramm des Bundes Aid for Families with Dependent Children sowie Maßnahmen des Wohnungsbaus und der Gesundheitsversorgung sollte der Circulus vitiosus der negativen Umverteilung durchbrochen werden, in dem sich die Städte wiederfinden, wenn sie den Einkommensschwachen helfen. Die Bundesregierung wurde zum »distanzierten Anwalt« der Abhängigen: Sie beschützt diese davor, immerfort aus den Städten herausgedrängt zu werden. Gefördert wurde diese Neugestaltung der intergouvernementalen Beziehungen 1935 durch die politischen Aktivitäten verarmter Amerikaner, die während der Weltwirtschaftskrise ihre ökonomische Lebensgrundlage verloren. Die New Deal-Koalition, die die Reformpolitik trug, wurde von der Demokratischen Partei des Nordostens angeführt und von einer breiten Wählerbasis in den großen städtischen Gebieten getragen, eine Koalition, die als solche durch diese Politik wiederum konsolidiert wurde (Mollenkopf 1983, 48).

Der *Social Security Act* von 1935 und die späteren Novellierungen dieses Gesetzes definieren grundsätzlich das Ausmaß und die Natur der Leistungen, die für die Unterstützung der Armen in den Vereinigten Staaten vorgesehen sind. Sie sind in der Verfassung von New York State festgelegt. Die Verwaltung von Wohlfahrtsleistungen ist in New York State, so wie in weiteren 16 Staaten, an die 57 Kreise (*counties*) delegiert, und das Department of Social Services des Staates überwacht diese Aktivitäten (Lurie/Bane 1988, 422f.). New York verlangt allerdings von seinen Städten und Kreisen, daß sie sich an den Kosten der Wohlfahrtsleistungen beteiligen. Somit trägt die Bundesregierung 50% der Kosten von Aid for Families with Dependent Children (ohne daß eine obere Grenze festgelegt wurde); die anderen 50% der Ausgaben werden von den Einzelstaaten finanziert, wobei die lokalen Gebietskörperschaften wiederum die Hälfte übernehmen. Der Staat und die Kommunen finanzieren auch gemeinsam die Kosten von Home Relief, einem einzelstaatlichen Wohlfahrtsprogramm, das Leistungen für Personen vorsieht, die keinen Anspruch auf AFDC erheben können, beispielsweise alleinstehende Erwachsene.

Auch der nächste »Policy Watershed«, der die sozialpolitische Rolle der Bundesregierung in den sechziger Jahren weiter ausdehnte, vollzog sich unter dem Einfluß der Bürgerrechtsbewegung und der politischen Unruhen, die sich mit ihr verbanden. Zwischen 1963 und 1968 erschütterten rund 250 politische Unruhen und interrassische Zusammenstöße die amerikanischen Städte. Neue politische Akteure wie Bürgerrechtler, Sozialarbeiter, Journalisten, Intellektuelle und Demokratische Reformgruppen (Ravitch 1974) entfalteten in der politischen Arena New York City's ihre Aktivitäten im Rahmen der staatlichen Armutsprogramme (Piven/Cloward 1971), während sich die altetablierten politischen Akteure der Stadtpolitik wie die Gewerkschaften oder Parteimaschinen dem »Krieg gegen die Armut« nur zögerlich anschlossen. Die politischen Konfliktlinien in New York verliefen zwischen den schwarzen und progressiven Demokratischen Reformern und Fusionisten auf der einen Seite und den städtischen Gewerkschaften und »regulären« Demokraten auf der anderen Seite (Shefter 1985). Mit der Politik der »Great Society« veränderten sich wiederum die intergouvernementalen Beziehungen zwischen Stadt und Staat: Es kam zu einer starken und direkten finanziellen Verbindung zwischen der Bundesregierung und den

Städten. Die politische Herausgehobenheit (*political salience*) von New York City erleichterte es der Stadt, im Rahmen der neuen Programme in den Genuß von Bundesmitteln zu gelangen. Der große bürokratische Apparat, die Zahl und der politische Einfluß der New Yorker Repräsentanten im Kongreß und dem staatlichen Parlament sowie die Zentralität der ökonomischen Funktionen der Stadt (Gurr/King 1987, 112ff.) begründeten diese politische Herausgehobenheit.

Die formativen Phasen der Sozialpolitik des Bundes gingen Hand in Hand mit der Entstehung und Ausdehnung einer kommunalen, einzel- und bundesstaatlichen Wohlfahrtsbürokratie, deren Bedienstete im Verlauf der Zeit ihre eigenen *vested interests* an der Aufrechterhaltung und Ausdehnung von Wohlfahrtsprogrammen entwickelten. Als *social managers* (Pahl 1977) mit eigenem Gewicht, mit eigenen Verfahrensweisen, einer eigenen professionellen Philosophie und den sich damit verbindenden Selektivitäten prägen sie die Inhalte von Wohlfahrtsleistungen bedeutsam. So beeinflußt die Art und Weise, wie soziale Dienstleistungen und Zahlungen erbracht werden (Lipsky 1980), den Zugang zu diesen und damit die Verteilung individueller Lebenschancen.

In New York City erhöhten sich während des Krieges gegen die Armut die Ausgaben für Wohlfahrtsleistungen stark: Dies lag zum einen darin begründet, daß die Zahl der Armen wie die Zahl der Einpersonenhaushalte im Staate New York anstiegen und sich die Verwaltungskosten generell erhöhten (Brecher 1974, 40). Zum anderen trug die politische Mobilisierung der Armen dazu bei, die Zahl der Wohlfahrtsempfänger zu erhöhen, war es doch das explizite Ziel, den Anspruchsberechtigten zu ihren Leistungen zu verhelfen. Lokale Aktionsgruppen, Bürgerrechtler und Sozialarbeiter sowie Wissenschaftler der Columbia School of Social Work unterstützten und informierten die Wohlfahrtsklienten im Rahmen des Community-Action-Programms über ihre Rechte und halfen ihnen dabei, Anträge auszufüllen und sich bei der Wohlfahrtsbürokratie durchzusetzen (Piven/Cloward 1971, 287; Gorham/Glazer 1976, 10). Insgesamt stiegen die Ausgaben für Umverteilungsprogramme zwischen 1961 und 1975 um 15,7 %, während die Mittel für Polizei, Feuerschutz, Müllabfuhr und Transport nur um 9,5 % anstiegen (Peterson 1981, 195 f.). Werden diese Zahlen jedoch um die Inflationsrate und den Umfang der Ressourcen bereinigt, die aus einzelstaatlichen und Bundesquellen flossen, erscheinen die

Veränderungen in anderem Licht: Die Ausgaben für redistributive Dienstleistungen Gesundheit und Wohlfahrt erhöhten sich dann nur um 6,5 %, und die Ausgaben für Feuerschutz, Polizei, Müllabfuhr stiegen um 5,1 % jährlich (Peterson 1981, 198). Somit waren die redistributiven Bemühungen der Stadt nicht so groß, wie es zunächst erscheint.

Immerhin nahm aufgrund der Bemühungen von Stadt, Staat und Bund die Zahl der Wohlfahrtsempfänger zu, und während liberale Politiker dies als Erfolg einer »aktiv institutionalisierten« (Leibfried in: Piven/Cloward 1977) Wohlfahrtsbürokratie begrüßten, interpretierten konservative Politiker es als Zeichen eines sich ausweitenden »Wohlfahrtsbetrugs« und einer chronischen Überzahlung seitens der Wohlfahrtsbehörden. Diese Kritik erhob sich insbesondere während der fiskalischen Krise und der Zeit danach (Bernstein 1982, 26).

Zusammenfassend läßt sich sagen, daß die Städte in dem Zielkonflikt, sowohl Armut zu verringern als auch wirtschaftliches Wachstum zu ermutigen, sich an die Einzelstaaten und die Bundesregierung wandten, um finanzielle Unterstützung zu gewinnen. Diese wurde ihnen gewährt, weil ihre Forderungen durch politischen Druck und kollektive politische Aktionen unterstrichen wurden, in deren Rahmen sich Demokratische Politiker in den Städten und auf staatlicher Ebene wechselseitig unterstützten. Heute sind wir einmal mehr mit extremem Elend in den Städten konfrontiert, das mit einer zunehmenden Polarisierung von Arm und Reich einhergeht. Im Gegensatz zur Situation 1935 und 1960/70 wurde die heutige soziale Spaltung jedoch auch durch Sparmaßnahmen des Bundes beschleunigt, die während der Reagan-Regierung getroffen wurden und deren Ziel es war, die Programme der Great Society abzuschaffen.

3. Der Rückzug der Bundesregierung

Die sozialpolitische Verantwortung, die die Bundesregierung in den dreißiger Jahren übernommen hatte, erfuhr in den folgenden Jahrzehnten eine schrittweise und zwischen 1960 und 1970 eine bedeutsame Ausweitung. In der zweiten Hälfte der siebziger Jahre leitete Nixons *General Revenue Sharing Assistance Act* jedoch eine Veränderung ein, in deren Verlauf die Bundesregierung ihr wohlfahrtspolitisches Engagement zurückzuschrauben suchte. Diese Politik wurde mit dem Antritt der Reagan-Administration in den achtziger Jahren in einer ideologisch fundamentalen Weise untermauert. Insbesondere die Wohlfahrtskomponenten der New-Deal-Programme, im Gegensatz zu den Sozialversicherungselementen, wurden zur Zielscheibe einer heftigen politischen Kritik, woraus sich dann zahlreiche Kürzungsmaßnahmen ableiteten (Windhoff-Héritier 1985, 1988). New York City, das sich gerade langsam von der fiskalischen Krise von 1975 erholt und sachte zu einer erneuten Ausweitung von Sozialausgaben angesetzt hatte, wurde durch diese Sparmaßnahmen des Bundes wiederum zurückgeworfen. Insgesamt fielen die Bundesmittel für Wohlfahrtsleistungen von 21% des städtischen Haushaltes zu Anfang der achtziger Jahre auf 9% im Jahr 1990, was einen Verlust von 3 Milliarden Dollar pro Jahr ausmacht (Barbanel, *New York Times* 7. 10. 1990). So reduzierte die Bundesregierung mit der Verabschiedung des *Omnibus Budget Reconciliation Act* (OBRA) 1981 die Anspruchsberechtigung für AFDC. Die Hauptlast der Kürzungen traf die arbeitenden Armen, deren zusätzliche Wohlfahrtsleistungen (*supplementary welfare benefits*) und Ernährungshilfen (Nahrungsmittelmarken) abgeschafft oder stark reduziert wurden. Die Einsparung von AFDC-Leistungen und Nahrungsmittelmarken hatte in New York City die Folge, daß fast 11 600 Personen ihren Anspruch auf Wohlfahrtsleistungen und 17 210 Personen ihren Anspruch auf Nahrungsmittelmarken verloren. Darüber hinaus wurden die Zahlungen an rund 98 000 Nahrungsmittelmarkenempfänger und 32 000 AFDC-Empfänger deutlich eingeschränkt. So fanden sich Kinder aus armen Familien plötzlich in der Situation, daß sie keine freien oder preisreduzierten Mahlzeiten mehr in der Schule erhielten.

Nicht überraschend erhöhte sich die Zahl der »Home Relief«-Empfänger als eine Folge der Kürzung von Bundeswohlfahrtsleistungen von 110000 auf 160000 zwischen 1961 und 1984 (*New York Times* 28. 11. 1984). Auch zog die Kürzung von Ausbildungs- und Beschäftigungsmaßnahmen des Bundes nach dem *Comprehensive Education and Training Act* einen Verlust von Arbeitsplätzen und Ausbildungsmöglichkeiten für viele junge Leute und Mütter nach sich (Marshall/Carter 1983, 3). Einen aus der Sicht der Reagan-Administration kontraproduktiven Effekt hatte die Kürzungspolitik insofern, als die Zahl der arbeitenden

AFDC-Empfänger in der Stadt von 13 200 1981 auf 4100 1983 zurückging. Dies erklärt sich wesentlich daraus, daß die Höhe des zulässigen Verdienstes im Rahmen der Sparmaßnahmen stark gesenkt wurde. Dies veranlaßte viele Wohlfahrtsempfängerinnen, ihre Erwerbstätigkeit ganz aufzugeben und ausschließlich von Wohlfahrtsleistungen zu leben (Ginsberg/Mesnikoff 1984, 8). Insgesamt stieg die Zahl der Wohlfahrtsempfänger in der Stadt von 843 165 (1982) auf 913 278 (1984) und sank dann wiederum leicht. 1987 erhielten 743 052 New Yorker oder 248 980 Familien AFDC. Diese Zahl blieb relativ stabil bis 1990, als in der Rezession die Zahl der Sozialhilfeempfänger gegenüber 1989 wiederum um 5,5 % anstieg, so daß 1990 fast 860 000 New Yorker öffentliche Unterstützung erhielten (*New York Times* 18. 9. 1990).

Obwohl die Wohlfahrtszahlungen für alleinstehende Mütter in New York State höher sind als in den meisten anderen Staaten (nur 2 % der AFDC-Empfänger in New York City erhalten AFDC »Unemployment Parent«, die eine Unterstützung für einen arbeitslosen Vater einschließt – Dehavenon 1986, 82), lebt doch ein Drittel derjenigen, die einen Anspruch auf die höchsten Zahlungen haben, unterhalb der Armutsschwelle (1990 12 675 Dollar pro Jahr für eine vierköpfige Familie; Ginsberg/Mesnikoff 1984, 5). 1989 betrug in New York State die Wohlfahrtsleistung für eine alleinstehende Mutter mit zwei Kindern 253 Dollar im Monat; dazu kamen ein Wohnzuschuß von 286 Dollar und Nahrungsmittelmarken in Höhe von bis zu 150 Dollar im Monat. Insgesamt erhielt 1989 eine alleinstehende Mutter in New York City ungefähr 8400 Dollar im Jahr (Roberts, *New York Times* 5. 1. 1990).

Indem sie die Anspruchsberechtigung für AFDC strenger definierte, öffnete die Reagan-Regierung eine gefährliche »Abhängigkeitsfalle« für viele arbeitende Arme, die auf die Verbindung von AFDC und Medicaid beruht: Wenn diese, weil sie eine bestimmte (gesenkte) Einkommensgrenze überschreiten, die Wohlfahrtsleistung verlieren, verlieren sie auch ihren Anspruch auf »Medicaid«. »Medicaid«, ein einkommensabhängiges Programm, schließt eine breite Palette von kostenlosen Gesundheitsleistungen wie die präventive Gesundheitsversorgung, die medizinische Behandlung, die Krankenhausbehandlung und die Zahnbehandlung sowie die medikamentöse Versorgung ein.[3] Mittels »Medicaid« werden ambulante und stationäre Gesundheitsleistungen für ungefähr 1,9 Millionen Personen in New York State finanziert, von denen 1,2

Millionen in New York City leben. Von diesen 1,2 Millionen Personen erhalten 1,08 Millionen Medicaid, weil sie Wohlfahrtsempfänger sind, d. h. Empfänger von AFDC, »Supplementary Income« oder »Home Relief«. Ungefähr 650 000 der 1,2 Millionen Empfänger sind Erwachsene und 555 000 sind Kinder. Nur ungefähr 142 000 Personen erhalten ausschließlich Medicaid (Marshall/Carter 1983, 6). Die arbeitenden Armen, die wegen der AFDC-Kürzungen ihren Anspruch auf Medicaid verloren haben, sehen sich nun vor das Problem gestellt, ihre Krankenversicherung privat finanzieren zu müssen. Da sie in der Regel durch eine Krankenversicherung des Arbeitgebers nicht erfaßt werden und auch keine eigene Krankenversicherung finanzieren können, fallen sie unter die Gesundheitsversorgung für die Bedürftigen oder geben ihre Erwerbstätigkeit auf, um wieder Wohlfahrtsempfänger zu werden und einen Anspruch auf Medicaid zu erlangen. Die Zahl der Amerikaner, die keine Art von Krankenversicherung haben, stieg 1990 um 1,3 Millionen auf 34,7 Millionen, obwohl die Medicaid-Leistungen auf Schwangere und Kinder in einkommensschwachen Familien ausgedehnt wurden (Pear, *New York Times* 19. 12. 1991). Einer der Gründe dafür sind die schnell steigenden Prämien. Die Zahl der Personen mit privater Krankenversicherung sank um 1,3 Millionen auf 177 Millionen Versicherte. Die fehlende Krankenversicherung stellt somit eine zentrale Schranke für die permanente (Re-)Integration der Armen in den Arbeitsmarkt dar. Viele, die mit Erfolg ihre Unabhängigkeit wieder erkämpft haben, sind in Gefahr, im Falle von Krankheit ohne Anspruch auf Medicaid wiederum in die Armut zurückzugleiten.

Auch andere Sozialleistungsbereiche erlitten Kürzungen in den achtziger Jahren, so die Familienplanung und die Ernährungshilfe. Die Mittel für Leistungen für schwangere Frauen und Kleinkinder wurden um 22,6 % (1980-1982) reduziert (Marshall/Carter 1983, 11), ebenso die für »Women, Infants, Children« (WIC), ein Ernährungs- und Pflegeprogramm für stillende Mütter. Dieses bietet gesunde Nahrung für schwangere Frauen und stillende Mütter, für Säuglinge und Kleinkinder (bis zu 5 Jahren) an; 1981 erhielten ungefähr 25 000 Frauen, 33 000 Säuglinge und 61 000 kleine Kinder diese Leistungen. Dies ist jedoch nur ungefähr ein Drittel derjenigen, die sie insgesamt benötigen (Marshall/Carter 1983, 12). Einschneidend war auch die Kürzung der Bundeszuschüsse für Beschäftigungsprogramme, so für das 18 Jahre alte »Work Incentive

Program«, das Wohlfahrtsabhängigen dabei behilflich war, Arbeit zu finden, diese ausbildete und Kindertagesstätten für arbeitende Mütter finanzierte. Das große Bundesbeschäftigungsprogramm CETA (*Comprehensive Education and Training Act*) wurde 1981 ganz abgeschafft. Sein, was die finanzielle Ausstattung betrifft, bescheidenes Nachfolgeprogramm, das »Job Training Partnership Program«, basiert auf der Zusammenarbeit von Industrie, Staat und Stadt.

Somit entsprach die Republikanische Bundesregierung in den achtziger Jahren nicht den Handlungsanforderungen, die sich aus dem grundsätzlichen Dilemma der Städte ergeben; vielmehr entschied sich die Reagan-Administration dazu, das Engagement des Bundes für die Armen zurückzuschrauben. Dies beschleunigte eine Entwicklung, die schon durch die Stadt auf der Höhe der fiskalischen Krise eingeleitet worden war und dazu beigetragen hatte, die ökonomische und soziale Spaltung der Stadt zu vergrößern.

4. Die Sozialpolitik der Stadt in den achtziger Jahren: Die Vertiefung der sozialen Polarisierung

In den letzten Jahrzehnten vergrößerte sich die Armut in den großen Städten der USA. Entsprechend stieg die Zahl der Wohlfahrtsempfänger. Dies gilt insbesondere für die alten Industriestädte des »Rust Belt« mit seinen hohen Anteilen einer segregiert lebenden, schwarzen und hispanischen Bevölkerung. Obwohl die Gesamtzahl der Bevölkerung in den zehn größten Städten in den achtziger Jahren um 7 % fiel, weil die Weißen diese verließen, erhöhte sich die Armutsbevölkerung deutlich (Wacquant/Wilson 1989, 71); die Wohlfahrtszahlungen nahmen stark zu, obwohl gerade in den achtziger Jahren, wie wir gesehen haben, die Anspruchsberechtigung für Sozialhilfe eingeschränkt wurde und gleichzeitig die Kaufkraft der Basiszahlung, des »Basic Welfare Package« von AFDC einschließlich der Nahrungsmittelmarken, zwischen 1972 und 1984 um 22 % sank. Besonders stark stieg zwischen 1970 und 1980 die Armutsbevölkerung in den Armutsgebieten der Städte an: in New York um 269 %, in Chicago und Detroit um 162 % (Wacquant/Wilson 1989, 73). Die größte Häufung von Unterschichtswohngebieten findet sich in den Stadtregionen von New York und Nordost-New Jersey (155), Chicago

(66), Detroit (59), Newark (30), Philadelphia (29), Baltimore (27) und Los Angeles/Long Beach (26) (Colman 1989, 274). Die Unterschichtszugehörigkeit definiert sich nach vier Kriterien: dem Anteil der Schulabbrecher, dem Anteil der Männer, die nicht regelmäßig erwerbstätig sind, den Prozentsätzen der nicht arbeitenden Wohlfahrtsempfänger sowie der Haushalte, die von alleinstehenden Müttern mit Kindern geführt werden (Ricketts/Sawhill 1986, 8 ff.).[4]

Die Konzentration von armen Minderheiten verdreifachte sich in New York City (Wacquant/Wilson 1989, 74). Über die Verstärkung der sozialräumlichen Segregation gewann die Armutsproblematik eine neue Brisanz: Neue Aspekte der Not wie Teenager-Schwangerschaft, Kinderarmut, Obdachlosigkeit, Drogensucht sowie Aids-Erkrankung traten hervor, andere mehrten sich stark.

Der ökonomische Strukturwandel in den alten Industriestädten, in New York City der Wandel von einem Zentrum der gewerblichen Produktion zur postindustriellen Dienstleistungsstadt, verringerte die Möglichkeiten der Eingangsbeschäftigung im gewerblichen Bereich, die für die armen Zuwanderer in die Stadt immer so bedeutend gewesen waren. Arbeitslosigkeit ist somit einer der wichtigsten Armutsfaktoren, zumal Erwerbslosigkeit finanziell kaum durch eine Arbeitslosenversicherung aufgefangen wird.[5] Zwischen 1970 und 1980 stieg die Arbeitslosigkeit bei Schwarzen in den Armutsgebieten von New York von 6 % auf 15 % (Wacquant/Wilson 1989, 75). 1980 ging kaum die Hälfte aller schwarzen Männer in New York City einer regelmäßigen Beschäftigung nach (Stafford 1985, 45). Ende 1991 erreichte die Arbeitslosigkeit in der Stadt mit 10,2 % oder 339 000 eine Rekordhöhe seit 1984 (im Staat New York auf 8 %, auf nationaler Ebene 6,8 %; Newman, *New York Times* 7. 12. 1991). Gleichzeitig hatte die Bürgerrechtspolitik es der schwarzen Mittelschicht ermöglicht, in die Vorstädte zu ziehen. So blieben in den städtischen Ghettos diejenigen zurück, die sich nicht selbst helfen können. Mit der zunehmenden Konzentration von Armen entfernten sich diese Stadtteile zunehmend von den amerikanischen Mittelschichtsinstitutionen. Der anhaltende Exodus erwerbstätiger Familien beseitigte »an important ›social buffer‹ that used to deflect the full impact of unemployment, thus leaving the ghetto poor more vulnerable to ... prolonged and increasing joblessness« (Wacquant/Wilson 1989, 95). Mit der erwerbstätigen Familie verschwanden auch die häufig apostrophierten Minderheiten-Rollenmodelle wie der Lehrer, der Postbeamte und andere (Leman 1986).

Mit dem Wegzug der arbeitenden Familien aus den Armenvierteln gelang es immer weniger, wichtige soziale und ökonomische Institutionen wie Banken, Einzelhandelsgeschäfte, Dienstleistungseinrichtungen und Restaurants aufrechtzuerhalten, da diese keine ausreichend zahlungsfähige Kundschaft mehr hatten. Auch die Kirchen und Vereine sahen ihre Mitgliedschaft dahinschwinden und damit ihre finanziellen Ressourcen. Ähnlich erging es Freizeiteinrichtungen wie Sportclubs und kulturellen Vereinen sowie Community-Gruppen. Der Niedergang dieser Organisationen schwächte seinerseits wiederum die formelle und informelle soziale Kontrolle und trug zu der steigenden Kriminalität in den Armenvierteln bei (Wacquant/Wilson 1989, 95).

In einer solchen Umgebung verlieren natürlich auch die Schulen schnell an Qualität: »When you see drop-out rates of 60%, when you look at the desaster that is the New York City school system, you have to be concerned for the city, the state, the nation and yourself.«[6] Viele der Probleme, mit denen das New Yorker Schulsystem kämpft, liegen in der vielfältigen ethnischen, rassischen und kulturellen Zusammensetzung der Schüler begründet und lassen rasche Lernerfolge als eitle Hoffnung erscheinen. Jedoch müssen Gründe für die mangelnde Effektivität des Schulwesens auch in dessen politisch-administrativer Struktur gesucht werden. Das New Yorker Schulsystem, ein politischer Mikrokosmos für sich selbst, umfaßt eine Vielzahl von konfligierenden Akteuren in den lokalen Schulorganisationen. Die Demokratischen County-Partei-Organisationen üben einen großen Einfluß in den lokalen School Boards aus und nutzen diese als Pfründe der politischen Patronage (Windhoff-Héritier 1991, 275). Die Vergabe von Stellen unter politischen Nutzenaspekten trägt nicht zur Steigerung der Effizienz der Schulen bei, und deren Niedergang fördert nicht eben schulische Anstrengungen seitens der Schüler. Viele von ihnen sehen keinen sinnvollen Bezug zwischen Schule und Arbeit, weil Arbeit gar nicht vorhanden ist. Daher »... schools have difficulties in competing with other available sources of income and status including nonconventional and illegal ones« (Wacquant/Wilson 1989, 95).

Mit der Zerstörung und dem Bedeutungsverfall von lokalen Gemeinschaftseinrichtungen sind aber auch stabile soziale Netzwerke in der Nachbarschaft bedroht, Elemente der »Zivilgesellschaft« verschwinden, die gesellschaftliches Leben, Wirtschaft und politische Institutionen durch öffentliche Kommunikation verbinden, eine wichtige Voraussetzung dafür, in die Rolle als Bürger hineinzuwachsen und sich aktiv politisch zu betätigen.

Die zunehmende soziale Isolierung der Armenviertel und die Schwächung der Netzwerke, die diese mit dem Rest der städtischen – und amerikanischen – Gesellschaft verbinden, haben auch zur Folge, daß die Armutsbevölkerung von den Beschäftigungskanälen und den beruflichen Netzwerken abgeschnitten wird: es gibt wenig lokale Geschäfte und Dienstleistungseinrichtungen, die Vollzeit- und Teilzeitarbeitsplätze anbieten, die der Integration in den Arbeitsmarkt dienlich sind. Entsprechend mehren sich illegale Aktivitäten wie der Drogenhandel oder das Verhökern gestohlener Güter als Einkommensquellen (Wacquant/Wilson 1989, 95; Stafford 1985).

In New York wurde diese Notsituation in den Ghettos, die für alle amerikanischen Großstädte typisch ist, durch die fiskalische Krise in einer negativen Dynamik verfestigt. Einschneidende Kürzungen in den Sozialleistungen erfolgten. Um Ausgaben einzusparen, waren die Wohlfahrtsämter gehalten, ihre Akten regelmäßig nach etwaigen Überzahlungen zu durchforsten. Die Bundesregierung unterstützte diese Bemühungen, indem sie drohte, daß jede Überzahlung eine Reduzierung der Bundeszuschüsse nach sich ziehe. Um die Berechtigung ihrer Ansprüche nachzuweisen, müssen die Wohlfahrtsempfänger dreimal im Jahr (die Empfänger von »Home Relief« neunmal im Jahr) einen Fragebogen ausfüllen und das Wohlfahrtsamt über mögliche Änderungen in ihrer Lebenssituation informieren (Barron, *New York Times* 7. 10. 1988). Sozialarbeiter führen regelmäßig sogenannte »Recertification«-Interviews mit ihren Klienten und kontrollieren die unterbreiteten Informationen, indem sie diese mit anderen Informationsquellen, so den Social Security-Daten vergleichen (Bernstein 1982, 24-27). Wird der »Recertification«-Fragebogen nicht pünktlich zurückgegeben, erhält der Wohlfahrtsempfänger eine zweite Aufforderung, reagiert er auch auf diese nicht, wird die Akte geschlossen, und die Zahlungen werden eingestellt. Die »Legal Aid Society«, die Wohlfahrtsempfänger rechtlich berät, kritisiert jedoch, daß die schnelle Einstellung von Zahlungen sehr oft »the first step on a slippery slope« in die Obdachlosigkeit und den Hunger darstellt.[7] Denn ohne Sozialhilfe können keine Nahrungsmittel gekauft und keine Miete bezahlt werden. Die Gefahr der Zwangskündigung entsteht, obwohl gesetzlich sehr wohl ein Anspruch auf Wohlfahrtsleistungen bestehen kann (Barron, *New York Times* 7. 10. 1988).[8] Die »Human Resources Administration«, das Sozialdezernat von New York City, nimmt monatlich fast 15 000 Familien von den Empfängerlisten.[9]

In den letzten Jahren wurden die Zahlungen von Wohlfahrtsleistungen auf EDV-Basis umgestellt, was neue Arten der Kontrolle seitens des Staates ermöglicht (Lurie/Bane 1988, 525). Diese lassen den lokalen Ämtern wenig Handlungsspielraum, wenn es darum geht, über Höhe und Adressaten von Leistungen zu entscheiden, denn die Parameter werden in Albany durch staatliche Legislative gesetzt. Die Entscheidungen darüber jedoch, wieviel Personal in den Wohlfahrtsämtern beschäftigt, wie dieses bezahlt und wie die Arbeit organisiert wird, können durch die Stadt gestaltet werden und sind zentral für die Qualität der zu erbringenden Geld- oder Dienstleistungen (Lurie/Bane 1988, 425). Allerdings unternahm die Stadt wegen der fiskalischen Krise keine besonderen Bemühungen, diese Spielräume auszuschöpfen. Erst 1983 ging die Koch-Administration dazu über, wieder mehr Personal im Sozialsektor einzustellen, und beschäftigte zwischen 1983 und 1990 10000 zusätzliche Sozialarbeiter und 5000 zusätzliche *correction officers* (Barbanel, *New York Times* 7. 10. 1990).

Die Wohlfahrtsleistungen werden durch das Department of Human Resources, »the Empire of Misery«, erbracht, dessen Leitung als eine der schwierigsten und undankbarsten politischen und administrativen Aufgaben in der Stadt gilt.

Die Human Resources Administration umfaßt die folgenden Verwaltungseinheiten:

a) Die »Child Welfare Agency«: Sie befaßt sich mit Kindesmißhandlung, erbringt präventive Dienstleistungen, um Familien zu stabilisieren. Sie vermittelt Pflegekinder und Adoptivkinder.[10]

b) Die »Agency for Child Development« ist verantwortlich für Dienstleistungen und Infrastruktureinrichtungen wie Kindertagesstätten und verwaltet die vorschulischen Erziehungsprogramme wie beispielsweise Head Start.

c) Das Amt für Familiendienste berät Familien, die von Obdachlosigkeit bedroht sind, bei der Beantragung von Wohlfahrtsunterstützung, Nahrungsmittelmarken und Medicaid-Leistungen.

d) Die »Crisis Intervention Services« bieten provisorische Unterkünfte für obdachlose Familien an und unterstützen diese bei der Suche nach einem ständigen Wohnsitz.

e) Das »Office for Special Services for Adults« betreibt Obdachlosenunterkünfte, unterstützt Obdachlose bei der Wohnungssuche; es ist verantwortlich für die ambulante Pflege von Alten sowie für Altenheime. Auch koordiniert es die Dienstleistungen für Aidspatienten.

f) Das »Department for Income Maintenance« zahlt Wohlfahrtsleistungen nach AFDC, gibt Nahrungsmittelmarken aus und bietet Unterstützung an, wenn einer Familie gekündigt worden ist.

g) Das »Department for Medicaid Eligibility« prüft die Anspruchsberechtigung für Medicaid.

h) Das »Department for Homecare« bietet Haushaltsleistungen und Pflegeleistungen für Behinderte an, mit dem Ziel, es diesen zu ermöglichen, selbständig in ihrer Wohnung zu leben.

i) Das »Office for Employment Services« bietet Arbeitsstellen und Weiterbildungsmöglichkeiten für Wohlfahrtsempfänger an.

j) Das »Office for Child Support Enforcement« stellt die Unterstützungszahlungen von Vätern sicher, die nicht mit ihren Kindern zusammenleben.

Die Aktivitäten des Dezernats werden in mehr als 700 lokalen Ämtern abgewickelt (Lurie/Bane 1988, 441f.); die rund 32000 Beschäftigten von »Human Resources« werden relativ schlecht bezahlt und genießen wenig Prestige. Das Personal unterliegt einem hohen Grad an Fluktuation. Die Sozialarbeiter, jeder von ihnen mit zu vielen Fällen gleichzeitig befaßt, gelten als chronisch überfordert. Während der 12jährigen Regierungszeit von Bürgermeister Koch wechselte die Leitung des Dezernates fünfmal (Barbanel, *New York Times* 7. 10. 1990). Der Verwaltungsapparat ist groß und schwerfällig wie ein Tanker und kann nur mit Mühe in neue Policy-Richtungen gelenkt werden. In Politik und Öffentlichkeit genießt die Behörde nur wenig Unterstützung. Sie verfügt nur über knappe Ressourcen, wird durch eine Vielfalt staatlicher und kommunaler Vorschriften eingeschränkt, steht in einem ständigen Kleinkrieg mit den »Advocacy Groups« der Wohlfahrts-Community, die eifrig darauf bedacht sind, die Behörde vor Gericht zu verklagen, um eine Leistungsverbesserung für ihre Klienten zu erzielen.

Bei der Erbringung sozialer Dienstleistungen baut die Stadt auch wesentlich auf gemeinnützige Organisationen, Kirchen und Synagogen. Organisationen wie die »Community Service Society«

überwachen und unterstützen die Konzipierung, Durchführung und Evaluation neuer Dienstleistungsprogramme durch die Finanzierung von Forschungsprojekten. So wichtig diese Wohlfahrtsaktivitäten auch sind, sie vermögen den Teufelskreis von Armut und Abhängigkeit nicht aufzubrechen. Vielmehr erfordert die Schwere der zu lösenden Probleme eine sehr umfassende, präventiv orientierte Sozialpolitik. Gerade diese konnte in den letzten 15 Jahren aufgrund der fiskalischen Krise und später der Sparmaßnahmen des Bundes jedoch nicht verfolgt werden.

Ruft man sich in Erinnerung, daß in der Vergangenheit eine innovative Politik für die Armen immer nur dann eingeleitet wurde, wenn sich in den Städten politische Aktivitäten entfalteten, die von Demokratischen Bundesregierungen unterstützt wurden, stellt sich die Frage, warum – obwohl die Armutsprobleme in den Städten so drastisch sind – sich ein solcher politischer Protest gegenwärtig nicht abzeichnet. Warum wird die Forderung nach Armutsbekämpfung nicht offensiver gestellt? Warum ist die politische Beteiligung armer Minderheiten so gering? Wenn sich die lokale Demokratie nicht eignet, unter den Bedingungen der räumlichen Segregation von rassisch-ethnischen Gruppen die Unzufriedenheit und Bedürfnisse der Armen zu artikulieren und zu befriedigen, dann versagt sie in einem sehr fundamentalen Sinn (Gottdiener 1987, 254).

5. Eine Erneuerung der Sozialpolitik: Das demokratische Reformpotential der Stadt

Wir sind mit der erstaunlichen Situation konfrontiert, daß trotz der dramatischen Armutsproblematik in den Städten politische Apathie herrscht: Keine kollektiven politischen Aktionen der Armen entfalten sich, die darauf hinweisen, daß der »lokale Staat bei der Erbringung seiner kollektiven Konsumfunktionen« versagt (Castells 1977). Vielmehr ist beispielsweise die kommunale Wahlbeteiligung sehr niedrig. In New York City ließen sich 1985 nur 62 % der Wahlberechtigten zur Wahl registrieren; in drei von fünf Stadtbezirken gingen weniger als 50 % der Minderheitengruppen zur Wahl (*New York Times* 1. 8. 1985). Bei der letzten Präsidentschaftswahl (1988) lag der Prozentsatz der registrierten Wähler in New York State mit 64 % relativ niedrig[11], in New York City mit

54 % noch niedriger (Gottlieb/Baquet, *New York Times* 21. 10. 1990). Zieht man allerdings das niedrige Durchschnittsalter von Schwarzen und Latinos in New York City in Betracht und den Umstand, daß viele von ihnen keine amerikanischen Bürger sind, dann fiel die Wahlbeteiligung in den Minderheitengebieten der Stadt 1984 nicht so viel geringer aus als in den weißen Stadtvierteln (Mollenkopf 1987a, 494).

Die niedrige politische Partizipation in den Städten und die noch geringere bei den armen städtischen Minderheiten lassen sich auf verschiedene Gründe zurückführen, die für die großen amerikanischen Städte im allgemeinen und New York City im besonderen zutreffen. Zum einen hatte die Führungsrolle des Bundesstaates und der Einzelstaaten in der Armutspolitik, so erwünscht sie ist, auch die indirekte Folge, daß sie bei den Wohlfahrtsempfängern eine politisch passive Haltung als »policy takers« (Offe 1988) förderte. Große soziale Gruppen wurden zu »Mündeln« staatlicher Programme (Gottdiener 1987, 16), deren wichtigste Elemente nicht in der Stadt selbst bestimmt werden, sondern auf Bundes- und Einzelstaatsebene. Dadurch vermindern sich auch die Anreize, sich an dem politischen Prozeß der Stadt zu beteiligen.

Zum anderen gibt es keine politischen Organisationen, keine politischen Parteien, die sich auf die sozialen und ökonomischen Bedürfnisse der Armen konzentrieren, deren Forderungen aggregieren und kanalisieren und ihnen so auf höherer politischer Ebene Gehör verschaffen. International vergleichende Untersuchungen zeigen, daß eine positive Verbindung besteht zwischen der Höhe der Wahlbeteiligung in einem Land und der Existenz bzw. Stärke derjenigen Parteien, die die unteren Einkommensgruppen und die Arbeiterschicht repräsentieren (Avey 1989, 81). Seitdem der Einfluß der Demokratischen Parteimaschine auf gesamtstädtischer Ebene geschwunden ist und sich die Gewerkschaften auf die Erkämpfung individueller Leistungen für ihre Mitglieder konzentrieren, gibt es auch in New York City keine politische Organisation, die sich den Forderungen der Armen widmet. Entsprechend gering fällt die politische Beteiligung armer Minderheiten aus. Jedoch könnten politische »Nebenarenen« wie beispielsweise die lokalen School Boards dazu genutzt werden, Minderheiten politisch zu integrieren und zu aktivieren, wie dies beispielsweise in Chicago getan wird. Denn auch als Nichtamerikaner können Eltern an den Wahlen und dem politischen Entscheidungsprozeß in den Schulen teilnehmen.[12] Eine Instrumentalisierung durch die Demokratischen County-Partei-Organisationen für Patronage-zwecke steht dem allerdings entgegen.

Weiter verschlechterten sich die Voraussetzungen für die Orga-nisation der Armen dadurch, daß die jüngsten Einwanderungswel-len aus der Karibik, Asien und anderen Gegenden der Welt sowie der ökonomische Strukturwandel die soziale, demographische und ethnische Struktur New Yorks stark verändert haben: Die Ausdehnung der Heimarbeit schwächte den Einfluß der Gewerk-schaften im privaten Dienstleistungssektor und zog eine Femini-sierung der Arbeitnehmerschaft nach sich. Die alten politischen Konfliktlinien zwischen »Haves and Have-nots«, zwischen Schwarz und Weiß lösten sich auf (Mollenkopf 1987a). »What have the Cuban doctor in Jackson Heights and the Korean home-worker in common and why should either of them join political forces with the black single mother in Bedford Stuyvesant?« (Cha-pin 1987, 477). Klare Konturen neuer längerfristiger Konfliktli-nien und Koalitionen zeichnen sich gegenwärtig nicht ab. Die Stadt bietet das Bild einer »desorganisierten« oder fragmentierten soziopolitischen Struktur (Mollenkopf 1987b). Politik konzen-triert sich auf einzelne Issues und Personen; Koalitionen entstehen ad hoc und verschwinden schnell wieder.

Darüber hinaus wurde die politische Teilnahme der unteren Schichten und der Einwanderer mittels institutioneller Maßnah-men lange Zeit bewußt eingedämmt, und solche Schranken sind noch heute wirksam. Die zwei wichtigsten Strategien der »Demo-bilisierung« waren die Wahlbeschränkung der Einkommens-schwachen und die Einschüchterung von politischen Führern, die diese mobilisieren wollten (Avey 1989, 84). Auch heute geht vom Wahlgesetz von New York State noch ein hindernder Einfluß aus, so ist das »New York City Board of Elections the last unrepentent bastion of county machine patronage«, die von der Demokrati-schen und der Republikanischen Partei dominiert wird (Gottlieb/ Baquet, *New York Times* 18. 10. 1990). Beide benachteiligen syste-matisch die politische Opposition innerhalb der Parteien (die *party insurgents*). Die Komplexität des Wahlgesetzes von New York State (mit seinen 369 Seiten) erleichtert diesen Zugriff der Parteior-ganisationen auf den Nominierungsprozeß. Mit Hilfe von sehr genauen technischen Vorschriften kann das Board of Elections einen Kandidaten aus trivialen Gründen von der Wahlliste entfernen. »For us to appear before this board is like going into a jungle in Vietnam«, sagte ein politisch oppositioneller Demokrat aus der Bronx (Gottlieb/Baquet, *New York Times* 21. 10. 1990).

Schließlich wird die geringe politische Teilnahmebereitschaft in New York City und anderen Metropolen durch die Fragmentierung des politischen und administrativen Systems (Newton 1976) begünstigt; die politischen Verantwortlichkeiten sind zwischen dem direkt gewählten Bürgermeister, dem Stadtrat (City Council), dem Board of Estimate, speziellen Commissions mit wichtigen Entscheidungsbefugnissen wie der City Planning Commission, der Tax Commission u. a. m. verteilt; wichtige politische Entscheidungsgremien verschwinden im Nebel der Anonymität oder entziehen sich der politischen Verantwortung. Auch existieren politische Enklaven in Form von unabhängigen Behörden wie der »Port Authority of New York and New Jersey«, die sich vom demokratischen politischen Entscheidungsprozeß abschotten, gleichzeitig aber eine Politik weitreichender Entscheidungen hinter verschlossenen Türen betreiben.

Angesichts der politischen Indifferenz in den Armutskernen der großen Städte sollten die Gründe, die den jüngsten Reformversuchen der Wohlfahrtspolitik des Bundes zugrunde liegen, nicht im Kontext der Stadtpolitik gesucht werden.

Da der Stadt in ihren Möglichkeiten, eine Politik der Umverteilung zu verfolgen, wie gezeigt, enge Grenzen gesetzt sind, sieht sie sich bei solchen Bemühungen auf eine Unterstützung durch die Bundesregierung und den Staat New York angewiesen. So war es am Ende der achtziger Jahre.

Drei Entwicklungen förderten einen Neuaufschwung in der Wohlfahrtspolitik: das Vorbild einzelner Staaten, der hohe Prozentsatz Armer sowie die besondere Verwundbarkeit neuer Armutsgruppen. Während die Bundesregierung ihr wohlfahrtspolitisches Engagement in den achtziger Jahren reduzierte, entwickelten sich in den Einzelstaaten interessante Initiativen, die dieses Engagement bewußt kompensierend zum Bundesstaat übernahmen (Reischauer 1989; Windhoff-Héritier 1988; Smith Nightingale 1989, 211). Damit wurden die Staaten zu Schrittmachern und zu wichtigen Bühnen der wohlfahrtspolitischen Innovationen, die dann ihrerseits wiederum durch die Bundesregierung übernommen wurden.

Das bekannteste Beispiel dafür bietet »Workfare«, das heißt

»Hilfe zur Arbeit«. In dem Maße, in dem die Bundesregierung ihre Aktivitäten bei der Beschaffung von Beschäftigung für die Armen verringerte, entfalteten einzelne Staaten nun ihre eigenen Aktivitäten im Bereich »Workfare«, den Beschäftigungsprogrammen für Wohlfahrtsempfänger, die zu einem neuen, positiveren Verständnis und höherer Zustimmung zu diesem Instrument führten. »Workfare New Style« in diesem modifizierten und erweiterten Sinn wird heute in fast zwei Dritteln der Staaten praktiziert (Nathan 1987). Auch New York State erlangte eine Bundeserlaubnis, um mit »Workfare«-Programmen zu experimentieren. Alle arbeitsfähigen Wohlfahrtsempfängerinnen wurden 1985 aufgefordert, Arbeit zu suchen oder sich an beruflichen Ausbildungs- und schulischen Erziehungsprogrammen zu beteiligen. Darüber hinaus bietet New York City auch Arbeitsplätze im öffentlichen Dienst als Alternative zur Wohlfahrtsabhängigkeit an. 1988 nahmen ungefähr 12 000 Wohlfahrtsempfängerinnen an Ausbildungsmaßnahmen teil. Allerdings werden auch viele Wohlfahrtsempfängerinnen von der Teilnahmepflicht befreit (Barbanel, *New York Times* 25. 4. 1988). So beteiligten sich 1987 nur 12 500 Mütter mit Kindern über 6 Jahren von insgesamt 75 000 an dem obligatorischen Ausbildungsprogramm, das 1985 eingeleitet worden war. 5000 der Teilnehmerinnen arbeiteten halbtags und nur wenige von ihnen fanden danach eine langfristige Vollzeitbeschäftigung; 1988 hatten 1068 Wohlfahrtsmütter eine neue Beschäftigung gefunden (Finder, *New York Times* 23. 3. 1987).

Wichtiger noch als »Workfare New Style« ist, daß New York State die Anspruchsberechtigung für Medicaid für Kinder der arbeitenden Armen erweiterte, so daß auch diejenigen Armen, die über der Einkommensgrenze von 7000 Dollar im Jahr liegen, bis zum Alter von 13 Jahren[13] Leistungen erhalten (*New York Times* 16. 1. 1987).

Beide einzelstaatlichen Reformen, »Workfare New Style« und die Ausdehnung der Medicaid-Leistungen für die arbeitenden Armen und deren Kinder, wurden vom Bundesstaat in den Wohlfahrtsreformen von 1987 und 1990 übernommen.

So griff die Wohlfahrtsreform des Bundes von 1987, der *Family Support Act and Jobs*, die einzelstaatlichen »Workfare«-Initiativen auf und führte die obligatorische Erwerbsarbeit für Mütter mit Kindern über 3 Jahren ein. Bis 1995 müssen in allen Staaten 20 % der AFDC-Empfängerinnen mit Kindern über 2 Jahren mindestens an einem schulischen und beruflichen Ausbildungsprogramm teilnehmen.

Der *Family Support Act and Jobs* leitete jedoch nur inkrementale Reformen ein, die Armutsprobleme nicht umfassend angehen und den Teufelskreis einer sich selbst perpetuierenden Armut nicht durchbrechen können. Dies verlangt sehr viel breitere sozialpolitische Maßnahmen, die schulische und berufliche Ausbildungsprogramme ebenso einschließen wie Kindertagesstätten, Kindergeldprogramme sowie eine obligatorische Krankenversicherung der Arbeitgeber oder eine gesetzliche Krankenversicherung, also auch Maßnahmen, die keine eigentlichen Wohlfahrtsstrategien sind, sondern sich auch auf die nicht-abhängigen oder arbeitenden Armen erstrecken.

Erst 1990 wurden weitergehende Schritte vom Kongreß eingeleitet und die Ausdehnung von Medicaid-Leistungen für Kinder der arbeitenden Armen bis zum Alter von 18 Jahren und schwangere Frauen beschlossen. Es ist geplant, bis zum Jahr 2001 schrittweise den Anspruch dieser Kinder von 5 Jahren (1990) auf 18 Jahre auszuweiten (Pear 1990).

Mit der Verabschiedung dieses Programms zeigte der Kongreß, daß er den gefährlichen Zusammenhang zwischen einer fehlenden gesetzlichen Krankenversicherung und Armut erkannt hat und diese Armutsfalle mit der politischen Unterstützung einer ungewöhnlichen Allianz von Armen und Industrie wenigstens partiell zu entschärfen sucht.

Diese für die Sozialpolitik der Stadt so dringend erforderliche Flankierung durch staatliche Maßnahmen schwächte sich in jüngster Zeit jedoch wiederum ab. Die wirtschaftliche Rezession und die Thematisierung der Wohlfahrtsfrage im Präsidentschaftswahlkampf riefen einen »Anti-Welfare-Backlash« hervor.

6. Sozialpolitik in New York City: Perspektiven

Sozialpolitik, in New York City auf sich selbst gestellt, kann im wesentlichen soziales Elend und Armut nur verwalten und versuchen, deren schlimmste Folgeerscheinungen zu mildern. In einem bescheidenen Ausmaß ist sie in der Lage, Anreize zu setzen und Dienstleistungen so zu gestalten, daß sie den Armen zur Selbständigkeit verhelfen können. Mit den Mitteln der Wohlfahrtspolitik allein jedoch lassen sich Armutskerne in den städtischen Ghettos nicht aufbrechen. Zu diesem Zweck sind vielmehr umfassende Policy-Initiativen erforderlich, die Armut vorbeugen. Gegenwärtig gehen trotz der drastischen Armutsprobleme in den Städten von diesen keine konzertierten politischen Aktivitäten aus, die auf solche Maßnahmen drängen. Vielmehr kommen in jüngster Zeit die innovativen sozialpolitischen Maßnahmen »von oben«, von der Bundesebene. Diese wurden jedoch wiederum durch das Vorbild einzelstaatlicher Aktivitäten gefördert, die sich während der sozialpolitischen Stagnation der Reagan-Jahre entfaltet hatten. Die neuen Reformen suchen zu verhindern, daß die arbeitenden Armen in Wohlfahrtsabhängigkeit zurückgleiten, wenn sie es einmal geschafft haben, auf dem Arbeitsmarkt wieder Fuß zu fassen: Es werden durch erhebliche Steuerfreibeträge Anreize gesetzt, im Arbeitsprozeß zu verbleiben; durch eine bessere medizinische Versorgung zumindest der Kinder der arbeitenden Armen soll die verhängnisvolle Verquickung von Krankheit und Armut zumindest partiell gelockert werden.

Eine programmatische Gleichläufigkeit in den wohlfahrtspolitischen Intentionen von Bund und Kommunen ist somit für die Entfaltung einer Armutsprävention in den Städten von eminenter Bedeutung. So wichtig und dringend die sozialpolitischen Maßnahmen des Bundes und der Einzelstaaten auch sind, so entlassen sie doch die Städte nicht aus der Verantwortung für ihre Armen. Die Städte müssen gerade im sozialen Dienstleistungsbereich eigene Initiativen entfalten, um die Konsequenzen der städtischen Armut aufzufangen. Diese Initiativen bewegen sich immer auf zwei Ebenen: Um soziale Dienstleistungen effektiv und bedürfnisgerecht zu gestalten, müssen die Armen auf der politischen Ebene bei der Gestaltung dieser Leistungen mitsprechen. Bei der Leistungserbringung ist deren Mitwirkung ebenso erforderlich, um diese differenziert und klientennah durchzuführen. Angesichts der weitverbreiteten politischen Indifferenz in den Armenvierteln der Städte, der Zerstörung von Stadtteilen und der Schwächung der sozialen Netze in den Ghettos sind die Voraussetzungen, daß sich ein solches Engagement entwickelt, eher ungünstig. Hier könnte jedoch das politische Potential der existierenden dezentralen Einrichtungen wie der lokalen School Boards besser genutzt werden, um die Integration in das politische System der Stadt zu fördern und politische Teilnahme einzuüben.

Somit sind zentralstaatlich redistributive politische Maßnahmen, die verhindern, daß die Armen »Gegenstand« eines negativen Verteilungskonfliktes werden und als »Armutslasten« zwischen den Städten hin- und hergeschoben werden, zwar unumgänglich, müssen sich jedoch mit vielfältigen und differenzierten Maßnahmen »von unten« verbinden, die mit politischem Nachdruck in den Städten vertreten werden.

Anmerkungen

1 Unter redistributiven Ausgaben faßt Peterson Wohlfahrt, Gesundheit, Krankenhauswesen, Wohnungswesen und Sozialversicherungsausgaben (Peterson 1979, 166; Peterson 1981, 195).

2 Weitere 11 % werden ausgegeben für das Justizsystem, 7 % für Schuldendienst, 6 % für Pensionen, 2 % für die höhere schulische Ausbildung, 3 % für Feuerschutz, 4 % für Umweltschutz, 8 % für andere Behörden und weitere 8 % entfallen auf Verschiedenes (New York City Office of Management and Budget 1991).

3 In New York State wird Medicaid nicht allein durch den Staat finanziert, sondern bis in jüngster Zeit mußten die Kommunen sich mit 20 % an den Medicaid-Kosten beteiligen. Während der achtziger Jahre stieg der Anteil der Ausgaben, die vom Staat übernommen wurden. Seit 1989 wurden die Kosten des Programms zu 55 % durch die Bundesregierung getragen, zu 45 % durch die einzelstaatliche Regierung und bis zu 5 % durch die Kommunen (Kolbert, *New York Times* 18. 1. 1989).

4 Das Vorhandensein dieser vier Merkmale wurde in 800 Zensuskreisen festgestellt. Armutszensuskreise verteilten sich, wie oben dargestellt, auf große Städte.

5 Die Bemühungen, die Kompensationen für Arbeitslose auszudehnen, führten zu einem Gesetz, das für die Staaten mit der höchsten Arbeitslosigkeit Zahlungen bis zu 20 Wochen vorsieht, für eine zweite Gruppe von Staaten (in denen sich die beiden bevölkerungsreichsten, New York und Kalifornien, befinden) Zahlungen bis zu 13 Wochen vorsieht sowie in allen übrigen Staaten nur bis zu 6 Wochen (Clymer 1991, A1, A16).

6 Donna Shalala, frühere Präsidentin von Hunter's College, in: *New York Times* 11. 11. 1987.

7 Eine einjährige Studie über 1325 Obdachlose oder hungrige Familien in der Stadt (*Action Research Project on Hunger, Homelessness and Family Health*, Dehavenon/Benker in *New York Times* 10. 10. 1990)

ergab, daß das Wiedereröffnen von Akten ungefähr 30 Tage oder mehr in Anspruch nahm bei der Hälfte der befragten Familien. Im Gegensatz dazu sagt das »Human Resources Department« aus, daß es im Schnitt 7 Tage benötigt, um die Zahlungen wiederaufzunehmen.

8 Die Kontrolle der Anspruchsberechtigung ist einfacher geworden: Die Empfänger werden jetzt gebeten, sich im Wohlfahrtsamt oder einer Bank zu melden (Barron, *New York Times* 7. 10. 1988).

9 Die Gründe dafür sind administrativer Natur: Verabredungen mit Sozialarbeitern werden nicht eingehalten, Ansprüche nicht ausreichend dokumentiert. Häufig erscheinen Wohlfahrtsempfänger jedoch nicht zu Interviews, weil sie die Benachrichtigung nicht pünktlich erhalten, weil viele von ihnen in doppelt belegten Apartments bei Freunden oder Bekannten oder aber in Obdachlosenunterkünften leben (*New York Times* 10. 10. 1990).

10 Diese Dienstleistungen stellen 43 % des Volumens der Gesamtsozialausgaben des Staates dar.

11 Der Staat New York stand an 41. Stelle aller Staaten, während er 1948 an 13. Stelle stand.

12 In den letzten Jahren fiel die Teilnahme an den Local-School-Board-Wahlen mit rund 5 % bis 9 % sehr gering aus.

13 New York State hat die Palette von Medicaid-Leistungen nicht reduziert, begrenzte aber die Zahl der möglichen medizinischen Behandlungen pro Jahr auf 14 pro Patient (*New York Times* 5. 11. 1989).

Sharon Zukin
unter Mitarbeit von Jenn Parker
Hochkultur und »wilder« Kommerz: Wie New York City wieder zu einem kulturellen Zentrum werden soll

Während der letzten 20 Jahre haben die Regierung der Stadt New York, einige führende Geschäftsleute und – in begrenztem Umfang – Immobiliengesellschaften die Kultur als ökonomische Entwicklungsstrategie benutzt. Ob dies letztendlich mit weltweiter Konkurrenz oder der Herausbildung flexiblerer Methoden der Kapitalakkumulation zusammenhängt – es ist eine Reaktion auf die unmittelbare Realität. Ein dramatischer Beschäftigungsverlust in der Fertigung und der hohe Stellenwert der Unternehmensdienstleistungen verlangen nach einer neuen, abstrakteren Repräsentation des Wachstums. Außerdem spielen der gemeinnützige Sektor und seine kulturellen Organisationen eine wichtige Rolle im Dienstleistungsbereich der Stadt. Eine andere Auffassung sieht in der Kultur eine Möglichkeit, wohlhabende Einwohner zu halten, die sonst die Stadt verlassen könnten. Zu diesen eher allgemeinen Faktoren kommen seit den siebziger Jahren Argumente dafür, daß kulturelle Aktivitäten – darunter Zuwendungen für die Künste und Produktion, Aufführung, Ausstellung und Verkauf von Kunst – wichtige Multiplikationseffekte auf die städtische Ökonomie ausüben (*Arts as an Industry* 1983). Die wachsende Anzahl von Kulturproduzenten, die formell wie informell im Dienstleistungsbereich tätig sind, und die ideologische Bedeutung der Kultur in der Stadt New York deuten auf Bedingungen für eine »künstlerische Produktionsweise« (Zukin 1982) hin.

Von allen Städten Nordamerikas besitzt New York unstreitig die breiteste Grundlage der Hochkultur. 1977 betrug die Beschäftigung im Kulturbereich in der metropolitanen Region New York 30 % an der Gesamtbeschäftigung im Kulturbereich in den Vereinigten Staaten. Die Museen der Region erzielten 30 % der nationalen Gesamteinnahmen. Die Eintrittserlöse der Theater der Stadt beliefen sich auf 34 % der Eintrittserlöse aller US-amerikanischen Theater. Bei Konzerten und Ballett betrugen die Einnahmen aus den Aufführungen 29 % des nationalen Gesamtertrags. Und die Einnahmen der gemeinnützigen Kultureinrichtungen machten 26 % der nationalen Gesamtsumme aus (*Regional Plan News* 1982, 3).

In den frühen achtziger Jahren belief sich das Gesamtvolumen des Kulturbereichs in New York vermutlich auf 5,6 Mrd. Dollar (*Arts as an Industry* 1983). Film, Fernsehen und Videoproduktionen hatten daran den größten Anteil der direkten Ausgaben (1982: 2 Mrd. Dollar), gefolgt von den gemeinnützigen kulturellen Organisationen (1,31 Mrd.), Ausgaben von Besuchern aus der Region, die primär wegen kultureller Veranstaltungen kamen (1,3 Mrd.), kommerziellen Theatern (480 Mio.), Kunstgalerien und Auktionshäusern (360 Mio.) sowie Ensembles, die mit Broadway-Produktionen auf Tournee gingen (170 Mio.).[1] Den größten Posten dieser Ausgaben machten die Lohnkosten für 35 323 Vollzeitarbeitsplätze und weitere 80000 Arbeitsplätze in anderen Bereichen aus (bei einer Gesamtbeschäftigung von rund 3 Mio. in der ganzen Stadt). Touristen, die die Stadt wegen kultureller Ereignisse besuchten, gaben 652 Mio. Dollar aus, vor allem in Restaurants und Hotels.

Für eine postindustrielle Gesellschaft ergeben sich mehrere Vorteile aus einer kulturbezogenen Wachstumsstrategie. Erstens schafft ein kulturelles Zentrum für Ausstellungen und Aufführungen einen öffentlichen Raum für Dienstleistungsaktivitäten. Zweitens wird damit für unkontrollierte, industrielle oder »schmutzige« Zwecke genutzter Raum zu Bereichen »sauberer« Unterhaltung umgestaltet, wie sie Angehörige oberer Berufsgruppen und Angestellte bevorzugen. Räume, die der Kultur dienen, vergrößern auch den kommerziell zu nutzenden Raum. Bürogebäude und Einzelhandelsgeschäfte bedienen sich des kulturell genutzten Raums, um eine zusammenhängende Konsumlandschaft zu schaffen. Ihr sozialer Status wird durch die Nähe zu Opernhäusern, Museen oder öffentlich zugänglicher Kunst erhöht. Kultur im weiteren Sinne, etwa als bauliche Umgebung, bringt auch Vorteile mit sich: Historische Quartiere (»Wahrzeichen«) und Konzentrationen von kulturellen Aktivitäten wie in SoHo oder auf der Museumsmeile der Fifth Avenue stellen ja nicht nur Touristenziele dar, sondern auch eine Möglichkeit, den Wert von Grundbesitz zu stabilisieren.

Einrichtungen der Hochkultur bieten Gelegenheiten für die Begegnung von Eliten und für die Reinvestition von Kapital. Ihre Leitungsgremien sind Treffpunkte und Ideenbörsen, besonders für Verbindungen zwischen öffentlichem und privatem Sektor (zu

Louisville, Kentucky, vgl. Whitt/Lammers 1991; Whitt 1991). Darüber hinaus profitiert die lokale Gemeinde der professionellen Künstler von Sonderausstellungen und -vorführungen. In den späten sechziger Jahren wurde festgestellt, daß an Wochentagen diese Künstler etwa 25 % der Museumsbesucher in Manhattan ausmachen (Johnson 1969). Also werden urbane Umgebungen in ganz spezifischer Weise durch Einrichtungen der Hochkultur bereichert. Diese Institutionen tragen dazu bei, daß sich die Künstlergemeinde erneuert und daß sich die Netzwerke zwischen Geschäfts- und politischer Elite ausweiten. Außerdem verarbeiten, bewerten und verbreiten sie die neuesten Informationen auf den Kunstmärkten, sowohl für die reine als auch für die angewandte Kunst. Sie sind Schlüsselorte für die Weiterentwicklung der kulturellen Symbole einer globalen Stadt.

Zu einem großen Teil stammen die Projekte, durch Veränderung der baulichen Umgebung ein kulturelles Zentrum in New York zu schaffen, aus der Zeit vor der Expansion der Konzerne und den großen Gewinnen besonders bei den Finanzinstituten, von denen die Kultur in den achtziger Jahren profitierte. Im Verlauf der Jahre haben verschiedene soziale Gruppen und Klassen großes Interesse an unterschiedlichen Aspekten der Hochkultur entwickelt. Zunächst wurden etwa eine Generation lang kulturelle Projekte als Beitrag dazu angesehen, die Stadt lebensfreundlicher, angenehmer und anregender zu gestalten. Wie die Gentrification nehmen auch kulturelle Projekte die Stadt für die obere Mittelklasse und die aufstrebenden Schichten der unteren Klassen in Besitz. Außerdem sind sie ein Teil des gewachsenen öffentlichen Interesses an der Kultur, das in den späten fünfziger und den frühen sechziger Jahren begann (Netzer 1978). Nachdem sich der Museumsbesuch in der Region New York in den sechziger Jahren verdoppelt (Johnson 1969) und sich ein Schwall staatlicher Förderung über den Kulturbereich ergossen hatte, fühlte sich auch die Mittelklasse zu den Lebensstilen und den Arbeiten zeitgenössischer Künstler hingezogen (Zukin 1982). Auch das Bemühen um die Erhaltung einmaliger historischer Qualitäten ihrer Umgebung fand Anklang bei der gesellschaftlichen Elite wie bei einigen Immobilienfirmen, die sich Mitte der siebziger Jahre in einer Rezession befanden. Später, in den achtziger Jahren, wurde die Identifikation mit Hochkultur bei den politischen, sozialen und wirtschaftlichen Eliten, die zur Reagan-Verwaltung in Washington in Verbindung standen, zunehmend attraktiver. Lokale Einrichtungen in New York intensivierten die Zusammenarbeit von Museen, Läden und Gruppen, die sich in philanthropischen Aktivitäten engagierten, um öffentliche Aufmerksamkeit zu erregen (Silverman 1986).

Aus der Abhängigkeit der US-amerikanischen Kulturinstitutionen von privater Finanzierung, wozu Schenkungen wie Stiftungen zählen, entsteht eine kreative Spannung zwischen Hochkultur und spekulativer, teilweise unregulierter oder »wilder« wirtschaftlicher Tätigkeit. Spekulative Aktivitäten wie Immobilien- und Finanzwesen wurden in den achtziger Jahren zu einer bedeutenden Einnahmequelle für die zentralisierten kulturellen Einrichtungen der Stadt New York. Die Investitionen in Kultur errreichten während dieser Periode extreme Niveaus. Mäzene polierten ihr Image, indem sie große Kunstausstellungen und Investitionsprojekte (besondere Ausstattungen oder Anbauten) der Museen unterstützten, vor allem bei dem wichtigsten Kunstmuseum, dem Metropolitan Museum of Art. Die Museen ihrerseits sonnten sich im Glanz dieser neuen Multimillionäre. Kunst allgemein – und insbesondere das Sammeln – gewann wegen der steigenden Preise, die für sie gezahlt wurden, enorme Aufmerksamkeit. Die Auktionshäuser Sotheby's und Christie's nutzten das Interesse an den Arbeiten zeitgenössischer Künstler, die beinahe so hohe Preise erzielten wie die alten Meister. Die publizitätswirksame Verbindung von Auktionshäusern, Kunstgalerien, Kunstmuseen, Kunstproduzenten und kulturellen wie sozialen Eliten förderte New Yorks Reputation als globale Stadt. Unter diesem sehr speziellen Aspekt kann man sagen, daß das kulturelle Kapital zur Herausbildung einer neuen, kohärenten Machtverteilung beitrug (vgl. Zukin 1990).

Der Einklang von Hochkultur und »wildem« Kommerz wird am deutlichsten dadurch illustriert, wie Kultur genutzt wird, um ein visuelles Image der Stadt aufzuwerten, das Kohärenz, Genuß und institutionelle Macht betont. Kulturelles Kapital materialisiert sich oft in neuen Büro-, Wohn- und Vergnügungsvierteln am Wasser, die restaurierte Gebäudefassaden, Panoramen historischer Begebenheiten und öffentliche – d. h. im Freien ausgestellte – Kunst zeigen (vgl. Deutsche 1988; Boyer 1992; vgl. auch den Beitrag von Wagner in diesem Band). Während dieses Image die Projekte der Investoren ergänzt, vor allem die langfristige Reorganisierung zentraler städtischer Räume, hat es ambivalente Auswirkungen auf die Lebens- und Arbeitsbedingungen der Kulturproduzenten.

Visuelles Image und Raum

Die Repräsentation New Yorks als einer Kulturhauptstadt wird an drei sehr unterschiedlichen Typen räumlicher Projekte deutlich: an Denkmalschutz, Museumserweiterung und der kommerziellen Neugestaltung des Times Square. Zwar ist der Denkmalschutz geographisch am weitesten verbreitet, aber alle drei Formen haben sehr starke Auswirkungen auf das Zentrum Manhattans. Außerdem zeichnet sie ein langer Prozeß der Konzeptualisierung aus, von den sechziger bis in die neunziger Jahre, und eine Wirkung, die räumliche Einheiten überschreitet, von einzelnen Gebäuden bis zu ganzen Bezirken. In allen drei Fällen hat das Bemühen, die gebaute Umgebung umzugestalten, die Interdependenz von öffentlichen, d. h. staatlichen, Stellen, gemeinnützigen Einrichtungen und privatwirtschaftlichen Grundbesitzern und Investoren gefördert.

Der Schutz historischer Gebäude ist ein Kompromiß zwischen ästhetischen Auffassungen, Interessen der Immobilienbesitzer, Bestrebungen der Mittelklasse und einer allgemeinen Vorstellung davon, was das Leben in einer Stadt angenehm macht. Wenn nicht die gesamte Innenstadt zur historischen Zone erklärt wird, bleiben die Bemühungen um historische Bewahrung bloß Stückwerk. Jeder erhaltenswerte Bezirk, jedes Gebäude werden einzeln vorgeschlagen, beurteilt und ausgewählt. Schon die Idee, historische Gebäude unter Denkmalschutz zu stellen, ist ein politischer Kompromiß. Da die kommerzielle »Entwicklung« von Grundstücken geheiligt ist, ermöglicht der Denkmalschutz lediglich Beschränkungen aus »historischen« oder »ästhetischen« Gründen. Die Denkmalschutzkommission (Landmarks Preservation Commission), 1965 von der Stadtverwaltung eingerichtet, steht unter anhaltender Kritik der Besitzer von Grund jeder Größe und Art, deren Möglichkeiten zu verkaufen, umzubauen oder ihren Grundbesitz sonstwie zu verändern, von den Entscheidungen der Kommission beeinträchtigt werden. In New York ist es politisch unmöglich, gegen neue Bauvorhaben einzutreten, es sei denn mit ästhetischen und quasi-ästhetischen Bedenken gegen Entwurf und Größenordnung. Um jede Einstufung als »erhaltenswert« gibt es deshalb einen strategischen und taktischen Kampf. Seitdem es den Kirchengemeinden nicht mehr erlaubt ist, ihre unter Denkmalschutz stehenden Gebäude entweder abzureißen oder den Luftraum darüber an Investoren zu verkaufen, haben sie einige Mitglieder des Magistrats zu dem Versuch bewegt, die Kompetenzen der Denkmalschutzkommission einzuschränken. Besonders in zweifelhaften Fällen, z. B. bei religiösen Institutionen und bei »Härtefällen«, ist die Kommission angreifbar. Wie angreifbar, das zeigte sich sehr deutlich, als 1991 Mitglieder des Stadtrats die Beschwerdeprozedur gegen die Einstufung als Denkmal der Zuständigkeit der Kommission entzogen und statt dessen dem Stadtrat übergaben.

Im Lauf der Zeit waren an den Entscheidungen zum Denkmalschutz Bürgerinitiativen von den Freunden der Gußeisenarchitektur (Friends of Cast Iron Architecture) bis zur New Yorker Gesellschaft für Landschafts- und Denkmalschutz (New York Scenic and Historic Preservation Society) und einige Gruppen aus Harlem beteiligt, die für mehr Bestandsschutz plädierten. Wie allerdings die Literatur zur Gentrification zeigt, besteht die Möglichkeit, daß die Ernennung zum denkmalgeschützten Bezirk Mieten und Steuern so in die Höhe treibt, daß Bewohner unterer Einkommensgruppen verdrängt werden; oder umgekehrt, daß die zeitaufwendige und teure, amtlich überwachte Renovierung manche Besitzer veranlaßt, die Instandhaltung zu vernachlässigen.

Für die Schaffung historisch erhaltenswerter Bezirke gibt es ästhetische wie historische Begründungen. Diese Kombination erlaubt einen beträchtlichen Ermessensspielraum in der individuellen Bewertung. In einigen Fällen, z. B. dem historischen Bezirk in der Upper West Side, wollten viele der an der Initiative zum Erhalt beteiligten Bewohner das Erscheinungsbild der Upper West Side beibehalten, obwohl ihnen bewußt war, daß mit der Entscheidung gegen neue Erschließungen für einige Bewohner die Mieten unerschwinglich würden. In diesem Gebiet sind Neubauten auf eine große Durchgangsstraße, den Broadway, beschränkt und müssen den Größen- und Designkriterien der vorhandenen Bebauung entsprechen. Im Gebiet SoHo, im unteren Manhattan, förderte der Denkmalschutz für die Gußeisenarchitektur einen enormen Zuzug von Künstlern und ihrem Gefolge. Dagegen wurden bereits angeschlagene Fertigungsbetriebe nicht zum Bleiben ermutigt. Denkmalschutz fördert auch die Ansiedlung einer anspruchsvollen Geschäftszone mit Restaurants und kleinen Läden. Mit anderen Worten, Denkmalschutz des kulturellen Kapitals in der gebauten Umgebung verändert nicht nur die Nutzungen des Raums, sondern auch die räumlichen Beziehungen sozialer Klassen.[2]

Denkmalschützer sind allerdings eher an Größe und Form der Neubauten interessiert. Hohe, verdichtete, klobige Gebäude, die den größten Teil des mittleren Manhattan prägen, werden als unvereinbar mit der »historischen Stadt« angesehen. Außerdem schränken historische Bezirke nicht die Größe neuer Bebauung an ihren Rändern ein. Wer diese Grenzbereiche erschließt, profitiert erheblich vom Denkmalschutz. Aus diesem Grunde sind Denkmalschützer aggressiver in ihren Bemühungen geworden, den »Kontext« durch restriktivere Bebauungspläne zu schützen (Oser 1990). Während sich Kritiker über eine »Disneyisierung« von Geschäftsbereichen durch neue, moderne Architektur beschweren (Gill 1991), ist auch in den historischen Bezirken die anachronistische Kohärenz eines Disneylands zu spüren, die dem Rest der Stadt fehlt.

Die Landmarks Preservation Commission hat in den 25 Jahren ihres Bestehens 856 Gebäude, 79 Innenausstattungen von Gebäuden und 9 Parks bzw. andere unbebaute Flächen unter Denkmalschutz gestellt (Goldberger 1990). Außerdem wurden 52 Nachbarschaften zu historischen Bezirken erklärt. Sie enthalten beinahe 15 000 Gebäude. Daß die Pennsylvania Station in den frühen sechziger Jahren abgerissen wurde, das Grand Central Terminal dagegen erhalten blieb, demonstriert, daß die Kommission erhebliche Auswirkungen auf die bauliche Umgebung und entsprechende Denkrichtungen gehabt hat.

Museen

Nicht weniger eindrucksvoll verläuft seit den siebziger Jahren die rasante Entwicklung der New Yorker Museen zu Zielen des Kulturtourismus. Seit dieser Zeit nehmen die Museen New Yorks eine führende Rolle beim Entwurf rekordbrechender Ausstellungen ein, für die besondere Eintrittsgelder erhoben werden. Sie wirkten auch als Magnet für philanthropische Multimillionenspenden. Um diese Zeit trugen sich die wichtigsten Museen New Yorks mit Erweiterungsplänen, die jene der Finanzkonzerne widerspiegelten. Geplant waren Wolkenkratzer (Guggenheim Museum, Museum of Modern Art) oder Ausdehnungen in alle Richtungen in den öffentlichen Raum des Central Park (Metropolitan Museum). Diese Museen wurden mit der Selbstdarstellung des neuen Reichtums wie mit dem Eigennutz der städtischen Bediensteten und der Museumsdirektoren identifiziert. Die Zusammenarbeit mit kommerziellen Unternehmungen hinterließ Spuren in den Museen, denn ihre Nebenaktivitäten wie Museumsläden, Restaurants und die Vermietung von Räumen für private Festlichkeiten wurden in ergiebige Einnahmequellen verwandelt. Während der siebziger Jahre war die Kultur – vor allem die großen Museen – der am schnellsten wachsende Zielbereich von philanthropischen Schenkungen (*Regional Plan News* 1982).

Ein öffentliches Verlangen nach den kulturellen Produkten der Vergangenheit ermutigte Museumsdirektoren zu aggressiveren Strategien. Die Verwaltung des Metropolitan Museum änderte ihr Vorgehen und bemühte sich um die Werke zeitgenössischer Künstler. Die Museumsverwaltungen erleichterten den Zugang zu ihren Einrichtungen, indem sie Methoden des Fernsehens übernahmen. Sie fanden Themen, die die Vorstellungskraft des Publikums stimulierten. Das Guggenheim und das Whitney Museum eröffneten kleine, dezentrale Filialen. Obwohl die Kinos in den Wohngebieten verschwunden waren und die suburbanen Ladenzentren sich großer Beliebtheit erfreuten, gingen die New Yorker Museen als noch erhabenere Monumente kultureller Macht aus dieser Phase hervor.

Das Metropolitan Museum ist in einer beneidenswerten Lage, denn ihm wurden im Verlauf der Jahre Erweiterungsbauten hinter dem Hauptgebäude in den Central Park hinein gestattet. Der Tempel von Dendur, die verschiedenen Skulpturensammlungen und Räume für die Kunst des 19. Jahrhunderts, die alle von großzügigen Mäzenen gestiftet wurden, haben Museen im Museum entstehen lassen. Allerdings unterliefen dem Metropolitan ein paar größere Fehler bei der Finanzierung dieser Erweiterungen, z. B. wurden Kostenvoranschläge überschritten und die Namen von Spendern von früheren Spendengesuchen entfernt, wenn sich noch ergiebigere Spender einfanden (Golway 1991). Das Museum wurde auch heftig kritisiert, weil es wohlhabenden Privatpersonen Museumsräume für Abendgesellschaften vermietete. Weniger Aufmerksamkeit wurde der Praxis gewidmet, Räume für den Zweck von Geschäfts- oder Wohltätigkeitsessen zu vermieten.

Das Musum of Modern Art ging noch verwegener vor. 1976 präsentierte es den Plan zum Bau eines 49stöckigen Wohnkomplexes, in dem das Museum sechs Stockwerke über seinen bereits existierenden Gebäuden nutzen wollte. Der Museum Tower sollte 250 Miet- und Eigentumswohnungen enthalten und den Raum einnehmen, auf dem sich zu dieser Zeit die Büros und der Buchladen des Museums befanden (vgl. z. B. Kramer 1976). Dieses Vorhaben glich dem eines privaten Investors. Es weckte auch schnell den Widerstand der benachbarten Geschäfte auf der 53. und 54. Straße, die sich Luft und Sonne nicht von einem Museumshochhaus nehmen lassen wollten. Denkmalschützer und einige Architekten protestierten dagegen, daß der vorhandene Museumsbau aus den dreißiger Jahren von einem zweitklassigen, verglasten Turm überragt werden sollte. Die Planung sah auch vor, mehrere der in der Straße noch vorhandenen Brownstones abzureißen und die geringe Bebauungshöhe dieser Gegend durch den Wohnturm zu durchbrechen (Hoelterhoff 1977). Außerdem gab es Kontroversen um den Preis, den das Museum für den Verkauf der Luftrechte über seinem Gebäude verlangte. Zu Beginn verlautete aus dem Museum, daß die Luftrechte für 5 bis 7 Mio. Dollar zu haben seien. Nach einigen Wochen öffentlicher Debatte wurde die Summe auf 17 Mio. Dollar heraufgesetzt. Der Investor, der anfänglich mit dem Museum bei der Planung des Turms zusammengearbeitet hatte, mußte miterleben, wie der Wert seiner öffentlich gehandelten Firmenanteile zwischen 1972 und 1977 von 25 Dollar pro Anteil auf 4 Dollar sank.

Die Kooperation von Museum, Investor und Stadtverwaltung bescherte dem Museum neue institutionelle Möglichkeiten für Bauvorhaben durch Steuerumlenkungen und planerische Variationen. Dies erwies sich als bahnbrechende Verbindung von öffentlichem und privatem Sektor. Ein Architekt und Stadtplaner, der sowohl mit der Verwaltung Lindsay und der Stadtentwicklungskommission (City Planning Commission) als auch mit der Stiftung der Gebrüder Rockefeller in Verbindung stand, hatte die Idee der Luftrechte ausgetüftelt. Er argumentierte damit, daß die wachsenden Kosten für den Erhalt von Kunstsammlungen die Unterstützung und Finanzierung durch Konzerne erforderten. Auf den Immobilienmärkten, wo die Bodenpreise ebenfalls stiegen, könnten kulturelle Institutionen ihre einzigartigen Standorte für den Zweck der Eigenfinanzierung nutzen. Die Stadtverwaltung unterstützte am 26. Juni 1976 einen Erlaß des Staates New York, der einen besonderen Treuhänder für die Kultur einsetzte, um die Luftrechte des Museums of Modern Art zu verwalten. Eine der Hauptfunktionen dieses Treuhänders bestand allerdings darin, die Profite aus der Erschließung an das MoMA zurückzuleiten und steuerähnliche Zahlungen anstelle der Grundbesitzabgaben einzutreiben (Anderson/Di Perna 1977). Die Architekturkritikerin Ada Louise Huxtable beschreibt den Vorgang folgendermaßen: Dieses Arrangement »erlaubt dem Museum – über den Treuhänder –, einen Investor zu bestimmen, den Entwurf zu überwachen und das Steueraufkommen für das erschlossene Grundstück einzuziehen, das sonst an die Stadt entrichtet würde, und dazu am Profit des Investors teilzuhaben« (Huxtable 1977). Die bundesstaatliche Gesetzgebung befreite den Apartmentturm von Grundsteuern, erlegte den Wohnungseigentümern aber steuerähnliche Zahlungen auf. Aus diesen Zahlungen sollte der Treuhänder (Trust for Cultural Resources) – der einzig für das Museum eingesetzt worden war – die Erweiterung des Museums finanzieren. Ein Teil dieser Zahlungen sollte auch an die Stadtverwaltung fließen.

Der Community Board hätte gegen die Erweiterung des MoMA im ULURP-Verfahren (Uniform Land Use Review Program) vorgehen können. Während des gesamten Überprüfungsverfahrens blieb ein Unterkomitee des Beirats mißtrauisch, weil nach seiner Auffassung weder das Museum noch der Treuhänder überzeugend dargelegt hatten, daß dieses Projekt die finanziellen Probleme des Museums und seinen Raummangel beheben würde. Das Komitee hatte vielmehr den Eindruck gewonnen, daß das Museum und der Investor übereingekommen waren, möglichst hohe Einnahmen aus dem Apartmentturm zu erzielen. Als dann aber der gesamte Beirat zusammenkam, mit 150 Anwesenden, stimmte er für eine Befreiung von den Bebauungsvorschriften (Horsely 1977).

Im Vergleich dazu waren die Erweiterungspläne des Guggenheim Museums recht bescheiden. Weil der Raum in dem denkmalgeschützten Gebäude von Frank Lloyd Wright nicht mehr ausreichte, kündigte das Museum 1985 einen elfstöckigen Erweiterungsbau an. Während der nächsten drei Jahre führten eine Bürgerinitiative, Denkmalschützer und opponierende Architekten einen Prozeß gegen das Museum, der einen Aufschub und Modifizierungen der ursprünglichen Pläne erzwang. Die Kläger in diesem Prozeß vertraten vielfältige kulturelle und Oberschicht-Interessen: die Frank-Lloyd-Wright-Stiftung, die Guggenheim Neighbors und die Carnegie Neighbors (in Carnegie Hill). Einerseits richtete sich der Protest dagegen, daß den Reichen in ihren Wohnungen Sicht und Sonne versperrt werden sollten. Andererseits fürchteten die Architekten, daß das Gebäude Wrights im Schatten des Neubaus untergehen würde. Obwohl der Prozeß vor dem Supreme Court des Staates New York neun Millionen Dollar verschlang, hielt er das Museum nicht vom Bau einer Erweiterung ab. Auch eine Briefkampagne gegen dieses Objekt von Bewohnern der Fifth Avenue wie Woody Allen, Jacqueline Onassis und Paul Newman hatte kaum Auswirkungen.

Nachdem der für die ganze Stadt zuständige Board of Standards and Appeals dem Museum 1987 eine Abweichung von den Bebauungsplänen zugestanden hatte, akzeptierte der Board of Estimate im Jahr 1988 den modifizierten Plan für eine sechsstöckige Erweiterung. Bei der Anhörung vor dem Board of Standards and Appeals im Jahr 1986 befanden sich unter den Zeugen, die eine Erweiterung des Museums befürworteten, Philippe de Montebello, Direktor des Metropolitan Museum, Richard Buck, Direktor des Brooklyn Museum, Leo Castelli, einer der alteingesessenen Galeriebesitzer New Yorks, die auf zeitgenössische Kunst spezialisiert sind, und Schuyler Chapin, Dekan des Fachbereichs Kunst an der Columbia University (Columbia University School of the Arts). Als Gegner der Erweiterung des Guggenheim-Museums traten zu diesem Anlaß u. a. auf: die Freunde des Historischen Bezirks Upper East Side (Friends of the Upper East Side Historic District), die Behörde für den Denkmalschutz, eine private Gruppe von Denkmalschützern, die z. T. mit Immobilieninteressen verbunden waren, die Guggenheim Neighbors, der Direktor des Studiengangs für Denkmalschutz und Landespflege an der Columbia University, und der Vorsitzende von Taliesin, der Gemeinschaft zur Pflege des Erbes von Frank Lloyd Wright. Darin zeigt sich, daß ein Riß durch die Gemeinde von professionellen Kulturverwaltern und Kunstmäzenen aus der Oberschicht geht, der mit der Spaltung in »orts-« und »marktbezogene« Eliten korrespondiert.

Die neue Bedeutung der Museen in der Stadtlandschaft wirft ein Licht auf das Verhältnis von Kultur und öffentlichem Raum. Die Darbietung von Produkten der Hochkultur ist weitgehend eine Angelegenheit des privaten Sektors. Ob der private Sektor sich hier im Gegenzug für die staatlichen Subventionen eher dem Motto *noblesse oblige* oder *Quid pro quo* verpflichtet fühlt – viel von dem »öffentlichen Raum«, wo Menschen jeden Tag Kunst betrachten, gehört privaten Einrichtungen oder wird von ihnen betrieben. Natürlich beruht die kulturelle Produktion in den Vereinigten Staaten auf dem privaten Mäzenatentum. Aber daß Kunstwerke zunehmend eingesetzt werden, um ein öffentliches Firmenimage zu präsentieren, bestätigt die wachsende Privatisierung vieler staatlicher Funktionen. Außerdem zeigen sich darin einige der Probleme im Zusammenhang mit sozialer Kontrolle und Interessenausgleich, die bei der Verwaltung des öffentlichen Raumes immer auftreten.

Times Square

Bei der Planung für die Neugestaltung des Geschäftsbereichs um den Times Square, ein Gebiet von vielen Blocks nördlich und westlich von 42. Straße und Broadway, kooperierten die Regierungen der Stadt und des Bundesstaats New York mit Investoren, um einen bedeutsamen öffentlichen Raum umzugestalten und ihn mit hochwertigen privatwirtschaftlichen Nutzungen besser in Einklang zu bringen. Die staatlichen Bemühungen um dieses Gebiet reagierten auf einen langfristigen Verfall der Grundstückspreise. Seit den dreißiger Jahren ist dieses Quartier immer weiter verwahrlost und wurde mit Kriminalität identifiziert, was bei der Stadtverwaltung die Obsession zur Folge hatte, sein Image zu säubern. In den achtziger Jahren erforderte die Erneuerung des Times Square dann die Umgestaltung des visuellen Erscheinungsbildes.

Historisch gesehen widerspricht der Times Square der Idee, ein kulturelles Zentrum um ein herausragendes kulturelles Image zu errichten: Er war ein ungeplantes, anonymes Zentrum mit allerdings starker Identität, »ein städtisches Gesprächsthema ... und eine Herausforderung seiner eigenen zivilen Identität« (Taylor 1991). Bürogebäude mit geringer Geschoßzahl und Vergnügungsstätten für untere Klassen umgaben kommerzielle Theater und ihre Zulieferer. In den siebziger Jahren jedoch, als das Sanierungsvorhaben zwischen der Stadtverwaltung, großen Immobilienbesitzern der Gegend und Investoren ernsthaft und wiederholt diskutiert wurde, stellte sich heraus, daß es weitgehende Übereinstimmung in bezug auf die Schaffung eines neuen, kohärenteren visuellen Erscheinungsbildes gab. Die Vorschläge zielten auf Standardisierung und Privatisierung des urbanen Marktplatzes, um die Massagesalons und Leihhäuser der Gegend zu verjagen. Allerdings kam weder ein programmatischer Konsens zustande, noch fand sich ein Investor, der eine solide Finanzierung anbieten konnte.

Die Planungen schwankten daher zwischen einem Kongreßzentrum, lizensierten Spielkasinos und Einkaufszentren. Die Verwirklichung der genehmigten Einzelprojekte, die mit einem Hotel der John-Portman's-Kette begann, verdrängte das öffentliche Straßenleben in Hotels und Bürogebäude, ließ die Anzahl der Broadway-Bühnen schrumpfen und ersetzte kleine alte Gebäude und einfache Geschäftspassagen durch Hochhäuser. Diese Umstrukturierung zerstörte die Tradition einer öffentlichen, kommerziellen Kultur, die den Times Square mit der schillernden Vergangenheit der Vaudevillebühnen und Vergnügungsparks verband.

Wie bei der Erweiterung des Museum of Modern Art arbeitete die Verwaltung den Privatinteressen zu. 1976 gingen bis auf eine Ausnahme alle Gebäude auf der Südseite der 42. Straße zwischen 9. und 10. Avenue, westlich von der Ausfahrt des Lincoln-Tunnels, in den Besitz einer quasi-öffentlichen Institution über, der 42nd Street Redevelopment Corporation. Zwei Jahre später investierte die Ford Foundation, deren Zentrale sich im östlichen Teil der 42. Straße befindet, eine halbe Million Dollar in eine Studie und ein Baumodell für die Gebäudeblocks im westlichen Teil der 42. Straße zwischen der 7. und der 8. Avenue. Die Planungen sahen vor, sechs billige und Pornokinos für kulturelle und andere solidere Nutzungen umzubauen. Das sollte der Anfang eines 50000 qm großen Parks mit Besucherzentrum werden. Es wurde aber keiner dieser Pläne realisiert; vielleicht fielen sie der New Yorker Finanzkrise von 1975 zum Opfer oder dem mangelnden Interesse privater Investoren.

In den achtziger Jahren nahm die Stadtverwaltung dann einen neuen Anlauf; diesmal setzte sie die Planungsvollmachten des Staates New York auf dem Gebiet städtischer Sanierung und die Theater als Strategie ein. Das Projekt zur Umgestaltung der 42. Straße (42nd Street Redevelopment Project), ein Entwurf der Stadterneuerungsbehörde des Staates New York (New York State Urban Development Corporation – UDC) vom Februar 1984, wies darauf hin, daß sich die jährlichen Eintrittserlöse der Broadway-Bühnen seit 1948 auf das Siebenfache gesteigert hatten. Implizit wurde darin die Verringerung der Anzahl der Broadway-Bühnen von damals 39 auf 33 kritisiert. Ähnlich hatten sich seit 1975 die Eintrittseinnahmen von 7 Mio. auf 11 Mio. Dollar im Jahr 1981 erhöht, obwohl die Zahl der Produktionen abgenommen hatte. Nach der Logik des Berichtes *Arts as an Industry* von 1983 sollten die Broadway-Theater als Motor des Wachstums die ökonomische Machbarkeit der Umgestaltung des Times Square sichern.

Ein Umstrukturierungsprojekt brauchte einmal einen gewissen Anreiz durch die Broadway-Theater, um den Mangel an Interesse bei privaten Investoren auszugleichen. Aber das Theater war auch ein sympathieträchtiger Gegenstand der Umgestaltung. Ein staatlich subventioniertes Wohnungsbauprojekt für Theaterleute mit paralleler Neugestaltung des Geschäftsviertels auf der westlichen Seite der 42. Straße zwischen 9. und 10. Avenue hatte sich in den späten siebziger Jahren als Erfolg erwiesen; es förderte die Künstlergemeinde und stabilisierte den äußeren westlichen Bereich. Aber das Grundproblem war, daß das Gebiet um den Times Square einen so schlechten Ruf hatte, daß er die Grundstückspreise der halben Midtown bedrohte. Ohne dieses Projekt, hieß es in dem Entwurf, »wird es ein anhaltendes ›Image‹-Problem in West Midtown, besonders in dem Gebiet um den Times Square geben, das den Ruf der ganzen Stadt beeinträchtigt« (New York State Urban Development Corporation 1984, 2-222). Daß ausgerechnet die Broadway-Theater die kommerzielle Lebensfähigkeit sichern sollten, ist durchaus eine Ironie, denn die Theater litten unter mehreren schwerwiegenden wirtschaftlichen Problemen: Sie konnten sich nur schwer Investitionskapital verschaffen, die Mietpreissteigerungen lagen außerhalb ihrer Kontrolle, und sie vermochten die Abneigung der suburbanen Abonnenten, den Times Square aufzusuchen, nicht zu verringern.

Sobald sich jedoch die Stadtverwaltung und die UDC direkt einschalteten, veränderte sich der Immobilienmarkt. Nachdem die Stadtplanungskommission (City Planning Commission) einen Sonderbezirk Midtown (Special Midtown Zoning District) festgelegt hatte, der höhere Gebäude auf der westlichen Seite erlaubte und Dienstleistungen, die bisher im östlichen Teil der Midtown zu finden waren, nach Westen verlagerte, stiegen die Grundstückspreise auf dem Gebiet des 42nd-Street-Projektes zwischen 1983 und 1984 um mehr als die Hälfte. Die großzügigen Subventionen sollten 1988 auslaufen. Während also die Gebäudebesitzer auf Höchstpreise warteten, beeilten sich die Investoren, Pläne einzureichen. Interessant daran ist, daß die Stadtverwaltung keine quartier- oder stadtweiten Maßnahmen für den Times Square einlcitete, außer daß sie die Existenz der Theater an der 42. Straße zu einem »öffentlichen Gut« erklärte. Die UDC plante, Einzelgrundstücke aus Privatbesitz zu enteignen und zusammenzufügen. So wollte sie ihre Tradition der Umgehung von Regulations- und Aufsichtsverfahren der Stadt fortführen. Die Pläne für das Gebiet liefen also auf noch ein neues, großes Geschäftsviertel hinaus. Die Architekturkritikerin Ada Louise Huxtable vermutet, daß ebendies von allen am Projekt Beteiligten angestrebt wurde (Huxtable 1991). Die Veränderungen waren geringfügig und beschränkten sich auf die Ästhetik der sichtbaren Kultur in der Stadt: Design und Größe.

1987 wurde das Gesamtprojekt etwas verändert, weil man plötzlich ein Gefühl für den Ort vermißte. Da aber das Projekt für die Umgestaltung der 42. Straße von diesen Veränderungen ausgenommen blieb und die wichtigsten für dieses Gebiet geplanten Bürohochhäuser schon einmal umgestaltet und dann abgesegnet worden waren, bezog sich keine der Veränderungen auf diesen Teil des Vorhabens. Eine der größeren Modifikationen bezog sich auf den Einsatz der Neonreklamen, die seit Jahren am Times Square in Gebrauch waren. Aber die Reklamen selbst wurden von den Funktionen des Gebietes abgetrennt. Zudem wurde das bisherige Nachrichtenband der *New York Times*, dessen helles Licht sich um den Times Tower wand, zum Teil Reklamezwecken überlassen. Die Verdinglichung des Zeichensystems am Times Square zeigte sich in einer Verschiebung von »Nachrichten als Werbung zu Werbung als Unterhaltung« (Huxtable 1991).

Obwohl die Städtische Kunstvereinigung (Municipal Arts Society) Einwände gegen die kommerzielle Umgestaltung des Times Square vorbrachte, hielt die Stadtverwaltung an ihrer Strategie fest, die Kultur der Theater mit Tourismus und unternehmensbezogenen Dienstleistungen zu verknüpfen. Die Entwürfe für die Hotels beurteilt Huxtable als mittelmäßig. Außerdem zerstörten die neuen Hotels den früheren Zusammenhang und die Kleinteiligkeit der Hauptdurchgangsstraße dieses Gebiets am Verlauf des Broadway durch den Times Square. Huxtable äußert sich zwar beifällig über die innovative moderne Architektur der Bürogebäude nördlich des Times Square – vor allem die Verwendung neuer Verglasungsmethoden und, in einem Fall, verschiedene Nutzungen –, aber die Funktionen des Gebietes wurden unwiderruflich verändert. Ohne Investoren für den Bau des angekündigten Marktplatzes und mit dem Problem konfrontiert, daß sich in der Rezessionsphase nach 1987 keine Finanzinstitute als erste Mieter für wenigstens eines der geplanten Bürohochhäuser auf der 42. Straße finden ließen, ist der neue Times Square gefährdet, noch bevor er überhaupt gebaut ist. Und auch einige der neuen Bürogebäude nördlich der 42. Straße sind noch nicht vermietet.

Jobs und Geld

Die erstaunlichen Preise, die in den achtziger Jahren auf Kunstauktionen gezahlt wurden, stärkten New Yorks Reputation als kulturelles Zentrum. Zwischen 1983 und 1987 stiegen die Einnahmen aus Auktionen um 427 %. Ein Gemälde von Jackson Pollock von 1946 hatte 1965 lediglich 45 000 Dollar eingebracht. 1973 wurden Bilder von Andy Warhol für mehr als 100 000 Dollar verkauft, und Jasper Johns' *Double White Map* (1965) wechselte den Besitzer für 240 000 Dollar. Zehn Jahre später erzielte Mark Rothkos *Maroon and White* 1,8 Mio. Dollar. 1986 zahlte jemand 3,6 Mio. Dollar für Jasper Johns' *Out the Window*, und 1988 wurde Jackson Pollocks *Search* für 4 840 000 Dollar verkauft (Nash 1989). Da verwundert es nicht, daß der Präsident von Sotheby's 1987 das erfolgreichste Jahr in der Geschichte des Auktionshauses vermelden konnte. Sotheby's hatten einen Anteil von 60 % am internationalen Auktionsmarkt, und ihr Umsatz überschritt zum ersten Mal die Milliardengrenze (Sotheby's 1986-87).

Kunstauktionen und die Publizität, die sie erregten, eröffneten ehrgeizigen Künstlern ein neues Karrieremodell. Aber der Marktwert bestimmter Kunstobjekte und der Künstler als gefeierte Persönlichkeit steht in lebhaftem Kontrast zu den Lebens- und Arbeitsbedingungen der meisten New Yorker Künstler. Abgesehen davon, daß sie keinerlei Schutz vor hohen Mieten für Produktions-, Aufführungs-, Proben- und Wohnräume genießen und Vollzeitarbeitsplätze für Kulturproduzenten auf ihrem jeweiligen Gebiet rar sind, müssen die Künstler auch um die schwindende staatliche Förderung konkurrieren.

Als Teil des allgemeinen Konsenses über die Förderung der Künste setzte die Stadtverwaltung Mitte der siebziger Jahre ein unabhängiges Amt für Kulturelle Angelegenheiten (Department of Cultural Affairs) ein. Bis dahin waren kulturelle Angelegenheiten einer Abteilung des Grünflächenamtes (Parks Department) zugeordnet gewesen. Das erste Jahresbudget des neuen Amtes – etwa zu der Zeit, als die Preise für die Kunst der Nachkriegszeit und Pop Art abzuheben begannen – belief sich auf eine halbe

Million Dollar. 1988 war es auf 124 Mio. gewachsen, und 1990 hatte es mit 170 Mio. Dollar seinen Gipfel erreicht. Das lag nur um 3 Mio. unter dem Budget der Nationalen Kunstförderung (National Endowment for the Arts) und war dreimal so hoch wie die Kunstförderung des Staates New York (New York State Council on the Arts).

1991 wurde das Budget infolge der Finanzkrise auf 135 Mio. Dollar reduziert. Der Löwenanteil des Haushaltes – bis 1988 über 90%; 81% im Jahre 1990 – fließt in die Finanzierung der großen kulturellen Institutionen. Ein viel kleinerer Teil (5%) wird für kulturelle Programme wie z. B. Stadtteilkultur eingesetzt. Das sind kleine Zuschüsse zwischen 3000 und 15 000 Dollar. Zwar hat die Leiterin des Amts für Kulturelle Angelegenheiten den Wunsch geäußert, städtische Programme zur Verbesserung der Wohnraumbeschaffung für Künstler zu nutzen, aber es steht lediglich eine Million Dollar zur Verfügung, um Räume für kulturelle Gruppen in stadteigenen Gebäuden zu renovieren. Als ein Journalist sie fragte, wie das Amt einer kleinen Künstlergruppe helfen könnte, die expandieren wollte, antwortete sie ihm, daß die einzigen Mittel für diesen Zweck aus einem Fond kommen könnten, dessen Budget von 821 000 Dollar am Ende des vorangegangenen Jahres eliminiert worden war. Viele Künstler halten das Department of Cultural Affairs für unwillig oder unfähig, sie zu unterstützen.

Große und kleine Kultureinrichtungen sind in den neunziger Jahren hart von Kürzungen ihrer Zuschüsse durch die Stadt, den Bundesstaat und die Bundesregierung getroffen worden. Während Stadt und Staat New York die Förderung wegen ihrer Haushaltsdefizite reduziert haben, wollte die Bundesregierung auch Kulturproduzenten bestrafen, die das Zartgefühl von Kongreßmitgliedern und ihrer organisierten Wählerschaft beleidigt hatten. Außerdem hat der Präsident der Vereinigten Staaten die Vergabe des vergleichsweise winzigen Bundeszuschusses von 1,5 Mio. Dollar an den Verband der ansässigen Theater (Alliance of Resident Theaters/New York – A.R.T.) als ein Beispiel von »pork barrel politics« kritisiert, d. h. als eine nicht zu rechtfertigende Großzügigkeit der Regierung, die üblicherweise mit Druck auf ein Kongreßmitglied zu erklären ist. Unter diesen Bedingungen haben der Magistrat, der Präsident des Bezirks Manhattan und die A.R.T. selbst kleine Programme wie Wirtschaftshilfe, Vergabe von Darlehen, um Räume zu kaufen oder zu mieten, Energiekredite für Theater und

Zuschüsse für Notreparaturen initiiert. Einige als gemeinnützig anerkannte Theater haben seit 1990 schließen müssen, während andere die Anzahl der Produktionen reduzieren, mit anderen Theatern koproduzieren oder Mitarbeiter entlassen.

Im Gegensatz zu den Budgets sind Daten zur Beschäftigung im Kulturbereich reichlich vorhanden, aber unvollständig und insgesamt nicht zuverlässig. Klar ist, daß Unterbeschäftigung und Arbeitslosigkeit im Bereich Kulturproduktion zu einer Verknüpfung mit anderen Dienstleistungszweigen führen. Einerseits verbessert ein Arbeitskräftepotential von Schauspielern, Musikern und Künstlern die Dienstleistungen z. B. solcher Restaurants, die auf künstlerische Persönlichkeiten unter ihrem Personal Wert legen. Andererseits bilden diese unterbeschäftigten Kulturschaffenden ein großes Angebot qualifizierter Mitarbeiter für kulturelle Produktion, von Soap-Opera-Schauspielern und Filmteams bis zu Mitarbeitern in Galerien.

Beim Theater z. B. gibt es keine dauerhafte Anstellung. Die Beschäftigungsdaten werden pro Arbeitswoche gemeldet. Mitglieder von Produktion und Ensemble wechseln zwischen Film, Fernsehen und Theater. Außerdem arbeiten Theaterleute nicht immer in der Stadt. Auch wenn sie angestellt sind, können sie auf Tournee oder anderswo sein. Anstellung bei einer Bühne setzt die Mitgliedschaft in einer Gewerkschaft voraus. Gewerkschaftlich organisiert zu sein, bedeutet jedoch nicht, daß die Betreffenden auch Arbeit haben. Nur 40 % der Mitglieder der Schauspielergewerkschaft *Actors Equity* sind bei einer Bühne angestellt. Angehörige der Gewerkschaft der Bühnenarbeiter arbeiten zu 50 % beim Theater.

Wenn wir Daten aus den Gewerkschaften der Unterhaltungsindustrie, den Arbeitsressorts des Staates und der Stadt New York und der Volkszählung kombinieren und hochrechnen, stoßen wir auf eine Reihe großer Berufskategorien für das Theater, wie Produktions- und Instandhaltungsarbeiter, Schauspieler, Regisseure. Im Bereich Schneiderei produzieren 1500 Fabrikarbeiter Theaterkostüme. Es gibt ungefähr 1700 Einlaß- und Reinigungskräfte in Theatern und großen Kunst- und Sportzentren (z. B. Lincoln Center und Sportstadien). Daneben gibt es 900 Bühnenarbeiter, darunter Studiomechaniker, Schreiner und Elektriker, die am Broadway bzw. fürs Fernsehen arbeiten. Von diesen arbeiten 25 % ausschließlich für Broadway-Bühnen, 25 % nur fürs Fernsehen, und 50 % wechseln zwischen diesen Bereichen. In der Gewerkschaft der Bühnenarbeiter von New York City sind 1800 Bühnenarbeiter organisiert. 300 Garderobiers und Maskenbildner ziehen die Schauspieler an, schminken sie und kümmern sich (gegen zusätzliche Bezahlung, in ihrer Freizeit) auch um die Reinigung und Instandhaltung der Kostüme und die Requisiten. Garderobiers arbeiten auch in anderen Bereichen der Unterhaltungsindustrie. Allein beim Theater sind 380 Kassenverwalter und Kartenverkäufer angestellt.

Ein großer Teil der 2200 Designer, Ausstatter, Beleuchter und Bühnenbildner, die landesweit bei Film, Theater und Fernsehen beschäftigt sind, arbeitet in New York City. Um für eine Krankenversicherung nach Gewerkschaftsbestimmungen berechtigt zu sein, muß das Einkommen des Mitglieds über 12000 Dollar jährlich liegen. Nur 980, also weniger als die Hälfte von ihnen, kommen dafür in Frage. In einer durchschnittlichen Arbeitswoche gehen 2748 Schauspielerinnen und Schauspieler in New York City ihrer Arbeit nach (Zahlen für 1990: Actors Equity). Die Gesamtzahl der landesweit in diesem Bereich Beschäftigten beträgt nicht einmal das Doppelte. Etwa 10000 Musiker sind aufgrund ihrer Gewerkschaftszugehörigkeit zur Arbeit an den Bühnen der Stadt New York zugelassen. Weniger als 10 % von ihnen sind zur gleichen Zeit angestellt. 620 Bühnenregisseure und Choreographen arbeiten in der Region New York, einschließlich der Staaten New York, New Jersey und Connecticut. Die meisten von ihnen leben in New York City.

Die Volkszählungsdaten für die Stadt New York deuten auf eine erhebliche und anwachsende Anzahl von Menschen, die für Theater- und andere Produktionen zur Verfügung stehen. Die Arbeitsmarktdaten des Staates New York für New York City belegen, daß die Berufskategorien Künstler und verwandte Tätigkeiten, Musiker, Schriftsteller und Redakteure, inzwischen zu den 45 Berufen mit dem größten Wachstum zählen (*New York City Occupational Supply and Demand 1990*; vgl. Tabelle 1). Auffällig ist, daß Angehörige der am schnellsten wachsenden Beschäftigungen – Autoren, Künstler und Musiker – oft unterbeschäftigt oder als freie Mitarbeiter tätig sind, während kulturelle Berufe, die abgenommen haben und das auch weiterhin tun werden – Journalisten, Nachrichtensprecher, Korrespondenten –, bei den Massenmedien zu finden sind, die durch Konzentrationsprozesse drastisch restrukturiert wurden.

Tabelle 1 Kulturelle Berufe unter den 45 am schnellsten wachsenden Berufskategorien in New York City

Beschäftigung	1988	1990
Autoren, Redakteure, Techniker	14750	15300
Sendetechniker	2010	1790
Designer	14320	13710
Künstler und verwandte Tätigkeiten	12890	13550
Musiker	11770	12450
Tänzer und Choreographen	550	590
Produzenten, Regisseure, Schauspieler, Entertainer	12280	12940

Quelle: *New York City Occupational Supply and Demand 1990*, hg. vom New York
State Department of Labor *1990*

Schlußbemerkung

Die Probleme, die mit einer kulturellen Strategie für ökonomisches
Wachstum zusammenhängen, haben symbolischen wie materiellen
Gehalt. Eine solche Strategie ordnet Streitfragen wie Einkommensverteilung und Zugang zu öffentlichen Ressourcen der Förderung visueller Themen unter. Außerdem: Wenn die urbane Kultur visueller wird, übt der selektive Katalog der Themen stärkere
soziale Kontrolle aus. Das kulturelle Kapital, vergegenständlicht
in der gebauten Umwelt, begrenzt den Zugang, selbst wenn es
Kultur als öffentliches Gut behandelt.

Denkmalschützer, Manager der großen kulturellen Institutionen, Regierungsbedienstete und Investoren legen die Priorität auf
die Herstellung eines visuellen Bildes des Wachstums. Sie mögen
kohärente Landschaften. Ihre Verfahren gleichen sich darin, daß
sie eine Geschichte der Stadt abstrahieren und der Umgebung
aufzwingen, was dann im Vergleich zu der mangelnden Kohärenz
in anderen Stadtteilen oft wie Disney World aussieht (Gill 1991;
Zukin 1991; Sorkin 1992). Die Überlagerung von Hochkultur und
»wildem« Kommerz erzeugt Ironien. Obwohl ein offizieller Konsens noch immer die »künstlerische Produktionsweise« unterstützt, ließen sich weder öffentliche noch private Mittel auftreiben,
um die Studie *Arts as an Industry* von 1983 zu aktualisieren.

Spekulative Bürobauten auf dem neuen, kulturell bereinigten Times Square stehen leer. Angehörige unterer Einkommensgruppen schließen sich in Nachbarschaftsinitiativen zusammen und versuchen, mit Hilfe des Denkmalschutzes die Qualität ihres Wohnraums zu erhalten (wenigstens die Hausbesitzer, die ihre Häuser selbst bewohnen), während wachstumsfeindliche Gruppen der Oberschicht (z. B. die Anwohner, die gegen Museumserweiterungen sind) Taktiken von Bürgerinitiativen benutzen. Grundstücks- und Auktionspreise sind im Verlauf der Rezession seit 1987 gefallen, aber die ökonomischen Werte am oberen Ende beider Märkte stehen immer noch im Gegensatz zu der Gefährdung der Kulturproduzenten durch eben die Faktoren, die auch Industriearbeiter bedrohen: Mieten, die sich mit geringen Einkommen nicht vereinbaren lassen, und Löhne, die anderswo niedriger sind.

New York übt immer noch eine magnetische Anziehungskraft auf Kulturproduzenten aus. Aber die Funktion der Stadt könnte bald nur noch darin bestehen, Kunst zu verkaufen und auszustellen und Waren aufgrund ihrer kulturellen Assoziationen zu verkaufen. Manche mögen dies als Teil der Funktionen einer globalen Stadt ansehen, aber es ähnelt doch eher denen eines kulturellen Gemischtwarenladens. Das Problem liegt darin, daß die Vermarktung von Kunst gerade die Basis der künstlerischen Produktion vertreiben oder austrocknen könnte. Wie sich zeigt, besteht ein Widerspruch zwischen dem Ruf New Yorks als Stätte kultureller Innovation und als kulturellem Marktplatz. Der Kunstkritiker Robert Hughes hat die derzeitige Situation mit New Yorks Herrschaft über das internationale Kunstgeschehen Mitte der sechziger Jahre verglichen. »Statt eines Imperialismus des Ortes haben wir einen Imperialismus des Marktplatzes, und der operiert international« (Hughes 1990, 28). Hughes macht den Markt für die Zerstörung der visuellen Kultur der Stadt verantwortlich. »Eine gigantische Börse«, umgeben von »neuen Galerien, ... voreiligen Heiligsprechungen und Rekordgeboten, die Verwandlung eines großen Teils des Museumssystems in eine Werbemaschine; die kulturelle Vitalität der Stadt – ihre Fähigkeit, bedeutende neue Kunst zu inspirieren und vernünftig zu fördern – ist erheblich geschmälert worden« (Hughes 1990, 33). Ob eine Stadt als Kunstbasar überleben kann, statt als Ort, an dem Kunst produziert wird, das ist eine Frage, die New Yorks Anspruch auf Einzigartigkeit überschattet.

Anmerkungen

1 Diese Daten haben Regional-Ökonomen der Hafenbehörde von New York und New Jersey zusammengetragen und nach ihrem eigenen Input-Output-Modell analysiert. Die Ausgaben umfassen sowohl direkte Zahlungen von kulturellen Einrichtungen (darunter sind Löhne die größte Kategorie) wie indirekte an Materiallieferanten und Dienstleistungsunternehmen. Das Modell subtrahiert Ausgaben, die aus der Region herausgeflossen sind.

2 Die Aufnahme des Audubon Ballroom in Upper Manhattan in der Nähe der medizinischen Fakultät der Columbia University in die Liste der geschützten Gebäude ist ebenfalls ein interessanter Fall. Die Universität wollte den Tanzsaal abreißen und ein Gebäude für die biotechnologische Abteilung errichten lassen. Vertreter des Quartiers, ein Wohngebiet unterer Einkommensklassen, und Afroamerikaner wollten den Tanzsaal erhalten, da an diesem Ort 1965 Malcolm X erschossen wurde. Der hochpolitische Board of Estimate entschied, das historische Gebäude zugunsten des biomedizinischen Labors abzureißen (Terry 1990).

Monika Wagner
Privatisierung von Kunst und Natur im öffentlichen Raum
Die Plazas von Manhattan*

>»I can't even enjoy a blade of grass unless I know there's a
>subway handy or a record store or some sign that people
>do not totally regret life.«
>(Text Walt Whitmans in Siah Armajanis Geländer von
>North Grove, Battery Park City, N.Y.)

Wenn sich verallgemeinernd sagen läßt, der französische Abso-
lutismus habe in den reglementierten Gärten, die englische Auf-
klärung in den Landschaftsparks ihre jeweilige Vorstellung von der
idealen Beziehung zwischen Kunst und Natur vergegenständlicht,
so mag man in den öffentlichen »Plazas« von Manhattan das
zeitgemäße Pendant gegenwärtiger Herrschaftsform sehen. Im
neuen Manhattan, das seit einigen Jahren im südwestlichen Zipfel
um das World Trade Center und das World Financial Center
ebenso wie in Midtown entsteht, werden öffentliche Räume kre-
iert, deren verkleinerte Varianten sich inzwischen auch in den
europäischen Metropolen wiederfinden lassen. Angesichts einer
sich ständig verdichtenden Bebauung förderte die Stadt New York
das Entstehen dieser als öffentlich deklarierten Räume seit 1961
durch eine Gesetzesnovellierung mit Steuervorteilen und einem
Bonussystem (Senie 1979, 110). Im Tausch gegen »Luftpakete« für
immer höhere Bebauungen (Schmidt 1991, 229) entstehen allerdings keineswegs neue urbane Zentren – wie es der spanische
Begriff für einen Marktplatz nahelegt –, sondern kleine und klein-
ste Vorhöfe oder Passagen zu den Wolkenkratzern. Sie schieben
sich foyerartig in die Hochhaustürme hinein oder lagern zwischen
Eingang und Straße; meist liegen sie um ein halbes Geschoß erhöht
oder vertieft auf Basementebene, so daß sie von der uneinge-
schränkt öffentlichen Straße deutlich abgegrenzt sind. Diese Plazas fungieren als Signum einer »neuen urbanen Landschaft« im
»aufsteigenden Manhattan« (Goldberger 1988, C 15).
   Obwohl die individuelle Gestaltung jeder einzelnen Plaza dem
Ort seine Unverwechselbarkeit, sein jeweils charakteristisches

Image verleiht, ist dennoch die Kombination von drei Faktoren typisch: Wie überall in der neuen Architektur verblenden kostbare Naturstoffe, besonders Granit und Marmor, die Betonkonstruktionen der gigantischen Verwaltungstürme und bedecken anstelle des verrufenen Asphaltes den Boden. In diesen steinernen Räumen präsentieren sich ungezählte Kunstwerke, die Manhattans Plazas zu einem riesigen Museum neuer Kunst werden lassen. Als dritter, zunehmend wichtiger werdender Faktor finden sich Versatzstücke der Natur, vor allem Bäume sowie Wasser in vielerlei Gestalt. Es dürfte sich wohl schwerlich ein zweiter Ort finden lassen, wo sich auf derart engem Raum so viele Wasserfälle drängeln wie in Manhattan. Diese Kombination von Naturbestandteilen, erlesener Kunst und als kostbar geltenden, natürlichen Baumaterialien ergibt zwar keine Allianztechnik im Sinne Blochs, doch scheint sie immerhin zur Verbesserung der Lebens- oder besser Aufenthaltsqualität von Millionen Büroangestellten beizutragen, die diese Räume nicht nur täglich passieren, sondern hier auch ihren Lunch einnehmen.

Als »Oasen aus Licht und Luft« gepriesen (Harrison/Rosenfeld 1991, 98 und 119), werden die *indoor and outdoor plazas* zu einer rettenden Zufluchtsstätte vor dem dröhnenden, stinkenden und sich überall durchzwängenden Verkehr. Unter den Bedingungen der Großstadt läßt sich also in der Ausstattung dieser öffentlichen Räume mit Natur und Kunst die Verknüpfung des aufklärerischen Konzeptes einer allen zugänglichen Natur mit dem sozialpädagogischen Programm einer »Kunst für alle« vermuten. Doch was sich als Bereicherung der nach ökonomischen Gesetzen erbauten Metropole ausnimmt, erweist sich als überaus zweckmäßige Ästhetik einer großangelegten städtischen Umstrukturierung. Strategischer Teil der »Gentrification« der Städte im allgemeinen, New Yorks im besonderen, ist ein Zeichensystem der Exklusion (Deutsche 1988; Becker/Schoen 1989), das der sozialen »Reinigung« des als öffentlich definierten Raumes dient. Zu diesem Zeichensystem gehören jedoch nicht allein die Luxus suggerierenden Baustoffe und die ohnehin latent als elitär, weil unverständlich, eingestuften Werke moderner Kunst, sondern verblüffenderweise auch die künstlichen Wasserfälle und die Bambus-, Palmen- oder Ficushaine.

Die Künstlichkeit von Natur in der Stadt und den Verlust des Zugangs zur Natur macht ohne Wehmut, aber um so nachhaltiger Walter de Marias New Yorker Erdraum deutlich, eine Rauminstallation aus dem Jahr 1977 im ersten Stock eines Gebäudes in SoHo. Die Erde, Inbegriff von Urnatur, bedarf in der Großstadt der beständigen Pflege, der »Reinhaltung«, um sich als solche behaupten zu können, um nicht zum »Dreck« zu mutieren. De Marias Raum ist auf den Betrachter als Gegenüber angelegt, er präsentiert sich wie ein tradiertes Museumsstück nur visuell; er verweigert sich jeder nicht-optischen Nutzung. Darin liegt die Beunruhigung dieser Natur im Zimmer. Demgegenüber sind die Naturelemente der Plazas offenbar handgreiflicheren Nutzungen ausgesetzt.

Wasserfälle und Bäume

Zu den inzwischen berühmtesten und zugleich großzügigsten öffentlichen Räumen Manhattans gehören die Plätze von Battery Park City mit dem Wintergarten, der – 1988 eröffnet – sogleich als »triumphaler öffentlicher Raum« (Goldberger 1988, C 16) gefeiert wurde. Dieses »dritte Manhattan« entstand auf dem Aushub des World Trade Center, der – vor der eigenen Haustür in den Hudson gekippt – Neuland geschaffen hatte (vgl. den Beitrag von S. Fainstein in diesem Band). Die noblen Appartmentblöcke, die sich zu Füßen der vier Quadertürme des World Financial Center gruppieren, beziehen ihr Image ganz wesentlich aus den »öffentlichen« Anlagen. Entlang des Hudson verläuft eine autofreie Uferpromenade, die sich an verschiedenen Stellen zu Plätzen erweitert und sich am südlichen Ende dank eines japanisierenden Kunstgartens sogar pontonartig in den Fluß hineinschiebt. Von der größten, mit roten Granitplatten ausgelegten Platzanlage um North Cove gelangt man in die »Seele« der Battery Park City, in den sogenannten Wintergarten. Die Glas-Eisen-Konstruktion ist an frühen Gewächshäusern, vor allem aber an dem sogenannten Transept, der zentralen Achse des Kristallpalastes der ersten Londoner Weltausstellung von 1851, orientiert. Dort hatte die gläserne Passage mit den überbauten Bäumen des Hyde Park als repräsentative Verteilerachse für die Warenausstellung in den Abteilungen der verschiedenen Länder und Bereiche gedient. Mit über 60 m Länge und bis zu knapp 40 m Höhe übernimmt der Wintergarten in Battery Park City eine vergleichbare Funktion als Passage zu den Türmen der Bürostadt.

Aus dem eleganten, grau-weiß-gelben Marmorboden im Innern

ragen in regelmäßigen Abständen 16 gleich hohe Fächerpalmen der Sorte *Washington robusta* (Schmidt 1991, 79) in den gläsernen Himmel. Dort, wo die Stämme den Marmor durchbrechen, sind quadratische grüne Eisengitter exakt in die auf die Spitze gestellten Quadratformen des Marmorbodens eingepaßt. Sie schließen so eng am Stamm ab, daß kein Krümel Boden zu sehen ist. Aus Kalifornien per Schiff importiert, gehört der Palmenhain inzwischen zu den Sehenswürdigkeiten der Stadt. Palmen, die Freizeitsignets der Werbebranche, erfüllen zudem eine der wichtigsten Voraussetzungen, die Bäume für die Integration in das Bild einer *indoor plaza* mitbringen müssen: Sie sind immergrün und damit optisch kalkulierbar, und sie werfen keinen Schmutz in Form von Laub ab. Den Palmen des Wintergartens, die direkt aus dem Stein hervorbrechen, fehlen alle Anzeichen für Wachstum als signifikantes Merkmal organischen Lebens; dazu gehört auch, daß sie keine Größenunterschiede aufweisen, sich nicht regenerieren können und ihre Lebensdauer schon durch das nicht mehr allzuferne Glasdach als eine begrenzte eingeplant wurde. Als Naturspolien übernehmen sie eine quasi-architektonische Funktion. Die vier Reihen schlanker, hoher Baumstämme sind in ästhetischer Hinsicht den Palmen imitierenden Säulen in John Nashs Küche des Royal Pavillion in Brighton vergleichbar: Dort suggerieren die Architekturelemente Natur, hier gliedern die Naturfragmente die Architektur. Auf verschiedenen historischen Ebenen wird mit den Palmen die Unterwerfung der Natur wie die Verfügbarkeit der Ferne thematisiert.

In der viel engeren Plaza innerhalb des Trump-Tower an der 5th Avenue, dessen Interieur aus goldglänzendem Messing und rosa Marmor mit einem fünfstöckigen Wasserfall eher schwül-schwülstig wirkt, hat man nach mehreren fehlgeschlagenen Versuchen mit dem ebenfalls immergrünen *Ficus Benjaminus* eine perfekte Lösung gefunden: Man ließ die alleenartig gepflanzten Bäume, da sie nun einmal in die Marmorplattierung eingebaut waren, auch nach ihrem Absterben einfach stehen und setzte Zweiglein für Zweiglein künstlichen Blätterschmuck ein. Das bleibt unbemerkt, weil das Laubwerk erst über Augenhöhe beginnt und allenfalls durch sein gesundes Grün verblüfft.

Andernorts, z. B. gleich neben dem Trump-Tower in der großflächigen Plaza des IBM-Tower, ist es ein lebender, inzwischen allerdings ums Überleben kämpfender Bambushain, der natürliche

Kühle suggeriert, auch wenn man weiß, daß das wohltemperierte Klima bei 35 Grad Außentemperatur nicht durch den »Wald«, sondern nur durch eine potente Klimaanlage herzustellen ist. Doch ist die Frage nach der Natürlichkeit oder der Künstlichkeit der Bäume nur von begrenzter Bedeutung. Denn die Antwort kann allenfalls noch etwas über die Materialien aussagen, aber nichts mehr über deren Stellung in einem Bedeutungsgefüge. Denn wenn es vornehmlich eine ästhetische Entscheidung ist, ob auf dem fünfzigsten Breitengrad Palmen, Bambus oder Kiefern gepflanzt werden, wenn die Wahl zwischen alten und jungen Bäumen, abgasresistenten Züchtungen und »normal« empfindlichen getroffen werden *muß*, dann unterscheidet sich diese Natur nicht mehr grundsätzlich vom industriellen Warenangebot. Sie ist nicht mehr das fraglos Vorhandene. Der Gegensatz von Natur und Kultur wurde – wie Gernot Böhme (1991, 169 f.) eindringlich dargelegt hat – grundsätzlich nivelliert, weil Natur heute nicht mehr nur kulturell produziert, sondern technisch reproduziert wird. Damit ist nicht die Herstellung von Plastikblättern gemeint, sondern die Erzeugung von Arten und Sorten. Hier soll keine nostalgische Klage über eine verlorene Urnatur geführt werden; die Naturindustrie ist Bedingung von Grün in Manhattan. Doch mit ihr werden auch die aus organischem Material bestehenden Bäume – den geschliffenen Granitplatten oder Kunstwerken vergleichbar – zum Zeichen für die soziale Höhenlage eines Ortes. Sie haben ihren Preis wie Kunstwerke oder Granitplatten.

In der Battery Park City setzt sich außerhalb des Wintergartens das Zeichengefüge sozialer Exklusion fort: Die zum Hudson hinabführenden Terrassen, auf denen Cafés unter zwei schnurgeraden Reihen schnellwachsenden Bergahorns zum Draußensitzen einladen, sind durch schmale lange Wasserbecken aus Granit eingefaßt. Ihre spiegelglatte Oberfläche kontrastiert mit dem kristallklaren, bewegten Wasservorhang, der über die kanellierten Kanten des Beckens in eine tieferliegende Rinne stürzt und so, wie in I. M. Peis neugestaltetem Innenhof des Louvre, das Geräusch eines tosenden Wasserfalles produziert. Der Hudson, zu dem sich die Plaza öffnet, wird also unabhängig von dessen verkehrs- und wetterbedingten Geräuschen mit der Akustik kunstvoll stürzender Wasser überlagert. Nicht immer ist die semantische Verbindung derart eng. Doch Wasser gehört, im Gegensatz zur Erde, die als potentielle Schmutzquelle völlig aus den Plazas verbannt ist, neben

Bäumen zu den beliebtesten Naturversatzstücken. Schaumbremser und Zusätze zur Verhinderung von Algenablagerungen garantieren ein kristallklares Erscheinungsbild, so daß die dem Wasser Gestalt verleihenden Materialien sichtbar bleiben. In Isamu Noguchis nur optisch zugänglicher *sunken plaza* der Chase Manhattan Bank rinnt Wasser über die eigens aus Japan importierten, bizarren schwarzen Flußsteine und flutet über weißes Granitpflaster; Wasser rieselt in Noguchis frühem Wasserfall einer Passage an der 5th Avenue über eine gewellte Stahlwand; und Jim Dine stellte seine in drei Größen reproduzierten Torsi der Venus von Milo in Wasserbecken aus schwarzem Granit. In Midtown gibt es Wasserfälle, durch die man in Plexiglasröhren hindurchgeht, die als gigantische transparente Vorhänge von Hausdächern herabfallen, und fast jedes Foyer der neuen Bank- und Verwaltungstürme an der Park- oder Madison Avenue besitzt seinen Wasserfall, der über getreppte Marmorwände oder Granitstufen plätschert.

Besonders verbreitet sind akustisch wirksame Wasserfälle. Sie finden sich schon in den Westentaschenparks, wie dem 1963 gestifteten Samuel-Paley-Park auf der East 53ten Straße, eine der ersten »Oasen« in Midtown. Von 13 zierlichen Akazien bestanden, wird das kleine Loch zwischen den Häusern in der Tiefe durch eine Wand aus übereinandergeschichteten, unregelmäßigen Natursteinen begrenzt, über die in zahllosen Brechungen ein Wasservorhang rauscht. Die »Oase« zeichnet sich durch erfrischende Luft aus, und der künstliche Wasserfall überführt innerhalb des winzigen Parkes den vorbeirauschenden Verkehrslärm in ein beruhigendes, quasi natürliches Rauschen. Damit erfüllt er für die Stadt eine den elektronischen Sound Conditioners für die heimische Wohnung vergleichbare Funktion. Diese Produktion akustischer Natur verhindert, daß der nahezu unerträgliche Straßenlärm wahrgenommen wird. Auch der durch seine Land-Art-Projekte bekannte Michael Heizer hat auf diese Situation in seiner flachen, vor dem IBM-Gebäude mitten im Verkehrsfluß von Midtown realisierten Skulptur Bezug genommen. Ein 11 Tonnen schwerer Felsbrocken, der aus einem parallel zum Straßenverkehr horizontal fließenden, tosenden Wasserstrom emporzutauchen scheint, thematisiert zugleich eine unter dem Asphalt verborgene Kraft. Im Unterschied zur Großstadtikonografie der zwanziger Jahre verweist Heizer allerdings nicht – wie etwa Fritz Lang in *Metropolis* – auf das Proletariat, sondern an eine dynamische Natur.

Abends werden die Wasserströme und Wasserfälle von Manhattan einschließlich des Wasservorhanges in Battery Park City abgeschaltet. Auch die Natur hat ihre Geschäftszeiten. Während jedoch der kleine Park an der 53. Straße mit Gittern verschlossen wird, die Plazas der Bürotürme von Aufsehern bewacht werden, bedarf es solcher Sicherungen in Battery Park City offenbar kaum. Die gesamte Anlage demonstriert ihr soziales Niveau mit den nur *first class tenants* erschwinglichen Kaufpreisen und Mieten von Büros und Appartments optisch so sinnfällig nach außen, daß hier trotz der Zugangsmöglichkeit von der West Street keine *homeless people*, keine *plastic bag ladies* angetroffen werden (Sorkin 1989, 55).

Granit und Marmor

Die Fragmente von Natur sind auf den Plazas von Manhattan Bestandteil der Architektur. Wenn es über die Städte der sechziger Jahre hieß, »Gras darf nicht mehr wachsen«, so gehören heute zwar keine Wiesen, aber immergrüne Pflanzen und Wasser ebenso zu den architektonischen Planungselementen wie Naturstein als Verkleidungsmaterial. Während die *indoor plazas* häufig Marmor zeigen und damit an die frühen Bürokomplexe wie das Rockefeller Center anknüpfen, dominiert im Erscheinungsbild der Plazas unter freiem Himmel Granit. Er furniert in der von Cesar Pelli entworfenen Battery Park City sowohl alle Bürobauten als auch die Sockelgeschosse der Wohnanlage, und zwar so, daß rötlicher Stein in den unteren Bereichen gegenüber den Fenstern aus reflektierendem Glas dominiert. Nach oben sind die Bauwerke dagegen stärker durchfenstert. Durch die Reflexion des Himmels in den Fenstern entsteht ein Übergang vom Rotbraun des Granits, der auch den Boden bedeckt, zum fluktuierenden Blau des Himmels. Der Granit ist hier, an Goethes Überlegungen erinnernd, als »Grundfeste unserer Erde« eingesetzt. Im Unterschied zu synthetischen Baustoffen, vor allem dem negativ besetzten Beton, scheint der Granit direkt aus der Natur zu stammen. Er transportiert Werte wie Beständigkeit und Solidität, die dem Felsen zugesprochen werden. Auf dem Platz vor dem Wintergarten »wachsen« polierte Granitbänke, kreisrunde Granittische und granitene Treppenobjekte quasi aus dem Granitbelag des Bodens empor.

Dieses Felsmobiliar stammt von Scott Burton, der viele New Yorker Plazas mit seinen Steinobjekten ausstattete. Als Grenzgänger zwischen Kunst und Design postuliert Burton die soziale Gebrauchsfähigkeit seiner Objekte: »The social questions interest me more than the art ones. I hope that people will love to eat their lunch there« (McGill 1986, 63). Ohne die Erfüllung des Wunsches überprüfen zu können, wären an ein solches Unternehmen der Gestaltung des Lebens als öffentliches Problem nicht allein ästhetische Maßstäbe anzulegen (Warnke 1987, 25 f.). Doch unabhängig von der tatsächlichen Funktionalität (zu der so simple Dinge wie die Temperatur des Sitzmöbels oder die Tischhöhe gehören) könnte auf Burtons massivem Steinmobiliar der Lunch zur kritischen Reflexion über die Bedingungen einer alltäglichen Notwendigkeit Anlaß geben. Millionen von New Yorker Büroangestellten holen täglich ihr Mittagessen in schäbigen Plastikcontainern zum Wegwerfen aus einem der vielen kleinen »Delis« und verzehren es en passant auf den Plazas, weil Restaurants selbst für gehobene Einkommen zu teuer sind. Dieser alltägliche Inbegriff des Verbrauchs, das ins Vorübergehen verbannte, zur Nahrungszufuhr degradierte Essen, kontrastiert aufs äußerste mit dem »ewigen« Material. Doch ist zu bezweifeln, daß in einer Umgebung, in der selbst die öffentlichen Abfallboxen mit Granit ummantelt sind, dieses Potential zur Wirkung gelangt. Viel direkter dagegen entfaltet das Material seine soziale Funktion, indem es das Anspruchsniveau der Umgebung formuliert, die Grenze zwischen Gebrauchsgegenstand und Kunst verschleift und so zur Identifikation wie zur sozialen Ausgrenzung beiträgt.

Das wird besonders in der ebenfalls durch Scott Burtons Möblierungskunst ausgestatteten Plaza des Equitable Center in Midtown deutlich. Burton hat in der monumentalen Eingangshalle unter einem fünf Stockwerke hohen Gemälde Roy Lichtensteins (vgl. Lichtenstein 1988) eine halbkreisförmige Sitzbank und einen gigantischen ringförmigen »Tisch« aus poliertem dunkelgrünen Marmor geschaffen. Abgesehen davon, daß sich Bank und Tisch durch ihren unverrückbar großen Abstand nicht gleichzeitig benutzen lassen, wirkt die tiefschimmernde Marmorgruppe mit einem kreisförmigen Messinginlay auf dem weißen Marmorboden wie ein gefaßter Edelstein. Der Eindruck von Kostbarkeit wird durch vier Alabasterwürfel gesteigert, die dem Rücken der Marmorbank aufgesetzt sind. Sie dienen als Lampen und hüllen so das künstliche Licht in ein kostbares, natürliches Material. Der Kreis in der Mitte des Tischringes ist mit Papyrus bepflanzt, so daß der Marmor und die immergrünen Pflanzen farblich eine Einheit bilden und wie eine seltene, organisch belebte Skulptur wirken.

Naturstein als Zeichen für Luxus und Beständigkeit hat nicht nur die Plazas der schnellebigen Metropole erobert, sondern verewigt auch den computerisierten Informationsfluß. In den Foyers des World Trade Center oder dem Bürokomplex der Park Avenue Plaza findet sich der langgestreckte Computerbildschirm des Empfangstresens in eine riesige Marmor- bzw. Granitmensa eingelassen, so daß die wechselnden Informationen auf dem farbigen Bildschirm wie magisch aufleuchtende Runen im ewigen Fels erscheinen. Da auch die großen Unternehmen nur noch zur Miete wohnen und Mobilität der Schlüssel zum Erfolg ist, ersetzen Computer die einstigen Messingtafeln mit den Anzeigen der Etagenbelegungen. Doch der Anspruch auf Beständigkeit ist deshalb nicht preisgegeben, er richtet sich allerdings nicht mehr auf die Bewohner, sondern auf die Permanenz der Information. Die Natursteine verleihen dem industrialisierten Informationsfluß Dignität und das Image von Dauer. Im »sprechenden Stein«, der die Geheimnisse des Innenlebens der gewaltigen Hochhaustürme erschließt, gehen – ebenso wie in Burtons Mobiliar für die Mahlzeit en passant oder den »intelligenten« Büros mit den verkabelten Arbeitsplätzen im granitverkleideten World Financial Center – das Ewige und das Flüchtige, Baudelaires Charakteristika der Moderne, eine neue Liaison ein.

Sie läßt sich auf den verschiedensten Ebenen beobachten. In der Überformung des Transitorischen durch eine Semantik der Ewigkeit ist oft auch das Problem von »high and low« enthalten. Selbst ein Stück Betonwand mit Graffiti für den Tagesgebrauch kann durch die Materialien der Umgebung zu einem Kunststück mit Ewigkeitsanspruch werden. Direkt neben dem Westentaschenpark auf der 53. Straße, dort, wo eine Wand aus rauschendem Wasser den kleinen Park auch von außen begrenzt, hat der Bauherr des angrenzenden Verwaltungsgebäudes ein gut 5 m breites Stück aus der Berliner Mauer postiert. Mit einem Messingschild versehen, werden die mit Graffiti übersäten Betonplatten als Werk eines anonymen Künstlers ausgewiesen. Diese Erhebung zu einem Kunstwerk unbekannter Autorschaft scheint keineswegs funktionslos zu sein. Vor dem Wasserfall und neben der polierten

Granitverkleidung des Verwaltungshochhauses mit seinen glänzenden Messingdrehtüren, hinter denen uniformierte Aufseher den Raum kontrollieren, wird das Stück Berliner Mauer unversehens zu einem Präludium dieser Architektur. Als Exempel einer exotischen »Art brut« charakterisiert es, wie der künstliche Wasserfall, den städtischen Raum als den einer begrenzten Öffentlichkeit.

Kunst und Freizeitlandschaft

Als vergleichsweise traditionelles Element der »Veredelung« und der daraus folgenden sozialen Aufteilung des öffentlichen Raumes fügen sich dem Ensemble von Naturelementen und kostbaren Baumaterialien Kunstwerke ein. New Yorks Plazas haben sich durch öffentliche wie private Förderung zu einem Museum zeitgenössischer Kunst entwickelt. Statt der Wandmalereien, die in den sechziger und siebziger Jahren als sozialpädagogische Integrationsstrategie, oft unter Beteiligung von Anwohnern, in heruntergekommenen Vierteln auf Brandmauern und Betonzäunen entstanden, findet sich in den Plazas überwiegend »Museumskunst«. Obwohl fast alle Werke für den speziellen Ort geschaffen wurden, handelt es sich in der Regel um vergrößerte Variationen dessen, was auch in den Museen zu sehen ist oder vor wenigen Jahren zu sehen war.

Hier kann kein Überblick über *public art* in New York (Deutsche 1988; *Art Journal* 1989) gegeben, sondern nur die Frage angeschnitten werden, welche Aufgaben sie im Verhältnis zu Natur- und Architekturmaterialien auf den Plazas übernimmt. Im Equitable Center etwa, in dem mit Hart Bentons *America Today* ein Beispiel öffentlicher Auftragskunst von 1930 zu sehen ist, findet sich neben Barry Flanagans Bronzeskulpturen, Sol LeWitts Farbstreifen und einer von Sandro Chia ausgemalten Bar als gewichtigstes Werk in der Plaza des neuen Büroturmes ein Kolossalgemälde von Roy Lichtenstein. Das gut 20 m hohe und 10 m breite *Mural with Blue Brushstroke* wurde für diesen Ort geschaffen (vgl. Lichtenstein 1988). Dem Eingang zur Plaza direkt gegenüber, hinter Scott Burtons grüner Marmorsitzgruppe, markiert es die Wand des eigentlichen Verwaltungsbaus; es nimmt ikonografisch auf den realen Lichteinfall Bezug, thematisiert architektonische

Elemente, greift Geschoßgliederungen auf und kommentiert den Zugang zum Büroturm. Es enthält bis auf die Schrift alle für Lichtenstein typischen Elemente, die, zu einer Zitatenkompilation zusammengestellt, in seiner üblichen Schablonentechnik hergestellt wurden. Aber die für die Pop Art, speziell für Lichtenstein, zentrale Thematisierung industrieller Medien der Bildherstellung, etwa der Rasterdruck, funktioniert im Monumentalformat nicht. Die billigen Comics und Werbedrucke, auf die sich Lichtenstein im Herstellungsverfahren durch handgemalte Punktraster bezieht, liefern für dieses Format keine Bezugsgröße mehr. Die glatte Leinwandoberfläche und die sauberen Konturen der schablonierten Formen werden in der Umgebung der Plazas – ähnlich wie James Rosenquists Arbeiten – selbst zur monumentalen Werbung für ein fröhliches Amerika. Was sich hier, wie in der Pop Art insgesamt, vornehmlich über die Ikonografie vermittelt, transportiert sich bei anderen Werken eher über das verwendete Material.

Auf den Plazas unter freiem Himmel dominieren naturgemäß skulpturale Arbeiten, deren Form und Material – von Stahl über Aluminium zu Messing, Marmor und Granit – sich meist direkt auf die zugehörige Architektur beziehen. Angesichts der überwiegend geschmeidigen Anpassung dieser Arbeiten an die städtebauliche Situation ist es nicht verwunderlich, daß der Protest gegen Richard Serras *Tilted Arc*, der 1989 zur Entfernung der Skulptur von der Federal Plaza in Lower Manhattan führte, in der Literatur zur Kunst im öffentlichen Raum mit Genugtuung aufgenommen wird (Grasskamp 1989, Einleitung). Denn in den Auseinandersetzungen scheint öffentliche Kunst ihre Zugehörigkeit zur Moderne durch »Irritationskraft« und »Konfliktpotential« unter Beweis zu stellen. Serras oxydierte Stahlwände mit ihren rostigen Oberflächen haben vielerorts zu Bürgerprotesten geführt. Abgesehen von den örtlich durchaus verschiedenen Begründungen für die Störung ist Rost ästhetisch höchstens im ausgefallenen Möbeldesign akzeptabel. Als Indiz der Verrottung bleibt der Rost einer Serra-Skulptur in der sterilen Umgebung eines Museums isoliert und damit kontrollierbar; im öffentlichen Raum dagegen wird er rasch zur Bedrohung. Ohne Einhalt gebietende Maßnahmen frißt er sich unaufhaltsam weiter; im Unterschied etwa zu poliertem Granit, scheint Serras rostige Wand darüber hinaus auch noch zu Graffiti einzuladen, die hier – im Gegensatz zu den geadelten Importgraffiti der Berliner Mauer – durchaus nicht erwünscht sind. Denn durch eine derartige »Nutzung« wird die Skulptur zum Kristallisationspunkt von Dreck und Unordnung (Buchloh 1989, 103 ff.). Sie verkörpert das, was durch die »Veredelung« von Manhattan gerade eliminiert werden soll. Die Sachwalter der Öffentlichkeit argumentierten, mit der Entfernung des *Tilted Arc* der Öffentlichkeit die Plaza zurückzugeben (Senie 1989), die zuvor im Namen dieser Öffentlichkeit mit der Skulptur bestückt worden war. Hier zeigt sich, daß es nicht um einen Konsens im Geschmack geht, sondern um die soziale Definition des öffentlichen Raumes mit Hilfe der Kunst. Daß ausgerechnet ein Serra – im Unterschied etwa zu Rickeys polierten Stahlskulpturen oder Moores edler Bronzepatina – zu Konflikten führt, ist bezeichnend. Kunst ist den kommunalen Sachwaltern von Öffentlichkeit wie den mit Steuervorteilen in den öffentlichen Raum expandierenden Unternehmen dann willkommen, wenn sie sich in die Anhebung der sozialen Höhenlage des Ortes einfügt. Widersetzt sie sich dem, verletzt sie die Interessensphäre dessen, was sich in einem konfliktreichen Prozeß als jeweils herrschendes Verständnis von Öffentlichkeit konstituiert.

Jean-Christophe Ammann hat kürzlich geäußert, »daß Kunst im öffentlichen Raum dann am wirksamsten ist, wenn sie gleichzeitig künstlerisch gut gelöst ist und nicht als Kunst auftritt, sondern sich unterhalb dieser Wahrnehmungsschwelle bewegt« (Grasskamp 1989, 126). In Battery Park hat man ein solches Konzept zur »Schaffung von ›Situationen‹« verfolgt, »die der Bevölkerung eine qualitative Verbesserung der Nutzungsmöglichkeiten [des öffentlichen Raumes, M. W.] bringen« (Ammann 1987, 9). Kunst ist in die Gestaltung einer städtischen Erholungs- und Freizeitlandschaft eingegangen. Die als Landartistin bekannte Mary Miss hat zusammen mit der Landschaftsarchitektin Susan Child und dem Architekten Stanton Eckstut eine Uferpromenade angelegt (Beardsley 1989, 150-156), die von einem japanisierenden Steingarten gesäumt wird, mitunter auf hölzernen Pontons über den Fluß führt, und schließlich in einem kreisförmigen Ponton mündet. Das größte Verdienst dieser skulpturalen Landschaftsgestaltung liegt vielleicht darin, den freien Blick über das Meer zu ermöglichen. Die Symbiose von Kunst, Natur und Material trägt zur Verbesserung der Lebensqualität derer bei, die hier wohnen, die sich Natur in Manhattan leisten können.

Doch wenn sich Kunst nicht mehr zu erkennen gibt, dann muß

sie zwangsläufig auf eine ihrer wichtigsten »modernen« Möglichkeiten verzichten: auf Kritik und Unangepaßtheit. Denn außerhalb des Bereiches Kunst – im Design wie in der Landschaftsgestaltung – kann es nur um Akzeptanz und Harmonie gehen. Beides
wird in der Verbindung von Naturversatzstücken, ausgewählten
Materialien und Kunst in Battery Park City in dem Selbstverständ-
nis zelebriert, daß die Veredelung durch die *first class tenants*
gewährleistet ist.

Ein Naturkunststück für Battery Park City steht noch aus. Es
soll ein Museum der Natur werden. Im südlichen Teil plant Jenni-
fer Bartlett in 24 schachbrettartig zusammengesetzten Quadraten
die Einrichtung von ebensovielen verschiedenen Gärten: vom Al-
pengarten über den Kräutergarten zum englischen Garten sollen
hier Gartenformen aller Zeiten und aller Räume (McGill 1988, I,
11) geschaffen werden. Während die Museen in New York oder
Washington Bäume und Wasser in ihre Ausstellungshallen zu integrieren beginnen, werden Gartenformen musealisiert und das so
entstehende Landschaftsmuseum selbst zum Kunstwerk erklärt.
Wie kostbare alte Werke will man das Repertorium an Naturzu-
griffen vor uneingeschränkter Öffentlichkeit schützen, sollen
doch maximal 800 Personen gleichzeitig Zugang erhalten. In der
direkten Reglementierung erhellt sich auch das »Prinzip Öffentlichkeit« für die Plazas, Vorgärten zu den Hochburgen des Kapitals zu sein.

* Der vorliegende Beitrag ist eine erweiterte Version des bebilderten Auf-
satzes der Verfasserin in den *Kritischen Berichten* 4/1991, S.38-51. Vigo
und Petra sei herzlich für ihre geduldige und anregende Auseinandersetzung mit meinen New-York-Eindrücken gedankt.

Literatur

Abrams, C. 1965, *The City Is the Frontier*, New York

Advisory Commission on Intergovernmental Relations 1987, *Significant Features of Fiscal Federalism*, Washington, DC

Advisory Council on Historic Preservation 1980, *Report to the President and the Congress of the United States*, Washington, DC

Ammann, J. C. 1987, *Plädoyer für eine neue Kunst im öffentlichen Raum*, in: *Ausstellungskatalog Kunst im öffentlichen Raum, Skulpturenbou[le]vard Kurfürstendamm, Tauentzien*, Bd. 2, Berlin

Anderson, A./Di Perna, P. 1977, *The Power Aesthete*, in: *Village Voice*, August 22

Anderson, J. 1983, *Geography as Ideology and the Politics of Crisis: The Enterprise Zones Experiment*, in: J. Anderson/R. Hudson (Hrsg.), *Redundant Spaces in Cities and Regions?*

Arian, A./Goldberg, A./Mollenkopf, J./Rogowsky, E. 1991, *Changing New York City Politics*, New York

Armstrong, R. A. 1980, *Regional Accounts. Structure and Performance of the New York Region's Economy*, New York

Art Journal 1989, *Critical Issues in Public Art*, Sondernummer 48, Nr. 4

Arts as an Industry. Their Economic Importance to the New York-New Jersey Metropolitan Region, 1983, New York: Port Authority Cultural Assistance Center

Avey, M. J. 1989, *The Demobilization of American Voters. A Comprehensive Theory of Voter Turnout*, New York u. a.

Bagli, C. V. 1991, *De-gentrification Can Hit When the Boom Goes Bust*, in: *New York Observer*, 5-12, August

Bailey, T./Waldinger, R. 1991, *The New Racial and Ethnic Division of Labor*, in: J. Mollenkopf/M. Castells (Hrsg.), *Dual City: The Restructuring of New York*, New York

Banfield, E. C. 1968, *The Unheavenly City: The Nature and Future of our Urban Crisis*, Boston

Barnett, J. 1989, *Redesigning the Metropolis: The Case for a New Approach*, in: *Journal of the American Planning Association*, Vol. 55, 131-135

Barry, J./Derevlany, J. (Hrsg.) 1987, *Yuppies Invade my House at Dinnertime*, Hoboken, NJ

Bartelt, D. 1979, *Redlining in Philadelphia. An Analysis of Home Mortgages in the Philadelphia Area*, Mimeo, Philadelphia, PA: Institute for the Study of Civic Values, Temple University

Bayor, R. 1978, *Neighbors in Conflict*, Baltimore, MD

Beardslay, J. 1989, *Earthworks and Beyond. Contemporary Art in the Landscape*, New York

299

Becker, U./Lütke-Daldrup, E. 1987, *Ablaßzahlungen des Big Business in New York und Boston,* in: *RaumPlanung 37*

Becker, U./Schoen, A. (Hrsg.) 1989, *Das Janusgesicht des Booms. Strukturwandel der Stadtregionen New York und Boston,* Hamburg

Bender, T./Taylor, W. 1987, *Culture and Architecture: Some Aesthetic Tensions in the Shaping of Modern New York City,* in: W. Sharpe/L. Wallock (Hrsg.), *Visions of the Modern City,* Baltimore

Bernstein, B. 1977/78, *What Is This Thing Called the Welfare Mess?,* in: *New York Affairs* 4, 33-41

Bierbaum, M. A. 1980, *Hoboken – a Comeback City: a study of Urban Revitalization in the 1970s,* PhD Thesis, Department of Urban Planning, Rutgers University

Bloch, H. 1969, *The Circle of Discrimination,* New York

Bluestone, H./Harrison, B. 1982, *The Deindustrialization of America,* New York

Blumberg, P. 1980, *Inequality in an Age of Decline. New York,* New York

Blumberg, P. 1981, *Inequality in an Age of Decline,* New York

Böhme, G. 1991, *Natur im Zeitalter ihrer technischen Reproduzierbarkeit,* in: *Kunstforum International,* Bd. 114, Juli/August, 166-177

Boyer, M. C. 1992, *Cities for Sale: Merchandising History at South Street Seaport,* in: M. Sorkin (Hrsg.), *Variations on a Theme Park,* New York

Bradford, C. P./Rubinowitz, L. S. 1975, *The Urban-Suburban Investment-Disinvestment Process: Consequences for Older Neighbourhoods,* in: *Annals of the American Academy of Political and Social Science,* Vol. 422, 77-86

Brake, K. 1988, *Phönix in der Asche – New York verändert seine Stadtstruktur,* Oldenburg: Bibliotheks- und Informationssystem der Universität

Brake, K. 1990, *Neue Technologien – Auswirkungen auf die Territorialstruktur,* in: *Wiss. Zeitschrift der Hochschule für Architektur und Bauwesen Weimar,* Heft 1-3

Brake, K./Bremm, H.-J. 1993, *Dienstleistungen und regionale Entwicklung,* in: *Geographische Zeitung,* 81. Jg. H. 2

Brecher, C. 1974, *Where Have the Dollars Gone? Public Expenditures for Human Resources Development in New York City,* 1961-71, New York/London/Washington

Brecher, C./Horton, R. 1988, *Politics in the Post-Industrial City,* New York: Working paper SSRC (February)

Brecher, C./Horton, R. 1991, *The Public Sector,* in: J. Mollenkopf/M. Castells (Hrsg.), *Dual City: The Restructuring of New York,* New York

Bridges, A. 1984, *A City in the Republic: Ante-Bellum New York and the Origins of Machine Politics,* New York

Brilliant, E. 1975, *The Urban Development Corporation,* Lexington MA

Brint, S. 1991, *Upper Professionals: A High Command of Commerce,*

Culture, and Civic Regulation, in: J. Mollenkopf/M. Castells (Hrsg.), *Dual City: The Restructuring of New York*, New York

Broun, H./Britt, G. 1931, *Christians Only*, New York

Brown, C. 1965, *Manchild in the Promised Land*, New York

Browning, R./Marshall, D./Tabb, D. 1984, *Protest is Not Enough: The Struggle of Blacks and Hispanics for Equality*, in: *Urban Politics*, Berkeley

Buchloh, B. 1989, *Vandalismus von oben: Richard Serras Tilted Arc in New York*, in: W. Grasskamp (Hrsg.), *Unerwünschte Monumente. Moderne Kunst im Stadtraum*, München, 103-119

Burgess, E. W. 1925, *The Growth of the City*, in: E. W. Park/R. D. McKenzie (Hrsg.), *The City*, Chicago

Burnham, W. D. 1966, *Critical Elections and the Mainsprings of American Politics*, New York

Burt, M. R. 1991, *Over the Edge: The Growth of Homelessness in the 1980's*, Washington/New York

Butler, S. 1981, *Enterprise Zones: Greenlining the Inner City*, New York

Capeci, D. 1977, *The Harlem Riot of 1943*, Philadelphia

Cardia, C. 1987, *Ils ont construit New York*, New York

Caro, R. 1974, *The Power Broker. Robert Moses and the Fall of New York*, New York

Carr, C. 1988, *Night Clubbing. Reports from the Tompkins Square Police Riot*, in: *Village Voice*, August 16

Castells, M. 1976, *The Wild City*, in: *Kapitalistate* 4-5, 2-30

Castells, M. 1977, *The Urban Question*, Cambridge

Castells, M. 1989, *The Informational City*, London

Castells, M./Portes, A. 1989, *World Underneath: The Origins, Dynamics and Effects of the Informal Economy*, in: A. Portes/M. Castells/L. Benton (Hrsg.), *The Informal Economy*, Baltimore and London

Chandler, A. 1977, *The Visisble Hand: The Manager in American Business*, Cambridge, Mass.

Chapin, J. 1987, *Who Rules New York Today? The Forging of a New Unity Among the Elites*, in: *In Search of New York, Dissent*, Fall 1987, Special Issue, 471-478

Charyn, J. 1985, *War Cries Over Avenue C*, New York

Cheng, L./Espiritu, Y. 1988, *Korean Businesses in Black and Hispanic Neighbourhoods. Sociological Perspectives*, Vol. 32, 4

City of New York, Civil Service Commission 1940, *Merit System Advancing: 56th Annual Report*

City of New York, Public Development Corporation n. d., *1984/1985 development projects*, New York

Clay, P. 1979, *Neighborhood Renewal: Trends and Strategies*, Lexington, MA

Clymer, A. 1992, *A G. O. P. Leader Aims at › Welfare State‹ Values*, in: *New York Times*, January 5

Cohen, B./Chaiken, J. M. 1973, *New York City's Police: The Background and Performance of the Class of '57*, New York (NYC Rand Institute)

Cohen, R. 1992, *River City oder Der Krieg am Hudson*, in: H. Helms (Hrsg.), *Die Stadt als Gabentisch*, Leipzig

Columbia University/The Conversation of the Human Resources Project 1977, *The Corporate Headquarters Complex in New York City*, New York

Cottingham, P. H. 1989, *Introduction*, in: P. H. Cottingham/D. T. Ellwood (Hrsg.), *Welfare Policy for the 1990s*, Cambridge, Mass., 1-9

Crenson, M. 1971, *The Un-Politics of Air Pollution*, Baltimore, Maryland

Danziger, S. 1989, *Fighting Poverty and Reducing Welfare Dependency*, in: P. H. Cottingham/D. T. Ellwood (Hrsg.), *Welfare Policy for the 1990s*, Cambridge, Mass., 41-69

Davis, M. 1992, *City of Quartz. Excavating the Future in Los Angeles*, New York

DeGiovanni, F. 1983, *Patterns of Change in Housing Market Activity in Revitalizing Neighbourhoods*, in: *Journal of the American Planning Association*, Vol. 49, 22-39

DeGiovanni, F. 1987, *Displacement Pressures in the Lower East Side*, Community Service Society of New York, Working Paper

Dehavenon, A. L. 1986, *The Tyranny of Indifference and the Re-Institutionalization of Hunger, Homeless and Poor Health: A Study of Causes and Conditions of the Food Emergencies in 1,576 Households with Children in Manhattan, Brooklyn and the Bronx*, New York (East Harlem Interfaith Welfare Committee)

Deutsche, R. 1988, *Uneven Development: Public Art in New York City*, in: *October 47*, Winter, 3-53

Deutsche R./Ryan, C. 1984, *The fine art of gentrification*, in: *October*, Vol. 31, 91-111

Didion, J. 1991, *Überfall im Central Park*, München/Wien

Diner, H. 1977, *In the Almost Promised Land: American Jews and Blacks, 1915-1935*. Westbury, CT

Downs, A. 1982, *The Necessity of Neighbourhood Deterioration*, in: *New York Affairs*, Vol. 7, 35-38

Epstein, J. 1992, *The Tragical History of New York*, in: *The New York Review*, April 9, 45-52

Erie, S. 1988, *Rainbows End. Irish-Americans and the Dilemmas of Urban Machine Politics, 1840-1985*, Berkeley

Fainstein, N. I./Fainstein, S. S. 1984, *The Politics of Urban Development – New York City since 1945*, in: *City Almanac*, Vol. 17, No. 6 (April)

Fainstein, N. I./Fainstein, S. S. 1974, *Urban Political Movements*, Englewood Cliffs, NJ

Fainstein, S. S./Fainstein, N. I. 1987, *Economic Restructuring and the Politics of Land Use Planning in New York City*, in: *Journal of the American Planning Association*, Vol. 53, 237-48

Fainstein, N. I./Fainstein, S. S. 1988, *Governing Regimes and the Political Economy of Development in New York City, 1946-1984*, in: J. Mollenkopf (Hrsg.), *Power, Culture and Place: Essays on New York City*, New York

Fainstein, N. I./Fainstein, S. S. 1989a, *New York City: The Manhattan Business District, 1945-1988*, in: G. D. Squires (Hrsg.), *Unequal Partnerships: The Political Economy of Urban Redevelopment in Postwar America*, New Brunswick, NJ: Rutgers University Press

Fainstein, N. I./Fainstein, S. S. 1989b, *Economic Shifts and Landuse in the Global City: New York, 1940-87*, in: R. Beauregard (Hrsg.), *Atop the Urban Hierarchy*, Totowa, NJ

Fainstein, S. S./Fainstein, N. I. 1990, *The Changing Character of Community Politics in New York City, 1968-1988*, in: J. H. Mollenkopf (Hrsg.), *The Dual City*, New York

Fainstein, S. S. 1991, *Promoting Economic Development: Urban Planning in the United States and Great Britain*, in: *Journal of the American Planning Association*, Vol. 57, 22-33

Fainstein, S. S. 1992, *The Second New York Fiscal Crisis*, in: *International Journal of Urban and Regional Research*, Vol. 16, 129-137

Fainstein, S. S./Fainstein, N. I./Child Hill, R./Judd, D./Smith, M. P. 1986, *Restructuring the City: The Political Economy of Urban Redevelopment*, Revised Edition; New York

Fainstein, S. S./Harloe, M. 1992, *London and New York in the Contemporary World*, in: S. S. Fainstein/I. Gordon/M. Harloe (Hrsg.), *Divided Cities: New York and London in the Contemporary World*, London, 1-27

Fainstein, S. S./Young, K. 1992, *Politics and State Policy in Economic Restructuring*, in: S. S. Fainstein/I. Gordon/M. Harloe (Hrsg.), *Divided Cities: New York and London in the Contemporary World*, London

Falcon, A. 1988, *Black and Latino Politics in New York City: Race and Ethnicity in a Changing Urban Context*, in: *New Community*, Vol. 14, 370-384

Fernandez, K./Garcia, A. 1989, *Informalization at the Core: Hispanic Women, Homework and the Advanced Capitalist State*, in: A. Portes/M. Castells/L. Benton (Hrsg.), *Informal Economy*, Baltimore

Finder, A. 1987, *New York City prestige outweighs lower costs in Jersey*, *NBC chief says*, in: *New York Times*, December 9

Fink, L./Greenberg, B. 1989, *Upheaval in the Quiet Zone*, Urbana

Fogelson, R. 1977, *Big-City Police*, Cambridge

Fox Piven, F./Cloward, R. 1971, *Regulating the Poor*, New York

Fox Piven, F./Cloward, R. 1977, *Poor People's Movements: Why they Succeed, How They Fail*, New York

Fox Piven, F./Cloward, R. 1988, *Why Americans Don't Vote*, New York

Friedmann, J. 1986, *The World City Hypothesis*, in: *Development and Change*, Vol. 17, 69-83

Friedrichs, Jürgen 1977, *Stadtanalyse*, Reinbek: Rowohlt

Garofalo, G./Fogarty, M.S. 1979, *Urban Income Distribution and the Urban Hierarchy-Inequality Hypothesis*, in: *Review of Economics and Statistics*, Vol. 61, 381-88

Garrett, C. 1961, *The LaGuardia Years: Machine and Reform in New York City*, New Brunswick, NJ

Gelb, B. 1983, *Varnished Brass*, New York

Georges, E. 1984, *New Immigrants and the Political Process: Dominicans in New York. Occasional Paper 45*, Center for Latin American and Caribbean Studies, New York University

Gerson, J. 1990, *Building the Brooklyn Machine: Jewish and Black Succession in the Brooklyn Democratic Party Organization, 1919-1964*, PhD Dissertation, Political Science Program, CUNY Graduate Center

Gill, B. 1991, *The Skyline: Disneyitis*, in: *The New Yorker*, April 29

Ginsberg, M.I./Mesnikoff, A.M. 1984, *Work, Welfare and the Family: The Consequences of AFCD Losses for New York City Working Mothers and Their Families*, New York

Glazer, N./Moynihan, D.P. 1969, *Beyond the Melting Pot*, Cambridge, MA

Glickmann, N.J./Glasmeier, A.K. 1989, *The international economy and the American South*, in: R. Lloyd/H. Sazanami (Hrsg.), *Deindustrialization and Regional Economic Transformation: The Experience of the United States*, Winchester, Mass.

Goldberger, P. 1988, *Winter Garden at Battery Park City*, in: *New York Times*, October 12

Goldberger, P. 1990, *A Commission That Has Itself Become a Landmark*, in: *New York Times*, April 15

Golway, T. 1991, *Budget Ax Slashing Art Groups in City*, in: *New York Observer*, March 18

Gorham, W./Glazer, N. (Hrsg.) 1976, *The Urban Predicament*, Washington, D.C.

Gottdiener, M. 1987, *The Decline of Urban Politics, Political Theory and the Crisis of the Local State*, Beverly Hills u. a.

Grasskamp, W. (Hrsg.) 1989, *Unerwünschte Monumente. Moderne Kunst im Stadtraum*, München

Green C./Wilson, B. 1989, *The Struggle for Black Empowerment in New York City: Beyond the Politics of Pigmentation,* New York

Green, C. B./Moore, P. D. 1988, *Public Finance,* in: G. Benjamin/C. Brecher (Hrsg.), *The Two New Yorks. State-City Relations in the Changing Federal System,* New York, 211-242

Gurr, T. R./King, D. S. 1987, *The State and the City,* Houndsmill u. a.

HACER/National Hispanic Women's Center 1985, *New York City Hispanics: Who Votes and How?,* Unpublished Study, New York

Hammack, D. C. 1982, *Power and Society. Greater New York at the Turn of the Century,* New York

Hamnett, C. 1973, *Improvement Grants as an Indicator of Gentrification in Inner London,* in: *Area,* Vol. 5, 252-61

Harris, L./Swanson, B. 1970, *Black-Jewish Relation in New York City,* New York

Harris, R. 1986, *The Social Geography of New York: A Framework of Analysis and Research Agenda,* New York: Working paper SSRC (October)

Harrison, B./Bluestone, B. 1988, *The Great U-Turn,* New York

Harrison, M./Rosenfeld, L. D. 1991, *Art Walks in New York,* New York

Harvey, D. 1974, *Class Monopoly Rent, Finance Capital and the Urban Revolution,* in: *Regional Studies,* Vol. 8, 239-55

Harvey, D. 1987, *Flexible Akkumulation durch Urbanisierung: Reflexionen über »Postmodernismus« in amerikanischen Städten,* in: *Probleme des Klassenkampfs,* 17. Jg., Nr. 4 (Heft 69)

Harvey, D. 1989, *The Condition of Postmodernity: An Enquiry into the Origins of Cultural Change,* Oxford

Harvey, D./Chaterjee, L. 1974, *Absolute Rent and the Structuring of Space by Governmental and Financial Institutions,* in: *Antipode,* Vol. 6, 22-36

Häußermann, H. 1983, *Amerikanisierung der deutschen Städte? Bedingungen der Stadtentwicklung in den USA im Vergleich zur Bundesrepublik im Bezug auf das Wohnen,* in: V. Roscher (Hrsg.), *Wohnen. Beiträge zur Planung, Politik und Ökonomie eines alltäglichen Lebensbereiches,* Hamburg, 137-159

Häußermann, H./Siebel, W. 1987, *Neue Urbanität,* Frankfurt/M.

Heclo, H. 1989, *The Emerging Regime,* in: R. A. Harris/S. M. Milkis (Hrsg.), *Remaking American Politics,* Boulder, San Francisco. London, 289-320

Helfgott, R. 1959, *Women's and Children's Garments,* in: M. Hall (Hrsg.), *Made in New York,* Cambridge, MA

Helms, H. G. 1988, *Manhattans neue Kapitalfabriken,* in: *Merkur,* 46. Jg., H. 11 (Nr. 477)

Herrnstein, R. u. a. o. J., *New York City Police Department Class of 1940: A Preliminary Report,* Unpublished manuscript, Harvard University, Department of Psychology

Hill, H. 1968, *The Racial Practices of Organized Labor: The Contemporary Record,* in: J. Jacobson (Hrsg.), *Organized Labor and the Negro,* New York: Doubleday

Hill, H. 1974, *Labor Union Control of Job Training: A Critical Analysis of Apprenticeship Outreach Programs and the Hometown Plans. Occasional paper 2,* Washington, D.C.: Institute for Urban Affairs and Research, Howard University

Hill, H. 1983, *The New York City Terminal Market Controversy: A Case Study of Race, Labor and Power,* Humanities in Society

Hill, R. C. 1984, *Economic Crisis and Political Response in the Motor City,* in: L. Sawyers/W. K. Tabb (Hrsg.), *Sunbelt/Snowbelt: Urban Development and Regional Restructuring,* New York, Oxford

Hinds, M. 1987, *Gentrification: The Case of Clinton Hill; Brooklyn Neighborhood Retains its Racial Mix,* in: *New York Times,* February 8

Hirsch, B. 1982, *Income Distribution, City Size and Urban Growth: A Reexamination,* in: *Urban Studies,* Vol. 19, 71-74

Hoelterhoff, M. 1977, *A Museum's Scheme for Expansion,* in: *Wall Street Journal,* August 5

Hopper, K. 1983, *1933-1983 Never Again: A Report on Homelessness in New York,* New York

Horsely, C. 1977, *Museum of Modern Art Tower Endorsed by Community Board 5,* in: *New York Times,* August 12

Hughes, R. 1990, *The Decline of the City of Mahagonny,* in: *The New Republic,* June 25

Huxtable, A. L. 1977, *Architecture View,* in: *New York Times,* August 7

Huxtable, A. L. 1991, *Reinventing Times Square,* in: *Inventing Times Square: Commerce and Culture at the Crossroads of the World,* New York

Jackson, P. 1985, *Neighbourhood Change in New York: The Loft Conversion Process,* in: *Tijdschrift voor Economische en Sociale Geografie,* Vol. 76, 202-15

Jacoby, T. 1991, *Sonny Carson and the Politics of Protest,* in: *The City Journal,* Vol. 1, 4

Jameson, F. 1984, *Postmodernism, on the Cultural Logic of Capitalism,* in: *New Left Review 146,* 53-92

Jencks, C./Peterson, P. E. (Hrsg.) 1991, *The Urban Underclass,* Washington

Jennings, J. 1977, *Puerto Rican Politics in New York,* Washington, DC

Johnson, D. A. 1969, *Museum Attendance in the New York Metropolitan Region,* in: *Curator,* Vol. 12, Nr. 3, 201-30

Kasinitz, P. 1988, *The gentrification of ›Boerum Hill‹: neighbourhood change and conflicts over definitions,* in: *Qualitative Sociology,* Vol. 11, 163-182

Katznelson, I. 1981, *City Trenches*, New York

Kessner, T. 1989, *Fiorella H. LaGuardia*, New York

Key Jr., V. O. 1949, *Southern Politics in State and Nation*, New York

Kim, I. 1981, *The New Urban Immigrants*, Princeton, NJ

Kim, I. 1988, *The Koreans: Small Business in an Urban Frontier*, in: N. Foner (Hrsg.), *New Immigrants in New York*, New York

Kimball, P. 1972, *The Disconnected*, New York: Columbia University Press

King, W. 1992, *Amid Protests, Florio Is Expected to Sign Cuts to Welfare Mothers*, in: *New York Times*, January 18

Kirchheimer, D. W. 1989/90, *Sheltering the Homeless in New York City: Expansion in an Era of Government Contraction*, in: *Political Science Quarterly*, Vol. 104, Nr. 4

Klein, L. 1983, *Identifying the Effects of Structural Change*, in: *Industrial Change and Public Policy: A Symposium Sponsored by the Federal Reserve Bank of Kansas City*, August, 1-21

Klotz, H. 1990, *Von der Urhütte zum Wolkenkratzer*, München

Koch, E. 1984, *Mayor*, New York

Korean Business Directory 1991, Long Island City: Korean News

Kramer, H. 1976, *Art: Modern's Tower May Add Pictures at an Exhibition*, in: *New York Times*, February 17

Lake, R. W. 1979, *Real Estate Tax Delinquency: Private Disinvestment and Public Response*, Piscataway, NJ (Center for Urban Policy Research, Rutgers University)

Lampard, E. 1986, *The New York metropolis in transition*, in: H. J. Ewers, J. Goddard, H. Matzerath (Hrsg.), *The future of the metropolis*, New York, 27-110

Lawrence, R. Z. 1983, *Sectoral Shifts and the Size of the Middle Class*, in: *Bookings Review*, Fall

Lawrence, R. Z. 1984, *Sectoral Shifts and the Size of the Middle Class*, in: *Brookings Review* 3 (1), 3-11

Leibfried, S. 1977, *Vorwort*, in: F. F. Piven/R. A. Cloward, *Regulierung der Armut: die Politik der öffentlichen Wohlfahrt*, Frankfurt/Main

Levin, K. 1983, *The Neo-Frontier*, in: R. Goldstein/R. Massa (Hrsg.), *Heroes and Villains in the Arts, Village Voice*, January 4

Levin, R. 1989, *Koch Acts Like Himself and Voters Are Tired of it*, in: *New York Times*, June 25

Levy, F. 1987, *Dollars and Dreams: The Changing American Income Distribution*, New York

Lewinson, E. 1974, *Black Politics in New York City*, New York

Lichten, E. 1986, *Class, Power & Austerity: The New York City Fiscal Crisis*, South Hadley, MA

Lichtenstein, R. 1988, *Mural with Blue Brushstroke. Essay by Calvin Tomkins*, New York

Lindner, R. 1990, *Die Entdeckung der Stadtkultur. Soziologie aus der Erfahrung der Reportage*, Frankfurt/M.

Lipper, K. 1989, *What Needs to Be Done?*, in: *New York Times Magazine*, 31.12.1989

Lipsky, M. 1980, *Street-Level Bureaucracy. Dilemmas of the Individual in Public Services*, New York

Long, P. 1971, *The City as Reservation*, in: *Public Interest 25*, 22-38

Louv, R. 1990, *Hope in Hell's Classroom. Philadelphia Principal Madeline Cartwright*, in: *New York Times Magazine*, 25.11.1990

Lowi, T. 1964, *At the Pleasure of the Mayor*, New York

Lurie, I./Bane, M.J. 1988, *Social Services*, in: G.Benjamin/C.Brecher (Hrsg.), *The Two New Yorks. State-City Relations in the Changing Federal System*, New York, 421-444

Marcuse, P. 1972, *The Legal Attributes of Home Ownership. Working Paper*, April 13, Washington, D.C., 209-11

Marcuse, P. 1975, *Residential Alienation, Home Ownership and the Limits of Shelter Policy*, in: *Journal of Sociology and Social Welfare, Vol. III, 181-203*

Marcuse, P. 1979, *The Deceptive Consensus on Redlining*, in: *Journal of the American Planning Association*, Vol. 45, 4

Marcuse, P. 1981, *The Targeted Crisis: on the Ideology of the Urban Fiscal Crisis and its Uses*, in: *International Journal of Urban and Regional Research*, Vol. 5, 330-55

Marcuse, P. 1985, *Gentrification, Abandonment and Displacement: Connections, Causes and Policy Responses in New York City*, in: *Journal of Urban and Contemporary Law*, Vol. 28, 195-240

Marcuse, P. 1986, *Abandonment, Gentrification and Displacement: The Linkages in New York City*, in: N.Smith/P.Williams (Hrsg.), *Gentrification of the City*, Boston, 153-78

Marcuse, P. 1987, *Neighbourhood Policy and the Distribution of Power: New York City's Community Boards*, in: *Policy Studies Journal*, Vol. 16, 277-89

Marcuse, P. 1988a, *Do Cities Have a Future?*, in: R.Cherry u.a. (Hrsg.), *The Imperiled Economy, Book II: Through the Safety Net*, New York

Marcuse, P. 1988b, *Neutralizing Homelessness*, in: *Socialist Review*, Vol. 88, 69-97

Marcuse, P. 1988c, *Stadt – Ort der Entwicklung*, in: *Demokratische Gemeinde*, Nov., 115-122

Marcuse, P. 1988d, *Perspectives on Homelessness*, in: *Urban Affairs Quarterly*, Vol. 23, 4

Marcuse, P. 1989a, *Gentrification, Homelessness, Work Process: Housing Markets and Labour Markets in the Quartered City*, in: *Housing Studies*, Vol. 4, 211-220

Marcuse, P. 1989b, *Homelessness and Housing Policy,* in: C. Caton (Hrsg.), *Homeless in America,* Oxford, 138-159

Marcuse, P. 1991, *Housing Markets and Labour Markets in the Quartered City,* in: J. Allen/C. Hamnett (Hrsg.), *Housing and Labour Markets: Building the Connections,* London, 118-135

Marcuse, P./Medoff, P./Pereira, A. 1982, *Triage as Urban Policy,* in: *Social Policy,* Vol. 12, 3

Marris, P./Rein, M. 1973, *The Dilemmas of Social Reform,* Chicago

Marshall, E./Carter, A. 1983, *Child Watch: New York City,* New York: Community Service Society of New York

Marshall, F. R./Briggs, V. 1967, *The Negro and Apprenticeship,* Baltimore

Maume, D. S. 1983, *Metropolitan Hierarchy and Income Distribution: A Comparison of Explanations,* in: *Urban Affairs Quarterly,* Vol. 18, 413-29

McCormick, M./O'Cleireacain, C./Dickson, E. 1980, *Compensation of Municipal Workers in Large Cities: a New York City perspective,* in: *City Almanac,* Vol. 15, 1-9, 16-20

McGill, D. C. 1986, *Sculpture Goes Public,* in: *New York Times Magazine,* 27. 4. 1986

McGill, D. C. 1988, *An Artful Garden for Battery Park,* in: *New York Times,* 20. 8. 1988

Min, P. G. 1988, *Ethnic Business Enterprise: Korean Business in Atlanta,* Staten Island

Min, P. G. 1991, *Cultural and Economic Boundaries of Korean Ethnicity: A Comparative Analysis,* in: *Ethnic and Racial Studies,* Vol. 14, 2

Mollenkopf, J. H. 1983, *The Contested City,* Princeton

Mollenkopf, J. H. 1987, *The Decay of Reform. One-Party Politics: New York Style,* in: *In Search of New York, Dissent,* Special Issue, 492-495

Mollenkopf, J. H. 1988a, *The Place of Politics and the Politics of Place,* in: J. H. Mollenkopf (Hrsg.), *Power, Culture, and Place,* New York

Mollenkopf, J. H. 1988b, *The Post-Industrial Transformation of the Political Order in New York City,* in: J. Mollenkopf (Hrsg.), *Power, Culture and Place: Essays on New York City,* New York

Mollenkopf, J. H. 1989, *The Wagner Atlas: New York City Politics,* New York

Mollenkopf, J. H. 1990, *New York: The Great Anomaly,* in: R. Browning/D. Marshall/D. Tabb (Hrsg.), *Race and Politics in American Cities,* New York

Mollenkopf, J. H. 1991, *Political Inequality,* in: J. Mollenkopf/M. Castells (Hrsg.), *Dual City: The Restructuring of New York,* New York

Mollenkopf, J. H. 1992, *A Phoenix in the Ashes: The Conservative Politics of Economic Boom*

Mollenkopf, J. H./Castells, M. (Hrsg.) 1991, *Dual City. Restructuring New York,* New York

Montgomery, D. 1980, *The Irish and the American Labor Movement*, in: D. Doyle/D. Edwards (Hrsg.), *America and Ireland, 1776-1976*, Westport, CT

Moore, D. D. 1981, *At Home in America*, New York

Morris, C. R. 1980, *The Cost of Good Intentions*, New York

Moss, M./Brion, J. 1989, *Face to Face: Why Foreign Banks Still Love New York*, in: *PANYNJ Quarterly Review of Trade and Transportation*, Vol. 2, No. 1

Moss, M./Ludwig, S. 1991, *The Structure of the Media*, in: J. Mollenkopf/ M. Castells (Hrsg.), *Dual City. Restructuring New York*, New York, 245-266

Moufarrege, N. 1982, *Another Wave, Still More Savagely Than the First: Lower East Side, 1982*, in: *Arts*, Vol. 57, 73

Muraskin, W. 1972, *The Harlem Boycott of 1934: Nationalism and the Rise of Labor Union Consciousness*, New York

Nash, D. J. 1989, *Contemporary Art at Auction*, in: L. Caplin (Hrsg.), *The Business of Art*, Englewood Cliffs, New Jersey

Nathan, R. P. 1987, *The Role of the States in American Federalism. Paper Prepared for the Annual Meeting of the American Political Science Association*, September 4, 1987, Chicago, Illinois

Nathan, R. P. 1991, *Welfare Thinking Turns Tough*, in: *New York Times*, December 23

Navarro, V. 1991, *The Class Gap*, in: *The Nation*, April 8

Nelson, J. I./Lorence, J. 1985, *Employment in Service Activities and Inequality in Metropolitan Areas*, in: *Urban Affairs Quarterly*, Vol. 21, 106-125

Netzer, D. 1978, *The Subsidized Muse: Public Support for the Arts in the United States*, New York

New York City Citywide Equal Employment Opportunity Committee 1988, *Equal Employment Opportunity in New York City Government, 1977-1987*, New York

New York City Commission on Human Rights 1963, *The Ethnic Survey*, New York

New York City Occupational Supply and Demand 1990, New York State Department of Labor

New York City, Office of Construction Relations 1982, *Problems of Discrimination and Extortion in the Building Trades. New York, Report Prepared by the Mayor's Office of Construction Relations*

New York State Urban Development Corporation 1984, *Draft Environmental Impact Statement*, 42nd Street Redevelopment Project, 2 Volumes, February

Newfield, J. 1976, *How the Power Brokers Profit*, in: R. E. Alcaly/D. Mermelstein (Hrsg.), *The Fiscal Crisis of American Cities*, New York

Newfield, J./Barrett, W. 1988, *City for Sale: Ed Koch and the Betrayal of New York*, New York

Newman, M. 1991, *Unemployment Hits 7-Year High in New York City at 10.2 %*, in: *New York Times*, 7. 12. 1991

Newton, K. 1976, *Feeble Government and Private Power: Urban Politics and Policies in the United States*, in: R. Lineberry/L. Masotti (Hrsg.), *The New Urban Politics*, Cambridge, Mass., 37-58

Nie, N./Verba, S./Petrocik, J. R. 1976, *The Changing American Voter*, Cambridge

Noyelle, T. 1987, *New York City in an Era of Global Financial Markets*, Working paper, New York

Offe, C. 1988, *Endogenous Preferences and Institutional Choice*, unveröffentlichtes Manuskript, Bielefeld

Orlansky, H. 1943, *The Harlem Riot: A Study in Mass Frustration*, Social Analysis Report, No. 1

Oser, A. S. 1990, *Controlling Scale Near Historic Districts*, in: *New York Times*, October 28

Osofksy, G. 1963, *Harlem: The Making of a Ghetto*, New York

Ottley, L. 1943, *New World A-Coming*, Boston

Ovington, M. W. 1911, *Half a Man*, New York

Pahl, R. E. 1975, *Whose City?*, London

Pear, R. 1991, *34.7 Million Lack Health Insurance. Studies Say: Number is Highest Since '65*, in: *New York Times*, 19. 12. 1991

Peterson, P. E. 1979, *Redistributive Policies and Patterns of Citizen Participation in Local Politics in the U.S.A.*, in: L. J. Sharpe (Hrsg.), *Decentralist Trends in Western Democracies*, London/Beverly Hills, 157-191

Peterson, P. E. 1981, *City Limits*, Chicago and London

Pickvance, C. G. 1990, *Introduction: the Institutional Context of Local Economic Development: Central Controls, Spatial Policies and Local Economic Policies*, in: M. Harloe/C. G. Pickvance/J. Urry (Hrsg.), *Do Localities Matter?*, London

Piven, F. F./Cloward R. A. 1971, *Regulating the Poor. The Functions of Public Welfare*, New York

Piven F. F./Cloward R. A. 1977, *Poor People's Movements: Why they Succeed, How they Fail*, New York

Piven F. F./Cloward R. A. 1988, *Why Americans Don't Vote*, New York

Portes, A./Castells, M./Benton, L. (Hrsg.) 1989, *The Informal Economy: Studies in Advanced and Less Developed Countries*, Baltimore

Portes, A./Sassen-Koob, S. 1987, *Making It Underground: Comparative Material on the Informal Sector in Western Market Economies*, in: *American Journal of Sociology*, Vol. 93, 30-61

Rapoport, N. 1971, *Employment Criteria in the New York City Civil Service: A History*, MA Thesis, New York University

Ravitch, D. 1974, *The Great School Wars. New York City, 1805-1973. A History of the Public Schools as Battlefield of Social Change*, New York

Regional Plan News 1982, *The Nonprofit Sector of the Region's Economy*, Nr. 11, September

Regional Survey of New York and its Environs, II 1929, *Population, Land Value, and Government*, New York

Reischauer, R. D. 1989, *The Welfare Reform Legislation: Directions for the Future*, in: P. H. Cottingham/D. T. Ellwood (Hrsg.), *Welfare Policy for the 1990s*, Cambridge, Mass., 10-40

Ricketts, E./Sawhill, I. 1986, *Defining and Measuring the Underclass*, Research Paper, Washington D.C.

Rieder, J. 1985, *Canarsie: The Jews and Italians of Brooklyn Against Liberalism*, Cambridge

Robinson, W./McCormick, C. 1984, *Slouching Toward Avenue D*, in: *Art in America*, Vol. 72, 135

Rodriguez, N. P./Feagin, J. R. 1986, *Urban Specialisation in the World-System. An Investigation of Historical Cases*, in: *Urban Affairs Quarterly*, Vol. 22

Rose, D. 1980, *Toward a Re-evaluation of the Political Significance of Home-Ownership in Britain. Political Economy of Housing Workshop, Conference of Socialist Economists, March, Housing Construction and the State*, London, 71-76

Rose, D. 1984, *Rethinking gentrification. Environment and Planning D: Society and Space*, Vol. 2, 47-74

Ross, R./Trachte, K. 1990, *Global Capitalism: The New Leviathan*, Albany

Sack, K. 1992, *Albany Trying to Cut Costs for Welfare*, in: *New York Times*, January 20

Salins, P. 1981, *The Creeping Tide of Disinvestment*, in: *New York Affairs*, Vol. 6, 5-19

Salisbury, R. 1964, *Urban Politics: The New Convergence of Power*, in: *Journal of Politics*, Vol. 26, 775-797

Sassen, S. 1988, *The Mobility of Labor and Capital*, Cambridge

Sassen, S. 1989, *New York City's Informal Economy*, in: A. Portes/M. Castells/L. Benton (Hrsg.), *Informal Economy*, Baltimore

Sassen, S. 1991, *The Global City: New York, London, Tokyo*, Princeton, NJ

Sassen-Koob, S. 1988, *New Trends in the Socio-Spatial Organization of the New York City Economy Man*, New York (February)

Savitch, H. V. 1987, *Post-Industrial Planning in New York, Paris and London*, in: *Journal of the American Planning Association*, Vol. 53, No. 4 (Winter)

Sayre, W./Mandell, M. 1938, *Education on the Civil Service in New York City*, U.S. Department of the Interior, Office of Education, Bulletin, no. 20

Schaffer, R./Smith, N. 1986, *The Gentrification of Harlem?*, in: *Annals of the Association of American Geographers*, Vol. 76, 347-65

Schlör, J. 1991, *Nachts in der großen Stadt. Paris, Berlin, London 1840-1930*, München

Schmalz, J. 1987, *New York Reaches Accord on Housing*, in: *New York Times*, December 27

Schmidt, J. N. 1991, *Wolken-Kratzer. Ästhetik und Konstruktion*, Köln

Schwartz, A. 1992, *The Geography of corporate Services: a case study of the New York Urban Region*, in: *Urban Geography*, Vol. 13

Selekman, B. u. a. 1925, *The Clothing and Textile Industries in New York and its Environs*, New York (Regional Plan Association)

Senie, H. 1979, *Urban Sculpture: Cultural Tokens or Ornaments to Life?*, in: *Art News*, Sept., 108-114

Senie, H. 1989, *Richard Serra's »Tilted Arc«: Art and Non-Art Issues*, in: *Art Journal*, Nr. 4, 298-302

Shapiro, R. Y./Patterson, K. D./Russell, J./Young, J. T. 1987, *The Polls: Public Assistance*, in: *Public Opinion Quarterly*, 120-130

Sheets, R. G./Nord, S./Phelps, J. J. 1987, *The Impact of Service Industries on Underemployment in Metropolitan Economies*, Lexington, Mass.

Shefter, M. 1977, *New York City's Fiscal Crisis: The Politics of Inflation and Retrenchment*, The Public Interest 48, 98-127

Shefter, M. 1985, *Political Crisis – Fiscal Crisis. The Collapse and Revival of New York City*, New York

Shefter, M. 1986, *Political Incorporation and the Extrusion of the Left: Party Politics and Social Forces in New York City*, Studies in American Political Development 1, 50-90

Shefter, M. 1987, *Political Crisis, Fiscal Crisis: The Collapse and Revival of New York City*, New York

Silverman, D. 1986, *Selling Culture: Bloomingdale's, Diana Vreeland, and the New Aristocracy of Taste in Reagan's America*, New York

Sleeper, J. 1987, *Boom and Bust with Ed Koch*, in: *Dissent*, Vol. 34, 437-52

Slotkin, R. 1985, *Fatal Environment: The Myth of the Frontier in the Age of Industrialization, 1800-1890*, New York

Smith, N. 1979a, *Toward a Theory of Gentrification: A Back to the City Movement by Capital no People*, in: *Journal of the American Planning Association*, Vol. 45, 538-48

Smith, N. 1979b, *Gentrification and Capital: Theory, Practice and Ideology in Society Hill*, in: *Antipode*, Vol. 11, 24-35

Smith, N. 1982, *Gentrification and Uneven Development*, in: *Economic Geography*

Smith, N. 1986, *Gentrification, the Frontier, and the Restructuring of*

313

Urban Space, in: N. Smith/P. Williams (Hrsg.), *Gentrification of the City,* Boston, 15-34

Smith, N. 1989, *Institutional Effects of Reform,* in: P. H. Cottingham/D. T. Ellwood (Hrsg.), *Welfare Policy for the 1990s,* Cambridge, Mass., 199-218

Smith, N. 1990, *Uneven Development: Nature, Capital and the Production of Space,* Oxford, Second Edition

Smith, N. 1992, *New City, New Frontier,* in: M. Sorkin (Hrsg.), *Variations on a Theme Park. The New American City and the End of Public Space,* New York

Smith, N./Duncan, B./Reid, L. 1989, *From Disinvestment to Reinvestment: Tax Arrears and Turning Points in the East Village,* in: *Housing Studies,* Vol. 4, 238-252

Smith, N./Williams, P. (Hrsg.) 1986, *Gentrification of the City,* Boston

Soja, E. 1989, *Postmodern Geographies: The Reassertion of Space in Critical Social Theory,* London

Sorkin, M. 1989, *Ciao Manhattan,* in: *Ausstellungskatalog New York Architektur 1970-1990,* H. Klotz (Hrsg.), Architekturmuseum Frankfurt, München

Sorkin, M. (Hrsg.) 1992, *Variations on a Theme Park. The American City and the End of Public Space,* New York

Sotheby's Art at Auction 1986-1987, 1987, New York

Stafford, W./Die, E. 1989, *Employment Segmentation in New York City Municipal Agencies,* NY (CSS Institute for Community Empowerment)

Stafford, W. W. 1985, *Closed Labor Markets: Underrepresentation of Blacks, Hispanics and Women in New York City's Core Industries and Jobs,* New York (Community Service Society of New York)

Stanback, T. M. 1979, *Understanding the Service Economy,* Baltimore

Stanback, T. M. Jr./Bearse, P. J./Noyelle, T. J./Karasek, R. 1981, *Services: The New Economy,* NJ

Stanback, T. M./Noyelle, T. J. 1982, *Cities in Transition: Changing Job Structures in Atlanta, Denver, Buffalo, Phoenix, Columbus (Ohio), Nashville, Charlotte, Totowa,* NJ

Stegman, M. 1988, *Housing and Vacancy Survey,* New York (Department of Housing Preservation and Development)

Sternlieb, G. 1971, *The City as Sandbox,* in: *Public Interest,* Vol. 25, 14-21

Sternlieb, G./Burchell, R. W. 1973, *Residential Abandonment: The Tenement Landlord Revisited,* Piscataway, NJ: Centre for Urban Policy Research, Rutgers University, New Brunswick

Sternlieb, G./Hughes, J. 1975, *Post-Industrial America: Metropolitan Decline and Inter-Regional Job Shifts,* New Brunswick, NJ (Center for Urban Policy Research)

Sternlieb, G./Lake, R. W. 1976, *The Dynamics of Real Estate Tax Delinquency,* in: *National Tax Journal,* Vol. 29, 261-71

Sternlieb, G./Roistacher, E./Hughes, J. 1976, *Tax Subsidies and Housing Investment*, New Brunswick, NJ: Center for Urban Policy Research, Rutgers University

Stratton, J. 1977, *Pioneering in the Urban Wilderness*, New York

Stuart, I. R. 1951, *A Study of Factors Associated with Intergroup Conflict in the Ladies' Garment Industry*, Ph. D. Dissertation, New York University

Swanson, B. E. 1970, *Black-Jewish Relations in New York City*, New York

Swierenga, R. 1968, *Pioneers and Profits: Land Speculation on the Iowa Frontier*, Ames, Iowa

Synnott, M. G. 1986, *Anti-Semitism and American Universities: Did Quotas Follow the Jews?*, in: D. Gerber (Hrsg.), *Anti-Semitism in American History*, Urbana

Tabb, W. K. 1982, *The Long Default: New York City and the Urban Fiscal Crisis*, New York

Taylor, W. 1991, *Broadway, the Place That Words Built*, in: W. Taylor (Hrsg.), *Inventing Times Square: Commerce and Culture at the Crossroads of the World*, New York

Temporary Commission on City Finances 1976, *The Effects of Taxation on Manufacturing in New York City*, New York

Temporary Commission on City Finances 1977, *Economic and Demographic Trends in New York City: the Outlook for the Future*, New York

Terry, D. 1990, *Estimate Unit Approves Plan for Ballroom*, in: *New York Times*, August 22

Thomas, N./Blanshard, P. 1932, *What's the Matter with New York?*, New York

Thompson, J. P. 1990, *The Impact of the Jackson Campaigns on Black Politics in New York, Atlanta, and Oakland*, PhD Dissertation, Political Science Program, CUNY Graduate Center

Tobier, E. 1979, *Gentrification: The Manhattan Story*, in: *New York Affairs*, Vol. 5, 13-25

Tobier, E. 1984, *Population*, in: C. Brecher/R. Horton (Hrsg.), *Setting Municipal Priorities: American Cities and the New York Experience*, New York

Tobier, E. 1988, *Manhattan's business district in the industrial age*, in: J. H. Mollenkopf (Hrsg.), *Power, Culture and Place*, New York

Toll, S. I. 1969, *Zoned America*, New York

Traub, J. 1990, *Fernandez Takes Charge*, in: *New York Times Magazine* (June 17)

Turner, F. J. 1958, *The Frontier in American History*, New York

Urban Renewals 1990, in: *Village Voice*, January 30

Velazques, N. et al. 1988, *Puerto Rican Voter Registration in New York City: A Comparison of Attitudes Between Registered and Non-Registered Puerto Ricans*, Migration Division, Department of Labor and Human Resources, Commonwealth of Puerto Rico

Vergara, C. 1991, *Lessons Learned, Lessons Forgotten: Rebuilding New York City's Poor Communities*, in: *The Livable City*, March, Nr. 15/1

Wacquant Loic, J. D./Wilson, W. J. 1989, *Poverty, Joblessness, and the Social Transformation of the Inner City*, in: P. Cottingham/D. T. Ellwood (Hrsg.), *Welfare Policy for the 1990s*, Cambridge, Mass., 70-102

Waldinger, R. 1986-87, *Changing Ladders and Musical Chairs: Ethnicity and Opportunity in Post-industrial New York*, in: *Politics and Society*, Vol. 15, 369-402

Waldinger, R. 1986, *Through the Eye of the Needle: Immigrants and Enterprise in New York's Garment Trades*, New York

Waldinger, R. 1989a, *Race and Ethnicity*, in: C. Brecher/R. Horton (Hrsg.), *Setting Municipal Priorities 1990*, New York

Waldinger, R. 1989b, *Immigration and Urban Change*, in: *Annual Review of Sociology*, Vol. 15, 11-32

Waldinger, R. 1989c, *Structural Opportunity or Ethnic Advantage: Immigrant Business Development in New York*, in: *International Migration Review*, Vol. 23, 1

Waldinger, R. 1992, *Taking Care of Guests: The Impact of Immigrants on Services – an Industry Case Study*, in: *International Journal for Urban and Regional Research*, Vol. 16, 98-113

Waldinger, R./Bailey, T. 1992, *Getting a Piece of New York's Pie: Blacks and Immigrants in the Post-Industrial Transition*, Policy Studies Review

Walters, R. 1988, *Black Presidential Politics in America*, Albany

Warnke, M. 1987, *Kunst und Verweigerungspflicht*, in: *Ausstellungskatalog Kunst im öffentlichen Raum. Skulptureboulevard Kurfürstendamm, Tauentzien*, Bd. 2, Berlin, 25-29

Watchman, P. Q./Robson, P. 1983, *Homelessness and the Law*, Glasgow

Watson, S./Austerberry, H. 1986, *Housing and Homelessness: A Feminist Perspective*, London

Whitt, J. A. 1991, *Big Linkers: The Urban Inner Circle and the Organization of Development Bias*, unpublished ms.

Whitt, J. A./Lammers, J. C. 1991, *The Art of Growth: Ties Between Development Organizations and the Performing Arts*, in: *Urban Affairs Quarterly*, Vol. 26, 376-93

Williams, P. 1976, *The Role of Institutions in the Inner London Housing Market: The Case of Islington*, in: *Transactions of the Institute of British Geographers, New Series*, Vol. 1, 72-82

Williams, P. 1978, *Building Societies and the Inner City*, in: *Transactions of the Institute of British Geographers, New Series*, Vol. 3, 23-34

Williams, P. 1987, *Rise in Values Spurs Rescue of Buildings,* in: *New York Times,* April 4

Wilson, D. 1985, *Institutions and Urban Revitalization: The Case of the J-51 Subsidy Program in New York City,* PhD Dissertation. Department of Geography, Rutgers University, New Brunswick

Wilson, J. 1987, *The Truly Disadvantaged: The Inner City, the Underclass, and Public Policy,* Chicago

Windhoff-Héritier, A. 1985, *Politik »für die Bedürftigsten und ehrlichen Armen«. Ziele und Folgen der Sparpolitik im Sozialsektor,* in: *Politische Vierteljahresschrift,* 26. Jg., 107-128

Windhoff-Héritier, A. 1988, *Sozialpolitik unter der Reagan-Administration,* in: *Aus Politik und Zeitgeschichte,* Beilage zur Wochenzeitung *Das Parlament,* B 44/88, 28. Oktober, 25-35

Windhoff-Héritier, A. 1991, *Stadt der Reichen, Stadt der Armen. Politik in New York City,* Frankfurt

Wirth, L. 1928, *The Ghetto,* Chicago

Wittke, E. 1990, *New York zwischen Zauber und Verfall. Inhaltsanalytische Darstellung des Bildes der US-Metropole in der deutschsprachigen Presse,* Diplomarbeit im Studiengang Sozialwissenschaft der Universität Oldenburg

Wolfe, J. M./Drover, G./Skelton, I. 1980, *Inner City Real Estate Activity in Montreal: Institutional Characteristics of Decline,* in: *The Canadian Geographer,* Vol. 24, 349-67

Wyckoff, W. 1988, *The Developer's Frontier: The Making of the Western New York Landscape,* New Haven

Yates, D. 1977, *The ungovernable city,* Cambridge, MA

Zukin, S. 1982, *Loft Living: Culture and Capital in Urban Change,* Baltimore

Zukin, S. 1990, *Socio-Spatial Prototypes of a New Organization of Consumption: The Role of Real Cultural Capital,* in: *Sociology,* Vol. 24, Nr. 1, 37-56

Zukin, S. 1991, *Landscapes of Power: From Detroit to Disney World,* Berkeley and Los Angeles

Über die Autoren

Brake, Klaus, ist Professor für Stadt- und Regionalplanung, Universität Oldenburg

Fainstein, Norman, ist Professor of Sociology and Dean of the Faculty of Arts and Sciences at Baruch College in die City University of New York

Fainstein, Susan, ist Professor of Urban Planning and Policy Development, State University of New Jersey, Rutgers University, New Brunswick

Häußermann, Hartmut, ist Professor für Stadt- und Regionalsoziologie, Universität Bremen, ZWE Arbeit und Region

Marcuse, Peter, ist Professor of Housing und Law of Planning, Columbia University, New York

Mollenkopf, John H., ist Professor of Housing und Law of Planning, City University of New York, Graduate Center

Sassen, Saskia, ist Professor of Urban Planning, Columbia University, New York

Siebel, Walter, ist Professor für Stadt- und Regionalsoziologie, Universität Oldenburg, AG Stadtforschung

Smith, Neil, ist Professor of Geography, Rutgers University, State University of New Jersey, New Brunswick

Wagner, Monika, ist Professorin für Kunstgeschichte, Universität Hamburg

Waldinger, Roger, ist Professor of Sociology, University of California, Los Angeles

Windhoff-Héritier, Adrienne, ist Professorin für Politikwissenschaft, Universität Bielefeld, Fakultät für Soziologie

Zukin, Sharon, lehrt an der University of New York, Graduate Center, Ph. D. Program in Sociologie

Kulturgeschichte
in der edition suhrkamp